末代皇族纪实系列

末代皇帝的非常人生

贾英华 著

人民文学出版社

图书在版编目(CIP)数据

末代皇帝的非常人生/贾英华著. —北京:人民文学出版社,2012
(末代皇族纪实系列)
ISBN 978-7-02-008860-7

Ⅰ.①末… Ⅱ.①贾… Ⅲ.①爱新觉罗·溥仪(1906~1967)—生平事迹 Ⅳ.①K827=72

中国版本图书馆CIP数据核字(2011)第260784号

责任编辑	刘　稚
责任校对	杨益民
装帧设计	李思安
责任印制	王景林

出版发行	人民文学出版社
社　　址	北京市朝内大街166号
邮政编码	100705
网　　址	http://www.rw-cn.com

印　　刷	北京铭成印刷有限公司
经　　销	全国新华书店等

字　　数	444千字
开　　本	680×1000毫米　1/16
印　　张	29.25　插页3
印　　数	1—20000
版　　次	2012年5月北京第1版
印　　次	2012年5月第1次印刷

书　　号	978-7-02-008860-7
定　　价	40.00元

如有印装质量问题,请与本社图书销售中心调换。电话:01065233595

目　　录

第一卷 ·· 1

壹　溥仪为什么被慈禧立嗣？ ································· 3

充其量，溥仪只是慈禧的"四招棋"之一。

第一招棋：慈禧将胞妹下嫁老醇王奕譞；第二招棋：让妹妹之子载湉进宫当皇帝、弟弟桂祥的女儿当光绪皇后。据说，光绪还可能是慈禧与荣禄之子；第三招棋：让荣禄的女儿瓜尔佳氏嫁给光绪的弟弟载沣；第四招棋：让瓜尔佳氏之子溥仪成为宣统皇帝。

慈禧牢牢把控了晚清三代皇帝（同治、光绪、宣统）、两代醇亲王（包括一代摄政王）——奕譞和载沣。

贰　慈禧的终局之棋：立嗣溥仪 ···························· 21

一个历史之谜——近十九个半小时内，光绪皇帝和慈禧太后竟相继去世。

究竟是否他杀，而太监总管李莲英又为何死于非命？难道是一起连环谋杀案？

此前，病中的慈禧立溥仪为"嗣"之际，毅然下诏：一剥夺袁世凯北洋新军的军权；二调奕劻勘验东陵"万年吉地"工程，将袁世凯老部下段祺瑞的部队调出北京，将亲信铁良的第一镇精兵换防北京。

当奕劻回到北京时，大局已定。

叁　隆裕皇太后"三哭"与袁世凯称帝 ·················· 41

不被外人所知的"宣统逊位"内幕——隆裕皇太后为什么重新起用袁世凯？

当毓崇的父亲溥伦贝子，代表皇室和八旗向袁世凯递上"劝进表"，溥仪才恍然大悟，所谓"复辟帝制"与己无关，而是袁世凯自己要当皇帝。

肆　张勋复辟 ··· 59

"张勋复辟"这一年，溥仪才十二岁。

最后一个太监孙耀庭讲述亲历细节——张勋复辟幕后的主谋者之一竟有七爷载涛。大太监小德张也曾参与幕后策划。

本书首次披露,日本军队竟向"张勋复辟"提供了"赞助"。

伍　小朝廷的"逊帝" ······ 71

溥仪十四岁那年初春,英国人庄士敦进宫教授英文,宫内随之发生了一系列令老太妃气恼之事:穿西服,玩照相机,剪辫子,驱逐太监出宫等。溥仪甚至萌发了出国留学的幻想。

陆　"皇帝"在宫中的神秘生活 ······ 79

二妹韫龢和溥杰原本满以为"皇上"是个头戴皇冠的老头儿。哪知,眼前的溥仪竟是一个身穿长袍马褂的小孩儿。

"皇帝"在宫内吃啥?

你听说过宫内特有的"御用餐巾"和"口香糖"吗?宫中的电话机和电影机是谁引进的?

溥仪和溥杰哥俩"出洋留学"未遂,是谁告的密?

柒　溥仪生母两次自杀之谜 ······ 93

溥仪生母瓜尔佳氏继第一次自杀未遂,六年后又骤然再度自杀。那一年,他年仅十五岁。

瓜尔佳氏的死因,有两个世人罕知的内情。

瓜尔佳氏的临终遗嘱是什么?

溥仪是否出宫悼念亡母?

捌　为什么"后""妃"颠倒了个儿? ······ 105

溥仪在《我的前半生》中,只提及徐世昌为其女儿给自己提亲,而避讳了人所鲜知的另外三桩提亲。

末代皇后婉容的生母,到底是谁?

后、妃瞬间颠倒了个儿,无疑为此后文绣与溥仪、婉容反目,埋下了导火索。

玖　"逊帝"大婚以后 ······ 117

在盛大婚礼的中外来宾招待会上,溥仪的开场白居然是一口流利的英语。

晚清三代——同治皇后、光绪皇后以及宣统皇后,在洞房花烛之夜,无一不是恰巧遇到月经来潮。这确是世人极为罕知的"清宫秘闻"。

十六岁的溥仪,大婚当夜没和皇后同房,到底睡在何处?又跟谁待在一起?

溥仪在"婚庆"上竟然钦点了《霸王别姬》这出戏。

公牛被群狗追咬"出宫",是否老太妃所预言的"被逐出宫"的先兆?

第二卷 ······ 129

拾　被逐出宫 ······ 131

帝师陈宝琛和载沣早在被冯玉祥"逼宫"前,数次去南苑营地劝说冯玉祥而以失败告终。

多年后溥仪好奇地问鹿钟麟，当年逼宫时，景山顶上真的架有大炮吗？

巧的是，溥仪特赦后竟又恰遇被逐出宫时为他开车的司机。

拾壹 潜往天津 143

溥仪出宫之后，暂赴醇亲王府栖身，继而潜往日本公使馆避风。

胡适第三次看望溥仪，而溥仪又如何"深度"评论胡适？

在岳父荣源介绍下，溥仪秘密去曹家花园夜见张作霖。

不料，日本驻津总领事有田八郎第二天即会见溥仪，威胁说，如果"陛下"继续我行我素，日本人无法再尽保护之责。溥仪害怕之极。

拾贰 三十年后才破解的水果筐炸弹之谜 155

溥仪始终有一谜未解。即静园发生的三宗突发事件，为什么恰巧都是侍卫祁继忠亲自来报告的？

溥仪身边的郑孝胥、罗振玉以及荣源和润良父子，经常出入"三野"日本特务机关。而贴身侍卫祁继忠不露声色，又与婉容私通，溥仪却不敢枪毙他。

第三卷 165

拾叁 潜离天津 167

秘密潜离天津前一天，溥仪精心布置了"迷魂阵"。

头戴礼帽，身披日式黑风衣的溥仪，竟被软禁汤岗子"对翠阁"整整七天。

在旅顺，郑孝胥父子一软一硬胁迫溥仪，在幕后与日本人达成了什么交易？

关东军参谋板垣征四郎对溥仪的真实心态，居然了如指掌。

最终提出并确定溥仪为"执政"的究竟是谁？

拾肆 出任伪满傀儡"执政" 185

日本关东军恐吓溥伟，吓破"小恭王"的皇帝梦。

溥仪根本不知，日本关东军对于伪满洲国的"元首"事先作了"三个预案"。

溥仪就任"执政"前，就与日本人签订了卖国求荣的"秘密协议"——却在《我的前半生》中撒了谎。

拾伍 解密日本人的《绝密会见录》 195

身处险境的溥仪，真假虚实，令无数人雾里看花，一时真伪难辨。

在伪满期间如实记载溥仪行止的《绝密会见录》，五十年后"现身"日本，竟在细微之处道破天机。

密藏起如此珍贵的历史记录者，到底何许人也？

拾陆 伪满洲国无形的刀光剑影 209

溥仪哪知，第一次访日却潜藏着直到他死后亦未获悉的咄咄杀机！

溥仪从日本迎来"天照大神"。究竟是谁替溥仪代撰祭文？

溥仪会见汪精卫时内心真实的想法，在几十年后写入了《我的前半生》未完成稿。

拾柒 末代皇后婉容的"秽闻"命运 219

末代皇后婉容抽大烟的起因是什么，末代太监孙耀庭的回忆是否可信？

川岛芳子受日本关东军派遣，携婉容及溥仪二妹和三妹乘船赴东北途中究竟发生了什么？

在伪满洲国，溥仪为什么宽恕"皇后"的通奸者？

婉容生下的婴儿是否被活活扔进了锅炉？

皇后婉容究竟病逝何处？

拾捌 谭玉龄之死及无福的"福贵人" 231

谭玉龄猝死。谜底何在？

谭玉龄骨灰下落如何？这里有本书作者采访当事人的真实追忆。

至于"福贵人"的命运，溥仪后来评论说：李玉琴虽说是"福贵人"，她其实连一天福也没享过。

第四卷 243

拾玖 溥仪被俘是巧合还是交易？ 245

一九四五年八月十九日，溥仪在沈阳飞机场被苏军俘获。因飞机始终在空中盘旋，直到苏联军队占领机场才落地。对此，不少人甚感蹊跷，众说纷纭。

苏联前线总指挥马林诺夫元帅亲抵通辽，押送溥仪一行至苏联境内。原来，苏军意图猎取溥仪口中的秘密情报。结果如何？

贰拾 溥仪向斯大林写信要求留居苏联 255

苏联政府宣布对溥仪实行"抑留"。

人皆不知，溥仪兄弟之间，发生了一次回避任何人的密谈。

溥仪躲在屋内的角落里，亲笔给斯大林起草信件——申请永远留居苏联。

国民党方面公然提出，对溥仪绳之以法。

贰拾壹 出席远东国际军事法庭作假证 263

一九四六年八月，苏联当局通知溥仪从伯力赴东京远东国际军事法庭作证。

溥仪的表演可谓登峰造极。海外媒体臧否不一，竞相报道这次庭证。

一封溥仪在一九三一年写给日本参谋本部次长南次郎的亲笔信提交法庭。

第五卷 273

贰拾贰 抚顺战犯管理所 275

岂料，溥仪被引渡归国，竟是毛泽东主席的决策。

溥仪在归国列车上，居然大吼大叫："谁敢骂斯大林，谁就是我不共戴天的敌人……"

罗瑞卿破例批准溥仪与李玉琴狱中同居。结果溥仪离了婚。那杰二弟的婚姻如何处理？

贰拾叁　溥仪身边的共产党"卧底" ………………………… 285

其父是伪满洲国总理大臣，儿子却是专门从事反对伪满洲国皇帝的中共地下情报人员。

感慨万端之际，溥仪禁不住对润麒说："共产党实在太厉害了！"

贰拾肆　颠倒了次序的特赦 ……………………………………… 299

溥仪居然被第一批特赦。决策人竟是毛泽东。

谁知溥仪的工作安排问题，惊动了周总理。

找对象时，溥仪对周总理道出了内心苦衷："总理啊，有个矛盾，进步的不要我，落后的我不要……"没想到，身高一米七四、体重一百零三斤的溥仪，特赦后不乏各式各样的痴情追求者。

贰拾伍　闪电式恋爱 ……………………………………………… 315

溥仪与李淑贤的媒人果真是周总理吗？

本书作者通过第一手采访，客观披露溥仪与李淑贤的神秘"红娘"。

被采访过的胡瑞贞女士，实实在在地承认，早年就认识李淑贤。胡瑞贞还坦承自己在解放前当过妓女。

贰拾陆　溥仪至死不知的"身世"之谜 ……………………… 325

在短短两个月婚恋中，李淑贤就怕溥仪问起过去的婚姻史。

李淑贤与溥仪结婚，是在她第二次正式婚姻法律判离之后仅仅一年多。

一个待解之谜——李淑贤前夫刘连升是否被枪毙？

刘连升果真死而复活了吗？

贰拾柒　溥仪最后一次婚姻未公开的秘闻 ……………………… 335

等到全国政协调查清楚李淑贤的身世，溥仪已结了婚。她究竟存在什么"不良反映"？

李淑贤在与溥仪结婚前，是否一度与隐瞒身份的日本军医同居？

溥仪与李淑贤新婚之后，过着怎样的夫妻生活？

贰拾捌　尴尬的夫妻生活 ………………………………………… 345

婚后第二天，李淑贤找到媒人沙曾熙，说："老沙，溥仪性生活不是差一点儿，是根本不行……"

溥仪婚后不久，竟然尿了血。

李淑贤曾亲口对笔者说:"我过去曾经怀过一个小孩儿,还没出生就在上厕所时候流产了……"

贰拾玖　溥仪的"隐私" ………………………………………… 355

李淑贤提出离婚,溥仪拿起菜刀就要抹脖子。

溥仪的"病"果真是"先天"的吗?末代太监孙耀庭对此给出了答案。

溥仪的性取向,历来众说纷纭。本书首次披露溥仪在《我的前半生》未完成稿里的自述。

而末代皇后婉容的弟弟润麒,也曾对笔者回忆起溥仪"另类"的性取向。

《我的前半生》执笔人李文达和沈醉先生,也分别留下了真实的追忆。

叁拾　末代皇帝与一位普通农民的友谊 ……………………… 365

上世纪八十年代初,本书作者围着蓬莱县城徒步寻找一天,才找到了栖身养老院的刘宝安。他展示了多封溥仪的亲笔信。信封上分别贴着珍贵的邮票,以及爱新觉罗·溥仪的亲笔签名。

第六卷 ……………………………………………………………… 381

叁拾壹　溥仪《我的前半生》作者到底是谁 …………………… 383

奇人、奇事、奇书——《我的前半生》的真正作者是谁?

末代皇帝与李文达合作著书数年,趣事连连。

"奇书"问世,受到毛泽东等国家领导人高度评价。孰料,执笔人李文达却在"文革"中锒铛入狱长达八年!

叁拾贰　溥仪病逝——患肾癌被吓死 …………………………… 397

溥仪被切除左肾,继而肾癌病情加重。

本书采访了当年的男女红卫兵。他们详忆保护溥仪未被红卫兵抄家的经过。

童仆孙博盛来信为何吓坏溥仪?"皇妃"李玉琴又是如何来京闯进病房?

叁拾叁　我为溥仪捉刀题写墓志 ………………………………… 409

一九六七年十月十七日,溥仪病逝。骨灰如何安葬?

周总理委婉地询问:"不放在革命公墓吗?他是政协委员嘛。"

皇叔载涛则说:"溥仪的骨灰不要放在革命公墓了——他离'革命'二字还差得很远。"

溥仪追悼会的召开,一直延至一九八○年五月二十九日。

后　记 ……………………………………………………………… 418

附　录　溥仪生平大事记 ………………………………………… 424

卷首语

本书作者与溥仪遗孀李淑贤交往近三十年，是溥仪遗物和日记的第一个整理者，同时又是第一个亲笔记录整理李淑贤回忆"亲历"溥仪后半生之人，更捉刀题写了溥仪骨灰盒上的墓志铭……一切，都无言地昭示着本书拥有无可替代的权威性。

从出生及三岁进宫——"登基"开始，直到病逝，本书如抽丝剥茧般层层展开了溥仪生前身后诸多扑朔迷离未解之谜——作者力求避开《我的前半生》中众所周知的内容，重点披露溥仪的非常人生中人所不知、人所罕知及故事背后的故事……

图片说明：昔日皇帝溥仪不仅成了新中国普通公民，而且成为文史研究工作者，这个奇迹使全世界震惊仿佛，从出生就为打造"传奇"而来。

中国末代皇帝——爱新觉罗·溥仪的一生,可谓跌宕起伏、极具传奇色彩。三岁登基,一生三次称"帝",历经晚清、民国、北洋军阀、伪满洲国、抑留苏联,尔后归国改造。屡经坎坷,历劫而不死,在新中国"回归"为普通公民。这无不娓娓叙述着一个"空前绝后"而又令人惊叹的历史奇迹。

皇帝、汉奸、战犯、公民——他的每一个生命片断,无不对应着晚清以来百年历史中那些更替迭进的关键性时间节点。

（一）

这是一部力求与众不同的溥仪传记。

溥仪因何被慈禧太后立"嗣"？又为什么在光绪皇帝和慈禧太后突然相继去世的"历史谜团"之中,登基成了"宣统皇帝"？

继而,出宫之后的大太监、总管李莲英又为何死于非命,仅留下一具无尸之头？这,难道是一起"连环谋杀案"？

您知道溥仪人所罕知的"乳名"吗？他是如何从康熙粉彩大果盘里被抱上皇帝宝座的？

晚清大内是否秘储着一个与溥仪同月同日出生的"替僧"？

隆裕太后在"三哭"中颁布"宣统逊位诏书"与此后袁世凯称帝,其间有着什么历史隐秘？

谁是"张勋复辟"幕后策划的主谋？日本军人是否暗中参与并出资"赞助"这次复辟？

溥仪生母自杀之谜的真正原因是什么？溥仪有否出宫去悼念亡母？

"宣统"大婚背后的故事——袁世凯和张作霖也曾托人做媒欲将女儿嫁给溥仪。

一夜之间,"皇后"为何遭贬变成了"皇妃"？溥仪因何在"婚庆"上钦点《霸王别姬》这出戏？

溥仪亲眼目睹公牛被群狗追咬"出宫",是否老太妃所预言的"被逐出宫"的先兆?

秘密潜离天津前,溥仪宅邸张园曾莫名其妙接到两颗炸弹等三个突发事件,为什么都是侍卫祁继忠前来报告的?溥仪是否怀疑此人系日本人的"卧底"?本书将悉数披露溥仪的原始回忆。

潜往东北前一天,溥仪精心布置"尿盆计"。为何"皇帝"被软禁汤岗子"对翠阁"整整七天?最终提出并确定溥仪为伪满"执政"的究竟是谁?

溥仪《绝密会见录》半个世纪之后在日本面世,使伪满湮没在历史尘埃中的绝密,逐渐拆封……

就任"执政"前,溥仪是否与日本人签订过卖国求荣的秘密协议,而在《我的前半生》中用什么样的谎言来"瞒天过海"?

溥仪为什么宽恕"皇后"的通奸者?婉容生下的婴儿是否被活活扔进锅炉?种种说法,哪一种更为可信?

"祥贵人"——谭玉龄猝死。谜底为何?

伪满垮台之后,溥仪在沈阳飞机场被苏军俘获。鲜为人知的是,押送途中,溥仪差点被苏军士兵"干掉"。

在苏联"抑留"五年,溥仪曾三次上书斯大林,申请永远留居苏联。国民党提出对溥仪绳之以法;溥仪却迫切要求加入苏联共产党。

"康德皇帝"做梦也没想到,伪满洲国总理张景惠的儿子,竟然是共产党深藏于伪满的"卧底"。

溥仪压根儿不知被引渡归国竟然是毛泽东主席的决策。原定先释放二弟溥杰,但次序被颠倒——溥仪被第一批特赦,决策人也是毛泽东。

根据李淑贤家对门居住的公安人员陈静波所签字的采访记录,本书"还原"了溥仪与李淑贤原始婚恋的真实状况。

一份全国政协的报告,非常明确地记载着:一九五五年,李淑贤前夫刘连升被查明是反革命分子,遂被政府镇压。但北京一位马先生近年对作者声称,刘连升并未被枪毙,而和他本人及北京知青在北大荒一起生活过多年。被镇压的刘连升如何死而复活了呢?

李淑贤与溥仪结婚前,是否一度与隐瞒身份的日本军医同居?溥仪与李淑贤新婚之后,究竟过着怎样的夫妻生活?

《我的前半生》的真正作者是谁?本书将披露神秘执笔人李文达的生平和传奇。

溥仪病逝——患肾癌被吓死。个别书籍和影视描写溥仪在"文革"中受到批斗,显系凭空虚构。

不少人好奇,末代皇帝溥仪的墓志铭,为何由我捉刀题写?

凡此种种,不一而足。对于末代皇帝——溥仪非常人生的种种未解之谜,我将以大量的第一手珍罕史料,揭示历史真相。

(二)

简言之,这部关于溥仪的新书——《末代皇帝的非常人生》,俨然一阙"干枝梅"。既不着意渲染,更无掺加不必要的水分,而是侧重于第一手真实史料中人物和事件的深度挖掘。

说句不揣冒昧的话,关于溥仪的书,近年问世不少,若细细探究,"第一手"新史料少之又少,多数内容都是抄来转去,尤其事涉溥仪后半生的史实,大多源自拙作《末代皇帝的后半生》及《末代皇帝最后一次婚姻解密》等书,鲜有例外。

皆因我开始撰写《末代皇帝的后半生》时,是在七十年代中期。围绕溥仪这一人物,我曾先后采访了晚清以来三百多名与溥仪直接接触的亲历之人。如今,这些历史见证者,堪称硕果仅存。

其中,使人备感欣慰的是,笔者有幸作为"文革"之后,第一个整理溥仪遗物之人,亦同时作为第一个记录整理溥仪遗孀——李淑贤回忆溥仪后半生经历之人,不经意间亲手留下了第一手的珍贵史料。我亲笔写就的这一百多页手稿上面,有李淑贤逐页审阅并亲自修改的笔迹。似应说明,这是李淑贤一生中唯一以较长时间与他人面对面地口述合作,较全面地回忆溥仪后半生的珍贵史料。

应阐明的是,我当年并非单纯记录者,而是事先将原始的溥仪日记拿回家中,仔细研读(至今珍藏在长春伪满博物馆的原始溥仪日记上,仍有我亲笔题写的日记、文稿编号和提要以及部分注解)之后,写下题目和线索供李淑贤回忆和思考。

有一些重要内容,譬如毛泽东接见溥仪,我曾先后采访二三十人,然后再与李淑贤核实后整理成文字。至今,这份原始整理稿上仍留有不少形状各异的标记,即可证明此说并非虚构。

尽管此后"合作"发生了令人难以理解的曲折变化,我亲笔撰写的关于溥仪后半生的回忆录手稿,亦被他人"取走"使用,但其至今仍被收藏于长春伪满博物馆内,足证此份手稿弥足珍贵。

自然,引证客观史料,是研究历史的一种方法。探讨研究传主的人生,无外乎两种途径,一是靠"死史料",即借鉴档案史料以及有关日记和书籍;二是"活史料",即采访相关历史知情人士,获得口述史料,或证实或补充"死史料"。这两种途径,均需下一番苦工夫,最终达到探究传主复杂经历和真实的心路历程的目的。

实事求是地说,迄今为止,溥仪一生仍有许多未解之谜。而数十年间,我一直在力求深入挖掘溥仪的非常人生之旅——那些人所不知或人所罕知的历史细节,尤其是故事背后的故事。

围绕溥仪的人生经历,我先后采访了晚清以来的三百多个人物,从毛泽东、周恩来的秘书,到溥仪的司机、厨师、杂役,及至溥仪的最后一个妻子李淑贤、皇妃李玉琴、皇叔遗孀、帝师之子、皇族中的近亲。

其间,溥仪的胞弟——溥杰和溥任以及溥仪在世的几位胞妹,几位近侍,都成了我的忘年好友。他们为我的溥仪研究和写作提供了丰富而真实的史料。

岁月流逝,这些历史见证人,大多皆已作古。

对于散佚于各处档案中的史料,我也曾竭力追踪寻觅,以搜集第一手史料为要。国家档案馆、明清历史档案馆以及各政府部门档案,包括一些明确密级且未解密的历史密档,以及流落于各地的个人档案,这些都为解密溥仪的非常人生,提供了翔实而珍贵的历史资料。

然而,即使是官方档案,囿于历史局限,亦不排除存在"非真实"成分。譬如,国家保存的李淑贤的历史档案,其中包括李淑贤所填写的一些履历——经我辨认并查实,有些自述的文字材料确属李淑贤让他人代笔的,现存档案中也确杂有不实内容。

本书作者多年来采访三百多位晚清以来人物的部分笔录及第一手历史资料

至今，我仍深切感受到，在历史人物研究中，除搜寻确凿的独家史料须下气力之外，即使经过坎坷而洞悉历史真相，欲披露历史真相之际，不仅需要勇气，也需要适当的历史条件和环境。这是我近年才悟到的。否则，同样会遇到种种不可预见的麻烦。

（三）

我历来崇尚独家史料，尤其是第一手真实史料。这是最难得的。在当今，个人垄断档案史料几乎是不可能的，但通过采访挖掘独家口述史料，尽管难度极大，却是极有可能的。我自身的体验亦如此。

我的这部新书，史料主要来源于四部分。

一是我采访的晚清以来三百多人的口述史料，内中不少有被访人签字或题字为证。我采集的晚清以来人物的数百小时珍贵录音和数十小时珍贵录像、数以千万字的档案和采访，以及我数十年来搜集的数千张晚清以来人物的历史照片（内中不乏孤版照片）。另外，包括我在七十年代末至八十年代初期，作为第一个整理溥仪遗孀李淑贤回忆的原始手稿。

二是几十年来，我在北京及各地挖掘的旧档案史料中的新线索和新资料，其中不少是未曾披露的史料。

三是前苏联解密档案以及日本新发现的档案史料，以及相关参考资料。

四是我多年来收藏的溥仪的《我的前半生》各种原始版本。当然，其中内容亦须经过艰辛考证，辨别良莠，去伪存真①。

须说明的是，我的忘年挚友——末代太监孙耀庭老先生在世时，为我提供了许多珍贵的史料——包括录音和录像。而且，他还为我提供了不少宝贵的历史线索。

孙耀庭老先生晚年最推崇晚清著名太监信修明先生，皆因信修明先生具有一定文化素养，又酷爱文史，从而留下了一部《老太监的回忆》手稿。其中多为信修明的亲历亲闻，对于研究溥仪的晚清宫廷生活，具有重要的历史参考价值。

信修明先生在留下的文史遗著中，曾慨然自叙："在宫中二十余年，上至主子，下至太监，我对于上下级的人们，同事当差，要直笔记事。出奇的无有，

---

① 本书一些内容，取材于我收藏多年的溥仪的《我的前半生》"灰皮本"的原始版本。群众出版社在二〇一〇年底才出版发行此书，故在前几年本书写作时，原本是作为未经披露的史料引用的，特此说明。

偏僻决绝的不敢下笔。千百年之后,做一铁石般的信史。"

其实,信修明先生也说出了我的心声——心同此声。"铁石般的信史",尽管难度极大,但无疑是我的追求。

鉴此,我的书力求不重复众所周知的溥仪所亲历事件,若无新的史料或观点,我宁可弃之,也绝不简单"拷贝"。当然,引用或采录我原有的著述,以证实我的固有观点,自然不在此列。

溥仪一生经历复杂,对于有的史实众说纷纭。我的观点是,对于凡有争议的史实,均要找到第一手史料佐证——不怕有争议,就怕没依据。否则,绝不轻易动笔。

颇值得一提的是,我的妻子杨崇敏采用第一手史料,数年几易其稿,撰写了"溥仪生平大事记"作为本书的《附录》。这其实是一个浩瀚的工程,需去伪存真,剔除误写。我俩商定,即使对于存有争议之处,绝不绕道而过,而力求寻找第一手史料写就。这应算是本书的一个重要收获。

譬如,溥仪受到毛泽东主席接见的确切时间,始终众说不一。此次引用我保存的第一手的溥仪的亲笔书信,写入溥仪生平,填补了这一空白。至于溥仪的生母究竟在哪一年去世,不少书中亦记载不一,连溥仪在《我的前半生》初稿中也写错了。这次,经反复核实,亦客观地写入书中。

溥仪病逝的确切时间,由于新华社记者没到场,他写的报道只是估摸了一个大致时间。此次依照溥仪三妹之子宗光提供的时间,准确地写入。因宗光是溥仪辞世之际唯一在场的爱新觉罗家族成员。

实事求是地说,本书关于溥仪后半生的内容,部分参考了拙作《末代皇帝的后半生》和《末代皇帝最后一次婚姻解密》,并挖掘了新的史料。本着对历史负责的态度,对于一些仍存有争议的史实问题,作了部分客观说明和注释。

需说明的是,《末代皇帝最后一次婚姻解密》出版后,曾轰动海内外,受到国内外各界人士广泛关注。个别人出于不可告人的目的,污蔑攻击此书"编史造假",经过人民法院公开审理,正义得到伸张,污蔑者被判决败诉,赔礼道歉并赔偿笔者十万元。这足以证明法律的支持以及《末代皇帝最后一次婚姻解密》一书的真实性。

此次《末代皇帝的非常人生》一书的出版,诚望得到方家指正,尤其是欢迎曾与溥仪接触之人对任何历史细节批评指谬,以求此书成为信史。

溥仪的人生,是一部浓缩的历史。溥仪的离世,终结了一个时代。

第一卷

紫禁城的终极黄昏,斑斓五色。
历史遗憾地留下了一个个未解的宫廷谜团。
晚清结局,终于慈禧太后的"四招棋"。说了归齐,乳名"午格"的溥仪,只不过是慈禧太后手中的第四颗"棋子"。
谜底何在?

壹

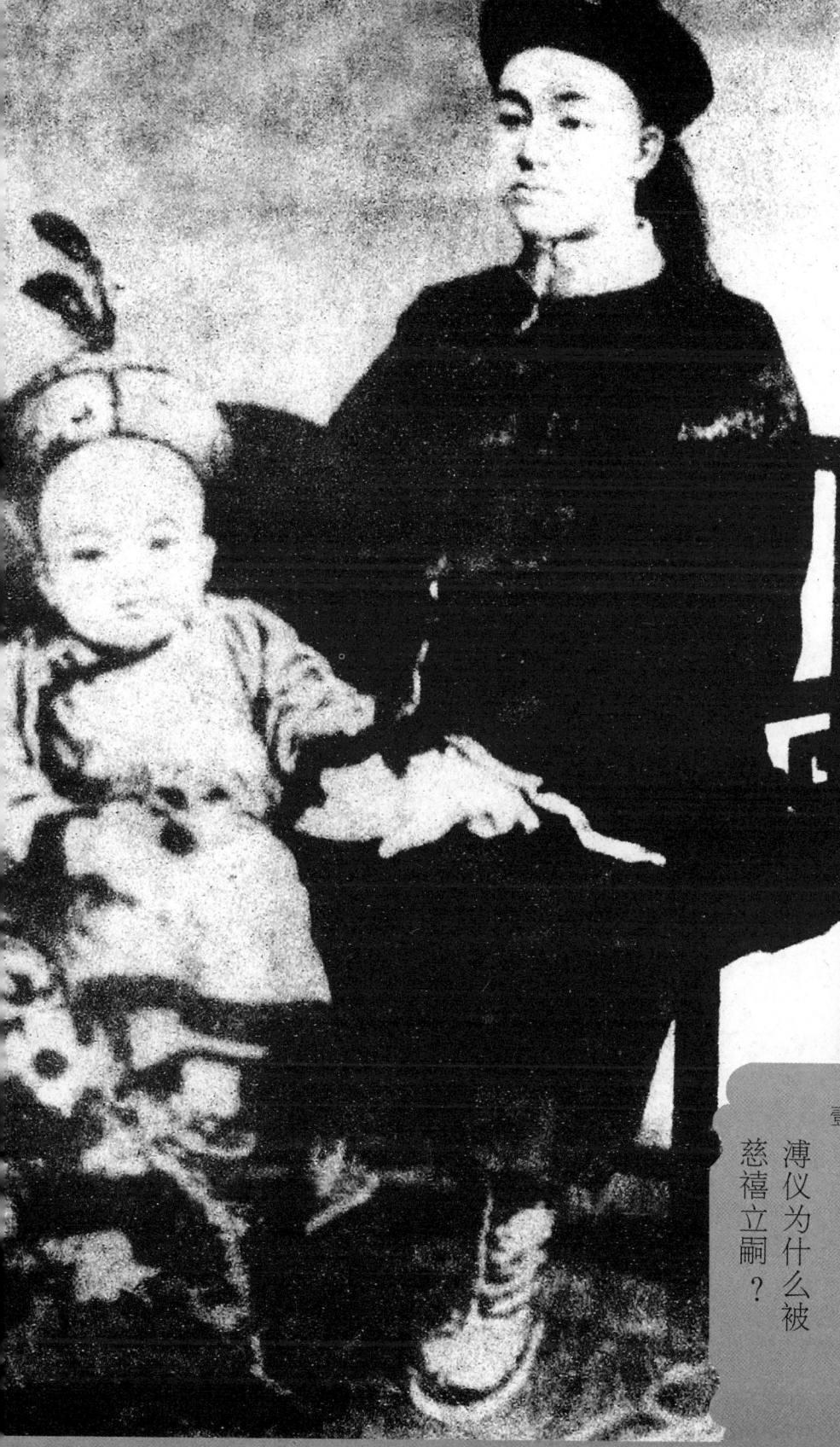

溥仪为什么被慈禧立嗣？

说起溥仪，不能不首先提到慈禧太后。没有慈禧，溥仪不可能成为"宣统皇帝"。充其量，溥仪只是慈禧的"四招棋"之一。

第一招棋：慈禧将胞妹下嫁老醇王奕譞；第二招棋：让妹妹之子载湉进宫当皇帝、弟弟桂祥的女儿当光绪皇后。据老太监等人说，光绪还可能是慈禧与荣禄之子——这当然有待科学验证；第三招棋：让荣禄的女儿瓜尔佳氏嫁给光绪的弟弟载沣；第四招棋：让瓜尔佳氏之子溥仪成为宣统皇帝。

工于心计的慈禧，牢牢把控了晚清三代皇帝（同治、光绪、宣统）、两代醇亲王（包括一代摄政王）——奕譞和载沣。

说了归齐，最后让溥仪当皇帝，只是慈禧的第四颗棋子。

图片说明：你见过溥仪降临人世后的第一幅照片吗？这是首次面世的慈禧曾侄孙那根正先生家里传世珍藏的原版照片，而故宫内珍藏的那幅画像是据此而描绘的若说起溥仪,不能不首先提到慈禧太后。因为溥仪是被慈禧立为皇帝的。换句话说,没有慈禧,溥仪不可能成为"宣统皇帝"。

为什么?究其根本,溥仪只不过是慈禧太后的大戏落幕之际的棋局中,所布的最后一颗棋子——也就是第四颗棋子。

慈禧的三方面压力和她的四招棋

晚清末年,朝廷从上到下腐败透顶。到了光绪朝,更是面临错综复杂的国内外局势。这种情形可以用八个字形容:"内忧外患、风雨飘摇"。

实际执政的慈禧太后,面临着国内外三方面的主要压力。

第一是来自外国侵略者的威胁。譬如立"皇储"一事,凡外国人不同意的,都不会成功。慈禧太后立端王载漪之子溥儁为"大阿哥"就是一个明显例子。为此,她曾出面宴请外国公使。没想到,那时的老外挺"牛",竟来了个集体罢宴,最后只能以失败告终。外国人对中国朝政的干涉程度,由此可见一斑。

第二是宫廷内外矛盾重重。以光绪皇帝为首的维新派,对慈禧太后形成致命威胁,胎死腹中的"戊戌变法"便是一个活生生的例子。事实上,慈禧想废掉光绪的念头一直未曾打消过,只是外国人不答应,她便也没敢"冒海外之大不韪"而轻举妄动。

更让慈禧心惊肉跳的是,此时国内革命风暴可谓异军突起,民众要求"立宪"的呼声此起彼伏,连带引发一系列铁路、矿山运动,全国上下已渐成燎原之势。

第三是袁世凯为首的军界实权派勾结军机大臣庆亲王奕劻(乾隆帝第十七子永璘之孙),时刻危及已经腐败透顶且摇摇欲坠的晚清政权。

众所周知,庆亲王奕劻主持对外"议和",签订《辛丑条约》,为慈禧解了一时危难。由此,在光绪十九年入主军机,当礼王告退后,他便一跃而成为领衔军机,其子载振出任商部尚书。

此时,全国的军事和经济运转,相当一部分掌握在奕劻父子手里。他既号称"八国后台",又和袁世凯暗中勾结,妄图以此左右慈禧太后。

还有一个细节颇有意思。见到恭亲王奕訢之女荣寿固伦公主①，以及慈禧的内侄德垣的寡妻——垣大奶奶，始终陪伴慈禧身边，奕劻便让寡妇女儿四格格，成天也跟随在慈禧身边，甚至睡在宫内。

世界上第一部《慈禧传》（又名《慈禧统治下的中国》，白克浩斯著，1910年出版）及其他版本（由本书作者收藏）

荣禄见此情景，便也让太太整天陪伴在慈禧身边，终日不离左右，这两人显然都成了宫内的"卧底"。

对此，慈禧太后并非毫无察觉。据清朝末年的老太监信修明所记载，慈禧曾不止一次在退朝时，当众怒喝道："内廷有奸人。宫中有事，外边就知道，总想不出是谁。想你们这些太监，绝不敢干这种事……"②

显见，慈禧太后这一番话，并非无的放矢。

宫廷情报战，愈演愈烈。

京城内外，几乎每天都在风传着似是而非的各种"大内"消息。宫外的任何一点儿风吹草动，无不与宫内密切相连。其中有一个特点不能不说，那就是各方势力都在竭力贿赂大太监李莲英，力图通过他时刻陪伴左右的机会，渗透影响慈禧太后。

从另一角度来看，奕劻和荣禄，也分别与袁世凯密切勾结，关系非同一般，

---

① 清朝时，公主分为固伦公主、和硕公主两个等级。皇帝与皇后的女儿为固伦公主。皇帝与妃嫔所生的女儿或皇后抚养的宗室女儿为和硕公主。

荣寿固伦公主，为恭亲王奕訢长女，生于咸丰四年（1854年），咸丰十一年，被封为固伦公主，由于恭亲王力辞，诏改荣寿公主。同治五年（1866年），下嫁富察氏，额驸为一等公景寿之子志端，五年后其夫病逝，公主年仅十七岁。光绪年，被慈禧晋封为荣寿固伦公主，赐乘黄轿，赏食公主双俸。1900年八国联军入侵北京，荣寿固伦公主避难京郊雷桥村，后暂住昌平麻峪村，1924年去世，时年七十一岁，葬于安定门外立水桥东雷桥村南侧。

② 引自信修明遗著《老太监的回忆》。

形成了特殊的利益集团。

实际上,朝廷内外错综复杂的矛盾,集中在一个焦点上——皇位继承。

面对复杂的晚清时局,慈禧太后先后布下了四招棋,直到临死之际,仍牢牢地把握着大清政权。

细看四招棋,一环连一环,却都没离开溥仪所在的醇亲王府。这样,慈禧紧紧把控住了晚清三代皇帝(同治、光绪、宣统皇帝)、两代醇亲王(包括一代摄政王)——奕譞和载沣。

说了归齐,最后让溥仪当皇帝,只是慈禧的四颗棋子之中的最后一颗。

这里,我们先从第一颗"棋子"说起。

第一招棋:慈禧将胞妹下嫁老醇王奕譞

当慈禧还是懿贵妃时,由于长年生活在深宫内苑,能经常见到的男人除咸丰皇帝和一些太监以外,仅是几个小叔子,即咸丰的六弟、七弟和九弟(八弟已故)。

于是,她煞费心机地欲在其中寻觅一个妹夫充当"铁杆"。经过反复权衡,最后相中了咸丰皇帝的七弟。这就是溥仪的祖父——老醇亲王奕譞。

经过斡旋,慈禧的第一招棋开局成功。咸丰十年(1860年),奕譞奉旨与慈禧的妹妹叶赫那拉·婉贞成婚。奕譞被赐予醇王府第于宣武门内太平湖,京城人俗称"南府"。

为什么慈禧极力拢住老醇王奕譞?其中有两个重要原因不能不提。

一是奕譞在"辛酉政变"中,带领兵马星夜驰奔密云半壁店,擒获赞襄顾命八大臣之首的肃顺,为慈禧此后执政立下汗马功劳。

二是慈禧看中奕譞为人厚道、忠诚可靠。纵观此后发生的一系列事件,便可发现这一条异乎寻常重要。精谙用人之道,这是慈禧最高明之处。

见微而知著。有两件外人所不知的小事儿,也许最能说明奕譞为人谨慎,从不张狂。据溥仪的二妹韫龢回忆说,慈禧太后曾经赏赐过奕譞一件黄马褂,他至死没穿。此外,慈禧还赏过他一乘大轿,奕譞却始终也没敢坐过一次。

慈禧太后不仅晋封奕譞为亲王,还授予他一系列掌管大内和军队的实职,譬如正黄旗汉军都统、御前大臣、掌管神机营、善扑营事务等等。一句话,慈禧就是要让妹夫奕譞替自己牢牢把住军权,稳固政权。

譬如，神机营在当时来说，不仅是大清王朝唯一掌握新式武器的部队，也是晚清政权赖以生存的"现代化卫戍部队"①。仅从晚清宫廷此后接二连三的突发事件分析，慈禧太后把这支武器装备最先进的军队，交给其妹夫奕譞掌控，是有着深谋远虑的。

谁知，尽管妹夫可靠，慈禧太后的胞妹——奕譞的福晋叶赫那拉·婉贞，对于姐姐却并不完全买账。从性格上比较，也与姐姐慈禧恰恰相反。仅举一例——她自称心软善良，而且格外迷信——信奉佛教，夏天连醇王府的花园都不走进去，说是怕踩死蚂蚁。

在日常生活中，婉贞可称是一个循规蹈矩的王爷福晋。据说，慈禧太后在同治帝宾天之后不久，召胞妹婉贞进宫看戏，哪知，她坐下后却一声不吭，双目紧闭。见此，慈禧恼怒而不解地质问妹妹："你为什么闭着眼看戏？"

哪想，这位胞妹竟然当场顶撞起了慈禧太后："你难道不知道？'国丧'期间，穿孝不能看戏吗？"

当即，平时说一不二的慈禧太后被性格倔强的妹妹气得大哭不止。一场大戏只能不欢而散。

据溥仪的二妹韫龢回忆，她曾向溥仪讲述了祖母刘佳氏对自己所说的这个故事，溥仪于是据此写入了《我的前半生》一书内。

最令溥仪一家人始料不及的是，慈禧太后当妹妹婉贞不幸病逝之后，又借机大闹醇亲王府。

溥仪的祖母——奕譞的侧福晋刘佳氏，曾经对溥仪的二妹韫龢追忆了自己的亲身经历——光绪二十二年五月初八②，当叶赫那拉·婉贞去世之后的一天，慈禧太后怒气冲冲地前去醇亲王府"吊丧"。

按照醇亲王府的旧规矩，祖母刘佳氏必须带着王府内的上上下下众人在院里跪接。岂知，慈禧太后故意挑了一个坏天气来找碴儿，刚迈进"九思堂"便大发脾气，拒不发话让大伙儿起身，众人只得继续跪伏在滂沱大雨中。

醇亲王府一家人跪在地上，整整几个小时没敢动窝儿。刁钻的慈禧太后，吵闹着把妹妹屋里最值钱的珠宝首饰，统统拿出来扔弃地下，又踩着脚踩了一遍。

---

① 神机营，建于清咸丰十一年（1861年），是晚清期间使用新式洋枪、洋炮武器的禁卫军。其职责是负责守卫紫禁城，以及皇帝和皇后出行的警卫。据说，当时神机营拥有兵员数万人，各级官吏五百多人，竟然比兵部还多三百多人。
② 光绪二十二年，即公历1896年。

溥仪的嫡祖母刘佳氏（右）和庶祖母李佳氏

其实,这既是发泄心中的怒气,也是在检查珠宝首饰的真伪。据说,当时慈禧太后横眉立目,大发雌威:"真的踩不碎,就放进棺材里陪葬。如果是假的,必须立马扔掉!"

连溥仪后来也知道,刘佳氏经过这一场雨中长跪之后,从此身患风湿性关节炎,种下腰腿疼的病根儿,始终没能治愈。更没想到的是,刘佳氏由于此后多次受到慈禧太后的威吓和刺激,竟然患上了精神错乱症①。

然而,慈禧太后出于政权统治的需要,对于醇亲王府家族这一支脉又打又拉。在此基础上,慈禧又绞尽脑汁,使出了第二招棋。

---

① 关于刘佳氏精神病起源:一是由于慈禧妹妹病逝,慈禧大闹醇王府,受到刺激;二是溥仪被抱进宫,又受刺激;三是载涛和载洵过继出去,再受到刺激。她后来精神病反反复复发作,始终未能治愈。

第二招棋：让妹妹之子载湉进宫当皇帝、弟弟桂祥的女儿当光绪皇后

慈禧太后的棋局，始终围绕着"牢牢把控以皇帝为中心的清朝政权"这一基本点。这自然无须过多解释。

当同治皇帝宾天之后，慈禧太后遂颁布懿旨，由其妹——叶赫那拉·婉贞之子，也就是醇亲王奕譞之子载湉（光绪），入继"大统"。

其实，若按皇家的承继顺序来说，首先无疑是道光皇帝的长孙，即载治①之子溥伦②。可是，慈禧内心并不想按照老规矩办，想来想去，遂找了一个理由——以其是过继而来，"宗支疏远"为由，不同意立溥伦。

而慈禧太后无法说出的实情，却是溥伦已经年满十七岁，如若立溥伦为继承人，则无法垂帘听政。

这样，慈禧太后一锤定音，决定载湉承继皇位。据记载，此前慈禧太后虽然陆续召见皇帝候选人二十九名，装模作样地亲自逐一考察，事实上只是故意做给世人看的一个"障眼法"而已。

显而易见的是，慈禧太后居然以其乾纲独断的气魄，毅然改变清朝历代皇帝父继子承的"世袭"祖制，完全推翻了以往朝廷的旧有程序。对于约定俗成的三种"立嗣"形式——无论是事先秘立储君、还是"先皇"驾崩嗣后颁布遗诏，以及御前大臣集体议定这些俗套子，统统弃之不用，而由皇太后一语定乾坤，可谓史无先例。

再有，慈禧太后汲取亲历的"辛酉政变"——咸丰皇帝临终指定赞襄大臣的切身教训，毅然决然打破了幼帝由大臣辅政的旧规，索性由皇太后亲自来个"垂帘听政"。慈禧太后立四岁的载湉继承皇位，其目的非常明确：独揽朝纲大权在手。

而与慈禧太后的态度截然不同的是，当奕譞听说其子载湉被择定立为皇帝，却顿时被吓晕了过去。这并非野史传闻，清朝正史有着清楚的记载。据《清史稿·奕譞传》记载，奕譞当时闻听"懿旨下降，择定嗣皇帝，仓猝昏迷……"

---

① 载治，生于道光十九年己亥正月初一，清乾隆帝第十一子成亲王永瑆曾孙，是奕纪第五子，过继道光帝长子奕纬为嗣。袭贝勒，后加郡王衔，光绪六年十二月二十八日卒。

② 溥伦，载治之子，袭封"贝子"爵位。与庆亲王奕劻关系密切，后依附袁世凯，鼓吹"洪宪"帝制。曾率团出席美国圣路易斯世界博览会，历任资政院总裁、农工商大臣，系宣统朝皇族内阁成员。其四子毓崇，曾陪伴溥仪读书。

表面看来，这似乎是一个令人费解的笑话——皆因儿子要当皇帝，父亲居然被吓得当场昏迷，在历史上来说，也无疑是一件"奇事"。但在久经宦海沉浮且深知慈禧为人的奕譞的眼中，这不啻于大祸临头，因此才发生了异乎寻常的这一幕。

显然跟常人不同，慈禧太后"举贤"并不避亲，也丝毫不怕旁人责难，凡属皇帝家的婚姻大事，则完全由她一家人"包圆儿"了。

再看慈禧这招棋的第二步，即光绪长大成人，慈禧又亲自出面让胞弟桂祥的二女儿嫁给光绪皇帝。

这种亲上加亲之事，在皇城内外传得沸沸扬扬。然而，慈禧太后视而不见，依然我行我素。

从晚清到民国期间，宫内外都曾经流传着这样一种说法，光绪是慈禧与荣禄之子，只不过是假借妹妹的名义匿养于醇亲王府，稍大再送进宫，便成了"光绪皇帝"。

这种说法，末代太监孙耀庭和末代皇后婉容的弟弟润麒，都曾先后对笔者提起过。但真正断此疑案，要靠科学，譬如 DNA 验证。仅凭传闻，无以为证。目前来看，只能暂作为一种说法，存疑待考。

据笔者的朋友那根正（慈禧的弟弟桂祥的曾孙）回忆：隆裕太后是那根正祖父的亲姐姐。慈禧太后把她嫁给光绪皇帝，是想效仿前朝孝庄皇后把娘家哥哥的女儿指婚给儿子顺治皇帝。这样，光绪皇后既是侄女，同时也是自己的儿媳妇，有利于稳固大清江山。

谁料，事与愿违，结果竟不幸酿成了光绪朝宫闱不和的祸根。

隆裕的名字叫静芬①，算是光绪的表姐，论年纪，比光绪大三岁。外形上，她是一个无法挺直身板的"驼背"。

据醇亲王府的人传说，慈禧太后对这桩新娘比新郎大的"天子婚姻"，仍然持京城老百姓的说法——"女大三，抱金砖"。岂知，这块"金砖"始终没能让光绪皇帝抱热乎。

照理说，这俩人从小就在一起玩儿，可以称得上青梅竹马。光绪皇帝刚进宫那些年里，每次静芬到宫里见"姑爸"——慈禧时，都去看望他，俩人一聊就是好长时间。可这俩人谁都没想到，慈禧太后竟然把侄女"指婚"给了光绪皇帝。

再说光绪皇帝娶的两位妃子，也的确有点儿离奇——珍妃和瑾妃这一对

---

① 隆裕皇后的乳名叫喜子。宫中选"后"的绿头牌背后，注明"喜格"二字。

亲姐俩,为何同时嫁给了光绪当妃子?

真正的内幕是,大太监李莲英用两个妃子换了一个皇后。据爷爷对那根正亲口回忆说,由珍妃和瑾妃的娘家人——哥哥志錡出面运作,花了大笔银子,贿赂慈禧太后身边的太监首领李莲英,起初为的是能让珍妃当上光绪皇帝的皇后。

珍妃是礼部侍郎长叙之女,镶红旗人,属他他拉氏。光绪十五年被选进宫时,她年仅十三岁,瑾妃十五岁。论起来,在皇亲国戚的眼里,珍妃确实最具备条件当皇后——年轻又漂亮、聪明、能歌善舞、识文断字,几乎都占全了。另一方面,李莲英收了珍妃家贿赂的巨款,已私下应允通过运作让珍妃当上皇后。

哪知,慈禧太后内心早就铁定让自己的侄女静芬当皇后,任何人都不可能逆转。

这样一来,李莲英从中坐了蜡,只能在选妃过程中做些手脚,不然,无法对珍妃家里交代。对于慈禧太后来说,只要自己的侄女选上皇后,谁当妃子都关系不大。

当时光绪皇帝选妃要经过层层"海选",珍妃在最后的三十一人竞争中脱颖而出,只因为她实在太出众了。据记载,光绪十四年九月,最终的角逐在储秀宫内的体和殿举行。

杀入"决赛"的候选

《故宫周刊·珍妃专号》。由老太监唐冠卿回忆珍妃被选入宫及身亡的过程。是第一份相对原始的资料(由本书作者收藏)

人"过关斩将",最后只剩下五位"千金",即慈禧太后的弟弟——都统桂祥的女儿、礼部左侍郎长叙的两个女儿以及江西巡抚德馨的两个女儿。

据说,光绪皇帝一眼看中的并非珍妃,而是德馨的长女,于是按照规矩,拿着一柄玉如意,缓缓走近她面前。平时,光绪皇帝极为喜欢看京戏名角余玉琴的戏,时常传其进宫唱戏,而德馨的长女外貌酷似余玉琴。

如果按照光绪皇帝的真实想法,此事毫无悬念。

谁想,慈禧太后见此情形不妙,高叫一声——"皇帝!"这时,李莲英见势连忙过来故意搀扶了光绪皇帝一下,同时给他使了一个眼色。光绪内心再明白不过,慈禧太后的旨意是根本无法抗拒的,只好违心地任由李莲英引到桂祥的女儿静芬面前,把一柄玉如意极不情愿地递交到她的手里①。

皇后选定,慈禧太后"凤颜大悦"。桂祥长女的名字——静芬,从此不再提起,光绪的皇后遂称"隆裕",由此成了"第一夫人"。

然而,李莲英却立马慌了神儿,为了偿还珍妃家的人情债,遂在慈禧太后面前不遗余力地拼命斡旋,终于,慈禧同意将珍妃和瑾妃一起带进宫当了妃子。结果是,珍妃这样一个"候选皇后",瞬间换成了两个妃子②。

这笔瞒天过海的幕后"交易",在钱与权的多方较量中秘密成交,上演了

---

① 此说源于《故宫周刊》一九三〇年第三十期"珍妃专号"所登载的老太监唐冠卿回忆。慈禧太后胞弟桂祥的曾孙那根正先生,亦持此说法。笔者老友——原东陵管理处于善浦先生经查故宫原档,提出了另外的说法——太监唐冠卿所言,光绪皇帝选秀女是在光绪十三年冬是错误的。有案可查的是光绪十四年九月二十四日。真实的历史是,慈禧太后和光绪皇帝在三十一位秀女中选中了三位。在复选秀女后的第十一天后,立了叶赫那拉氏为皇后,立了他他拉氏姐妹为瑾嫔、珍嫔。

另据于善浦先生查阅故宫档案,在光绪十二年的备选秀女名单中,并无长叙的两个女儿,此清单中有六名秀女,都是皇亲。"有同治皇帝一位皇贵妃之妹、有咸丰皇帝孝德显皇后之弟的女儿。同时,还有慈禧太后的一位堂妹和三个侄女,即:三等侍卫惠春之女,年十七岁,据该旗册报,系慈禧太后堂叔之女,叶赫那拉氏,原任郎吉郎阿之曾孙女,原任郎中景瑞之孙女(为慈禧太后之堂妹);原任公爵桂祥之女,年十四岁,据该旗册报,系慈禧太后胞弟之女,叶赫那拉氏,原任郎中景瑞之曾孙女,原任道员惠征之孙女(为慈禧太后之侄女);头等侍卫桂祥之女,年十五岁,据该旗册报,系慈禧太后胞弟之女,叶赫那拉氏,原任郎中景瑞之曾孙女,原任道员惠征之孙女(为慈禧太后之侄女);头等侍卫桂祥之女,年十九岁,据该旗册报,系慈禧太后胞弟之女,叶赫那拉氏,原任郎中景瑞之曾孙女,原任道员惠征之孙女(为慈禧太后之侄女)。可见慈禧太后用心良苦,在六名备选秀女中,慈禧娘家的近亲叶赫那拉氏便占了四名。"以上两种说法,兹实录待考。

② 于善浦先生曾在第一历史档案馆查阅清宫原档记载:光绪十四年十月初五日,亦即选秀女十几天之后,慈禧太后颁布两道懿旨:一、皇帝寅绍登基,春秋日富。允宜择贤作配,佐理宫闱,以协坤仪而辅君德。兹选得副都统桂祥之女叶赫那拉氏,端庄贤淑,著立为皇后。二、原任侍郎长叙之十五岁女他他拉氏,著封为瑾嫔;原任侍郎之十三岁女他他拉氏,著封为珍嫔。

中国历史上少见的姐妹俩同嫁皇上而成为妃子的一场闹剧。

紧接着,一幕宫闱大剧隆重上映——光绪皇帝大婚之后,由于光绪喜欢珍妃,过分冷落皇后,隆裕屡向慈禧太后告状,结果也只是夹在光绪与慈禧之间受气,还无形中成了"特务"。以致最后竟发展到了如此地步——光绪皇帝每当牵着小狗从隆裕皇后门口路过时,总要跺脚发泄一阵才走。

由于珍妃的存在,更加深了光绪皇帝与皇后俩人之间的隔阂。譬如,聪明而惯耍小性儿的珍妃故意训练得身边小狗每逢路过隆裕皇后门口时,必撒一泡尿才走。显然,这是故意恶心隆裕皇后[①]。

显而易见,光绪皇帝与隆裕皇后的关系,正在步步恶化。正像老太监信修明所回忆的,"戊戌变法"之后,光绪更是从此不再搭理隆裕。显然,隆裕成了长年独守活寡的皇后。

而隆裕恰恰正如死后的谥号一样——孝定"景"皇后,名符其实地成了宫中一"景"。

往日,光绪皇帝在夏天到瀛台避暑时,隆裕皇后住在同义轩,瑾妃和珍妃则分别宿在茂对斋、画舫斋。即使离得再近,光绪皇帝宁可舍近求远地去看望珍妃,也从不到同义轩去串门,可见关系之僵。

继而,隆裕向慈禧太后哭天抹泪的结果,只能使与光绪皇帝的关系越来越

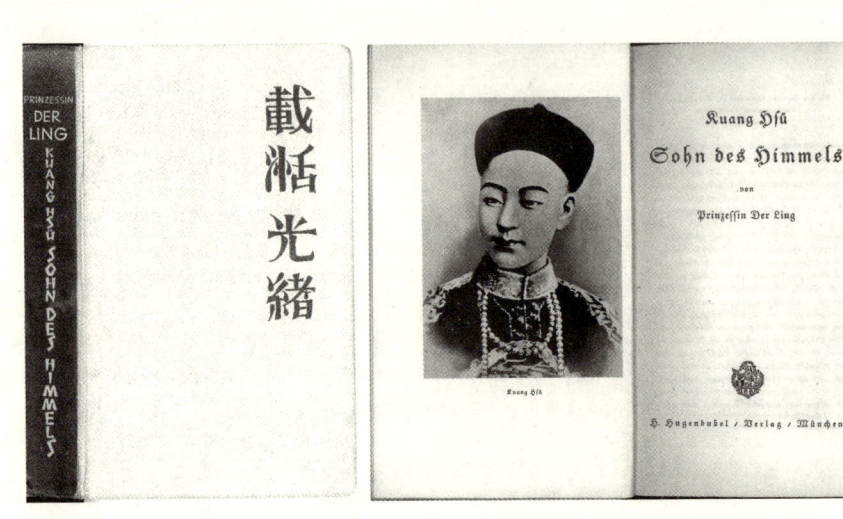

民国出版的第一部外文原版《载湉光绪》(由本书作者收藏)

[①] 这则小故事,最早源于溥仪的祖母刘佳氏对溥仪二妹韫龢的讲述,溥仪特赦前写入了《我的前半生》未定稿。

糟糕。最终,帝、后两派终于反目为仇,珍妃成了慈禧太后和隆裕皇后必欲除之的"眼中钉"。

当八国联军逼近京城,慈禧太后西逃前夕,下令让大太监崔玉贵把珍妃从东北三所带出,扔进了乐寿堂后西所的枯井中。这已是后话了。

实际上,在老太监信修明的眼里,隆裕皇后在宫中活得实在可怜。夫妻感情上形同守寡自不必说,而在经济方面,更是超乎常人想象。

宫外人根本不知,隆裕虽然贵为皇后,但在经济上却极为窘迫。老太监信修明曾对此作过详细记载,光绪之皇后:"在庚子前因宫费不足,年年月月以典当顶当度日。皇后有时自己诉苦,每季节所得的宫费,怎么节省也不够开支的。每年三节、两寿,老寿爷、万岁爷的两份供总也不能少,虽然老寿爷、万岁爷有赏赐,但总抵不住两份供花费的银子多。"①

"司房的统计,对于太后、皇上须月有月积,年有年总,按时奏报上去。皇上见奏无所谓,太后见奏一定有说辞,嗔其用度太费。于是再奏月积时,明明不足,尚要虚报盈余,月积年累,账上反假存了巨万的银两。"

据老太监信修明所记载,从光绪十五年至光绪二十六年,隆裕皇后所居钟粹宫,账上共存银三十多万两,实际状况却是入不敷出,"皇后为此常忧虑慈禧太后查账。幸喜庚子乱变,皇后的一笔糊涂账随时代勾销了。"

最说明问题的是,隆裕皇后由于经济周转不开,时常把衣服首饰送入当铺,甚至,她竟然悄悄把皇上的龙袍都送进了典当行。

对于隆裕皇后在宫内窘迫的经济状况,为什么在这里记述得如此详细?

不得不交代一下,皆因这个重要的经济原因,为此后隆裕太后颁布"宣统逊位诏书",埋下了无可替代的重要伏笔。

话分两头。慈禧太后的妹夫老醇亲王奕譞逝世之后,被谥为"醇贤亲王",葬在京西妙高峰下。"戊戌变法"之后,慈禧太后听说奕譞的坟上有一棵白果树——"白"字下边加一个王爷的"王",就是皇帝的"皇"字,顿时火冒三丈。

其实,故事版本不一。在溥仪二妹韫龢听说的版本中,慈禧太后决心锯掉这棵树,光绪皇帝则死命反对。结果,慈禧带人亲手拿斧头示范砍了几下,又让人从树根锯掉。据说树根底下钻出来好几百条长虫。

---

① 据老太监信修明记载,隆裕皇后平时还须有其他许多开销:"对于各王府王妃、命妇之交往,也是正当的一笔花销。下屋女子以做针线为主要工作,买针线、条带及锦匣等东西都得用银子,一位主子不论大小,对于皇上殿内的太监、太后宫(内)的太监,小角色的无须赏赐,高级的太监,每到节令,一位皇后国母,不赏赐些东西是自觉着过不去的。因此颇感用度不足。"

另外，韫龢还听说一个世人罕知的细节——慈禧最后下令连树根都刨掉，为冲风水，她居然在下面撒了一泡尿，唯恐它再生根发芽。光绪皇帝束手无策，大哭一场。

以上这两则故事并非空穴来风，是韫龢的祖母刘佳氏睡午觉时讲给她听的。这至少反映了醇王府的众人对慈禧太后内心的仇视心态。而正是这种仇视，逼得慈禧太后绞尽脑汁，终于琢磨出"化敌为友"的第三招妙棋。

慈禧这第三招棋是，让心腹重臣兼情人荣禄的女儿瓜尔佳氏，嫁给光绪的弟弟醇亲王载沣，力图化解醇亲王府上下对荣禄包括她自己的仇视。同时，近身监控并牵制醇亲王。

若按照老北京话说，这叫"一星管二"。

第三招棋：让荣禄的女儿瓜尔佳氏嫁给光绪的弟弟载沣

本来溥仪的祖父奕譞，是道光皇帝第七子，并非皇后所亲生，而是庄顺皇贵妃——乌雅氏所生。

奕譞的嫡福晋叶赫那拉氏先后生了四个儿子，一个女儿①，却只活了一个——光绪皇帝。第一侧福晋颜札氏和第三侧福晋李佳氏则没有生子。

据说，由于慈禧的妹妹在世时，素与慈禧性格不和，俩人之间短不了发生口角，于是，慈禧便从宫内挑选了一个亲近的姓叶赫的本家漂亮宫女——叶赫颜札氏，赐婚给溥仪的祖父奕譞，下嫁醇亲王府，成为奕譞的第一侧福晋。

显而易见，这是别有用意的。此后，慈禧时常召叶赫颜札氏回宫，汇报其胞妹婉贞和奕譞的所有情况，事无巨细，以利用她来监视醇亲王府。谁知，颜札氏为人善良圆滑，跟奕譞和叶赫那拉·婉贞以及醇亲王府上下无不相处和睦，人缘颇好。

尽管连溥仪的嫡生祖母刘佳氏都对颜札氏称赞有加，但在宫廷与醇亲王府之间复杂的关系之下，颜札氏始终郁郁寡欢，并未得享高寿便早早逝去了②。

---

① 叶赫那拉·婉贞生下的这个女儿，据说六岁时被慈禧指婚下嫁蒙古科尔沁郡王、御前大臣僧格林沁的孙子，第二年意外夭亡。

② 上世纪九十年代末，本书作者到溥仪的二妹韫龢家做客，见客厅南墙新挂上了一幅书法，落款是颜仪民。韫龢遂介绍，刚才颜仪民先生刚走，这是他赠送的一幅书法作品。她还说，颜仪民先生就是她祖父奕譞的第一侧福晋叶赫颜札氏的娘家人，知晓不少宫内轶事，时常在皇族之间走动，还撰写过电影剧本《大太监李莲英》。

奕譞的第二侧福晋刘佳氏生育三个儿子,即载沣、载洵和载涛。按照慈禧的旨意,载洵和载涛相继被过继出去,只剩下了第五子,即溥仪的父亲载沣。

于是,慈禧太后又盯上了生性禀厚的载沣。光绪二十七年,载沣奉旨从德国赔礼归国,十月赴开封迎慈禧回銮。当十一月伴驾到保定时,慈禧太后颁布一道懿旨,把养女——荣禄的女儿瓜尔佳氏·幼兰,指婚给载沣。

这样,荣禄的女儿成了慈禧的第三颗棋子。

实际上,载沣早已订婚,对方那位姑娘全家在庚子事变中"殉国",溥仪的祖母刘佳氏又重新为载沣找了一个姑娘,已放了"大定",此时只好退婚,闹得那位姑娘寻死觅活。为此,刘佳氏精神上又添了负担受了刺激。

我们来看瓜尔佳氏·幼兰的父亲——荣禄,究竟何许人也?

自然,荣禄并非寻常之辈,属苏完瓜尔佳氏,是晚清史上的一个重要人物。他是满族正白旗人,系清开国五大臣费英东的后裔。显赫的身世和背景,注定了他的仕途必然飞黄腾达。

但是,他在咸丰年间出任户部银库员外郎的肥缺上,却被查出贪污公款,差点儿被肃顺砍了头——自然也埋下了两人的宿怨,由此来看,肃顺在"祺祥政变"失败之后最终被砍头,绝非偶然。只不过是,两颗人头换了个儿。

后来,荣禄花钱捐了一个直隶候补道员。光绪年间,又奇迹般地升至工部尚书,孰料又被告发贪污受贿,终被革职降级,调出京城。

就是这样一个人,仍然受到慈禧太后的偏袒和重用,居然当上了兵部尚书——后又任直隶总督、军机大臣等要职。他力荐袁世凯小站练兵,成了赏识袁世凯的"伯乐",自然也成了铁杆上下级。

由此显见,慈禧太后与荣禄关系确实非同一般。

而慈禧与荣禄为什么关系如此之"铁"?那根正回忆,慈禧跟荣禄其实是无可非议的青梅竹马的"发小儿"。仅举一个世人罕知的例子,便可说明其关系绝非一般——

慈禧出生以后,请过两个嬷嬷做乳母,一个姓唐,一个姓关。据说,关嬷嬷也当过荣禄的乳母。也就是说,俩人幼年时曾共用过一个乳母。稍大之后,慈禧和荣禄还正式订过"娃娃亲"。两家都居住西单附近,算是同属一个"居委会"的。如此之深的渊源关系,怎么能不"铁"呢!

其实,在德龄的著述里,也曾直接提到慈禧与荣禄俩人是情人关系。这就不难理解"戊戌政变"的关键时刻,荣禄居然不顾一切,连夜火速带兵赶到北京,这才解了慈禧太后的关键之围。如若不然,此后的历史便有可能重新改写。

最初载湉当上光绪皇帝之后,如何明确下一步承继关系？据说,仍是荣禄出的主意,如光绪生子,继承同治,还可以兼祧光绪。实际上,这也为日后溥仪的继承关系隐喻了一个妙招,顺利地解决了慈禧的"难言之隐"。

这绝非虚构。《清史稿》中十分清楚地记载着,荣禄受到慈禧太后信任的程度:"得太后信仗……事无巨细,常待一言决焉。"

回过头看,慈禧精心布下的第三步棋局——载沣和瓜尔佳氏的婚姻状况如何？实际上,仅从性格上看,两人也截然相反。仅举两个例子。

据溥仪的二妹韫龢回忆说,父亲载沣自幼性格怯弱。一次,他和六弟载洵打架,被六弟推倒并磕伤门牙,大哭不止。家人劝他,问他疼不疼？

此时,载沣捂着嘴说,疼倒不太疼了,可怎么吃饭呢？家人劝他,吃不了米饭不要紧,以后专吃面条就可以了。这时,载沣破涕而笑。

相反,瓜尔佳氏的性格,却以胆大著称,堪称天不怕地不怕。据溥仪的祖母说,瓜尔佳氏是慈禧太后心爱的养女,在没结婚时,经常进宫觐见慈禧。有一次,慈禧太后曾当面对荣禄说:"你的女儿胆儿可真大,谁都不放在眼里,连我都不怕哟。"

瓜尔佳氏自从当上醇亲王福晋,生活上变得更是奢侈而任性,经常独自去剧场听戏、逛商场,连出王府之外也一般不带仆人。即使去赶庙会、看赛马,也仅仅带着她的过继兄弟做伴儿。

每逢瓜尔佳氏外出,总有许多人在一旁围观。载沣听说之后,觉得有失体统,就仗着胆子,口气温和地劝她:"你经常到城南一带去,也不带几个仆人,这样好吗？"

"欧洲的皇后和皇妃都是这样。"瓜尔佳氏顶撞说,"我照着她们的样子做,有什么不可以呢？"

顿时,载沣被顶撞得说不出话来,此后再也不敢多说什么。

瓜尔佳氏就这样渐渐成了京城内外关注的热门人物。有时,她带着娘家三舅一些人出去玩儿,时而有人指着她的背影,指点着说:"瞧,那就是摄政王夫人！"

实际,瓜尔佳氏跟载沣的婚姻纯属政治联姻。载沣自从结婚之后,陆续被慈禧太后加封了一系列官衔,直至监国摄政王。

这就是慈禧的第三招棋。

从中可以清楚地看到,慈禧的几招棋无一不是为了巩固其独揽朝纲的统治地位。

应该提到,在立溥仪为嗣之前,还有一个历史小插曲。从晚清史料中不难发现,慈禧太后最初的如意算盘是,废掉光绪这个不听话的儿皇帝,把端王载漪的次子溥儁立为"大阿哥",以承继大统。

为什么慈禧如此做法?许多史料记载模糊,说法不一。

实质一点就透——端王载漪的福晋,是慈禧的弟弟桂祥的三女儿,她的二儿子即是溥儁。由他继承光绪当皇上,这是没能实现的一个方案。原因是,当时如果废掉光绪皇帝,会遭到大多数外国公使的反对,慈禧无法摆平。于是,被颁旨立为"大阿哥"的溥儁,只得暂居宫中,谁知,竟又闹出了诸如使宫女怀孕等不少笑话……①

"大阿哥"溥儁(端王载漪之子)

当八国联军入侵后,必须寻找一个替罪羊,于是慈禧太后在西行返京途中,又颁布懿旨,将端王载漪革爵流放新疆,溥儁的"大阿哥"遂被废掉②。

结果,挑来选去,溥仪成了皇帝的首选。

其实,这正是慈禧太后精心策划的如意算盘。有人曾问起过,对于慈禧治国,你如何评价?我回答说,如果复杂地分析论述,若写一部书也不一定能讲

---

① 据慈禧曾侄孙那根正回忆,桂祥的三女儿嫁给了载澍。姑录兹待考。
② 这里有必要交代一下端王载漪和"大阿哥"溥儁的最终下落。据了解,端王载漪先是被下诏革爵,次年在开封途中又被慈禧下谕旨:"载漪纵义和拳,获罪祖宗,其子溥儁不宜膺储位,废大阿哥名号。"之后,端王载漪并未赴新疆,因路途遥远,遂在半路投奔妻舅——内蒙古阿拉善旗的罗王爷,这实际得到了慈禧的默许。《清史稿》上记载,端王载漪病逝于民国十一年十一月二十四日,终年六十七岁。

但是,据其子金恒复回忆,他家中则一直认为,端王载漪逝世于民国十七年,活到七十二岁,扶柩回京,葬于绵山。

溥儁在生活无着的情况下,亦在其后随父亲投奔阿拉善旗的罗王爷,一直在其家中居住。经撮合,溥儁与内蒙古罗王爷的女儿结婚,一度回到北京在罗王爷的儿子塔王家借住。塔王去世后,溥儁失去依靠,生活潦倒,一九四二年病逝于塔王家的马厩。因无钱办理丧事,一度停灵于京城厂桥嘉兴寺,解放后被就地埋葬。

清，如果简单地说，那就是，慈禧治国无疑是把"国"，当成了"家"来治理——"家国"。

由此看来，以宗族血缘关系来确定世袭人选，这同时亦是旧中国沿续几千年封建制度的一大特点。

临终之际，慈禧太后让情人荣禄之女亦即干女儿瓜尔佳氏与载沣之子溥仪，成为了"宣统皇帝"，这是慈禧的第四招棋。

贰 慈禧的终局之棋：立嗣溥仪

一个晚清历史之谜——近十九个半小时内，光绪皇帝和慈禧太后竟突然相继去世。

究竟是否他杀，而太监总管李莲英又为何死于非命——只留下一具无尸之头？这难道是一起连环谋杀案？

此前，病中的慈禧立溥仪为"嗣"之际，毅然采取两招棋：一是剥夺袁世凯北洋新军的军权；二是调奕劻视察东陵工程，将袁世凯老部下段祺瑞的部队调出北京，同时下令将亲信铁良的第一镇精兵换防北京。

与此同时，慈禧宣布了三件事，当奕劻回到京城时，大局已定。

溥仪乳名叫"午格"。因其出生，占了四个"午"字。溥仪两岁零九个月，被慈禧颁旨从康熙粉彩大果盘里抱进宫，在"三哭"中登基。人所罕知的是，溥仪在宫中秘储一个与之同月同日同一时辰出生的"替僧"——孙虎。

图片说明：溥仪两岁零九个月时，被抱进宫成为"嗣"皇帝众所周知,溥仪是在光绪皇帝①与慈禧太后病重期间,由慈禧下旨立嗣的。

这是慈禧太后的终局之棋——第四招棋。

光绪三十四年十月二十日②,年已七十四岁的慈禧太后,刚刚在颐和园度过"万寿节",由于突患急性痢疾,于是,抱病连续颁布了三道环环相扣的重要懿旨:"醇亲王载沣之子溥仪,著在宫内教养,并在上书房读书。"

接着,慈禧颁布了第二道懿旨:"醇亲王载沣,授为摄政王。"

更耐人寻味的是,慈禧太后颁布的第三道懿旨:"谕军机大臣等:朝会大典、常朝班次,摄政王著在诸王之前。"

也就是说,慈禧太后亲授醇亲王载沣为摄政王,而且排位在"诸王"之前,不仅权倾一时的领班军机大臣庆亲王奕劻没了戏,各自怀揣野心的皇族,也统统靠边站了。

这从中至少能看出两点问题。一是,中国数千年来的国家机构及官僚制度,自皇帝以降,无不以"排位制"而定夺权力大小。大清王朝的最后一次权力转移,也未能除外。二是,封建制度除皇权世袭的特征以外,血缘或姻亲成了关键时刻的取信标志。

载沣和溥仪父子两代,同时成了慈禧指定的"接班人"。

光绪、慈禧及李莲英死于非命之谜

宫廷内外,谁也没料到,第二天,即十月二十一日晚六点三十三分,光绪皇帝在瀛台涵元殿猝然去世③。

据笔者的朋友钟里满先生所摘录第一历史档案馆藏《光绪三十四年大行皇帝升遐档头本》记载:"奴才李长喜等谨奏:二十一日,全顺、忠勋请得皇上

---

① 关于光绪皇帝病重期间的病情,笔者收藏着民国期间出版的著名御医陈莲舫的《光绪帝医案》。其中,详细记载着他为光绪皇帝诊脉后的医方。参考各种医案和宫中病历,完全可以得出结论,光绪皇帝当时并无濒死征兆,属突发性死亡。
② 公历1908年11月13日。
③ 光绪皇帝自光绪二十四年八月初四日(公历1898年9月19日)被慈禧太后囚于瀛台,整整度过了十年光阴。于光绪三十四年十月二十一日(公历1908年11月14日)酉正二刻三分,被毒害而亡。年仅三十八岁。

六脉已绝,于酉正二刻三分驾崩。"

显然,皇宫所存档案记载的时间很确切——"酉正二刻三分",即晚六时三十三分,光绪皇帝驾崩。

如何理解光绪驾崩?过去,笔者年轻时曾亲耳听到末代太监孙耀庭回忆说:"德宗景皇帝被毒死于'涵元殿',这里头可大有文章啊。"

当时,笔者没能理解,以为听到的是光绪皇帝死于"含冤殿"。

老太监听到笔者的话之后,龇着那颗虎牙,憨憨地笑了,遂对我说,当年宫内的人们也都这么说呢。

直到九十年代初,孙耀庭系统地追忆宫中生活时,才对我尽道其详:"光绪皇帝崩后,谥其为'景皇帝'。这实际是对他一生总的评价,也就是说光绪皇帝在宫中,不过是一个'景儿'而已。真正掌权的,是慈禧太后。一个'景'字,已经说得再明白不过了。光绪皇帝驾崩于涵元殿不假,也确实'含冤'啊。"

再说,光绪皇帝驾崩之后,慈禧太后当即召见溥仪之父——载沣,随之颁布一道懿旨:"钦奉慈禧端佑康颐昭豫庄诚寿恭钦献崇熙皇太后懿旨,摄政王载沣之子溥仪,著入承大统为嗣皇帝。"

紧接着,慈禧又颁布了第二道懿旨:"以摄政王载沣之子溥仪,承继穆宗毅皇帝为嗣,并兼承大行皇帝之祧。"①

就在当天,慈禧太后又颁布了第三道懿旨:"皇太后懿旨:现值时事多艰,嗣皇帝尚在冲龄,正宜专心典学,著摄政王载沣为监国。所有军国笃政事,悉秉承钦之训示,裁度施行。嗣皇帝年岁渐长,学业有成,再由嗣皇帝亲裁政事。钦此。光绪卅四年十月廿一日。"

也就是说,慈禧在一天之内,居然连续三次颁布懿旨:一是立溥仪为嗣皇帝。二,溥仪的名分是"承继同治,兼祧光绪"。三是著摄政王载沣为监国。

此外,慈禧太后又针对光绪皇帝的丧事,颁布了一道懿旨:"世铎、魁斌、那彦图、载泽、那桐、袁世凯、溥良、继禄、增崇恭办丧礼。"②

---

① 慈禧降旨,全文如下:"慈禧端佑康钦昭豫庄诚寿恭钦献崇照皇太后懿旨:前因穆宗毅皇帝未有储贰。曾于同治十三年十二月初五日降旨,大行皇帝生有皇子即承继穆宗毅皇帝为嗣。现在大行皇帝龙驭上宾,亦未有储贰。不得已,以摄政王载沣之子溥仪承继穆宗毅皇帝为嗣,并兼承大行皇帝之祧。钦此。光绪卅四年十月廿一日,由内阁抄出钦笔"——本书作者抄录自中国第一历史档案馆"宁寿宫卷"。

② 世铎为礼亲王,魁斌为睿亲王,那彦图为喀尔喀亲王,载泽为度支部尚书,世续和那桐皆为大学士,袁世凯为外务部尚书,溥良为礼部尚书,继禄和增崇为内务府大臣。

除筹办光绪皇帝丧礼,宫中又连续颁布了对于天下臣"敬行三年之丧"、"母后皇后应尊为皇太后"、"摄政王载沣监国,所有应行礼节"、"溥仪避讳",以及各直省将军、大臣等"均不必奏请来京叩谒梓宫"等一系列懿旨。

笔者于三十年前在中国第一历史档案馆,直接抄录慈禧的懿旨时,发现由内阁抄出的懿旨,虽然历经了百年历史的风雨,仍然宛如当天抄录的一般,字迹十分清晰,甚至似乎能感受到书写者的体温。

光绪皇帝驾崩第二天,即阴历十月二十二日,慈禧太后自知"病势危笃",遂又颁布一道极为关键的懿旨。此时,连慈禧太后也根本想不到,正是这道懿旨,导致清朝最终退出历史舞台:"予病势危笃,恐将不起。嗣后,军国正事均由摄政王裁定,遇有重大事件必须请皇太后懿旨,由摄政王随时面议施行。"①

颇引人深思的是,慈禧太后亦当日突然去世②。

也就是说,在近十九个半小时内,光绪皇帝和慈禧太后竟然相继去世,这一事件成了晚清历史一个未解之谜。

据慈禧太后身边的老太监——信修明记载:"太后、皇上宾天时,仅十日不朝。"

另据《我的前半生》全本所附关于"光绪病重的两封信"记载,可以看得更清楚。当时,曾任内务府大臣的增崇正在江宁织造的任上,向京城的家人打探光绪皇帝的病情,其弟经向宫中当差之人——远斋打听,"他云,皇上无病,所进的药也不吃。其他弟不知也。"

另一封信,是他的弟弟向御医打听的。信中说:"据医士云,此症不甚重,无非虚不受补之意。其脉案上话语,系由春季所有的病症,均奉旨不准撤,全叫写,其实病症不是那样。要是那样,人就不能动了。虽然煎药,未必全吃了,故此一时不能见效。"

由此看来,慈禧太后与光绪皇帝二人,尤其是光绪的病情,并非所传言的那样,久已病入膏肓,而是另有更深的隐情。

老太监信修明素有一位相识多年的老朋友——八十多岁的太监刘和才。这位刘老太监从十三岁起就开始伺候光绪皇帝。据刘和才回忆说,老万岁爷——光绪皇帝虽然有病,临宾天前一天,还在床上看折子呢。

再回过头来细看当月的情形,也许就更清楚了。光绪三十四年十月,正值

---

① 又见《郑孝胥日记》。中华书局出版,一九九三年十月第一版。
② 慈禧太后死于光绪三十四年十月二十二日(公历 1908 年 11 月 15 日),未正三刻(约下午一点四十五分)。

慈禧的"万寿节",恰巧西藏达赖活佛来到京城朝拜,慈禧太后和光绪皇帝都勉强打起精神来,赐达赖活佛一桌宴席并在万寿节上观看京戏演出。

没过几天,十月十一日,慈禧太后与光绪皇帝相继患病,"均不能出殿"。

直到十月十九日清晨,内殿总管尹义忠和膳药房首领以及太医等人,走进宫内福昌殿为慈禧太后诊脉,同时向她报告光绪皇帝的最新病情:"奴才的万岁爷病重。据太医说,脉相不好,请预备后事。"

此时,慈禧太后无力地躺卧着,百感交集地落下眼泪,说:"怎么他也病成这样啊。他的后事多未准备,他还没有地儿①呢。"之后,思路依然非常清晰的慈禧,在仪銮殿的病榻上发话:"传庆亲王、醇亲王、世续和袁世凯上来。"

慈禧一边传旨预备光绪皇帝后事,一边颁旨,命醇亲王载沣将其子"午格"②——溥仪,从醇亲王府接进宫来。

也就是说,慈禧太后病危之际,仍念念不忘将幼小的溥仪作为"嗣皇帝"迎接进宫。可见,此事在慈禧太后心目中具有何等重要的位置。

据老太监信修明的记载,十月二十日前夕,光绪皇帝病重,李莲英暗地前去告诉隆裕皇后说:"万岁爷已病重,皇后何不去瀛台看望?"

听到这一情况之后,隆裕皇后犹豫不定地说,没有太后的旨意,怎么敢去呢?

李莲英表现得心情异常沉重地说,老佛爷也病重了,这是非常之时啊。隆裕皇后听了李莲英的话之后,随即来到瀛台探望病重的光绪皇帝。两人相见,涕泪双流。光绪皇帝命屋内贴身太监暂时回避,遂口述密旨两道。一是杀袁世凯;二是给李莲英特殊待遇。

这时,载沣按照慈禧的懿旨,亲自从醇亲王府接来溥仪,先到勤政殿见过慈禧太后,又去瀛台叩见光绪皇帝。据信修明记载:幸好皇上尚明白,溥仪向光绪皇帝请过跪安起来之后,"光绪爷张开口直乐,含笑而崩。"

也就是说,溥仪到瀛台见过光绪皇帝之后,光绪皇帝才死去③。

光绪皇帝宾天时,内殿总管尹义忠守候在身旁。由隆裕皇后亲自为光绪皇帝穿起龙袍寿衣,抬上了吉祥轿,从西华门送至乾清宫入殓,遂将梓宫停在宫内。

据老太监信修明记载,当光绪皇帝死后第二天,十月二十一日未正三刻,

---

① 慈禧此处所说的"地儿",系指光绪皇帝的陵寝。
② 午格,溥仪的乳名。
③ 另一说为载沣与溥仪在光绪皇帝驾崩前未曾相见。此处采用老太监信修明之说。

慈禧太后在福昌殿的榻上宾天①。

这次亦由隆裕皇后为慈禧太后穿上寿衣,先送往寿康宫入殓,再将梓宫移至宁寿宫大殿。据记载,在守灵的那些日子里,李莲英日夜住在宁寿宫西廊下候着。隆裕皇后每次祭奠之后,都要步行来到李莲英屋室,对他说,李谙达帮我啊。李莲英必流着涕泪,并不多话,只是躬身低头一个劲儿地说:"奴才老矣,奴才老矣……"

即使溥仪的父亲载沣每次祭奠完毕,也总是来到李莲英的屋里道谢。据亲眼目睹的老太监回忆,李莲英的态度极为谦卑,无论隆裕皇后或是摄政王载沣来时,总是抢先来到阶下迎候请安。

然而,光绪皇帝之死,究竟隐藏着什么历史内幕呢?多年来,这成了史学界的一个热门话题。

其实,溥仪早在一九六四年出版的《我的前半生》中,就清楚地阐明了观点,光绪皇帝是被害而死。

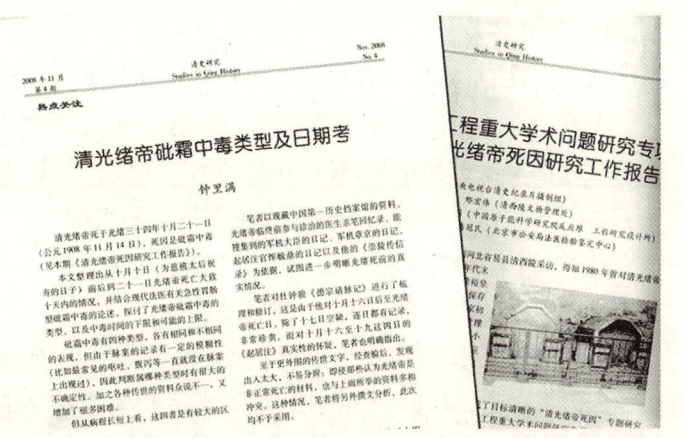

近年来,现代科学化验证明溥仪这个观点是对的,光绪皇帝确系"砷中毒死亡",即砒霜中毒死亡②。只不过光绪皇帝究竟被谁害死,仍存有争议。

国家清史课题研究:清光绪死因研究工作报告(载于《清史研究》2008年11月第4期)

据末代太监孙耀庭回忆,曾听

---

① 关于慈禧太后宾天地点,另一说为仪銮殿,即如今的怀仁堂。此处采用信修明的记载。
② 2008年,钟里满先生主持了关于光绪皇帝之死的中毒试验。检测结果是,光绪皇帝的两缕头发中砷含量的最高值为2404单位值,不仅远远高于当代人头发的砷含量单位值,也远高于其同时代人的砷含量底值,是隆裕皇后头发含砷量的261倍,同时也是一位清末草料官头发含砷量的132倍。
　　另从光绪皇帝的遗骨、衣物以及胃肠沾染外部检测来看,均有"高含量的砷化合物为剧毒的三氧化二砷,即砒霜"。"经过科学测算,光绪帝摄入体内的砒霜总量明显大于致死量,因此,研究结论为:光绪帝系砒霜中毒死亡。"

师傅说,光绪皇帝和慈禧太后相继而死,在宫廷内外曾引起了轰动。

当时,宫内外盛行过几种说法:一是,慈禧太后自知不久人世,临死前害死了光绪皇帝;二是,太监总管李莲英曾依恃慈禧太后之势,欺负中伤过光绪皇帝,唯恐慈禧太后死后,光绪皇帝亲政,遂在慈禧太后死前,将光绪皇帝害死;三是,光绪皇帝之死,袁世凯难逃干系,因袁世凯曾出卖光绪皇帝,他担心光绪皇帝在慈禧太后死后会拿他开刀,遂在进药时借机毒害了光绪皇帝。

第一种说法,在宫外较为流行。第二、三种说法,在宫内太监之间流传较广。

无疑,溥仪在《我的前半生》中的看法,基本代表了醇亲王府——爱新觉罗家族的观点。

关于光绪皇帝之死,醇王府内曾有过两种传说。据溥仪的二妹韫龢回忆说:一种传说是,慈禧太后派人给光绪皇帝送去一服药,此后,病情日益加重;另外一种传说是,光绪皇帝在贴上袁世凯所呈献的一帖膏药之后,便卧床不起,此后日益病重。

颇值得注意的是,溥仪也持后一种观点,明确认为光绪皇帝系被袁世凯所害。他在《我的前半生》中直接写明:"我还听见一个叫李长安的老太监说起光绪之死的疑案。照他说,光绪在死的前一天还是好好的,只是因为用了一剂药就坏了。后来才知道这剂药是袁世凯使人送来的。"

然而,历来极少有人注意或提出光绪皇帝和慈禧太后之死背后,到底有否隐藏着什么重大政治阴谋,凶手到底是谁?

仔细分析起来,在光绪皇帝和慈禧太后病重期间,能够自由出入宫禁,且可运作操刀下毒者,只有大太监李莲英。因为,谋害光绪皇帝和慈禧太后的人,除了必须异常熟悉宫廷内外情况,又要握有权柄,也必定与光绪皇帝和慈禧太后极其熟悉,且同时取得两人信任。那么,具备如此条件者,则非李莲英莫属。

退一步来讲,即使李莲英不是主谋,亦应是操刀者,除此外不易可能有第二人。

以往,历史学者考证光绪皇帝之死时,一般仅就事论事,单纯探究光绪皇帝的死因。事实上,更应该考虑到光绪皇帝和慈禧太后之死的联系,以及李莲英之死,这三人之死彼此之间有无内在联系。唯此,才有可能做出较客观的判断。

也就是说,绝不应忽视的是,李莲英在光绪皇帝和慈禧太后之死前后的表现,以及李莲英本身之死。

这里有一个侧证,末代太监孙耀庭的师傅陈泽川老太监,曾是伺候光绪皇帝的贴身太监,他对孙耀庭讲过不少有关光绪皇帝驾崩前后的情形。毫无疑问的是,在光绪皇帝和慈禧太后垂危之际,担任两人之间"传声筒"的,除李莲英之外并无他人。

根据末代太监孙耀庭的观点,当时,李莲英在宫中实际是一人之下、万人之上,是独得慈禧太后信任的人。孙耀庭亦认为,害死光绪皇帝,继而又暗害了慈禧太后的,显然是同一个凶手。

毋庸置疑,疑点最大的,便是李莲英。只有他,才具此独特条件,其他人绝无可能。

最可疑的是,当慈禧太后刚刚办完丧事,李莲英就连夜离开了紫禁城。据说,隆裕太后曾一再挽留,李莲英力辞而别。

此后,李莲英"带俸退休",一般人以为其居住在被赐的西苑门外胡同的一幢宅院里,实际上他住在护国寺附近的棉花胡同寓所,终日闭门不出。

然而,此后李莲英也莫名其妙被杀,下场更悲惨——身首异处。①

据在"文化革命"中亲手挖掘过李莲英墓的赵广志先生回忆,李莲英的坟墓中,确实是一颗无尸身的人头②。足证李莲英死于非命,并非空穴来风。

---

① 二十多年前,本书作者曾考察过李莲英的住宅以及他在原"七一"中学,现为北京二十一世纪学校的坟墓——状甚巍峨。

  据考证,此处李莲英坟墓,原系宫内前太监总管苏德之墓。苏德因在"辛酉政变"中为慈禧向在京城的恭亲王奕䜣送信而立功,遂当上了宫内太监总管。在京西恩济庄修建了一座规模很大的坟墓被参奏"违制",吓得连夜毁埋,终因查无实据而免灾。这处坟墓被收归朝廷。李莲英死后,隆裕皇太后颁旨,将墓地赐予李莲英。

② 据《近代京华史迹》中,赵广志口述、佟洵整理的《李莲英墓挖掘经过》记载:一九六六年六、七月后,"文化大革命"搞起来了。七、八月份,社会上开始"破四旧",校文革主任带着几个红卫兵,命令我们挖李莲英的坟。进入墓中,发现李莲英的棺材早已离开了棺床。我们把棺材打开一看,里面还有一层棺材,原来是一椁。一根生锈的钉子也没有,据说不是铁的,是合金的。看见一个人盖着被子躺在那里,没有被翻动的痕迹。我从他脚处摸起,先是摸到一个珠子,又摸到一副眼镜、一个烟袋、一串念珠、一个鼻烟碟、一个扳指……看来,李莲英没有一具完整的尸骸,棺木中安葬的不过是李莲英的一颗头颅。我把他捧出来一看,只见他的颧骨很高,嘴部略有前突。我以前看见过李莲英的照片,是这个样子。

  佟洵先生据此分析:"李莲英的确是人头落地身亡的。"原来为李莲英三弟看坟的何氏后裔讲:"李莲英不是善终。"恩济庄一带也有关于"李莲英被人暗杀于河北、山东交界之处"的传说。

  另外,笔者曾询问过末代太监孙耀庭,他也持此种观点,即李莲英是被人杀害的,凶手迄今不知是谁。但李莲英确实生前与袁世凯过从甚密,慈禧太后一度对袁世凯看法并不好,是李莲英从中做了不少撮合,才使慈禧对袁世凯转变了一些态度。李莲英死后,袁世凯并无悲痛的表现。

那么，李莲英究竟被谁所杀害？

据考证以及末代太监孙耀庭所知，李莲英出宫之后，异常警觉，终日不出庭院，闭门谢客。连平时的老朋友，也拒不见面，甚至加强了各方面戒备。

但是，颇值得研究的是，李莲英仍然没逃过被杀这一劫。

李莲英死于宣统三年①，年仅六十四岁，且事先并无任何患病征兆。据李莲英的过继孙女李乐正追忆，祖父李莲英死于痢疾，患病三四天便突然死亡。这就是说，李莲英是突发痢疾而亡。

笔者曾在上世纪九十年代初，采访过这位李莲英的过继孙女李乐正，她确持此说法，但李莲英被杀害过程并非她亲眼所见。

最令人感到奇怪及可疑的是，大太监李莲英竟与慈禧太后对外宣称的居然是同一种疾病——痢疾。

虽然京城坊间对于李莲英之死，当年几乎无人不知。然而，李莲英之死，最终居然落得一个虎头蛇尾——活不见凶手，死不见整尸，只剩下一颗人头。

由此可断定，敢杀李莲英的人，势必权倾一时，且有必杀的理由。在当时，只有一个人，那就是袁世凯。

那么，是否可以推论，是袁世凯买通李莲英，并指使其暗害了光绪皇帝和慈禧太后，尔后，又派人残忍地杀害了李莲英②？

就在此书杀青之际，我与好友——慈禧曾侄孙那根正先生聊起李莲英死亡之谜，他对我讲述了一件更惊人的旧事，为此，还找出一张从未面世的历史照片，证实李莲英很可能并非死于宣统三年，而是发生在慈禧太后去世不久。

这幅照片是在颐和园拍摄的，慈禧扮观音，李莲英饰韦驮，奕劻的四女儿——四格格扮龙女。

这与故宫所藏照片显然是在同

李莲英墓碑

---

① 公历1911年。
② 本书作者拍摄的位于现在北京二十一世纪学校内的李莲英墓。

一地点拍摄的,却并不是同一张照片。在故宫那幅照片中,李莲英双手捧剑,而那根正先生所收藏的照片里李莲英则单手捧剑。这幅照片背面,还有代慈禧御笔的书画家缪嘉蕙给李莲英的亲笔赠词。

不为人知的是,缪嘉蕙虽经慈禧面试进宫,实际却是李莲英暗箱操作的结果。慈禧死后,缪嘉蕙便需出宫,她一直感激李莲英当年举荐之恩,知道李莲英唯缺与慈禧的合影照片,打算将这张照片亲手赠送李莲英。

没想到,李莲英出宫之后,根本联系不到——仿佛突然消失了。缪嘉蕙就把照片留给隆裕太后,请她转交李莲英。那根正的爷爷是隆裕的胞弟,他担心慈禧去世后,隆裕悲伤过度,就进宫前去看望。隆裕借此把这张照片亲手交给那根正的爷爷,让他转交李莲英。

很快,那根正的爷爷便往李莲英府上亲送照片,看门人说,大总管死去一周了。后来了解内情的人告诉他,李莲英早就死去四十多天了!

那根正的爷爷十分震惊,想不到李莲英居然死得如此突然,怀疑他死于非命。这幅照片便一直在那根正家里保存至今。这张照片的历史价值还不仅仅在于其本身,而向世人透露了一个惊人的信息:李莲英在光绪和慈禧死后不久竟也突然死亡。

为什么三个关系异常密切的人,莫名其妙地相继死亡?推断起来,这一起连环杀人案中,谁是杀害李莲英的元凶,谁就很可能也是杀害光绪和慈禧的元凶。而杀死李莲英的原因只有一个:杀人灭口。

在这起惊天大案中,李莲英没有任何杀死光绪和慈禧的理由,也没有可能获得任何好处。只存在一种可能性——受到了生命威胁。从事后袁世凯当上大总统、继而又称帝的一系列史实来看,只有他才是既得利益者。

但究竟袁世凯指使谁杀害了李莲英呢?历来说法各异,对于晚清史颇有研究的文史家颜仪民先生认为,李莲英是被时任九门提督的江朝宗所杀,甚至引用了江朝宗儿子提供的"细节"——江朝宗邀李莲英吃饭,派人杀其于京城后海。

最值得注意的是,江朝宗与袁世凯关系一度极为密切。溥仪二妹韫龢曾提供过一个侧证:江朝宗不止一次代表袁世凯赴醇亲王府向载沣给溥仪提亲,欲将袁世凯的女儿嫁给溥仪。再说,江朝宗和李莲英素无冤仇,他杀害李莲英,只能是袁世凯的借刀杀人计,无论李莲英怎样躲避也难逃一死。

"螳螂捕蝉,黄雀在后"。以往,人们大都单独分析光绪、慈禧及李莲英之死,而没有将三人意外猝死有机地联系起来考虑。笔者从袁世凯窃国乃至称帝不择手段的历史背景下，提出袁世凯实施"连环杀人案"的看法，属一家之言，愿和方家共同探讨。

当然，在光绪皇帝和慈禧太后以及太监大总管李连英究竟被谁害死的问题上，仍需要第一手史料的进一步发掘，才能盖棺论定。

但是，溥仪在光绪皇帝和慈禧太后相继暴死的历史谜团中，被慈禧立嗣，这却是没有争议的。

几个不同的立嗣人选

从慈禧太后先后颁布的几道懿旨来看，她绝没想到自己会这么快死去。

因为，她的计划分为两步，即首先确定载沣为摄政王，溥仪著在宫内上书房读书。然后，再让溥仪继承大统当上"宣统皇帝"。

另一种可能是，慈禧太后因确定载沣为摄政王，从而加速了袁世凯的连环杀人之举。无怪乎，保皇党人康有为一口咬定，就是袁世凯加害了光绪皇帝。

毫不讳言，从慈禧太后曾经选定的立嗣人选上，我们可以清楚地看到：慈禧亲自指定的三个皇位继承人，无一不是她的近亲。不用说，光绪皇帝是她亲妹妹之子，大阿哥溥儁是她侄女的儿子，宣统皇帝则是其情人荣禄女儿之子，同时，荣禄女儿瓜尔佳氏亦是慈禧太后的养女。

回过头来看，慈禧太后西逃归来，以载漪支持义和团为名废了其子——皇储大阿哥溥儁。围绕立嗣，朝廷内外展开了一场残酷的明争暗斗。

表面看，庆亲王奕劻作为军机大臣，确曾提出过溥伦这个立嗣人选。而政治实战中这只是一个幌子。实际上奕劻正跟袁世凯暗中做着一笔"天子大交易"。

真实的内幕是，当慈禧太后通过内线确切得知袁世凯忽然向奕劻贿赂巨额银两，顿时警觉起来，准备开缺奕劻、废掉光绪皇帝。

不料消息走露，外国报纸纷纷报道，一时闹得满城风雨。于是，奕劻背后策动外国公使公开向慈禧太后提出质询，慈禧只好矢口否认欲废光绪皇帝之事。当然，开缺奕劻也只好暂停。

病中的慈禧索性快刀斩乱麻，立溥仪为嗣。她的出发点很清楚：

一、溥仪不仅是慈禧太后的妹妹之孙，且是她养女之子，关系特殊；

二、溥仪是尚未懂事的小孩儿，慈禧太后可以继续垂帘听政。

一般人只知，在立嗣人选的问题上朝廷曾爆发过强烈的争执。最极端的意见是,古稀之年的军机大臣张之洞甚至向慈禧提议,立载沣为帝。其实,这位老臣并不知道慈禧的真正内心想法,是仍想将幼帝掌控手中,继续执政。当然,慈禧毫不犹豫地否定了这个提议,妥协的结果,是将载沣立为"监国摄政"。

但人所罕知的是,在溥仪进宫继承谁的皇位这一问题上,也曾发生过争执。

慈禧太后在确定立嗣溥仪之后,名分上亦颇费周折。按照慈禧的本意,只想让溥仪继承同治,不能兼祧光绪。据说,在奕劻等军机大臣一再坚持下——面子还要过得去,她才勉强同意溥仪过继同治兼祧光绪。

慈禧在立嗣背后的调兵遣将

也就是说,慈禧听说奕劻与袁世凯密谋,想让奕劻之子载振当皇帝的消息之后,为防范动乱,以下两招棋可谓一气呵成:

一是调袁世凯为外务部尚书,表面仍参加军机,实际剥夺了他掌控北洋新军的军权;

二是调奕劻"赴东陵勘验'万年吉地'工程",又将袁世凯的老部下段祺瑞①第六镇部队调出北京,开赴交通不便、位于保定西北的涞水(据向当地人了解,此地据京城直线距离近二百里,加之当时道路坎坷不畅,即使段祺瑞的部队当天欲有所动作,也无法立即驰援京城),同时调亲信陆军部尚书铁良的第一镇换防北京,以阻止其他军队进京生变。

同时,慈禧太后宣布了三件大事:

一是立溥仪为嗣皇帝;

二是溥仪的父亲载沣为监国摄政王;

三是慈禧安抚奕劻为世袭罔替亲王。

当庆亲王奕劻奉懿旨回到北京时,大局已定。②

地点在哪儿呢?据说是在仪銮殿(当今的怀仁堂)内宣布的。可见,慈禧太后在临死前,对于立嗣溥仪做了充分而周密的政治及军事部署。此举显然是为了维护家族皇位,抵制袁世凯这类人篡权。

为什么隆裕太后没能仿照慈禧太后垂帘听政?这跟慈禧临终前的遗言

---

① 段祺瑞,皖系军阀,曾任代理国务总理、中华民国临时执政。
② 据郑孝胥日记十月二十一日(公历11月14日)记载:"宫内有重要事件,日前庆亲王赴东陵勘验'万年吉地'工程,中途召还。"——中华书局出版

有关。

据说,在决定溥仪"立嗣"的第二天午膳时,慈禧太后忽然昏倒在座椅上。清醒之后,急令军机大臣草拟懿旨,仔细看过之后,又向王公大臣说了一段话:"我几次垂帘听政,是因时势所迫,不得已为之。今后,对于妇女干预国政和太监擅权应该加以限制,并妥为防范……"

说到这里,慈禧再也说不出话来了。

这就是隆裕没能垂帘听政,而由醇亲王载沣当了摄政王监国的原因。此事,有溥仪二妹韫龢的追忆为佐证,应该是比较可信的。

溥仪的乳名和康熙粉彩大瓷果盘

摄政王载沣共有四子、七女。嫡福晋瓜尔佳氏,生下了两子三女,即:溥仪和溥杰、大格格韫瑛、二格格韫龢(她的名字是六叔载洵起的)、三格格韫颖。

载沣的其他一子四女,则是侧福晋邓佳氏所生。

溥仪以及弟弟、妹妹的小名,外界一般不晓得——他们每人名字的最后一个字,都是"格"字。

长子溥仪,人所共知,全名爱新觉罗·溥仪,字曜之,号浩然。

溥仪的乳名叫什么?叫"午格"。

这是人所罕知的。

为什么叫午格呢?因为溥仪的出生,占了四个"午"字——溥仪属马——"午马","丙午年"出生,而且又是"壬午月"、"午时"出生的。

据溥仪的二妹韫龢回忆,溥仪的小名,是父亲反复考虑拟出几个名字,由她祖母刘佳氏亲自挑选而确定——"午格"。

老祖母刘佳氏对溥仪格外疼爱,当他进宫之后,时常叨念起皇帝幼年的生活琐事。祖母常说起,溥仪是她从小抱大的。

因溥仪是她的第一个孙子,按照醇王府的老规矩,长孙归祖母教养,所以,刚过满月就被抱到了祖母的身边。

据老祖母刘佳氏回忆,每天晚上睡觉时,祖母唯恐溥仪的被窝没盖好,一夜总要起来几次。夜里,她怕吵醒长孙,就把鞋脱掉,仅穿一双袜子,轻轻察看溥仪睡得好不好,唯恐宝贝孙子着凉受病。

颇值得提及的是,祖母的卧室桌子上摆放着一个直径巨大的康熙粉彩大瓷果盘,里面一年四季摆放着硕大的苹果。屋里多宝阁上的花盆里,还栽种着鲜灵灵的水仙花。

那只康熙粉彩大果盘里,经常摆放着宫内老太妃赏赐的各种水果。祖母在果盘里垫着一个软绣垫儿,时常让幼小的溥仪静静地坐在里边,逗着玩耍,直到被抱进宫之前。

说来也怪,幼小的溥仪每逢哭闹时,只要被放进这只硕大的果盘里,就会变得眉开眼笑,显得异常高兴。

老祖母总爱经常坐在粉彩大果盘旁边,微笑着望着溥仪,仿佛是一种安慰。

溥仪两岁零九个月①,被慈禧太后颁下懿旨,从醇亲王府的康熙粉彩大果盘里抱走进宫。祖母多次回忆说,溥仪临走时,始终大哭不止,仍然离不开奶妈王焦氏。

直到溥仪进宫之后许久,这只康熙粉彩大果盘依然放在祖母卧室不让人擅动。祖母时常反复叨念起,当年溥仪在大果盘里玩耍的有趣情形。

据说,老祖母对溥仪格外心重,眼瞧心爱的孙子被慈禧太后下旨抱走,哭得背过了气,当时就昏了过去。这对于年老体弱的老人来说,不啻莫大刺激。从此,老祖母的情绪、健康每况愈下,天长日久竟患上了精神病。

溥仪刚进宫时,每到晚上,总是不依不饶地寻找醇王府的乳母,直到被王焦氏重新抱在怀里才停止哭闹。因为溥仪自幼很听从乳母的话,每当他淘气时,乳母过去一说,就马上见效。

提起清末宫内替皇子选乳母这件事,倒值得多说几句。

除溥仪在《我的前半生》中讲述的,如身体健壮和外貌端正等条件以外,更重要的是乳汁的质量。实际上,这在宫中有固定的检验方法,主要是把乳液挤在瓷盘中,在阳光下晾晒。经晾晒呈现血色或成渣而有腥臭异味的,都要统统被淘汰。唯有晾干以后,仅留下洁白如脂的乳液,才能入选成为皇帝的乳母。

自然,在醇王府内最初选择溥仪的乳母时,条件也大概如此。

为什么溥仪当上皇帝,醇亲王府上下之人反而痛哭不止?皆因一家人目睹光绪皇帝的悲惨下场,联想到慈禧的狠毒,因此溥仪尚未进宫便似乎看到了将来的下场。再者,老祖母刘佳氏唯恐孙子送进宫内,从此再也见不到这个可爱的孩子了。

---

① 溥仪于1906年2月7日,即光绪三十二年正月十四日午时,出生在醇亲王府。1908年11月13日,即光绪三十四年十月二十日申时(下午三点至五点之间),溥仪从醇亲王府被抱进宫内,算来整整两岁零九个月。

溥仪在"三哭"中登基

溥仪进宫后,曾经三次被吓得大哭不止。

第一次大哭,是溥仪见到慈禧太后时(慈禧去世前一天),蓦然看到许多陌生人围在身旁,又看到一个消瘦的老太太,立时被吓哭了。《我的前半生》初稿当中,描写了一个细节——溥仪由于初次见到慈禧,在一阵大哭当中,甩掉了糖葫芦,拼命喊叫着:"要嬷嬷,嬷嬷……"

这几声喊叫不要紧,外边可就传开了,说溥仪哭着要找一个叫毛毛的小孩儿,而且添枝加叶地说,叫毛毛的这个小孩儿,是溥仪在醇王府经常陪他玩儿的,所以才这么哭喊。

第二次大哭,是在太和殿举行的登基大典上。溥仪的二妹韫龢不止一次听祖母说起,溥仪登基时,大哭不止,一直哭闹着要回家。因此急得摄政王载沣满头大汗,只得好言哄溥仪说:"别哭了,快完了,快完了……"①

甭说在场的朝廷大臣,连醇王府的众人,事后也纷纷议论说:"这多不吉利呀……"

果然,宣统三年,溥仪就从皇帝的宝座上退了位②。

第三次大哭,是在慈禧太后出殡那一天。那一天,当时许多王公大臣和太监,簇拥着小皇帝——溥仪在灵前磕头。

这里有一个细节,据末代太监孙耀庭回忆,他的师傅——老太监守候在灵柩前,打头的太监首领,按照宫中规矩,拖着长腔,大喊一声:"举哀——"③接着,太监首领连拍三下巴掌,顿时宫内哭声震天。

这时,溥仪又被惊吓得大哭不止。人们议论说,上次是不该哭而哭,这次是当哭而哭。

可以说,溥仪在"三哭"中登基,承继了清朝大统。

---

① 据溥仪的二妹韫龢回忆,载沣生前曾对她说,当时自己哄溥仪时说的是"快好了,快好了……"存兹待考。

② 根据本书作者所收藏的原版《光宣小纪》,光绪朝进士金梁先生在此书中作了另一种记载:"宣统登极,余未在京。有人赴太和殿观礼。见摄政王拥上座,上泣啼不止。左右颇惶窘。王招近侍进一物,上玩弄,始止哭。众既诧为不祥,而又疑,不知所进何物。私问之,则庙会所售玩物,曰'虎小儿'者也。相传德宗即位时,亦久泣。近侍奉以白棉一撮,即持玩,泣止。德宗一生受人欺弄如棉。而性复乐此。殆亦数呼。"

③ 举哀,即宫内举办丧事的规矩。领者一声举哀之后,然后拍三下巴掌,在场者都要"哭丧"。

一九〇八年十二月二日(阴历十一月初九日),宫内举行登基大典,溥仪正式继承皇位,年号"宣统",——确定次年为"宣统元年"。载沣为摄政王"监国"①。

关于溥仪的真实生日

溥仪进宫三个月后,第一次在宫内过生日。

其实,直到溥仪的《我的前半生》正式出版之前,溥仪的真实生日,极少有人知道。人们为他过的生日,都是"假生日"——每年正月十三。这是为什么?

光绪三十二年正月十四(1906年2月7日),溥仪出生于醇亲王府思迁堂东里间。但这一天恰值道光皇帝(清宣宗成皇帝)去世同一天。为"避圣讳",所以,爱新觉罗家族按照老规矩就把溥仪的生日提前到了正月十三。

举个例子,笔者八十年代曾采访过赵荫茂——溥仪的侍从。他从十三岁就从景山小学被挑选进宫,一直追随溥仪。当溥仪在伪满垮台前,交给赵荫茂三万元,又把神经失常的皇后婉容托付给他,直到婉容病逝以后,他才返回北京。

此后,赵荫茂在北京西板桥胡同,盖了一幢小楼,专设一龛供奉溥仪圣像,每到正月十三这天,全家人揭开黄绫,为溥仪磕头做寿。这个生日自然是假

溥仪登基时发行的"宣统元年"邮票(由本书作者收藏)

---

① 群众出版社在2007年1月出版的《我的前半生》(全本)第28页中,错将溥仪登基大典日期写为"十二月初二"。

的。直到《我的前半生》出版,这个谜底才拆穿。

但有一件事,却必须是真实生日。那就是溥仪在宫中有一个"替僧",叫孙虎,与溥仪同月同日同时辰出生,这个生日绝对不能掺假。但外人是不知道的,也就是说,溥仪的真实生日,起初甚至连近亲也未必知晓。

早在溥仪被慈禧太后立嗣为"宣统皇帝",就必须有两件事马上办。一件是颁布上谕,对于溥仪的名字,由此开始"避圣讳"。二是,替溥仪立即寻找"替僧"。

先说这一件事——"避圣讳"。慈禧就在去世前当天,即光绪三十四年十月二十二日,专门颁布懿旨,对于立为嗣皇帝的溥仪,如何书"御名",做了详细规定:"御名下一字避写。嗣后凡遇联写成语,仍应照旧书写。如遇书写单字时,于御名下一字,避写'仪'。"

也就是说,对于溥仪的名字的书写,此后须敬缺"末笔"。

三十年前,笔者曾到中国第一档案馆,查阅了清末原始卷宗,亲笔抄录了慈禧颁布的关于溥仪的名字如何"避圣讳"的懿旨:"掌仪司马为知会事,由堂抄出。光绪三十四年十月二十二日,由内阁抄出奉上谕,道光二十六年三月,宣宗成皇帝特降谕旨,以二名不偏讳将来继伍承绪者,上一字仍旧毋庸改避,亦毋庸缺笔。其下一字应如何缺笔之处,临时酌定。以是著为令典等因钦此,今朕敬遵。成宪将御名上一字,仍旧书写,毋庸改避。下一字敬缺一撇,书作'仪'①。其奉旨以前所刻书籍俱毋庸议。钦此。等因抄出相应知会。贵处查照办理可也。须至知会者——若知会。宁寿宫。光绪三十四年十月。"

由此不难看出,在清朝宫内,"避圣讳"规定非常严格,溥仪的敬缺"末笔",早在道光皇帝时就做出了原则规定。如有违抗,弄不好则有杀头之罪。这其实是神化皇帝殊于常人的一种自我欺骗手法。

再说第二件事——"替僧"。

据考,自清朝开国皇帝始,无一不信奉喇嘛黄教。按照清朝不成文的习惯,作为皇帝,必须有一个"替僧"代其出家。若考"替僧"之说,恐要溯源到南北朝时期的梁武帝。清代尊喇嘛黄教为正宗国教,于是,溥仪的"替僧"自然也选中了一个喇嘛。

据末代太监孙耀庭对笔者回忆,"替僧"不见得与皇上同年出生,但要同月、同日生,生辰八字还不能相克,其品貌亦要求端正。孙耀庭曾经回忆说:

---

① "仪"字,即"仪"的繁体,最后一笔少一撇。

"溥仪的替僧叫孙虎,原来也是宫内太监,当喇嘛是后来学的。由于孙虎是代溥仪出家的替身,所以,宫里的底下人,一般都不敢得罪甚至怕他。他衣着打扮以及平时饮食也比一般人好得多,在宫中颇有势力。"

对此,孙耀庭曾经追忆说:"孙虎平时就在宫内居住。他人很瘦,个子不高,老提着一个鸟笼子在宫里溜达,人们背后都叫他孙喇嘛。夏天头上常戴个像草帽似的凉帽,上面还系着一个红缨子。冬天总爱戴一个棉帽,宫内叫做秋帽。"

"民国年间,我去神武门西边办事,恰巧他也去了,我们俩离得特别近。他穿着一身紫色喇嘛大褂,里面穿着一件大棉袍,看上去不到四十岁的样子。我那时也就二十来岁。"

"溥仪比我小四岁,算来他比溥仪大很多。在溥仪刚登基时,孙虎当上的替僧,也就不过二十岁左右。"

每逢宫中"忌日",孙虎便亲率雍和宫等处的喇嘛到宫内宗政殿去念经、做法事,颇有气派。

当冯玉祥"逼宫"时,孙虎也被轰出紫禁城,栖身于寺院,悄无声息地离开了尘世。溥仪特赦之后,一直没打听到这位"替僧"的下落。

事实上,溥仪的"替僧"连自身也难保,当然不可能替代"逊位皇帝"命运中的厄运,更无法阻止袁世凯复辟称帝的狼子野心之举。

叁 隆裕皇太后「三哭」与袁世凯称帝

不被外人所知的"宣统逊位"内幕——隆裕皇太后为什么重新起用袁世凯？其中一个关键，就是大太监小德张被袁世凯重金贿赂而收买，胡诌"'共和'只是削掉摄政王的权力，太后的尊严和待遇照旧……"

天真的隆裕信以为真，遂颁布醇亲王"不预政事"的懿旨，又糊里糊涂颁布了"宣统逊位诏书"。

据溥仪追忆，他曾一度产生错觉，误以为袁世凯要让他复辟登基。当毓崇的父亲溥伦贝子代表皇室和八旗向袁世凯递上"劝进表"，溥仪才恍然大悟所谓"复辟帝制"与己无关，而是袁世凯自己要当皇帝。

图片说明：隆裕皇太后（左）和宣统皇帝（五岁）

为什么把这两档子似乎毫不相干之事,联系在一起?

只因为如果没有隆裕太后颁布"宣统逊位诏书"①,袁世凯不可能称帝。

此时,溥仪尽管已经进宫三年,年龄上仍然是一个幼稚的儿童,压根不了解晚清宫廷你死我活的夺权之争,更不可能洞悉政治上正在酝酿着的一场历史巨变。只是宫廷生活的几件"琐事",在他脑海里留下了深刻印象。

溥仪直到九岁,才被迫断奶。

为什么?因为他在哺乳期间咬伤了乳母王焦氏的奶头,这才不得不中断喂奶。宫中的四位老太妃见乳母与溥仪形影不离,关系过于密切,故意找碴儿,假借其他嬷嬷与太监吵架之由,连同王焦氏一起轰出了宫外。

有一天,幼小的溥仪陪着隆裕太后在御花园散步。由于隆裕太后穿着很厚的花盆鞋,走路时须由两个太监一左一右地搀扶着。

当时,溥仪走在隆裕太后身后,没留神被一个叫陈德的太监不慎踩疼了脚,溥仪顿时大哭起来。隆裕立马叫来敬事房太监,责打了陈德几十大板。

溥仪六岁时,一次吃栗子过多,肠胃被撑坏了。隆裕太后在此后一个月中,只允许他喝糊米粥,尽管天天嚷饿,也没人理睬他。一天,隆裕太后游览中南海,随手递给溥仪一个干馒头让他喂鱼,他却趁人不备突然塞进嘴里。隆裕太后生了气,吩咐太监严防"皇帝"贪嘴多吃。

可没过几天,宫外王府上贡的提盒搁在西长街上,溥仪闻到香味,赶忙跑过去打开盒盖一看——一整盒酱肘子,饥饿的溥仪一把抢过来,搁进嘴里就大嚼起来。几个太监吓得赶紧七手八脚从他口里抢了出来。

刚被允许正常吃饭,溥仪竟然一连吃了六张春饼。太监首领得知,怕他又被撑坏,连忙叫来两个太监提起他的胳膊,在地上猛蹾一气。

最让溥仪不开心的是,每当宫里宣布他所谓有"火"时,时常被太监关进小黑屋,让他大哭一场泄火之后,才能放出来。

这就是在所谓隆裕太后时代,溥仪残留在脑海里的畸形的个人记忆②。

---

① 隆裕太后颁布的"宣统逊位诏书",在宣统三年十二月二十五日钤印玺发出,由理藩院刻板印刷了印量极少的蒙、汉两种文字,发至清朝皇亲贵胄手中。(此"宣统逊位诏书"以及清室优待条件油印本,由本书作者收藏)
② 以上内容,源于本书作者的个人采访并参阅本人收藏的《我的前半生》未定稿。

一个不被外人所知的"逊位"内幕

其实,溥仪这个六岁幼童,丝毫不清楚,他这个皇帝所代表的晚清政权已危在旦夕。

溥仪的父亲载沣虽任监国摄政王,却只是徒有虚名,始终没一点儿实权。

而袁世凯则独掌北洋军权,野心勃勃。据说,光绪皇帝临终前,让隆裕皇太后把亲笔遗诏"必杀袁世凯"交给了摄政王载沣,而载沣面对复杂的棘手问题,因受到父亲奕譞的逊让性格及"好义为事"①的影响,迟迟下不了杀袁世凯的决心。

再加上庆亲王奕劻反复劝说载沣,许多陆军将领和各省督抚大多是袁世凯亲信,如杀袁世凯可能引发兵乱。载沣听后,实在束手无策,只得妥协,下令让袁世凯因"脚疾"回河南养疴。

且说醇亲王府内,韫龢这几个姊妹由于深受父亲和祖母的影响,从小就痛恨袁世凯,凡见到画报上登载袁世凯的照片,就马上用手抠下眼珠解恨。而溥仪的胞弟溥杰,每当提起父辈的仇人袁世凯,更是咬牙切齿。

只有瓜尔佳氏由于荣禄与袁世凯的特殊关系,极力反对孩子的恶作剧,可这几个兄妹却死活不听。在醇亲王府里,形成了观点截然不一的两派。据二妹韫龢回忆,除母亲瓜尔佳氏以外,大多都是坚决的"杀袁"派。

这里有一个不被外人所知的内幕。

据溥仪的二妹韫龢听祖母说,一九一一年武昌起义爆发之后,清军屡

《宣统三年时宪书》(由本书作者收藏)

---

① "好义为事",是溥仪的二妹韫龢形容父亲载沣的原话。

战屡败，隆裕皇太后被吓昏了头，摄政王载沣也不知所措。当时，北洋六镇军队，每镇一万二千五百多人，除第一镇是满洲贵族铁良①统率的八旗兵外，其余五镇都在袁世凯控制之下，几乎所有重要将领都是袁世凯小站练兵时的"铁杆"。

但隆裕皇太后为什么最终决定重新起用袁世凯？其中一个人所不知的关键，就是太监总管——小德张②被袁世凯重金贿赂而收买。他大发横财之后，在天津英国租界永祥里，修建了一座洋楼，叫做"永存堂"。

小德张遂把宫中搜刮的金银珍宝全部收藏于此，这是众所周知的。据笔者的忘年之交——末代太监孙耀庭回忆，他当年曾去过这幢洋楼，外部看上去虽不显眼，但内部装饰却是金碧辉煌。

与此同时，袁世凯不惜采用卑劣手段，"拿"住了隆裕太后。因为，他深知隆裕太后的父亲桂祥，虽是慈禧的胞弟，却一生穷困。

慈禧太后素以严厉著称，对于家人也并不徇以私情。在清末，慈禧的三家国戚——内侄德善、庶弟"佛六"，以及其胞弟桂祥③，家庭生活窘迫，"均贫不能生"。许多王公大臣都看不过去了，纷纷向她请求恩赐。

而据老太监信修明记述，"但慈禧只以私帑④，每月给些钱粮。按人口计算，大人四两，小孩二两，仅能维持各家的生活而已。"要知道，当时清末宫内干粗活儿、扫地的最普通的小太监，也是月银二两。

看准这一点，袁世凯遂保荐桂祥为京城油水最大的肥差之一——崇文门监督。实际上，袁世凯是想借此死死拢住隆裕太后，这是不言自明的。

从内心而言，这足以使桂祥父女二人对袁世凯感激涕零。

这里要多赘两句。崇文门，为旧京九门之一，老北京人俗称哈德门。

清代京城九门的关税，改由崇文门集中统一征收。据有关史书记载，崇文门税关设置正、副监督各一人，往往由皇帝指派王、公、贝勒，以及现任内务府大臣充任，且无一不是皇帝近亲，历来亦只任用满族心腹，从不用汉族官吏。

仅以一例便足以佐证，乾隆年间的大贪官和珅，就是崇文门税关监督。无人不知，"和珅跌倒，嘉庆吃饱"，富可敌国的故事。

由于崇文门税关地位特殊，官员待遇颇为丰厚。《道咸以来朝野杂记》的

---

① 铁良，满洲镶白旗人。早年曾当过荣禄的幕僚，历任户部、兵部侍郎，练兵大臣、军机大臣、陆军部尚书等，辛亥革命时，曾与革命军作战，后参与溥仪复辟活动。
② 小德张，名张祥斋，字云亭，天津静海县南官屯人。光绪十七年入宫当太监。在隆裕太后时期，当过宫内太监大总管。
③ 桂祥，全名叶赫那拉·桂祥，是慈禧的胞弟，曾被赐爵三等承恩公，曾任满洲镶黄旗副都统。
④ 内帑，又称"私帑"，系指国库以外、皇帝在宫内的钱财。

作者崇彝,曾做过崇文门税关的帮办委员,此人在书中曾记载:"余充崇文门税关帮办委员,岁约可得四五千金(四五千两银子)。据云,派委所入视此不止倍蓰(数倍),监督岁入亦不过数万金。彼时视此差遂为京官最优者。"

为此,崇文门税关监督这个官职,被公认为是"京师十大美差"之一。

清朝崇文门税关一把手,历来与"大内"关系特殊,税关设有"例规",明确所收关税一部分贴补皇帝身边的后妃、太监,而且人人有份。崇文门税关每年为后妃明送"脂粉钱"十万两白银。晚清宫内流传着一句老话——"内臣盼殊恩,年终崇文门"。

不用说崇文门监督一年的收入,每到年根底下,崇文门税关仅打点宫内各太监的银两就达三千六百两。这是宫内外人所共知的"定例"。

日久天长,满京城都知道了这么一句歇后语——"崇文门关当差,发啦!"

人所共知,桂祥当上崇文门税关监督仅仅一年,桂公府就修葺一新。他发自内心地对家人说:"我这后半辈子总算不用发愁了……"

哪知,刚过一年多,位于朝阳门内南小街附近的桂公府却莫明其妙被烧了一把大火,光绪皇帝的老丈人——桂祥,重新陷入穷困的窘境。

如今看来,此事前因后果蹊跷无比。说不定就是老谋深算的袁世凯,想玩弄父女俩于股掌之上所精心策划的一场阴谋。

另外,一个不为世人所知的"环节"是,在此前后,隆裕太后亦在小德张的穿针引线下,私下接受了袁世凯价值两万两白银的"贡品"。这绝非空穴来风。

曾先后在宫内伺候过慈禧太后、隆裕太后以及端康太妃的老太监信修明,异常鄙夷地记述道:"袁世凯进隆裕太后两次大贡,价值两万两,即将万里江山换到手中矣……"①

而其中最大获益者,是谁呢?除袁世凯以外,恐怕非奕劻莫属。溥仪的七叔载涛曾记述说:"奕劻、那桐本来只认得钱,至于清廷封建统治的垮台,并不在他们的心上。他们二人与张兰德里应外合,不由得隆裕不入他们的圈套。后来他三人皆如愿以偿,各自在家纳福去了。奕劻在天津所买大楼房,即是张兰德的产业。王闿运所著《祺祥纪事》末段说:'乃至德宗末年,天下唯论财货,禅让亦以贿成,举古今不闻之说,公言之而无怍。'"②

---

① 引自信修明著《老太监的回忆》。另有其他说法,即数额巨大;因无第一手依据,故采纳信修明的说法。
② 引自载涛:《载沣与袁世凯的矛盾》一九六一年七月撰文——《晚清宫廷见闻》,文史资料出版社,一九八二年九月版。

除了上述提到的,"禅让亦以贿成"以外,究竟是什么最终打动了隆裕太后的内心呢?

据末代太监孙耀庭曾经听到陈泽川师傅回忆说,由于小德张软硬兼施,多次当面劝说隆裕皇太后:"老主子,所谓'共和'只是去掉摄政王的权力,太后的待遇还是照旧的……"

与此同时,小德张还软硬兼施,说是清朝如果被革命党以武力推翻,那么清室就得不到"优待条件"规定的每年四百万白银了。

幼稚的隆裕太后信以为真,为竭力保住皇太后的可怜地位,随即颁布醇亲王"不预政事"的懿旨。

听到这个消息之后,载沣愤然进宫,本来要与隆裕太后就此事以及是否起用袁世凯争论一番,可当面见到隆裕之后,又结结巴巴说不清楚,只得郁闷地返回醇亲王府。

不久,隆裕太后又召开御前会议,讨论如何镇压革命军和"逊位"问题,会议炸了窝。王公遗老各抒己见,"主战"和"主和"两派,各不相让。唯独载沣无论众人如何争论,却旁若无事,始终一言不发。

显然,溥仪的生父载沣对大清帝国的命运,完全丧失了信心。

据说,就在隆裕太后颁布"宣统逊位诏书"之前,载沣曾奉旨祭祀太庙。事出意外的是,庙内的乌鸦"惊飞四散",这使载沣惊骇不已。

皆因爱新觉罗家族一直将乌鸦作为命运的寄托,遂将此视为不祥之兆。老太监信修明特意将此记载下来:"虽曰神话,亦见事之巧合。"

自然,载沣的不祥遭遇,溥仪不可能一无所知。但幼小的他,亦无可奈何,只能默默地眼观秋花寞然落去。

一九一一年,辛亥革命爆发之后,清末的核心权力机构发生了一系列巨大变化——清廷迫于形势,十月三十日(阴历九月初九日),罢免溥仪的六叔载洵。仅隔一天,即十一月一日,又罢免溥仪的七叔载涛,遂宣布解散皇族内阁,任命袁世凯为内阁总理大臣。十一月十三日,袁世凯回京主政。

溥仪赖以支撑皇位的"保护伞"彻底垮掉了——十二月六日(宣统三年,阴历十月十六日),溥仪的父亲载沣无奈地被迫辞去摄政王位。

辛亥革命所发生的一系列历史演变,被后来成为末代皇后的婉容的姥爷——毓朗,称之为"沧桑变"。

当载沣被迫辞去摄政王位的第六天,正值慈禧去世三周年祭日。溥仪下旨,命毓朗贝勒代表前去祭奠。世人罕知,皇后婉容的姥爷——毓朗,堪称一

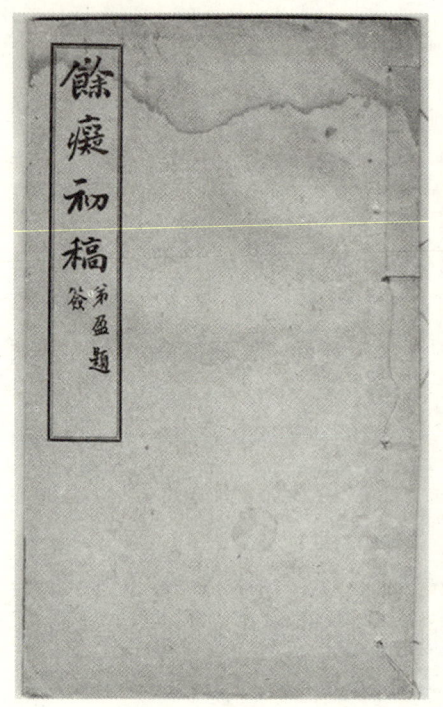

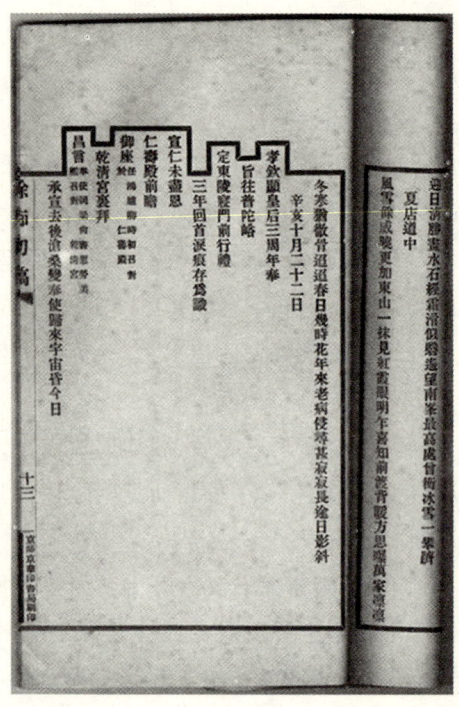

毓朗晚年自费刻印的诗词辑《余痴初稿》原件（由本书作者收藏）

位诗词高手。他在《余痴初稿》中，曾记述奉溥仪之旨，站在普陀峪定东陵寝门前祭奠慈禧太后这一经过，抒发了对于近来历史巨变的千般感慨，直至落下叹息的泪水。

"辛亥十月二十二日，孝钦显皇后三周年。奉旨往普陀峪定东陵寝门前行礼。三年回首泪痕存，为识宣仁未尽恩。仁寿殿前瞻御座①，乾清宫里拜昌言②。承宣去后沧桑变，奉使归来宇宙昏。今日山陵寝门外，小臣涕泗不堪论。"

对于数日以来天下发生的巨变，毓朗以饱经沧桑的身份，发出了"承宣去后沧桑变，奉使归来宇宙昏"的哀叹，比所谓"落花流水春去也"，对世事的无情和沧桑巨变更多出了几许凝重、苍凉的感慨。

事实说来，确是如此。溥仪虽是皇帝，毕竟只有六岁，实际当政的隆裕太后本是一个"无力回天"的平庸之辈。再加上载沣辞去摄政王位，归家抱孩子，这样一来连个能讨主意和商量的人也没了。

---

① 毓朗自注：任鸿胪寺卿时，初召对于仁寿殿。
② 毓朗自注：奉使同梁尚书慰劳美舰，召对乾清宫。

据说，宫内的人们纷纷议论，慈禧太后死后，隆裕太后没有任何作为，只是留下了"三哭"的笑话而已。

此时，隆裕太后慌了神，因朝廷没有军饷，迫不得已而掏出宫内的存款——"内帑"之后，痛哭流涕。这算是第一哭。

这里须交代一下，慈禧太后死后，宫内究竟遗留下多少白银和黄金——也就是"内帑"呢？

据记载，庚子年，慈禧太后尚在宁寿宫大殿存放白银六百万两，西逃之前移至储秀宫大殿，幸而未遭到损失。返回京城后，慈禧修葺仪銮殿海宴堂，耗去二百万两。慈禧殡天时，尚余四百万两白银。至于宫中所存黄金，除慈禧殡天时打造金塔用去一万两，尚余三十六万两。以上全部被隆裕太后承受。

此后，隆裕太后修建延禧宫的水座铁楼，用去一半白银。武昌起义后，袁世凯逼其迅速补充军费。隆裕太后在无奈之余，命司房将黄金分为二十二万两以及十四万两这两笔账。在袁世凯逼迫下，隆裕太后不得已先交出二十二万两黄金劳军。后又交出所余下的黄金，悉数被袁世凯充做"筹安会"的经费。

第二哭，是在中华民国南京政府成立之后，为商讨"宣统皇帝逊位"问题，在王公大臣的御前会议上，隆裕皇太后没了主意，又大哭一场。

第三哭，是隆裕太后在"宣统逊位诏书"上盖章时，又号啕大哭不止。

似乎值得一提的是，在满清遗老中，也有一位著名的陪哭者，那就是以"保皇"出名的陕甘总督升允。他听到武昌起义的消息后，立即带领手下人马"勤王"，军队一路开到了陕西。

恰巧，此时宣统皇帝的"逊位诏书"也到了。于是，升允长跪在"诏书"面前，大哭一场，遂怏怏离开了统辖的军队。

此人最后在天津过起日本租界的寓公生活，直到病死。此是后话了。

两笔黑幕交易，助推袁世凯皇帝梦

这里回过头来，再披露一个历史细节。

当南方革命军向北方推进时，清廷急电袁世凯出山，他却托脚疾力辞。庆亲王奕劻只得让其子载振出面再三恳请袁世凯返回京城。

据说，袁世凯私下跟奕劻密谋时，哄骗他说：第一，设法让溥仪退位，由你办这事。第二是，由载振即位皇帝，这由我来办。

结果，老奸巨猾的奕劻反被袁世凯所诓，竭力怂恿隆裕太后迫使摄政王载沣解职，又利用大太监小德张等人制造舆论——溥仪必须退位，以换取清室的"优待条件"，否则难逃杀身之祸。

这是第一笔黑幕交易。

老太监信修明以一件宫中亲历之事，佐证了当时庆亲王奕劻欲让其子载振替代宣统皇帝——溥仪，确实并非空穴来风。他曾客观记载道：

"辛亥冬，恩放余为宁寿宫他坦达①，非所望也。腊月将近，庆王府太监首领刘得顺来他坦报告，今年除夕夜，政府计划将杀宫。我与君好，特来报告。如将皇上杀害，我们大爷②有即位可能也。未几，有数人来问余跑不跑。余曰，我们身受国恩，死则死耳，抛弃寡母孤儿不顾，心能安乎？君等走，我不走也。众曰，坦达如不走，我等也不走。全宫禁内亦有过于胆小者，逃去几十名。"

奕劻屡与袁世凯密谋，想让自己的儿子载振当皇帝，自以为手拿把攥。据老太监孙耀庭对笔者回忆，听说当时庆亲王府已经在准备张灯结彩，还私下预备了大红宫灯。

其实说到底，奕劻想让自己儿子载振当皇帝，仅是一厢情愿。实际上袁世凯内心另有打算，只是表面虚与委蛇。

无须说，这个酝酿中的惊天阴谋，背后另有故事，那就是以奕劻受骗而告彻底失败。

面对晚清残局，清政府并非心甘情愿地请出袁世凯充当内阁总理，实出于无奈才让他全权代表清室与革命党谈判。就这样，袁世凯第一步如意算盘堪称打响。

此时，幼小的溥仪，根本弄不清怎么回事，即便弄清了也无可奈何。

慈禧之弟桂祥的曾孙那根正先生曾回忆说：我的父辈家人一直说，袁世凯耍手腕欺骗了隆裕太后。

这里有一个历史之谜待解。

溥仪在《我的前半生》中曾记述，正当是否"退位"的御前会议无果而终时，段祺瑞从前线发来电报，强烈要求宣统皇帝退位。

此事不假，但其真相，却是袁世凯一手策划的又一阴谋。据段祺瑞部下曾

---

① 他坦，满语，最初系狩猎所搭的窝棚，后来延伸成村落的意思。此处指各宫太监值班或休息的地方。达，首领。他坦达，即各宫太监首领。

② 大爷，系指庆亲王奕劻长子载振——原注。

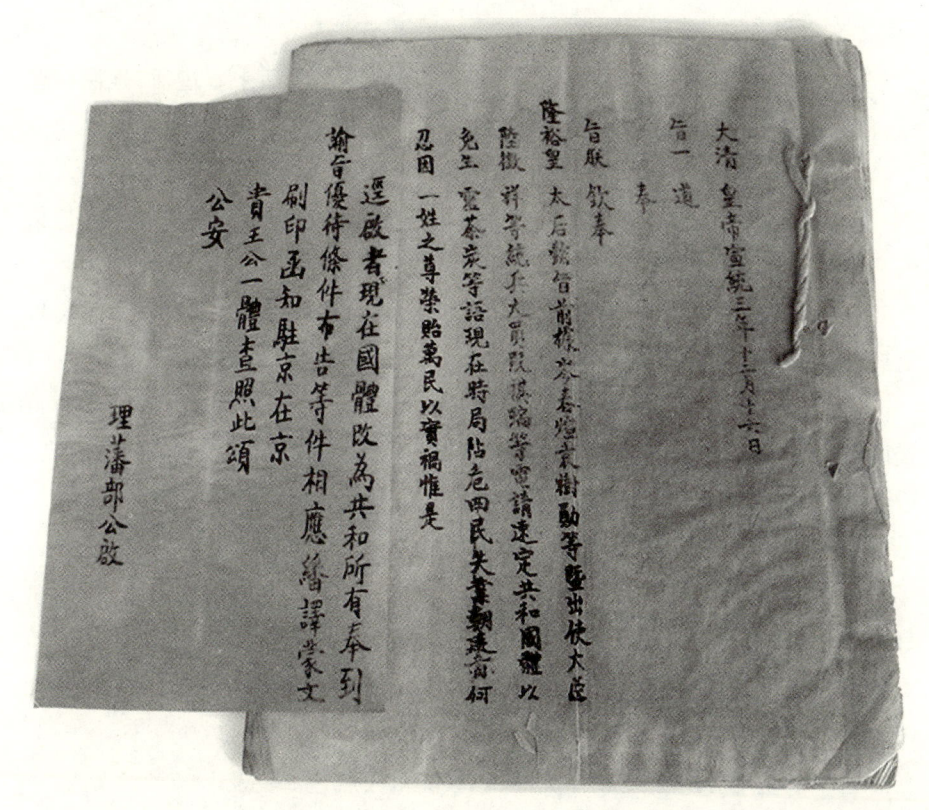

宣统三年由清朝理藩部印制的蒙汉两种文字的"宣统逊位诏书及优待条件"原件
（由本书作者收藏）

毓隽回忆，袁世凯一边密令北洋军放慢速度向南方进发，同时，又暗中起草好电报稿交靳云鹏带给段祺瑞，以前敌将领名义通电内阁和各大臣，逼迫清室退位。

这实际是迫使"宣统逊位"的关键一招。

压垮晚清政权这匹老骆驼的最后一根稻草，果然生效。

结果，一贯受人摆布愚弄的隆裕太后，糊里糊涂地颁布了"宣统逊位诏书"。

有意思的是，坐井观天的隆裕皇太后实际并不知"共和"为何物，只知民国政府议定"优待条件"，每年给付皇室四百万两白银，还误认为袁世凯是辅佐大清的"忠臣"。

就在"逊位诏书"颁布的第二天早晨，隆裕皇太后照常正襟危坐，静待上朝。不料，等到上午十点多，仍不见袁世凯等人露面，随即传奏事处问话："今天军机大臣等人，怎么还不上朝？"

"禀报皇太后,袁世凯临行前说,从此不来了。"①

孤陋寡闻的隆裕太后闻言,立时愣了,半响说不出话来。过后,她涕泗横流,似有所悟,不解地说:"难道大清国,让我断送掉了?……"

从此,迁住长春宫的隆裕太后饮食顿减,忧郁成病。

此时的溥仪,据老太监信修明回忆,每天依然要到长春宫去向隆裕太后请安。这是必不可少的"功课"。

据说,庆亲王奕劻在"宣统逊位诏书"颁布之后,仍然心存幻想,非要袁世凯履行承诺,让载振坐上皇帝的宝座。

然而,袁世凯借口北方将领一致要求共和体制,否则就要发生政变,胁迫奕劻彻底打消让儿子当皇帝的梦想。

这时候,奕劻才意识到上了袁世凯的当,但已无计可施。

然而,一味听信小德张所劝而接受"优待条件"的隆裕太后,也无疑陷入了袁世凯所设计的"火坑"。据老太监信修明记载:"袁政府之掌财者,为一班奸商,对于皇室趁火劫者大有人在,将内府累积数十年之陈欠久已勾清者开单索账,同时运动在优待费项下支取。部中先扣百分之六十为交换条件,皇室如不允许,财部亦不交款,四百万优待费先被扣去了半数。"

这不仅使内务府大臣一筹莫展,也令隆裕太后追悔莫及。

但悔之晚矣。一九一三年二月十五日,是隆裕皇太后的寿日。仅仅过了七天,隆裕太后便在悲愤中崩于长春宫太极殿,年仅四十七岁。

谁能想到,寿日转眼变丧礼。

据说,隆裕皇太后临死也没想明白,眼前发生的究竟是怎么一回事。宫中的这些真实情形,被久居宫内的老太监信修明,如实记录了下来。他当时并不清楚内幕,只是客观记载着隆裕太后于正月十七日辰时病逝:"当日,各廊下落水如雨,人称'房哭'不祥。"

谁也没想到,假惺惺的袁世凯,让宁寿宫停放隆裕皇太后梓宫。尔后,竟然通令全国下半旗,还派陆军部尚书兼总统府侍从武官荫昌,在袖上缠上黑纱,代表自己参加葬礼。

从历史留下的当天照片上,可以清楚地看到,隆裕皇太后祭奠仪式的横幅

---

① 事实上,历史并不如此简单。袁世凯不再上朝,起初借口东华门外发生了欲暗杀其人的爆炸案——1912 年 1 月 16 日(十一月二十八日),上午 11 时 45 分,袁世凯乘坐马车从东华门赴外务部新衙门,路过丁字街"三义茶馆"门口时所发生。其实,并不排除袁世凯利用并夸大了这一场爆炸案。

上,赫然写着四个大字:"女中尧舜"。

实可谓莫大讽刺。

记得,九十年代初,笔者在北京四季青公社的一幢普通民居里,采访了老太监信修明的儿媳及过继孙子,听他们详述起信修明先生所留下的遗稿中记载的内容,更是有感于晚清宫廷矛盾之复杂。

谁料,隆裕皇太后的丧礼还没办完,南方就发起了"讨袁"运动。袁世凯在一片混乱之中,乘机派兵包围国会,强迫国会选举他为正式总统。

最可笑的是,事后袁世凯还装模作样向溥仪呈上了一个所谓"报告"。

随之,袁世凯倡导设立清史馆,任用前清旧臣,报纸上还明目张胆地突然出现了"还政于清"的大规模宣传。

晚清末年,不唯昏聩的隆裕太后,连老狐狸奕劻以及一群师傅辅佐左右的"逊帝"溥仪,此时也犯起了糊涂,并未真正觉察到袁世凯的丑恶用心。

起初,溥仪发现袁世凯在背后鼓动遗老遗少以及报纸喉舌,纷纷闹着恢复帝制,误以为"复辟"有望。谁知,接下来的事实证明,溥仪的一厢情愿确是大错特错了。

据溥仪事后回忆,当时产生了严重的错觉,以为袁世凯真的要让他复辟登基。

然而,当成天陪他读书的毓崇的父亲溥伦贝子,代表皇室和八旗向袁世凯递上"劝进表",公开拥戴袁世凯当皇帝,溥仪这才恍然大悟,原来主张的"帝制"与自己无关,而是袁世凯要当皇帝。

溥仪慌了手脚,和那些师傅及大臣,讨论来讨论去,结果只能退而求其次,为保住清室"优待条件",以让溥仪继续苟延残喘地留居宫中,无奈之际,只好做了一笔交易,由内务府发出正式公文:"推戴大总统(袁世凯)为中华帝国大皇帝,凡我皇室极表赞成。"

而溥仪身边的天真谋士,又异想天开地让这位即将登基的"准皇帝"做出亲笔保证。这可以在溥仪的《我的前半生》中看到袁世凯的笔迹:"所有优待条件各节,无论何时断乎不许变更,容当列入宪法。"

起初,溥仪盲目相信了袁世凯白纸黑字的承诺。后来他才明白,以上这两纸公文,根本不可能列入宪法,事实上,只勉强收入了民国"大总统令"。

这就是第二笔黑幕交易。

实际也是一个掩耳盗铃的"骗招儿"。

袁世凯靠欺骗当上八十三天皇帝

溥仪哪知,四处欺骗,原本是袁世凯妄图称帝的主要伎俩。

袁世凯在大造"帝制复辟"舆论的同时,对其嫡系却极力封锁消息,进而又耍起了两面派。

在掌握军权方面,袁世凯历来依赖三个亲信:段祺瑞、冯国璋和王士珍。

正当袁世凯意欲称帝的信息广为流传之时,冯国璋去找他,问他是否有此打算。袁世凯显得态度极为诚恳,郑重地回答说:"我绝对没有帝王思想。袁家历来就没有活过六十岁的人,我今年五十八,就是做皇帝能有几年?况且皇帝传子,我的大儿子克定残废,二儿子克文是一个假名士,三儿子克良是个土匪。哪一个能继承大业?你尽管放心好了。"

冯国璋信以为真,走出袁府便立即转告了徐世昌。等袁世凯宣布"帝制"时,他们才发现为时已晚,袁世凯的表演堪称神乎其技。

其实,袁世凯早已暗中做好了称帝的各种准备。譬如,让人制做了皇帝穿的龙袍等"承继大统"的服饰。据说,光做这两件龙袍,就耗银八十多万两,龙袍上的绣花都是用金丝织成的。

同时,袁世凯还花七十多万银两制成六颗皇帝御用的玉玺。不仅如此,袁世凯又把原来清朝皇室的车马仪仗修饰一新,更斥巨资二百万两银子粉刷了太和殿等三大殿。

在此期间,袁世凯没事儿就去那里,观摩三大殿那几根金龙柱和朱红圆柱。

事实上,袁世凯极为迷信,他听风水先生说自己在中南海设置的总统府,没有正门,风水于前程不利。于是,袁世凯立即下令把中南海南岸的宝月楼①外的红墙推倒,同时将楼下辟成通道,供出入使用。这就是"新华门",沿用至今。

无疑,这成了袁世凯称帝前的一处遗迹。

溥仪的复辟梦想没能实现,而袁世凯却成就了"帝制"美梦。一九一六年一月一日,袁世凯"登基"当上了皇帝,改中华民国为"中华帝国",年号"洪宪"。

---

① 宝月楼,乾隆二十三年建筑的一座古建筑。面阔七间,进深两丈有余,与太液池相映成趣。

极有意思的是，袁世凯当上皇帝，即专门派员到江西景德镇烧制了一批瓷器，赏赐给所谓文武大臣，上边还特意把他的年号——"洪宪"款识，印镌在瓷器上。外人所不知的是，袁世凯不知出于何种用意，还特地赠送给溥仪几件。

可以想见，溥仪虽年幼，但也能感受到莫大侮辱，对此举动不会存有任何好感。几年之后，溥仪把手中的"洪宪"瓷器，不屑一顾地转送给了进宫教他读书的英国洋师傅——庄士敦。对此，庄士敦评价说："袁世凯厚颜无耻地送了几件'洪宪'款识的瓷器给年幼的皇帝。几年以后，我从皇帝那里得到两件这样的瓷器，便把它们收入我的个人藏品中。"

袁世凯登基当日赐给众大臣的江西景德镇御窑烧制的"洪宪"瓷盘（由本书作者收藏）

显然，庄士敦把袁世凯赠送溥仪"洪宪"瓷器这一行径，称之为"厚颜无耻"，可见，他也对袁世凯充满了憎恶之情。

正当袁世凯的皇帝梦渐入佳境时，云南的蔡锷将军带头引爆了全国"讨袁护国"运动。很快，袁世凯的亲信也纷纷倒戈。当年三月二十二日，处于极度恐惧之中的袁世凯，被迫取消帝制。一九一六年六月六日，在举国上下一片反对声中，勉强维持了八十三天的皇帝梦彻底破灭。

袁世凯在北京死于尿毒症。时年五十七岁。

他跟溥仪死于同一种病。中医历来所谓"恐伤肾"，看来不假。

毓庆宫读书

先纠正两个历史讹误：一是，不少影视里，大多表现溥仪自幼进宫，就住在养心殿。其实，这是错误的。

溥仪进宫之后，最初住在钟粹宫，后来居住在长春宫，即在敬懿太妃住的太极殿后面。当溥仪稍稍长大之后，才移居养心殿。清朝从雍正皇帝开始，历代皇帝都住在这里，溥仪也不例外，只是长大一些才迁来。

二是，大多数人认为，溥仪读书的启蒙师傅是那几位帝师。其实错了，他的第一位启蒙老师,是一位太监,叫张谦和,名如其人,他为人谦和,年过半百,高个儿驼背。他在隆裕太后指令下,起初教溥仪认方块字,一直念完《三字经》和《百家姓》。

溥仪六岁开始正式读书,由钦天监择定吉日:宣统三年七月十八日。

当天是隆裕太后亲自派来的老师,开始地点并不在故宫,而在中南海瀛台念书。尔后才迁往毓庆宫,这乃是光绪皇帝小时候读书的地方。

从清宫遗留下来的档案来看,授课没有数理化或现代科学,只有"之乎者也",以及"十三经"这类传统国学。唯一不同的是,这里教授满文和英文。

溥仪读书不用功,整天玩耍,为促进"皇帝"学习,九岁时为他增加了伴读——溥杰、溥伦之子毓崇、载涛之子溥佳。

先后给溥仪当过师傅的,总共有七八位,譬如陈宝琛、朱益藩、梁鼎芬、伊克坦、徐坊、陆润庠(江浙人,书法家),以及英国师傅庄士敦等人。他的几位师傅有一个特点,就是除伊克坦是满族以外,都是南方人。

至于溥仪在毓庆宫读书的作息时间,数庄士敦记载得比较详细。

每天早晨,陈宝琛总是第一个进宫,夏季往往是早晨五点半,冬天是六点,约七点离开毓庆宫。

上午八点半左右,满文师傅伊克坦前来授课。十点至十一点,由朱益藩授课。下午一点半,由庄士敦教授两个小时英文。

夏季放一个月暑假,春节前后放三周寒假,其中包括溥仪的生日。每当端午节、中秋节和清朝历代皇帝的忌辰之日,才不上课。

算起来,溥仪在毓庆宫的枯燥读书生涯,一直到他大婚之后才告终结。

最有趣的是,宫里虽然请来了洋师傅庄士敦教授英文,却并不十分放心。这连庄士敦也有所察觉。这位洋师傅发现,当中国师傅给溥仪授课时,根本没有太监侍立在一旁,而每次轮到庄士敦上课,不仅大多有朱益藩和内务府大臣耆龄前来"护驾",而且每隔半个小时就有一名太监前来当值。

没多久,细心的庄士敦就发觉了这一秘密,太监在轮班守护溥仪。而且为了不惊动洋师傅,这些太监全都不许穿鞋,蹑手蹑脚地站在离溥仪不远的同一位置上,走起路来没有半点声响。

待到后来,庄士敦才得知,据说当时流传着这样一个说法,洋鬼子爱吃小孩儿的心肝或挖小孩儿的眼珠来做药。鉴此,内务府才出了这样一个馊主意,让太监轮流值班以保护溥仪的人身安全。

直到第二年夏天,最终确认庄士敦没有任何不轨行为之后,这种对溥仪的特殊保护措施才被取消。

起初,溥仪并不知道内中隐情,直到熟悉了庄士敦之后,聊天中偶然谈起此事时,遂放声大笑:"我压根就不信,你能吃了我的心肝!哈哈哈……"

在帝师中,溥仪起初最信奉的是陈宝琛,此人堪称"皇帝"的智囊,不遗余力地主张复辟"大清"。他是福建人,身边跟随的也总是"福建帮"一群人,包括后来出任伪满洲国总理大臣的郑孝胥,亦是他荐举而来的。

其中,梁鼎芬国学底子扎实,但同样只知一味向溥仪灌输"复辟"思想。

据溥仪的师傅朱益藩之子朱崟鋆告诉笔者,他父亲由于颇通医术,经常深夜被溥仪召进宫探讨医术。溥仪还喜欢亲笔乱开药方,太医院从来不敢让他吃。朱崟鋆还告诉我,他父亲时常在接到溥仪打来的电话之后,就打着灯笼步行进东华门,去给"圣上"看病。

伊克坦是满族人,脾气暴躁,后来因多病,越发精神不正常,时常以陈宝琛为"假想敌",在毓庆宫前院的休息室里,两人大多为一些小事儿拍桌子大吵。不久,竟然听不到他的喊叫声了,溥仪一打听,原来伊克坦果真患上了疯癫病。溥仪当即叫上随从去紫禁城外看望帝师。

此时,正值下午两点半,伊克坦刚巧清醒过来,无法说话,只能向溥仪点头示意。溥仪走后当天晚上七点,伊克坦咬断舌根而死[①]。满文帝师已逝,从此,溥仪也就不再学习满文了。

笔者询问过溥杰先生,他回忆说,满文老师伊克坦,为人老实。自己在宫里一共没学多少满文,现在还记得一个词,是吃的——"萨其玛"。

一次,溥仪正在毓庆宫读书,忽然走来一群人要求觐见。陈宝琛师傅叮咛他说,这可是握有兵权的张勋,前来请求溥仪登基——复辟。

顿时,溥仪欣喜若狂。

---

① 伊克坦于一九二二年九月二十六日病逝。溥仪赐其谥号"文直",同时赐太子少保。同时,溥仪唤其一子进宫当差。

肆

张勋复辟

"张勋复辟"这一年，溥仪才十二岁。

最后一个太监孙耀庭，向笔者讲述在涛贝勒府亲历的细节——世人罕知的是，张勋复辟幕后的主谋者之一竟有七爷载涛。大太监小德张也曾参与幕后策划……

后任日本内阁总理大臣、"田中奏折"的始作俑者——田中义一，先后与张勋、湖北督军以及张作霖密谈：恢复帝制，请"宣统"重新出山执政。

本书首次披露一则罕见史料：据溥仪佐证，日本军队竟向这次"张勋复辟"提供了"赞助"。

图片说明："张勋复辟"中的溥仪（十二岁）坐在乾清宫宝座上

发生在一九一七年（丁巳年）七月一日的张勋复辟，世人耳熟能详。

历史永远充满巧合。这时，距袁世凯死去的一九一六年六月六日，仅不到一年零一个月而已。

这一年，溥仪十二岁。

其实，背景并不复杂。一九一七年五月，黎元洪总统与总理段祺瑞发生"府院之争"①。黎元洪遂将段祺瑞免职，而段祺瑞下令各省督军独立。

随后，黎元洪电召张勋入京"调停"。谁知，张勋亲率三千"辫子军"进京，借调停为名，拥戴溥仪复辟"登基"。世人罕知的是，溥仪的七叔载涛和大太监小德张参加了张勋复辟的幕后策划，连日本军人也暗中"赞助"了这次复辟活动。

幕后的主谋者之一——七爷载涛

"辫帅"张勋，何许人也？

此人在清末曾任"两江总督兼江苏巡抚"，长江上游总司令、定武上将军等一系列重要职衔，在中国腹中之地堪称拥兵自重的实力派人物。

与众不同的是，此人一直留着根长辫子，故被称之为"辫帅"。因其所辖军队常驻徐州，士兵都留着清朝的长辫子，被人俗称为"辫子军"。

据慈禧女官裕容龄②所记，张勋是一个特别有趣之人。他随西行后的慈禧回到京城，在颐和园仁寿殿叩见慈禧时，自我介绍时，一时紧张，竟忘了自己叫什么，猛一抬头，见到仁寿殿上的三字，就拍拍胸脯，伸

外国人拍摄的"张勋复辟"时的辫帅张勋（收录于英文原版庄士敦著《紫禁城的黄昏》）（由本书作者收藏）

---

① "府院之争"，是指1916年至1917年之间，以黎元洪为首的总统府与以段祺瑞为首的国务院之间发生的权利之争。
② 裕容龄，满族正白旗汉军旗人。其父裕庚曾任驻法公使，女儿德龄与容龄，曾任慈禧的御前女官。新中国成立后，裕容龄被聘为中央文史馆馆员，著有《清宫琐记》等。

出大拇指,说:"臣,仁寿殿……"

众臣想笑都不敢笑,掩口而乐。

这是"大不敬"——失礼,应当处罚。慈禧太后却替他解脱说,此人憨厚,见太后吓傻了。

这成了张勋在宫中的一个笑话。

他是一个粗人吗？不是。张勋亲笔书写的奏折,字迹非常漂亮,是一个文武双全的将军。但他对大事缺乏缜密部署和考虑。细细探究,张勋复辟失败,除了逆"大势"之外,这是一个重要原因。

再回过头来看,当袁世凯最初鼓吹"帝制"时,张勋也错误地以为袁大帅在酝酿清室复辟——溥仪上台,于是,不仅让人在报纸上连篇累牍发表文章吹捧袁世凯,还派人奉上一百万银两以示支持。

直到袁世凯把溥仪抛在一边,自己称帝,张勋才发觉上了当,又发电索要银两。这不仅让旁观者笑个癫狂,也足以说明张勋对大势的判断往往失误。

溥仪曾在宫内见过这位袁世凯的老部下——"辫帅"张勋。当时,溥仪正在毓庆宫读书,身边的陈宝琛师傅一再叮嘱他,张勋进宫时如果见面时提出"复辟帝制",先要推托一下,但最后无论如何要答应下来。

然而,溥仪见到他,印象却不太好——事后评论说,张勋脑袋大脖子短,活像御膳房的一个厨子。

实际上,张勋复辟内幕,远非如此简单。中国最后一个太监孙耀庭,也曾向我讲述过他在涛贝勒府亲身经历的一些细节。

六月间,七爷涛贝勒府传出了一个惊人消息:张勋到了京城,进京"勤王"来啦!

起初,正在七爷府当差的孙耀庭,听涛贝勒与夫人悄悄地嘀咕了几天,才弄清楚原来张勋驻军徐州,手中握有兵权。

自打宣统退位,八十三天的皇帝登基闹剧以袁世凯之死告终,黎元洪又当上了总统……皇族许多人根本看不上这些过客,成天盼着有位英雄振臂一呼,再回到"皇上"的时代。

"辫帅"的突然出现,竟然使涛贝勒府不少人满怀期待。一些手下人议论纷纷:

"听说呀,张大帅的队伍打败过'革命党',连袁世凯都怵他一头呢!"

"这可没跑儿,辫子才是忠于'皇上'的标志。假不了,走哪儿都有记号!"

突然一天,张勋打来了电话,说是马上要来七爷府拜见"皇叔"。

一阵汽车喇叭响,张勋乘坐卧车已抵达王府门口。回事处的太监出外一看,几辆汽车停在了胡同口。孙耀庭连忙跑去禀报载涛。

当孙耀庭刚迈进内回事处时,张勋已经走入了二门。涛贝勒从大书房迎出来。

"拜见贝勒爷!"张勋按照满族的礼节,向载涛请安。

载涛虽然嘴里说着:"免了,免了……"但是,他也要双手一伸,表示接安。

起初,孙耀庭原本想象张大帅准是个相貌堂堂的魁梧大汉,谁知一见,大失所望。矮墩墩的身材,整个一短粗儿。满以为他是一副武将打扮,眼前的"辫帅"却是一身长袍马褂,头戴礼帽,给人印象最深的是脸上两道特别浓重的眉毛。

在孙耀庭看来,张勋简直活脱脱一个皮货商。

孙耀庭端上龙井茶,轻轻掩上门,整个大书房内只剩下了涛贝勒与张勋两人。

那间大书房,没有设沙发,只摆了几把硬木的镶嵌螺贝的高背坐椅。除非极特别的客人,平时这里根本不待客。如接见,一般也只在东边小书房。仅从这点上,孙耀庭就瞧出了此次会见不同寻常。

无疑,他们交谈的是复辟"绝密",从事后爆出的内幕来看,显然,涛贝勒参与了这场"丁巳复辟"。

不出所料,第二天,溥仪便在养心殿接受了张勋的叩拜。

原来,小德张常向他吹嘘"南陆北张"是大清复辟的希望所在①。当溥仪接见张勋之前,载涛与"辫帅"做了长时间密谈,由载涛做了张勋与溥仪间的牵线人。

这是此段史实中鲜为人知的一个内幕。

太监小德张与张勋的密谋以及康、梁反目

自然,"丁巳复辟"以失败告终。

但有关幕后的另一些情节,也并不一定为世人所知——这就是太监小德张与张勋的密谋。

小德张早在没出宫时,就曾广交各界朋友,其中,张勋就是他在军界的"铁杆儿"。张勋喜得贵子之后,还专门派轿车把小德张从天津卫接到徐州共

---

① "南陆"即为广东的陆荣廷,"北张",即为张勋。这是两个在晚清拥有兵权的实力人物。

贺"满月"。无论宴请或唱大戏时,都将小德张毕恭毕敬地请到主宾座位上。

到了徐州一见面,小德张就摘下手上的翠绿扳指儿,赠给了张勋。这枚翡翠扳指,据说最低估价也值两万两银子,可见两人关系绝非一般。

张勋深知小德张对宫中内幕"门儿清",遂将他尊为私人"高参",这次"丁巳复辟"之前,张勋专程赴天津与小德张合计过多次。

张勋率军赴京前,先去了天津,见到小德张就开门见山:"老弟呀,你跟我去京城吧,还保咱那'小主人'去,怎么样?"

"我不去……"老谋深算的小德张,轻轻一摇头,又郑重其事地说,"我去不去,这是其次的。我得先问你,'复辟'这事儿,你跟各省怎么合计的?"

"嗨,我跟各省商量啦,"张勋得意洋洋地说,"各省头面人物都签字了,没什么问题呀!只等'皇上'登基啦。"

"这不妥,依我说,你要么甭来;要来京城,也不能就带这几个兵来!"小德张认为只带这十个营兵远远不够。

张勋摊开两手:"可已经这样了,怎么办呢?要我看哪,带这些兵,足矣!"

见此,张勋附耳悄悄地告诉小德张另一招杀手锏。

当时,曹锟虽由直隶总督降为直隶巡抚,却成了举事成败的关键人物。张勋收买他的条件是,事成之后,封他为北洋大臣、直隶总督、内阁议政大臣。

张勋自认为搞定了曹锟。当时,曹锟驻在保定,如果发生意外,用不了多大会儿就能打过来。

不仅如此,张勋还劝段祺瑞让一位师长李长太驻扎小马厂,允诺如果成功将封其为九门提督。因廊坊通单轨列车,驻扎在那儿,就等于卡住了咽喉。

对于这些如意算盘,小德张却仍不以为然:"嘛?我是不跟你去喽!京城我呆了这么多年,知道得太清楚啦,就这些兵呀,镇不住啊!你要是就在徐州镇守,派强兵过来,让王士珍、段祺瑞、康有为……这几个人,谁揭这盖儿都行啊!你袖手甭管,可谁还不全都得听你的?"

"照你这么说,这事儿不行?"

"我看悬得乎!你就带这几营亲兵,来京城?"小德张把头摇得像个拨浪鼓似的,"你要是拥兵'复辟'也行,把徐州兵全打过来才有点儿谱儿。不然,你就是说出大天来,我还是那句话:'不去!'"

谁知,张勋没听从小德张规劝,自以为有各省督军签字附议,肯定如愿以偿。没想到"复辟"之后,他所期待的几彪人马全都反了水,领头的就是段祺瑞,而且,竟然在马厂誓师"讨逆"——讨伐张勋。

不可思议的是，在张勋复辟中，康有为①和弟子梁启超②，师生二人各为其主，竟然成了不同营垒的敌人。

据汪曾武和天忏生所著《劫余私志》记载，康有为支持张勋复辟，梁启超则站在段祺瑞一边，旗帜鲜明地反对复辟。

当张勋复辟第二天，梁启超就急匆匆赶赴段祺瑞的驻地，成了以段祺瑞为总司令的讨逆军"参赞"，即参加了马厂誓师讨逆。应当点明，以讨逆军总司令段祺瑞名义通告全国——讨伐张勋的"通电"，就出自梁启超的大手笔："天祸中国，变乱相寻，张勋怀抱野心，假调停时局为名……至七月一日，遂有推翻国体之奇变。"

而康有为作为张勋的高级谋士，早就曾明确提出，在政体上"复辟宜行虚君共和"，"不宜恢复大清国号"；在军事行动上，他则明确建议，"徐州兵力三万，宜调一万入京，其余分扼津浦铁路，再调冯麟阁一师入关扼京奉铁路。"

康有为虽一介书生，然而，他的这些策略，显然与小德张的主意不谋而合。

然而，一意孤行的张勋，却没有听从康有为和小德张等人的先见之明。否则，这一页历史将可能改写。

果然不出小德张所料，张勋的大本营在徐州，段祺瑞早已通知徐州附近调走了所有空车皮，连东北等处亦如此。即使张作霖③想动兵，铁路上也无法运兵。这一招损棋，使张勋完全陷于孤立无援，最终以惨败收场。

张勋复辟有两大标志：一是溥仪重新登基，接受所谓群臣朝拜；二是满京城挂起了杂七杂八的清朝龙旗。

不少遗老遗少又重新在脑后留起了长辫子。据说，连演戏用的长辫子也全都卖光了。这在京城里，遂被老百姓戏称作满街"跑祖宗"。

一九一七年六月，张勋率三千辫子军北上。随后，溥仪在养心殿召见张勋。

七月一日，张勋拥戴溥仪正式登基，至七月十二日，溥仪连续发布八道上谕，短短十二天，封了不少官吏。

---

① 康有为，广东南海人，清光绪年间进士，曾任工部主事。曾发动"公车上书"，反对清政府与日本签订丧权辱国条约。"戊戌政变"失败，光绪皇帝被囚禁，遂逃亡国外。辛亥革命后，回国参与"张勋复辟"失败。
② 梁启超，号任公，广东新会人。曾与康有为一起参与"戊戌变法"。其著作有《饮冰室合集》《中国近三百年学术史》《中国历史研究法》等。
③ 张作霖，字雨亭，奉天省海城县人。北洋军奉系首领。曾被任命为东三省巡阅使，号称"东北王"。1928年在皇姑屯事件中，乘火车被日本关东军炸死。

张勋就复辟之事函请陈宝琛转呈溥仪

张勋复辟奏折（翻拍件），系上世纪八十年代初，由中央文史馆馆员武治平先生亲赠本书作者作为研究溥仪之用

而溥仪所理解的复辟失败标志是，南苑的空军向宫中投了三颗炸弹①。

当时，溥仪正在书房跟师傅谈话，虽然迅速跑到养心殿，却吓得只会把竹帘雨搭放下来，而荣惠老太妃则被吓得钻到了八仙桌底下。

没几天，"讨逆军"打进京城，紫禁城的禁卫军连故宫城门都出不去，根本没消息来源，只好编造假消息欺骗溥仪。

最有意思的是，护军统领毓逖，刚谎报完张勋获胜，各老太妃就从床下或桌下钻出来，跑到钦安殿磕头敬天去了。

实际上，张勋早已兵败溜走了。

日本军人秘密出资"赞助"复辟

当时，还有一个被历史忽略的关键人物——京城卫戍司令陈文运。

据担任过讲武堂堂长、卫戍司令的陈文运回忆，早在张勋复辟前夕，一九一

---

① 据老太监信修明记载："张勋复辟时，段祺瑞令飞机轰炸宫内。一弹炸毁御花园之水池。一弹落在西长街隆福门外储秀宫东墙瓦上，翻身落地，弹成两截未炸，门中三十人幸免于难。一弹落在乾清门外，炸一盆大之坑。"本书作者上世纪九十年代初采访得知，末代太监孙耀庭与信修明对此内容的详细回忆，是完全一致的。

七年春,日本参谋次官田中义一①从日本来到中国,由他陪同周游各省。

离开北京,他们从天津换车第一站就是徐州。饭后,田中与张勋密谈了两三个小时。陈文运的父亲与张勋虽是换帖的把兄弟,却不知密谈的任何消息。陈文运试探地问起张勋,结果,张勋只是淡淡地说:"我俩没什么可谈的,闲扯罢了。"

而离开徐州时,旅行小队增加了一人,就是臭名昭著的日本军人土肥原②。表面看来,田中一路根本不谈政治,只是跟湖北督军及东北军阀张作霖密谈了一次。

对此,狡猾的田中义一只字未泄露密谈内容。倒是大老粗张作霖坦诚地向陈文运捅破了天机——

田中对张作霖说,近来日本考虑,共和政体与中国的国情不符,最好还是恢复帝制,请"宣统"重新出来执政。陈文运大吃一惊,直到四十年之后,他慨然写道:"难怪田中到各省与督军密谈,原来是恢复帝制呀。"

张作霖继而让陈文运转告段祺瑞这些情况。③

对于日本人参与"张勋复辟",溥仪在上世纪六十年代亦曾提供了罕见的第一手书面佐证:张勋在第二次徐州会议后,经过天津的直隶省长朱家宝找到天津驻屯军少将,由日本军队向"张勋复辟"提供了"赞助"。

由此看来,尔后溥仪降日成为伪满洲国皇帝亦非偶然,而是日本军界长期阴谋酝酿的结果。

---

① 田中义一,后曾担任日本内阁总理大臣,日本侵华著名的"田中奏折",即出自其手。"田中奏折"的侵略主旨是,"惟欲征服支那,必先征服满蒙。如欲征服世界,必先征服支那。倘支那完全可被我国征服,则其他如小中亚细亚及印度南洋等,异服之民族必畏我敬我而降于我,是世界知东亚为我国之东亚,永不敢向我侵犯。"
② 土肥原贤二,日本陆军大将,曾长期在中国从事间谍活动。曾任日本驻华特务机构总机关长。他能说一口流利的北京话,谙熟中国的政治、历史及风土人情。是参予策划"张勋复辟"、建立伪满洲国以及华北自治的幕后人物。历任日本第七方面军司令、第一总军司令,一九四八年被远东国际军事法庭判定为甲级战犯,第一个被处以绞刑。
③ 据陈文运回忆:"田中义一和张作霖秘密谈话之后,张作霖忽然把我找去,也进行了一次秘密谈话,在座的只有他和我两个人。张作霖开门见山地向我说:'你知道田中和我谈了些什么?'我因他问得很突然,只有老实地回答说:'不知道。'张作霖于是放低声音,悄悄向我说:'……我看日本小鬼一定有一套计划,你回到天津的时候,可以把这种情形,向段(祺瑞)先生谈谈,让他早作准备。'……现在回忆起来,张勋晋京复辟,显然与田中义一的访华,有着密切的联系。"

未颁布的"退位诏书"

确实巧,就在老太妃们听说张勋打胜、跑到钦安殿磕头敬天的第二天,溥仪正式得到"内务府"报告,说张勋一败涂地,逃到荷兰公使馆去了。

直到此时,溥仪才如梦方醒,耷拉下脑袋默不作声了。

那些乌合之众、被赐封的"大臣",如同树倒猢狲散,纷纷狼狈辞职鼠窜而去。最后只剩下张勋和三朝元老的王士珍以及老师陈宝琛尚未辞职。

溥仪正在沮丧之际,忽然见陈宝琛慌慌张张跑来,要求溥仪赶紧拿出宣统皇帝的玉玺盖印之后,把一纸公文交张勋转张海鹏①,让他连夜急归东北,任命张作霖为东三省总督,请求其迅速援手,挽救危局。

一般人有所不知,张作霖的女儿嫁给了张勋的儿子,两家是儿女亲家。

而这颗宣统小印玺,照例放在一个方形木匣内。匣子虽在溥仪身边,但开匣的钥匙一向归父亲载沣掌管,每次开匣取印,都得由宫中"奏事处"的太监从溥仪这里捧着木匣交载沣开匣盖印,用完仍由载沣亲手锁好,再经"奏事处"太监之手,送回溥仪处保存。

由于手续过于烦琐,陈宝琛断然采取"非常手段",砸毁了木匣子的锁,在张勋拟订的所谓"谕旨"上盖印,由陈宝琛交到张勋手中去了。谁知,张海鹏一出城就被军队俘虏。整个一个白忙活。

好笑的是,面临失败前夕,张勋焦急万分,召集军官会议时,竟然连一个人也没来。他带到京城的十个营被人家收买了六个营,只剩下连卫队在内的四个营,能直接指挥调动的只有一千五百多士兵。

张勋勃然大怒,吩咐参谋长万绳栻找出此前各省督军亲笔签名拥护"宣统复辟"的黄绫子,准备公开向社会披露。万绳栻眼看天下即将大乱,遂推说黄绫子留在天津没带来,以速赴津取回为名趁机溜走了。

其实,张勋的大太太曹瑞琴②早料到复辟必败。据说在马厂誓师前两天,一位政客胡嗣瑷就已从万绳栻手中以二十万大洋买走了这块签名的黄绫子,亲手交给了冯国璋。

---

① 当时东北军阀中的张海鹏、冯德麟、汤玉麟等都参加了这次复辟。
② 据说,张勋的妻子曹瑞琴,虽是家庭妇女,却颇有见地,拽其衣裳跪求,以阻止张勋的复辟之梦。对此,张勋勃然大怒,声言:"你如果敢再阻拦,我就枪毙了你!"曹氏自知无法挽回,只得私下派侄儿携三十万银票,前往广州亲赠孙中山,陈述实情,以便为张勋及后辈留一条后路。

实际上，复辟这场戏尚未开场，就注定了失败结局。

只有张勋被蒙在鼓里。

几天之后，张勋逃入荷兰公使馆，复辟之梦彻底结束。

尾声中，还有一幕十分可笑的"退位"丑剧，隔开尘世的喧嚣，在宫中自行上演。

溥仪作为此幕的主角，自然经历了丑剧全过程。当张勋失败之后，溥仪的父亲载沣和陈宝琛等，把早就预先准备好的"退位诏书"拿出来，做了一个关上宫门自欺欺人的颁布手续，内容则纯属老着脸皮的一派谎言："……完全罪在张勋，而与清室无关。自己仍愿还政于中华民国……"

真实情况是，这份"退位诏书"根本没有对外颁布，在《我的前半生》中也没写入，只是公布了一份夹在"大总统令"中的内务府声明，声称："不意七月一号，张勋率领军队，入宫盘踞，矫发谕旨……此中情形，当为天下所共谅。"这种典型的文过饰非，只是徒增笑料。

据闻，内务府的声明颁布时，溥仪放声大哭，心绪极为复杂。

再说，张勋在兵败之后，在天津小德张的寓所与小德张见了面，泪流满面，追悔莫及："老弟呀，我没听你的话，以致惨败如此啊！……"

"嘛？提这做嘛？不提它啦，还是放宽点儿心吧。"小德张反倒安慰起张勋了。

安慰归安慰。由此，张勋毕竟大大伤了元气，终于抑郁而死，于一九二三年九月病逝于天津。

溥仪闻之，立即颁旨，赏其陀罗经被，并指派六叔载洵亲自祭奠，还亲笔为张勋撰写了碑文，追封张勋为"太保"。

相形之下，就在张勋复辟失败的当年——一九一七年，庆亲王奕劻病逝。因其曾极力主张溥仪"逊位"，溥仪闻之，甚感幸灾乐祸，遂在几位师傅怂恿下，想出了不少丑陋的字眼，以恶心奕劻，譬如丑、幽、谬、厉等作为他死后的"谥号"。

生性宽厚的载沣听说之后，一再劝阻，理由是奕劻是自道光皇帝以下，历经咸丰、同治、光绪、宣统五朝元老，好歹也要留一个面子。同时，奕劻的亲属和同僚也再三请求溥仪宽恕。于是，溥仪挖空心思想出一个隐讳的字眼——"密"。

此字何意？即追补旧过之意。显然，溥仪对于奕劻劝其"逊位"，是始终衔恨在心、耿耿于怀的。

由此也不难看出，溥仪当时为人胸襟狭窄，爱憎过于"分明"。凡是拥护"复辟"的，他就支持，凡是反对的，即使死去也不能饶恕。

也有人评论奕劻劝溥仪放弃皇位,是顺应历史潮流,"是一件有功于中华民族历史的好事"。① 笔者并不苟同这一观点。因为,评论者并不知道奕劻与袁世凯之间肮脏的政治交易内幕,也不知奕劻欲以其子取代宣统为帝,更不了解复杂的幕后真相。

实践证明,历史在某一点上的巧合,绝不能作为单纯评价个人行为乃至道德的依据。

至于张勋复辟的失败,多年之后,末代太监孙耀庭在天津亲耳听小德张在家里深深地发出过叹息:"唉,绍轩②刚愎自用,拥兵自重。如果走了我那一招棋,进可攻,退可守,也不至于有此丧身之祸!……非人亡也,实乃天亡绍轩哪!"

小德张说对了,实乃天亡绍轩。张勋逆天下大势复辟,失败是必然的。

无独有偶。对于张勋复辟,亦有宫廷内外两个女人,事先都预料前景不妙,执意反对。一个是张勋的妻子曹瑞琴;另一个则是端康太妃。前者被张勋一顿臭骂,后者根本无人搭理。

张勋复辟的头一天晚上,端康太妃听说这一消息,竭力想阻止。因为老太妃只想暂居内宫苟活,而唯恐因张勋之流搅和,赖以生存的"皇室优待条件"被废止。于是在宫中痛哭流涕地说:"我瞧张勋和康有为弄的这个'复辟',凶多吉少。还真没准儿葬送了我们孤儿寡母的性命哪!"

最后命倒是保住了,但"复辟"结局果然不出两个女人所预料,一败涂地。

可以看出,在关键时刻,张勋虽与奉系张作霖是儿女亲家,奉系却根本没派出一兵一卒。拥兵一方的段祺瑞则站在"讨逆"一方,张勋所依恃的盟友——冯国璋等人临阵倒戈,致使复辟闹剧惨淡收场。

这一场丑剧上演过后,支持张勋复辟的康有为曾经写过一首诗,专门记载了百感交集的复杂心绪:

> 围城惨淡睹龙争,蝉噪声中听炮声。
> 诸帅射王敢传檄,群僚卖友竟称兵。
> 晋阳兴甲何名义?张柬无谋召丧倾。
> 信义云亡人道绝,龙袺收影涕沾缨。

然而,张勋虽然兵败,岂止他梦想复辟"大清"——宫内外仍大有人在。

---

① 此说见于窦忠如著《北京清王府》。
② 张勋,字绍轩。

伍 小朝廷的『遜帝』

溥仪十四岁那年初春,英国人庄士敦进宫教授英文,宫内随之发生了一系列令老太妃气恼之事:穿西服,玩照相机,剪辫子,驱逐太监出宫……以致溥仪由此萌发了出国留学的幻想。

庄士敦每天乘坐什么来宫里上班?

溥仪为何由一个妈变为四个"妈"?

进宫会亲时,溥仪的二妹回答老太妃最爱吃"梨",犯了"忌"。

图片说明:成为"逊帝"的溥仪仍然以皇帝自居。图为溥仪身穿龙袍在御花园内天一门前留影溥仪自从近三岁进宫,每天接触的都是成天向他灌输复辟大清思想的遗老遗少,再就是读那些似懂非懂的《五经》、《四书》。对一个正在成长中的孩子来说,这些简直让人腻烦透了。

溥仪十四岁那年(一九一九年)春,自从曾任直隶总督的晚清重臣——李鸿章之子李经迈通过七叔载涛向他推荐了一位英国人庄士敦前来教授英文,宫内随之发生了一系列令老太妃气恼之事:穿西服,玩照相机,剪辫子,驱逐太监出宫等等。以致在庄士敦的影响下,溥仪竟萌发了出国留洋的幻想。

"皇上"剪辫子

溥仪剪辫子是宫中一件大事。此事起因于洋师傅庄士敦进宫。

英国人庄士敦,曾任威海卫租界行政长官,进宫之前是港英总督的秘书,颇为精通中国传统文化。

走进清廷不久,庄士敦被溥仪破例授予头品顶戴,平时在清宫内总是一身黄袍马褂。他在西山樱桃沟修建了一幢几间房的别墅,溥仪欣然亲笔题匾"乐静山斋"。不久,内务府又在地安门油漆作胡同给庄士敦租了一幢四合院。

这两个地方,笔者都亲去考察过。据末代国舅润麒回忆,民国年间,早已不时兴坐轿,流行乘坐马车出行。最初,庄士敦进宫上下班时,经常乘坐人力车,后来才买了一辆最旧式的老"福特",每天驾驶着来紫禁城,卧车停在东华门外,这位洋师傅则步行进宫。

当时的老北京城,只有几辆样式相同的出租车,这种旧汽车与现在的卧车不同,启动时需要脚踏换挡、用手转动胶皮棍儿加油。

溥仪还让洋师傅庄士敦邀请英国司令官到宫里参观交谈,也曾让印度诗人泰戈尔和中国著名诗人徐志摩来宫里觐见"皇上"。上海的犹太人哈同夫妇也曾在端康太妃(其娘家与哈同有交往)的出面招待下,与溥仪见面。

当时,溥仪还多次邀请为慈禧太后画像的美国老姑娘柯尔前来宫里做客。这些都为溥仪带来了潜移默化的西方影响。

可以说,对溥仪刺激最大的,是洋师傅经常把他头上的辫子叫做"猪尾巴"。实际上,从民国二年开始,民国内务部多次致函内务府,建议紫禁城内剪辫子,而且希望宫内劝说旗人也剪掉辫子,因为不少旗人借口在宫中当差不肯剪。按照溥仪的话来说,紫禁城内"依旧是辫子世界"。

庄士敦于一九一九年三月进宫,两年多之后,溥仪听不惯洋师傅的再三讥讽,便一怒之下愤然剪掉了辫子。伴读毓崇见到之后,阿谀地说:"您是皇上,您的辫子剪下来,可以卖给西洋妇人当假发,倒是可以赚得一笔钱的嘛!"

溥仪的发辫

溥仪将此话视为莫大讽刺,听后极为不悦。说归说,溥仪剪辫子之后,几个伴读借口"奉旨",也回家仿效剪掉了"猪尾巴"。

顿时,宫内除几个内务府大臣和三位中国师傅外,其余上千条辫子一夜之间便消失得无影无踪。

这下宫里可乱了套。四位老太妃痛哭流涕,晚清遗老遗少们唉声叹气。

随后,溥仪会见外国人时,在宫内改穿猎装、西装、洋袜子,这些时髦打扮无不引起宫中非议,尤其引起四位老太妃的强烈不满。

老太监李长安不识时务,又给溥仪从外边买来了洋袜子、军刀、皮带,又置办了一套民国将领穿的大礼服。一顶白鸡毛掸子似的翎帽,赫然戴在溥仪头上。

溥仪得意洋洋地打扮起来,在宫里大摇大摆,走来走去,还兴高采烈地拍摄了不少照片。端康太妃知道之后,异常愤怒地责问太监:"'皇上'穿民国的军装还了得,这是谁干的坏事?"

之后,端康太妃立即召来溥仪,一眼瞧见他脚上仍穿着洋袜子,随即把太监李长安重责几十大板,发到"苏拉处"充当苦力,又狠狠训斥了溥仪一顿。

这无疑为宫廷矛盾激化埋下了伏笔。

流亡沙皇来信打算成立退位皇帝协会

自从洋师傅庄士敦进宫,溥仪知道了世界上不少新鲜事儿。

因为,庄士敦找到北京邮局,让所有给溥仪的来信全部交给他处理。凡是庄士敦认为最有意思的信件,他都送给溥仪亲阅。

一天,庄士敦接到一封来自国外的信件,对方自称是前俄国沙皇,如今流亡于美国。在这封长长的来信中,这位前沙皇声称打算建立一个退位皇帝协会,以共同商讨如何复辟皇位的方式。

见内容甚有来头,庄士敦便将此信交给了溥仪。阅读过此信,溥仪显得兴奋起来,欣喜地对洋师傅说:"这封信很有意思啊。如果把所有退位的皇帝集中在一起,再让他们每人都学一种乐器,那就有了各国的特色了。这个协会可以称作一支管弦乐队,当然,这些成员都是过去各国戴过皇冠的君主。"

见溥仪说到此时,庄士敦提出了异想天开的新建议:"我倒认为,用一束束漂亮的牡丹花来替代那些早已经失去的皇冠,倒真是最最有趣的事儿。皇上使用的乐器,可以从乾清宫举行庆典时使用的锣、鼓、磬等这些乐器中挑选出来。"

"这些皇帝联合起来演奏的音乐,也许不太悦耳,但是总的和谐效果,不见得比欧洲音乐会的那种管弦乐队差。"

听到这里,庄士敦又独出心裁地提出了一个美妙的构想:"我提议,这个由爱好音乐又头戴牡丹花皇冠的退位皇帝所组成的协会,最好隐居到一个荒无人烟的小海岛上,组建一个独立的国家。如果这个国家的政体采用共和制,就要从这些退位的皇帝当中选出一个总统,那就更有趣了。"

溥仪听到这儿,高兴地表示赞同。他和庄士敦都为这个毫无成立可能的荒诞设想,显得兴奋异常。

然而,笑声的背后所昭示的仅是溥仪"逊帝"生活的空虚与乏味,更谈不上真正的人生乐趣。很显然,庄士敦进宫对溥仪最大的影响,就是给他带来了更多虚无缥缈的幻想。

溥仪由一个妈变为四个"妈"

溥仪乃是继承同治兼祧光绪而坐上的皇帝宝座,自然,光绪的皇后隆裕理所应当成了皇太后。自从慈禧太后死后,她就成了溥仪在宫内名义上的唯一母亲。

此外,宫里还有四位妃子,即同治的瑜妃(后称敬懿皇太妃)、珣妃(后称庄和皇太妃)、瑨妃(后称荣惠皇太妃)以及光绪皇帝的瑾妃(后称端康皇太妃)。

如果细论起来,在隆裕太后当政的年代,这四位太妃都不能算是溥仪的母亲。只有隆裕太后与溥仪算是母子关系。

在清宫内,嫡庶之分极其严格。仅举一例,隆裕太后平时与溥仪一起吃饭时,都坐在椅子上。一同吃饭的瑾妃却只能在同桌的名义下,站在地上吃饭。

因为溥仪有继承同治的身份,所以三位老太妃为与隆裕太后争当溥仪的母亲,闹得水火不容。这其实有着残酷的宫廷争斗的历史背景。

激烈的宫廷冲突,曾发生在慈禧太后和光绪皇帝先后宾天之后。

当隆裕皇太后随灵车赴东陵奉安,按照惯例,最后封完地宫大门,妃、嫔以及众多皇族,还要在寅时举行祭奠之后,才能返回京城皇宫。

就在地宫封门在即,太监小德张突然收到密报,同治皇帝的三位妃子——瑜妃、珣妃、瑨妃,已抢先启程回宫。

从宣统继承同治兼祧光绪来看,同治的三位妃子自然也是宣统的母亲。一般而言,皇太后从这三位妃嫔中产生是没有歧意的。这也有前例可循,因为慈禧也是以妃子身份一跃成为皇太后的。

特殊的是,隆裕恃仗慈禧的亲属关系获得太后的地位;三位妃子自然心中不服。慈禧刚刚下葬,同治的三位妃子便率先发难,佯称不再回宫,誓为慈禧太后守陵。隆裕没了主意,一时茫然不知所措。心腹太监小德张立即让隆裕对三位妃子说,马上替各位妃子在东陵盖房子,以成全守陵之心。

三位同治妃子眼见一计不成,又生一计,遂在亲信太监跟随下,欲抢先在隆裕回宫之前夺到太后的金印。

当隆裕皇后获知三位贵妃回京夺印的消息时,已是几个小时之后的事了。无奈之下只得立即策马扬鞭,连夜返京。

夜半时分,三位妃子的车子刚进神武门,岂知隆裕皇后早已带领手下从东华门直接驶进坤宁宫,抢到了皇太后的印玺。过了一会儿,三位妃子方才赶到,所见到的已是人去殿空。

随后,隆裕太后让从东陵匆匆赶来的摄政王载沣下令军机处颁发诏书,按照慈禧太后生前的懿旨颁诏隆裕为皇太后。

一场未见血色的宫廷内斗,就此落幕。

由于隆裕太后握有皇后大权,三位同治的妃子一度被软禁在西六宫。直到一九一三年,隆裕太后死后,这三位老太妃才由西六宫被放出来。据说,瑜妃(敬懿皇太妃)曾跺着脚,手指隆裕太后的尸体发狠地说:"你也总算有了今天!"

皆因溥仪继承同治兼祧光绪,因此,从这一天起,溥仪才第一次向并排坐着的四位老太妃磕了头,一视同仁地称为"皇额娘"。

这样,溥仪正式有了四个"妈"。

溥仪亲赠庄士敦剧本——《复辟潮》

在郁闷的小朝廷内,热衷于西方文化的溥仪,视洋师傅庄士敦为难得的"知音"。俩人几乎无话不谈,围绕有关溥仪昔日"皇位"的一切,成了他俩之间永恒的话题。

一九二一年的一天,溥仪在养心殿里,似乎漫不经心地随手递给庄士敦一本书,"你瞧瞧吧。"

庄士敦低头一瞅,溥仪送给他的这本书是一个剧本,叫《复辟潮》。于是,他问溥仪:"这是送给我的吗?"

"是啊,这本书就送给你了。"

庄士敦再仔细一看,这本书上既无作者的名字,也没有出版社和出版日

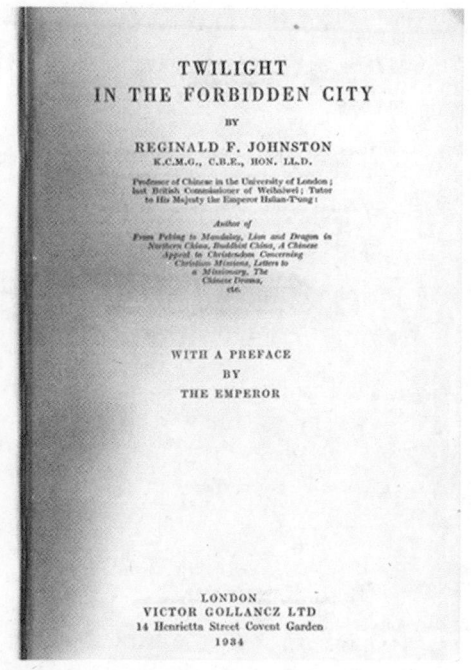

庄士敦著英文原版《紫禁城的黄昏》(由本书作者收藏)

期,显然是一本私人自费印刷的书籍。他平时经常到北京各处书铺去买书,十分留意有关溥仪的这类书,却从没发现过。

接着,溥仪侃侃而谈,饶有兴致地评价起这部记述张勋复辟的剧本。在庄士敦看来,溥仪作为这本书的主人公之一,并未对书中张勋复辟失败的细节描写而恼火,却因有这样一部记述溥仪重登"九五"的剧作,而感到兴奋不已。

显然,溥仪已经仔细阅读过这本书了。庄士敦因没读过这本书,所以无法深入交流。当他认真读过之后,察觉这本书的作者对于溥仪始终抱有一种微妙的同情,同时,书中对于张勋也并无过多指责。

也许,这就是溥仪赠书的原由。至此,庄士敦恍然大悟。

不用细细推敲,就可以从书中直接看到,作者对于张勋的同盟者——各省督军,显然嗤之以鼻——在起初有可能获取"复辟"之后的"封赏"时,对于"宣统皇帝"和张勋,这伙人表现出了极端的狂热和忠实,而到了危急时刻,绝大部分人抛弃了溥仪;张勋则更不在话下了。

对于这本书,更多的话,溥仪没有说。然而,"逊帝"骨子里对于张勋复辟失败的惋惜之情,以及对失去的"皇位"的恋恋不舍,实在是溢于言表的。

以好奇之心读完这本书的庄士敦,客观评论说,这本书的作者明显熟悉紫禁城的一切,尤其是宫廷礼仪。他最赞赏的是,剧本的结尾足以感动观众,因为张勋在复辟宣告彻底失败、险些丧失性命的情形下,逃往荷兰使馆前夕,仍然去觐见溥仪。

显而易见,此举在溥仪和庄士敦的眼里,张勋是一位有担当的、失败的"英雄"。

值得回味的是,往日张勋复辟的一场"闹剧",被编成了一出没能在京城隆重上演的"戏剧"。

然而,仅有剧本,却无彩排。

陆

「皇帝」在宫中的神秘生活

二妹韫龢和溥杰原本以为"皇上"是个头戴皇冠的老头儿。哪知，眼前的溥仪竟是一个身穿长袍马褂的小孩儿。

"皇帝"在宫内吃啥？……二妹悄声对三妹嘀咕："你瞧宫里的菜谱，跟咱府里多一样啊，连拌面条的菜码都差不多呀。"

你听说过宫内特有的"御用餐巾"和"口香糖"吗？宫中的电话机和电影机是谁引进的？

溥仪和溥杰哥俩"出洋留学"未遂，又是谁告的密？

图片说明：溥仪与在宫中引入自行车和摩托车的润麒（右）以及溥杰（左）在养心殿东侧影壁前合影

溥仪并不知,在宫里承担所谓"养母"职责的四位老太妃其实各自心怀鬼胎,纷纷欲拉拢他以提高地位。

此时,敬懿太妃居住太极殿,溥仪住在长春宫。两人相距较近,敬懿太妃就利用这种便利千方百计接近溥仪。她挖空心思想出一招,接来溥仪的祖母刘佳氏和母亲瓜尔佳氏进宫"会亲"。

"会亲"终于成了事实。

"皇上"竟是一个小孩儿

第一次会亲,自然是敬懿太妃发起的。

溥仪自打进宫之后,从没见过二弟溥杰和几个妹妹。弟弟和妹妹也只知宫中有一个"皇上哥哥",却不知什么模样。

溥仪十一岁那年,祖母和母亲携其弟、妹进宫会亲,他们才第一次见到溥仪。

按照《宫中则例》规定:特旨许会亲,一年或数月,许本生父母入宫。本来,皇后的亲属被召进宫,叫"会亲",后来范围有所扩大。会亲竟然成了一种待遇。

一九一七年阴历五月初八,溥仪的祖母刘佳氏和母亲瓜尔佳氏携溥仪的二弟溥杰、大妹韫瑛进宫会亲。

这意味着这一行人将见到溥仪。不仅寻常人,就连醇亲王府的弟弟和妹妹,对久已走进深宫的"皇上哥哥",也隐约存有一丝神秘之感。

至于溥仪长得什么模样?在宫中的日常生活,包括玩儿什么,一日三餐都吃些什么,还有什么特殊的规矩,兄妹二人无不充满了好奇。

当兄妹第一次见到溥仪时,竟然不由大吃一惊……

进宫之后,他们正在长春宫西配殿静静等候,只见启元殿的后宫门猛然打开,一群太监跟随一个小孩儿走了进来。祖母见到溥仪,马上站起身来,说:"皇帝好。"

"太太好。"

原本,大妹韫瑛没见到溥仪之前,满以为"皇上"是个头戴皇冠的老头儿。哪知,眼前竟是一个身穿长袍马褂的小孩儿,觉得十分奇怪。

溥杰却尤其注意到了皇上哥哥尊称老祖母为"太太"。溥仪直到以后走进祖母在宫内居住的厢房,才向祖母正式请安。

一位老太监抬手把明黄色的拜垫,郑重地放到溥仪的祖母和母亲跟前。溥仪走过来,跪下给祖母和母亲分别请了跪安。

溥仪站起身之后,显得极为拘束。说来其情可悯,自从不到三岁进宫,再到这次见面,已满十一岁——时间跨度竟已达八年!尤其祖母,见到溥仪时,更是泪流满面。此时,溥仪也无形中受到感染,一时竟哭得说不出话来。

在西配殿内,祖母、母亲与溥仪对面而坐,彼此交谈不到十分钟,便在尴尬中结束。溥杰和大格格韫瑛则静静地伫立在一旁。

过后许久,兄妹俩都感到忒奇怪,每当祖母刘佳氏与宫内的老太妃们交谈时,凡提起溥仪,就泪流不止。

其实,他俩不知,只因为溥仪进宫八年,老祖母没见过孙子一面,思念之情可想而知。

此后,似乎成了惯例,每年老太妃都要召醇王府老福晋、福晋等进宫会亲。在尔后每次会亲的宫廷生活中,兄妹俩尤其感到事事新鲜。

一天早晨,溥仪的祖母和母亲各乘一顶八人抬大轿,从醇亲王府出发。溥杰带着三个妹妹——大妹韫瑛、二妹韫龢和三妹韫颖,分坐大鞍车跟随在两乘大轿子后头,一直驶到故宫神武门前才下车。

这时,宫里走出来一群小太监,带着他们走进宫门内,换乘上仅能乘坐一人的小轿儿①,分别将他们抬至敬懿太妃住的长春宫西配殿静候召见。

兄妹四人跟随着祖母和母亲走进启元殿,只见靠南窗的炕上坐着一个头戴坤秋帽、身穿长袍的老太太,他们按照规矩向敬懿太妃磕了三个头。之后,兄妹四人分别坐在预先准备的四把小凳儿上。

随后,祖母刘佳氏唤贴身太监向敬懿太妃呈上醇王府的贡品——八盒点心。这时,一个长春宫的太监从后边捧出一个小方盘,里面摆放着玉佩和绿玉戒指等回礼。

按照敬懿太妃旨意,太监把戒指分别呈给祖母和母亲,又把玉佩挂在兄妹四人胸前的第二个纽扣上。

之后,祖母叫兄妹四人颠颠儿地跟随去各宫,向其他三位老太妃逐一请安。

---

① 我曾问过溥仪的二妹韫龢,小轿子什么样。她微笑着对我说:"嗨,就是由两个太监抬着一把长把手太师椅,沿途四周什么都看得见。"

二妹答最爱吃"梨"犯了忌

谁想,进宫第一天,溥杰和妹妹就懵了——二格格韫龢居然在庄和太妃那儿砸了锅。

进殿之后,庄和太妃为表示亲热,逐个询问兄妹四人喜欢吃什么水果。当庄和太妃见到韫龢时,又笑着问起了她:"韫龢,你的名字挺好,喜欢吃什么水果呀?"

这时,韫龢想也没想,随口说道:"梨,我最爱吃梨了。"

这一下可惹了祸。因为梨与分离的"离"同音,犯了忌讳。庄和主子特别迷信,闻听之后,马上就耷拉下脸。

接下来,三妹韫颖倒是无意中圆了场,赶忙说是喜欢吃柿子,才使太妃的脸色"阴转多云"。

会亲刚结束,韫龢还没弄明白怎么回事,就被祖母刘佳氏一把拽进了配殿,急赤白脸地说:"嗨,你真不懂事,怎么说爱吃梨呀?"

听到祖母的训斥,她才顿然知道,宫内的四位太妃无一不是寡妇,绝不能提起这个"离"字,否则会视为不吉利。

当此后韫龢跟溥仪混熟悉时,便向皇上哥哥提起这件好笑的事,溥仪却立马板起脸来,说:"不单单是庄和主子迷信,其他三位老太妃也忌讳挺多。你可要注意啊,以后像'死'这一类字眼,在宫内更不能说。你知道吗?庄和主子吃'梨'时,也要切成一牙牙地吃……"

说起来,二格格韫龢见到溥仪那一年,仅六岁,溥仪则比她大五岁,俩人从没见过面。这次,她平生第一次当面亲热地称呼他:"皇上哥哥……"

一位老太监听到她这个称呼,非拦着不让这么叫,说是对皇上"不敬"。溥仪却不仅没生气,反而觉得非常好玩儿,大咧咧地对老太监说:"甭管她,就让她这么叫吧。"

溥仪说完,一眼瞧见了溥杰,便走过来好奇地询问二弟:"你平常在家玩什么呀?"

"我们有时候在府里玩捉迷藏。"

谁想,溥仪听完这句话,就把杰二弟和三个妹妹领到养心殿,玩起捉迷藏来了。

韫龢抬眼在殿内看见一把椅子,就走了过去。哪知她刚坐上椅子,屁股底

溥仪等在御花园钦安殿东墙外。左起：溥仪、毓崇妹、润麒、韫颖、婉容、韫龢、韫瑛

下竟然响起了优雅的音乐,原来椅子下安装了一只八音盒。这时,一位太监赶紧走来,对她绷起了脸:"这儿你可不能坐,这是皇上坐的地方。"

溥仪听到后,却根本没当一回事,反而漫不经心地对太监说:"甭管她,就让她坐那儿得了。"

溥仪刚说完,便和溥杰、大格格韫瑛溜出养心殿门,还顺手把殿外的竹雨搭放了下来,殿内顿时变得漆黑一团。

二格格韫龢和三格格韫颖被关在大殿里,吓得大呼小叫。溥仪和杰二弟、大妹韫瑛扒在窗外,偷窥她俩害怕的样子,起哄地叫嚷着:"鬼来啦！……"

直到她俩吓哭之后,溥仪才打开殿门,放两个妹妹跑出养心殿。

韫龢破涕为笑,转而瞧着溥仪顽皮的样子,又觉得特别好笑,对三妹说:"皇上哥哥这个淘气的小孩儿,哪儿像'皇上'呀？……"

皇帝和后、妃在宫内吃啥？

进宫会亲，并非仅是看望过就走。祖母刘佳氏携溥杰以及大格格韫瑛、二格格韫龢、三格格韫颖这一行人，照例要在宫里连续留宿数天。

在宫中居住的那些日子里，老祖母刘佳氏总担心溥杰兄妹四人与"皇帝"一起就餐时出丑。然而不出所料，溥仪短不了出怪点子淘气。

一天，在养心殿里吃春饼时，溥仪坐在桌子顶头，溥杰和三个妹妹则分别在左右两边陪坐。

春饼刚端上来，溥仪就淘气地提出，非要一气儿吃四张春饼不可。其实，他根本无法用手托起来，于是，溥仪先是让太监将四张薄春饼卷好，连成足有一米多长，再由四个太监用手抬着，往他嘴里送。

溥杰和三位妹妹坐在桌边瞧着溥仪活像杂耍似的，无不哈哈大笑。

实际上，宫廷的春饼与民间并无太大差别，能卷豆芽菜等各种菜肴，还有熏肉和小肚等熟肉。如若说与宫外有区别的话，则是每当他们吃春饼时，御膳房还要上一道汤——太监戏称"逛儿汤"，里边有鸡蛋、豆腐和鸭血，豆腐得切成一条条，再将鸡蛋打碎甩在锅里。最后，再搁一点儿醋和胡椒面，辣味和酸味掺在一起，虽类似民间的酸辣汤，却别有一番宫廷风味。

其实，醇亲王府的菜谱上也有这道汤，做法儿居然完全一模一样。韫龢始终没弄清楚，这一道酸辣汤究竟是从醇王府传进宫里，还是宫里御膳房传授给醇王府的。

众人在进宫会亲期间，须每天早晨六点起床，梳洗之后吃早点，每人一大盘烧饼、炸甜油条或咸油条，还有酱肉、熏鸡、香肠、小肚，以及各种酱菜。除此，传膳太监还会端上来糖莲子、百合汤、甜食和热汤面。

午膳时，桌上总少不了一些民间常见的菜肴，如炒木樨肉、炒肉末、肉炒葱丝、白菜丸子、四喜丸子、炒菠菜，还有熘炸丸子等，吃起来色香味俱全。

夏天，宫内时常吃芝麻酱拌面条。最讲究的是菜码，大多是豆芽菜、黄瓜丝、胡萝卜丝、青蒜等。二格格韫龢感到奇怪，就悄声对三妹韫颖嘀咕起来：

"嘿，你瞧宫里的菜谱，跟咱府里多么一样啊，连拌面条的菜码都差不多呀。"

在凉菜里，二格格最常吃的是拍黄瓜和凉拌粉皮、糖拌白菜心。其实，这也是醇王府里常吃的"老三样"。

据宫中档案记载，皇帝每年的御膳开支，额定为用银两万两。皇帝每天恭备的份例是：盘肉二十二斤，汤肉五斤，猪油一斤，羊两只，鸡五只（规定当年鸡三只），鸭子三只，白菜、菠菜、香菜、芹菜、韭菜等共十九斤，大萝卜、水萝卜和胡萝卜共六十个，包瓜、冬瓜各一个，苤蓝、干闭荸菜各五个（规定不少于六斤），葱六斤，玉泉酒四两，大酱、清酱各三斤，醋二斤。

早晚御膳饽饽八盘，每盘三十个（宫内规定每盘饽饽定额为上等白面四斤，香油一斤，芝麻一盒五勺，澄沙三盒，白糖、核桃仁、黑枣各十二两）。御茶房需恭备皇帝每天需用的茶、乳等。其中，皇帝御用乳牛五十头，每头牛每天交乳两斤，共一百斤。

此外，需恭备玉泉水十二罐，乳油一斤，茶叶七十五包（每包二两）。

据老太监孙耀庭回忆，由于内廷经费拮据，逊清宫廷的膳食早已今非昔比，比御膳档案记载逊色不少。

刚进宫会亲第一天，溥仪就亲自向弟弟和妹妹介绍过，宫里用膳与宫外有所不同，每天的正餐只有两顿。

早膳在早晨六点到七点之间，晚膳却在中午十二点到两点之间。傍晚六点左右，还有一次"茶点"。这或许是满族在入关前养成的习惯，一直在宫内沿袭下来。

尤其到溥仪所在的养心殿内吃饭，总有一个特殊的规矩——"尝膳"。在餐桌上，每人面前必须摆放着一双银筷子和银匙，用于"尝膳"——检验是否有毒。这就是说，溥仪以及招待的客人在就餐前，需由御膳房太监尝过膳，然后才能端上餐桌①。

由此看来，餐桌上的银餐具，是可以用于随时验毒的。

若论起宫廷御膳哪种最好吃，兄妹各自看法不同。在溥仪的二妹韫龢看来，数宫里御膳房的烧饼和栗子面小窝头最好吃不过。她也十分喜欢吃焦黄的烧饼夹裹着味道独特的肉末，据说肉末的制作厨艺极有特色——工序复杂，与民间大不一样。

二格格每次见到烧饼夹肉末和栗子面小窝头，都禁不住多吃几个。据说，栗子面都是当年摘下的栗子磨成细面，从宫外专门进贡来的。

溥仪有意让兄妹四人遍尝宫内的御膳。他还吩咐御膳房端来别具一格的

---

① 末代太监孙耀庭先生曾亲口对本书作者回忆，这个"尝膳"的制度，据说清朝初年就有了。御膳房的太监总是戏谑地在背后称"尝膳"是"猪替羊死"。

"一品锅"——样式跟民间火锅差不多,只是比一般火锅稍大一些,不同寻常的是,"一品锅"系纯银打造,里头放入活鱼和鱼丸,味道尤其鲜美。

再说饺子,御膳房能做出各式各样的馅,其中有一个显著特点,就是皮薄个儿小。连韫龢这样的小孩儿,都可以一口吃掉一个,而不像醇王府里德妈包的饺子,薄皮大馅儿,她一口最多只能吃下半个。也许,这就是醇王府与宫里饺子的最大区别。

刚开始,韫龢在宫内所吃到的西餐,其中一道青菜竟是白水煮成,同时,也头一次尝到外形圆圆的袖珍洋白菜,口感特别不错。此外,她还吃过清水煮胡萝卜。起初感到挺纳闷儿,一问才知,这样吃最富有营养。

在宫内,兄妹四人还吃过一种叫"小煮饽饽"的风味御膳——一排排小饺子搁在大菜碗里,底下垫着各式各样炒菜,上边由盖碗遮着,每当伸出筷子就餐时,才能掀开盖碗。这种饺子加炒菜的做法,她仅在宫内吃过,在醇王府里根本没见过。而且,王府里只有饮茶时,使用的茶杯上边才有盖碗。

时常,溥仪召溥杰和姊妹三人来养心殿饱餐一顿,有时特意让太监向太妃禀报一声:"万岁爷传格格吃饭。"

于是,敬懿太妃就让他们立马径奔溥仪的殿里就餐。开饭时,溥仪往往让众太监将至少三张桌子拼接起来,上面满铺白桌布,陆续摆满几十种菜肴。他和弟弟、妹妹们一边起哄一边吃,十分喧闹。

明显看得出来,饭桌上的菜肴比醇王府多出不少花样。有时,溥仪别出心裁,并不像日常用膳那样一道道上菜,而是让太监把菜肴全部端上餐桌,即凉菜和热菜一股脑上席,桌上立时堆满大盘小碗的山珍海味。

对于摆上的凉菜,二格格印象最深的是海蜇和白斩鸡,因为这是她最爱吃的。接着端上来的热菜,如米粉肉、扣肉、带皮的红焖肘子等等,她用筷子插上去,猪肉炖得软软的,肥瘦适中,一戳就透……

待最后一道玉米花汤和燕窝汤端上餐桌,全部菜肴才算上齐。

因为姐儿仨都是小孩儿,身后都伫立着一名太监,候着夹菜。甭看满桌热菜,数清蒸鸭子和烩鸡丝最受欢迎,很快就被吃得精光。

烩虾仁与宫外做法不同,上边是虾仁,底下是鸡蛋清,辅之以碎荸荠,吃进嘴里清香可口。色香味俱全的油焖大虾,也颇受欢迎。

入冬以后,宫中的菜肴往往放在一个盛着热水的器皿里,这样不容易变凉。而夏天则无需加热的容器。在每人面前,照例摆放着一个布碟——小盘子,还有一双公用的象牙筷子。

宫里的筷子颇有讲究。有的是两头镶金,有的镶银,也有一头镶着金或银,还有的上边嵌着精致的小锁作为装饰。

就餐前,太监往往发给每人一块方形缎子围嘴儿,一律尖形朝上,挂在胸前,什么颜色都有,深色、浅色、雪青色,唯独没有大红颜色的。

围嘴儿上有一枚金钩,吃饭时要挂在领口,宫里称此为"怀挡"。这便是宫内特有的"御用餐巾"。

如果按照老规矩,热菜之后要依例端上一些甜品,如银耳、莲子羹之类的甜食。这往往是溥仪最喜欢吃的。

就餐结束之前,一般还要上一道道宫廷小吃,像砂仁、冰豆蔻、紫砂冰。需要说明的是,豆蔻外边有一层皮,需要剥皮才能吃。老年人往往爱吃一种装在精致的小银盒里的"枣冰",上边印有花纹,可以含在嘴里。

每当此时,太监往往用一个个银盒端来一种叫素砂的食品,因没有皮,入口即融,不仅助消化,还能消除嘴里的异味。可以说,这就是逊清宫廷的御制"口香糖"。

接着,太监和宫女还要手捧银质漱口杯依次向客人递上漱口水,刷牙时蘸的是胡盐和纸袋装的牙粉,漱口过后才能撤席。临到最后,太监和宫女还要给众人一一递上"口布",以用来擦嘴。

午膳之后,他们开始睡午觉,一直躺到三点来钟。起床之后,一行人就又回到太妃的屋里。这时,太监和宫女会按规矩送来果盒,里边盛着干鲜果品、蜜饯、糕点,以及豌豆黄、芸豆糕、荸荠……

在太监提来的果盒里,二格格最爱吃一种用奶皮子裹的宫廷奶卷,里边是芝麻和白糖馅儿,还有一种馅儿里掺些山楂糕,吃起来酸甜可口。据说,这最早是蒙古王府进贡来的。

值得一提的是,果盒里的糖葫芦,跟宫外的做法截然不同,是一根牙签蘸一颗水果。种类不少,无一不是精选而来,个儿虽比较小,却一律是匀溜个儿。

比较常见的品种有核桃、山里红、橘子、山药等,这些都是现蘸现吃。另外,果盒里还有一些北京风味小吃,像艾窝窝、驴打滚,不仅好吃,做得也很别致。

在宫里吃来吃去,比来比去,兄妹四人一致公认,数端康太妃所在的景仁宫菜肴品种繁多,味道最正宗。韫龢不止一次对三妹半开玩笑地说:"这才是宫里正宗的'招牌菜'。"

…………

端康太妃、溥仪、溥杰、毓崇（自左至右）在御花园

逊清宫内无人不晓，在西河沿边上，有一个小饭庄叫"四合义"。虽然这里主要是大饼炒菜，根本没有高档菜肴，皆因十分便宜，买卖在宫内非常火。一般太监到那儿吃上一顿大饼卷酱肉，一碗小豆粥，花钱虽不多，却足以解馋。

有趣的是，皇后婉容或淑妃文绣，也曾经派小太监悄悄来到"四合义"，捎回大饼卷酱肉和一碗豆粥。这并不算是稀罕事儿[1]。

"出洋留学"未遂是谁泄的密？

溥仪由于宫中憋闷，便想出了各种花样玩耍。他在宫中开始学骑自行车，还请来北京有名的"小李三儿"亲临"指导"，以致最后锯掉了各宫的门槛。

有的书中讲，宫廷的自行车是洋师傅庄士敦引进的。但据婉容的弟弟润麒回忆，宫中第一辆自行车是他骑进来的，后来还骑进来了摩托车。

溥仪骑自行车和摩托车以致锯断各宫门槛，无一不是润麒的提议，而非那位不会骑自行车的庄士敦。

其实，据润麒回忆，溥仪还在宫中的东长街练过开汽车。这也是受到他的

---

[1] 上世纪九十年代初期，本书作者在一位朋友家遇到中央文史馆馆员、著名国画家田世光先生。他回忆说，在民国期间，他还在故宫城畔吃过"四合义"饭庄的大饼卷酱肉。

溥仪、润麒、溥杰、庄士敦（从右至左）在御花园

影响所为，因他家有小汽车，甚至比载涛家的卧车还好得多。

也有人认为，宫中的电话机和电影机是庄士敦所引进，这也不对。据润麒追忆，溥仪在宫中放映电影所用的电影放映机，是荣禄的三儿子"洋三舅"，从国外带进来的。

应当说明的是，当年溥仪从宫内一直带到抚顺战犯管理所，又带回北京的牛皮箱，就是那只在宫中盛放电影放映机的皮箱。

发生在一九二三年二月的溥仪"出洋留学"未遂事件，有人想当然地解释为一次"复辟流产"。这是完全缺乏依据的。

事实是，溥仪和溥杰为出国留学做准备，先后从宫中"盗运"出上千件字画、两百多种挂轴、两百多种宋版书。

而且，溥仪亲自电话联系荷兰公使欧登科，又让溥杰去使馆确认了具体细节,由欧登科用汽车到神武门来接。溥仪自以为贿赂好了太监,结果临出宫前一小时,载沣得到消息之后,下令紫禁城戒严,出国留学遂告"流产"。

问题是,究竟谁泄露了这个秘密?

溥仪始终不知其详。甚至,直到暮年时,还将此事详尽地记载在日记本上。当笔者采访润麒先生时,他微笑着说:"这太容易想到了。溥仪自以为神秘,其实,我姐姐婉容早已知道了。她经常和家里通电话,荣源是内务府大臣,早就禀报给了载沣。"

至此,历史谜底揭开。

润麒先生对笔者说,他早就告诉过文达先生。这根本不是什么所谓秘密。

回过头,再说"会亲",一度曾出乎意料地达到了高潮。

端康太妃也派人宣醇王府进宫会亲,只是特意吩咐,老祖母刘佳氏年迈不必来了,只让溥仪母亲瓜尔佳氏进宫会亲即可。

这样,兄妹四人在母亲瓜尔佳氏带领下,进宫叩见过端康太妃,又照例前去拜访其他三位太妃。没料到,敬懿太妃见到这一行人,竟然随口甩出几句闲话:"你们来不来我这儿都行,去哪个宫都一样……"

从此,敬懿太妃再也不召醇王府进宫会亲。相反,端康太妃相邀会亲的次数多了起来。每当进宫,端康太妃不仅每天派专人为他们送去两笼饭菜,还多次赏赐溥杰各式珍贵的鼻烟壶,使溥杰倍感受宠若惊。甚至连端康太妃宴请这一行人的规格,也远远超过敬懿太妃。

顿然,端康太妃与醇亲王府的关系变得异乎寻常。见此,老祖母刘佳氏不无讥讽地说:"怎么冷锅里冒起热气来了?"

谁也没料到,进宫会亲,竟埋下溥仪生母"自杀"的祸根。

柒

溥仪生母两次
自杀之谜

溥仪生母瓜尔佳氏首次自杀未遂，六年后再度骤然自杀。那一年，溥仪年仅十五岁。

对于瓜尔佳氏的真正死因，历来众说纷纭。

有两个世人罕知的内情：一是生母瓜尔佳氏自杀真相，溥仪起初不清楚，只知母亲死于"脑中风"或"紧痰绝"；二是溥仪母亲真正的死因。

瓜尔佳氏临死不忘"复辟大清"，她的临终遗嘱说了些什么？

溥仪是否出宫去悼念亡母？

图片说明：溥仪的生母瓜尔佳氏自杀前，仍念念不忘叮嘱溥杰要帮助溥仪"复辟大清"。图为瓜尔佳氏（右）与幼年的溥杰溥仪生母瓜尔佳氏骤然自杀，不仅对于醇亲王府和爱新觉罗家族是一件大事，也在皇宫内外引起震动。

其实，这是瓜尔佳氏第二次自杀。

溥仪生母瓜尔佳氏第一次自杀未遂

说起此事，由来已久。

自从溥仪"逊位"以后，醇亲王府便渐渐暗中分成了两派。一派是以载沣为首，恨透了篡夺大清政权的袁世凯，连府内的幼小子女也都是这种态度，只要见到画报上出现袁世凯的照片，便抠掉眼睛而后快，有时几个孩子还踏上去，踩上几脚。

另一派则是以瓜尔佳氏为代表，极力主张复辟大清王朝，梦想借助父亲的铁杆老部下——袁世凯的实力。对于孩子们的反感举动，她总是解释说，这不能全怪袁世凯，要怪就应该怪孙文，如果不是他闹革命，何至于大清亡国？……

结果，瓜尔佳氏拼命花钱，运作父亲的老部下策动"复辟"。然而，许久也

溥仪的父亲载沣和祖母刘佳氏（左三）、庶祖母李佳氏（左二）及生母瓜尔佳氏（左一）

没有任何效果,载沣为此多次大发脾气,埋怨她胡乱挥霍。性格孤傲的她,根本不予理睬。日久天长,她自然在醇亲王府内受到了孤立。

更使瓜尔佳氏毫无脸面的是,一九一五年,当她得知始终依恃的父亲的老部下袁世凯,居然放出风声欲自己称帝时,她几乎绝望到了极点,也觉得无颜再见醇亲王府内的众人。

午饭之后,性格极其要强的她,梳妆打扮一番,又把二儿子溥杰叫到屋内,情绪激动地关上了房门。然后,她把预备好的白酒和鸦片,统统放到了桌上。她这些怪异的举动,使贴身仆人产生了怀疑,不仅强行抱走了年仅八岁的溥杰,又禀告了载沣。

于是,载沣随即赶到,在众人一再劝说下,瓜尔佳氏只得暂时放弃了自杀的念头。

复辟,成了她愈加坚定的唯一信念。一年多之后,张勋鼓动的复辟,重新燃起了她内心的复辟之梦。她一天到晚匆匆出入府内外,不断带来所谓的好消息,甚至提出想让年幼的溥杰娶了张勋的女儿。

非但如此,她还风风火火地找出了载沣当年的朝服和顶戴花翎,准备溥仪登基。

然而,"张勋复辟"终以失败告终。但瓜尔佳氏仍不死心,更加频频出入宫禁,不仅与端康太妃加紧密谋,也拿出不少金银珠宝贿赂父亲荣禄当年的老部下。

最终到头来,依然是竹篮打水——一场空……

对于母亲第一次自杀未遂,溥仪被完全封锁了消息,毫不知情。

溥仪起初不知生母自杀真相

谁料,事隔仅六年之后,溥仪的生母瓜尔佳氏再次自杀。

关于瓜尔佳氏第二次自杀的原因,众说纷纭。

大体有这样几种说法:一是,她与端康太妃发生争执,赌气自杀;二是,她夹在溥仪与端康太妃矛盾之间,由于性格刚烈,忍

生母瓜尔佳氏自杀时,溥仪整整十五岁

受不了宫中罚跪的屈辱；三是，酝酿"复辟"未成，愤而自杀。

细细研究起来，最后这个原因最接近历史事实，但仍不能完全解释其中的"谜底"。

生母瓜尔佳氏自杀真相，溥仪起初不清楚，只知母亲死于"脑中风"或"紧痰绝"。

而溥仪母亲真正的死因，是她在斡旋"复辟"中，被贿赂的中间人骗走了大量珍宝和钱财，而受到端康太妃的指责——"中饱私囊"，苦于无法解释清楚，最终死于冤屈和悲愤。

这两个真相，过了许久以后才揭晓。对于尚未成年的溥仪而言，生母之死显然产生了重大影响，刺激而坚定了他的复辟信念。

无可争议的是，溥仪生母瓜尔佳氏骤然离世，死于自杀，年仅三十八岁。

那一年，溥仪整整十五岁。

众所周知，瓜尔佳氏是荣禄的独生女儿，自幼深受宠爱，娇生惯养，自尊心极强。瓜尔佳氏仅比载沣小一岁，却比侧福晋大二十多岁，在醇亲王府内，完全是"一言堂"——说了算数。

自从溥仪逊位之后，瓜尔佳氏总是不甘心，希图复辟。她久识荣禄过去一些老部下，如北京步兵统领衙门左翼总兵袁德亮，一见面，就亲热地叫她"八姑太太"。瓜尔佳氏经常托这些人打听时局情况，甚至出资请他们运作"复辟大业"。

起初，她和端康太妃对奉系张作霖抱有极大幻想，端康太妃也曾请瓜尔佳氏通过袁德亮联络各方军阀，结果，一些宫廷珍宝统统被所谓中间人袁德亮骗走了。

据二格格韫龢所知，母亲瓜尔佳氏还请这些人置办了一些田产，结果找明白人一看，地契差不多都是假的。这使一向以精明著称的母亲陷入了极度恼怒和绝望。

其实，瓜尔佳氏与端康太妃堪称"莫逆之交"。就是她俩为溥杰和唐怡莹指定的婚姻。后来，溥杰十七岁时，就是由端康太妃主持与其侄女唐怡莹（字石霞）完婚。政治联姻使瓜尔佳氏与端康太妃关系颇不一般，经常凑在一起密谋"复辟大清"，交谈至夜。

进宫会亲之后，端康太妃和溥仪母亲的关系一天比一天密切，甚至端康太妃的大总管刘承平与瓜尔佳氏的心腹太监张金也打得火热。俩人梦想着一旦溥仪重登皇帝宝座，端康太妃就能成为皇太后，瓜尔佳氏自然成了当今"圣上"之母。当然，这只是没能兑现的如意算盘。

一次，溥杰见母亲与宫内来的太监聊了很长时间，就好奇地打听，谈的是什么事?母亲瓜尔佳氏神秘地对他说:"你太小,不懂这些,以后就会知道了。"

二妹韫龢虽年幼,也看出一些蛛丝马迹,譬如张金与她母亲谈话时经常提到奉天张作霖;母亲经常与端康太妃秘谈至深夜,还时常一起发泄对民国的不满。

韫龢听说,有一次奉军头头儿于崇汉的儿子于敬远悄悄进宫,由刘承平负责接待,端康太妃不仅赐其丰盛佳肴,临走时还赐予丰厚赏银;同时,还直接赐给荣禄老部下袁德亮不少珍贵珠宝。无疑,这些都是由瓜尔佳氏牵线搭桥的。

谁料,最后这些竟也归罪于瓜尔佳氏。

端康太妃辞退御医引发"连锁反应"

谁想,宫内种种矛盾激化的诱因,许多竟由太监引起。

而追根寻源,实质则源于洋师傅庄士敦的进宫。这位洋师傅进宫之后,引发了一系列变化,从细微之处也可以看到。诸如溥仪和溥杰等人都陆续起了英文名字,其实,这是由溥仪带的头儿。

"逊帝"因为正在学习英文,所以便让庄士敦为其取一个英文名字,于是,洋师傅便在英国皇室的名字中,挑选了一串,让溥仪从中择一。结果,溥仪挑中了一个英文名字——亨利。

接着,皇后婉容也让庄士敦起了一个英文名字——伊利莎白。此后,一发不可收拾,溥杰和其他几个妹妹也好奇地让庄士敦代取了英文名字,平日在宫内大呼小叫,使老太妃们十分反感。

不久,宫内又陆续出现溥仪和溥杰弟兄俩剪辫子、溥仪改穿西装以及奇装异服乃至此后轰走太监等轰动一时的事件。而这些故事之后,大多有着洋师傅庄士敦的身影。

无疑,这些行为都惹起了老太妃们的明显不满。而与此同时,溥仪却与庄士敦的关系变得日渐如胶似漆,异常亲密。

仅举一例。一天,庄士敦正在中式住宅家中花园廊下读书,一个仆人前来向他报告,溥仪从宫内派来一名太监,专门送达一封非常重要的信件,正在门口等候,要当面交给他本人。庄士敦立即让仆人唤进太监。

哪知,这位太监见到庄士敦之后,立即拿出一柄杖剑,一本正经地对他说:"万岁爷赐您一柄宝剑,而且让我禀告您,皇上授予您可以随便杀任何人的权力……"

闻此,庄士敦大吃一惊,将信将疑地收下了这柄可以任意生杀予夺的"尚方宝剑"。

过了几天,当庄士敦再次进宫时,向溥仪询问。没想到,溥仪反倒严肃地问起是否接到了那柄剑,太监是否传达了朕的旨意?

庄士敦当然实事求是地做了回答。溥仪诡秘地笑了。

让我们把时光推到一九三一年。庄士敦从英国返回中国,作为英国代表团成员参加太平洋会议。此时,溥仪摇身一变,即将当上伪满洲国"执政",见到庄士敦时,仍然一本正经地问起那柄宝剑:"你使用过朕授予你的权力没有?"

听到溥仪的问话,庄士敦忙禀报:"皇帝啊,到目前为止,我那柄剑至今仍然没沾过血迹。"

溥仪又笑了。庄士敦将此视为溥仪独有的幽默。因为,溥仪连一个人都不敢杀,怎敢授权帝师杀人呢?

然而,这反倒证明,溥仪与庄士敦关系非同寻常。

回过头来,再说瓜尔佳氏去世的导火索,则具体源于太医院的外科御医范一梅。

自从隆裕太后病故之后,端康太妃在逊清小朝廷里,一直想效仿慈禧当年对光绪那样把溥仪牢牢控制在手心里,对溥仪管束得十分严厉,但又没有慈禧那样的权威。而溥仪的内心也始终不服。

双方既然较上了劲,端康太妃于是通过本家胞兄志錡四处活动,让袁世凯出面向内务府提议对四位老太妃"加封",而实质上主要是确立端康太妃为四妃之首。谁知,此事竟也无疑激化了端康太妃与溥仪的矛盾。

溥仪适值初生牛犊不怕虎的年龄,在洋师傅庄士敦以及几位帝师的支持下,根本不吃她那一套。导火索终于在太医院御医范一梅的身上引爆。

端康太妃明知溥仪与范一梅关系不错,便横找邪碴儿,辞退了范一梅。此时,溥仪受到身边的庄士敦以及几位帝师和太监鼓动,便怒气冲冲去找端康太妃讲理,双方发生了口角。溥仪气忿地对端康太妃说:"额娘为何辞退范一梅,我是不是皇帝,难道连这点儿权力都没有吗?……"

接着,年仅十五六岁的溥仪又冒出几句触犯太妃的话。端康太妃难以忍受溥仪这种"忤逆"态度,勃然动怒:"你竟敢顶嘴?"

受到溥仪顶撞的端康太妃,被气得脸色煞白,浑身发抖,竟全身瘫痪。直到三个月之后,才渐渐好转。

此后,当端康太妃再次与溥仪发生冲突之后,遂迁怒于溥仪的母亲,当天便把瓜尔佳氏和溥仪的祖母召进宫内。

　　这一意外事件,发生在一九二一年九月三十日。

　　端康太妃端坐在永和宫大殿内,竟让溥仪的母亲——瓜尔佳氏和溥仪的老祖母在殿外整整跪了一上午。

　　其间,端康太妃多次厉声斥责溥仪这两位长辈,没教育好溥仪。老祖母归来之后,曾对溥仪的二妹韫龢忿忿地说:"我多年来连溥仪的面都见不着,怎么'教育'呀?端康太妃跟我大哭大闹,根本不讲道理啊。"

　　那天,溥仪的母亲瓜尔佳氏和年迈的祖母在宫中被罚跪之后,便到养心殿内劝说溥仪,让他去给端康太妃赔个不是。溥仪只好去永和宫,向端康太妃口是心非地道了一声歉:"额娘,我错了!……"

　　这事儿没完。瓜尔佳氏依恃是荣禄之女,素以孤傲出名,性格极为倔强,从小没受过一丁点儿委屈。这次被端康太妃一通严厉训斥,瓜尔佳氏返回醇王府觉得实在委屈透了,无论如何也想不通,由于窝了一口闷气,回到自己卧室就将鸦片掺着烧酒和金面儿,一起吞进肚里,愤而自杀。

　　显然,瓜尔佳氏抱定了必死的信念。

末代太监孙耀庭(左)向本书作者披露溥仪生母自杀真相

瓜尔佳氏临死不忘"复辟"

端康太妃训斥瓜尔佳氏的内容到底是什么?

末代太监孙耀庭犹豫再三之后,曾向我作了透露。我据此写入《末代太监孙耀庭传》一书,首次披露了真相。

端康太妃指责瓜尔佳氏假借"复辟大清"为名,把宫中的珍宝"中饱私囊"。这些话明显刺痛了她的心,因为她虽然没有私心,却实在难以一一解释清楚,感觉人格上受到了莫大羞辱。

另据溥仪二妹韫龢回忆,当母亲瓜尔佳氏怒吞鸦片之后,起初载沣没叫西医大夫,只找来了中医,最后实在没办法才又叫来西医大夫。没想到,中医大夫和西医大夫诊断之后,得出了一致结论:"太晚了,治不了了……"

载沣听到医生的结论,当时就走不动路了,一边哭着一边语无伦次地用手指着妻子,却说不出一句完整的话来。当时王府两个仆人一左一右地搀架着载沣斜歪着身子,瘫坐一旁。

结局验证了两位中西医大夫的诊断。瓜尔佳氏因吞鸦片过量,再加上喝进的白酒和金面掺和一起,药性急剧发作。见此,中医大夫长叹了一口气,说:"在这种状况下,确实已经无药可解。"

韫龢记得,母亲瓜尔佳氏吞下鸦片之后,勉强挣扎着在醇亲王府各处巡视一遍,又到各屋逐一看望了子女和府里的每个人,还特意前去看望了一下载沣的母亲刘佳氏,轻声嘱咐了几句话。

此时,在兄弟姐妹中,只有韫龢在母亲身旁。她默默地站在母亲的床边,一个劲儿哭个不停。母亲瓜尔佳氏当面对她叮嘱了一番话,最后说道:"你以后要好好念书,一定听爷爷①的话啊……"

此后,瓜尔佳氏又急切唤来溥杰,这时,她说话显然已经极为吃力,仍然拉着溥杰的手,两眼瞪着直直地特意嘱咐说:"杰儿,你哥哥是大清皇帝,你长大以后要帮助你哥哥恢复祖业,别像你阿玛那么没出息,窝窝囊囊的。要好好读书……"

瓜尔佳氏在最终去世之前,经历了非常痛苦的弥留期,在药性发作的间歇,她还勉强打起精神,反复叮咛守在床边的载沣:"你可要好好疼爱这几个孩子呀……"

---

① 此处瓜尔佳氏所说的"爷爷",系指韫龢的祖母刘佳氏。

内心十分痛楚的载沣说不出任何别的话，只是唯唯诺诺地答应说："那一定，那是一定的……"

后来，韫龢出去到了祖母屋里，这时仆人又急火火地来请祖母前去，说："您快到奶奶屋里瞧瞧去吧。"

众人搀扶着祖母走进瓜尔佳氏的卧室，祖母最初不知发生了什么事，只见瓜尔佳氏仰面躺在床上昏迷，已不会说话，这才愣住了。

溥仪的祖母是一个足不出户的老实妇人，根本想不出来任何办法，只是被吓得够呛，不断落下无奈而伤心的泪水。

由于药性发作，瓜尔佳氏不久便带着万分遗憾，闭上了双眼①。

这时，屋里只有溥仪的父亲载沣和二格格韫龢。仆人德妈用两手紧搂着韫龢。过了一会儿，溥杰和大格格韫媖、三格格韫颖被陆续唤到母亲瓜尔佳氏的卧室，众人一起号啕大哭。

韫龢清楚地记得，母亲瓜尔佳氏咽气之后，停灵在卧室外间。她听大人说，自杀的人当时不能埋葬，要等着"出殃"。老人说，人死去三天②之后，要把停灵的那间屋子捅开一个窟窿，让"殃"跑出去。

不久，瓜尔佳氏的棺材由仆人抬往五间排房中间——思迁堂的正殿。瓜尔佳氏嘴里被放进一颗用红线拴住的珍珠，胸口上还搁放了一面光闪闪的镜子。

溥仪出宫吊唁亡母

当时，溥仪还没结婚，听说母亲瓜尔佳氏去世的消息，火速从宫里赶往醇王府。

二格格韫龢正在屋里哭泣着，跟家族的人们一起跪着守灵。

忽然，她见到溥仪哭丧着脸走进堂屋门，看到母亲的灵柩停在那里，猛地一跺脚，便放声大哭起来。溥仪跪拜在母亲的灵前，郑重地磕了三个头，跟谁也没说话，便一言不发，走出了思迁堂的正殿。

随后，溥仪来到祖母刘佳氏屋里，低声说了几句安慰的话，就阴沉着脸返回紫禁城。

---

① 《我的前半生》未定稿1962年10月版，将溥仪生母瓜尔佳氏自杀身亡错写为1918年。其实直到1920年春，瓜尔佳氏还曾与端康太妃商议，为溥杰和唐怡莹"指婚"。

② 另一说为七天。

在韫龢的记忆里,溥仪进宫之后十几年,从没回过醇亲王府。只是这次母亲意外去世,才见到溥仪前来王府吊唁并看望祖母。

性情怯懦的载沣对于妻子去世的真相,一直严守秘密,甚至对溥仪也始终没敢吐露实情。因此,溥仪当时丝毫不知母亲瓜尔佳氏死于自杀——谁也不敢跟他说,因为他是事发的重要诱因。

溥仪只听父亲载沣说,母亲瓜尔佳氏患的是"紧痰绝"——脑溢血,溥杰却对他说母亲死于"脑中风"。据《我的前半生》执笔人李文达先生说,溥仪当时也产生过疑问,因父亲和弟弟说法不一。

溥仪听说母亲瓜尔佳氏去世的消息,火速赶往醇亲王府

但是,醇亲王府对瓜尔佳氏的死因一直保密,所以,溥仪过了许久仍不了解其母自杀的真正内幕。

当溥仪从醇亲王府吊唁走后,韫龢见到溥杰和大格格韫瑛小声议论着什么。她凑过去,才知俩人在激动地议论母亲自杀的真相。这时,德妈一再叮嘱她,这可不能随便乱说。

瓜尔佳氏去世之后,京城各王府听说,纷纷派人前来吊唁并看望。载洵、载涛夫妇以及其他一些王府的长辈也都先后赶来吊唁。

在瓜尔佳氏停灵的那些日子里,思迁堂的正殿中间摆放着瓜尔佳氏的棺材,右边一排跪着溥仪的三个妹妹,左边一排跪着溥杰和其他近支晚辈。几天里,子女们除了吃饭,每天从早晨跪到晚上,一天祭奠三遍。可以说,整个醇亲王府陷入了万分悲痛的气氛之中。

兄妹几人和醇亲王府的晚辈,穿着全身白孝衣,跪在瓜尔佳氏灵柩前迎送着前来吊唁的爱新觉罗家族亲友,不断烧着纸人、纸马、纸车,同时,磕头以示谢意。

据父亲载沣对韫龢回忆说,瓜尔佳氏自杀之后,宫内几位老太妃先后向载沣问起其去世前后的情景,然而,载沣实在不敢说出实话,只谎称瓜尔佳氏是"中风"而死。这成了醇王府内外的统一"口径"。

溥仪生母瓜尔佳氏临终之前,除了"复辟"之外,仍然念念不忘两个儿子的婚事,一是溥仪的"大婚",甚至一度异想天开欲让溥仪娶袁世凯的女儿;二是溥杰的婚姻,因为她曾想让溥杰迎娶张勋之女。

然而至此,这些都成了无法实现的水中月、镜中花。

捌

为什么『后』『妃』颠倒了个儿?

溥仪在《我的前半生》中,只提及徐世昌为其女儿给自己提亲,而避讳了另外三桩密事。

为什么一夜之间,"皇后"颠倒变成了"皇妃"?

末代皇后婉容的生母,到底是谁?

后、妃瞬间颠倒了个儿,无疑为此后文绣与溥仪、婉容反目,埋下了导火索。

图片说明:溥仪大婚背后的故事,数后、妃颠倒最具戏剧性。图为皇后婉容(中)与淑妃文绣(左)及溥杰的妻子唐怡莹在宫内合影历史往往惊人地相似。

溥仪与光绪皇帝一样,挑选皇后和妃子,自己都无法做主,而实质由皇太后最终拍板。为什么?婚姻是政治的联姻——"天子"的姻缘,由操纵国家政治的掌舵人拍板决定,似乎是天经地义之事。

谁知,这一拍板竟酿成了溥仪终生的家庭悲剧。

刻意回避"袁世凯女儿欲嫁溥仪"

溥仪在《我的前半生》中,除了提及徐世昌①曾为其女向溥仪提亲之外,还故意避讳了三件事。

一是袁世凯也曾多次托人说媒,欲将女儿嫁给溥仪;

二是张作霖亦想将女儿嫁予溥仪;

三是张勋的女儿险些嫁给溥杰。

这是人所鲜知的。

二格格韫龢曾回忆说:袁世凯也曾多次托人前来醇王府说媒,想把女儿嫁给我大哥溥仪。

众所周知,醇亲王府的众人每逢提起辛亥革命以及孙中山、袁世凯这类话题,就会痛恨不已。凡见到画报上的这两个人物,也总会抠掉其眼珠以泄恨。然而,每当全家人都在咬牙切齿咒骂袁世凯时,唯独母亲瓜尔佳氏总是解围说:"这不怪袁世凯,全怪孙文(孙中山)不好。"

其实,这不难理解,缘因瓜尔佳氏是荣禄的女儿,而袁世凯是荣禄的"铁杆"老部下,她为袁世凯辩解,是站在父亲荣禄的立场。而荣禄与袁世凯的关系非同一般。

举一个外人不知的例子——爱新觉罗家族大多知道溥仪的母亲瓜尔佳氏珍存着一枚极为稀有的翡翠扳指,溥杰小时候见到之后,很是喜欢,曾经屡次当面向母亲讨要,而母亲瓜尔佳氏却委婉地对他说:"这是袁世凯送你姥爷的,算是遗念品,现在交给你怕你弄坏了,等你长大再给你吧。说起来,这是袁世凯花几千两银子买来的,你姥爷不好意思要,我逼着他留下的。"

---

① 徐世昌,号东海,浙江省鄞县人,清末进士。曾任翰林院编修、皇族内阁协理大臣、民国大总统。

欲强嫁女儿给溥仪的袁世凯（左）、徐世昌

由此可见，袁世凯与荣禄两人关系之"铁"。无论历史真相如何，醇亲王府却众口一辞——这两人狼狈为奸出卖了光绪皇帝。

据说袁世凯为了拉拢讨好醇亲王载沣，逢年过节总要给他送来整桌宴席，极为丰盛。可是载沣从来没吃过一口。再说，他也不敢吃，唯恐遭到袁世凯的毒害。但是载沣做事周全，也不想得罪袁世凯，总是礼而宾之，回敬他一桌宴席完事。

一九一五年十一月，一位老朋友——步兵统领江朝宗，走进醇亲王府前来拜见载沣，话题转来转去，谈到最后才露出真正目的——

袁世凯托他前来斡旋，是要把自己的女儿嫁给溥仪！

原来，江朝宗此番前来是充当说客的。当时，溥仪尚无婚约，袁世凯是想"攀龙"。溥仪的二妹韫龢事后评论说，这显然是司马昭之心，路人皆知。

载沣一听，内心极为恼怒，表面却没显山露水。可是，他连袁世凯有几个女儿、此来为哪个女儿提亲都丝毫不问，但慑于袁世凯的势力，却又不敢露出否定的口风，只是连声应付说："好，好……"

其实，载沣说话虽结巴，但态度显而易见，连一句明确的答复都没有，也再没说别的话。

然而，前来提亲的江朝宗却误以为大功告成——载沣点了头，就赶紧告诉了袁世凯。

没过几天，内务府大臣世续①，也前来醇亲王府拜见载沣。刚一落座，寒暄没几句，就对载沣说，上次江朝宗受袁世凯之托来提其女与溥仪的婚事，此

---

① 世续，满族正黄旗人。历任内务府大臣兼工部侍郎、军机大臣。曾力主"宣统逊位"换取清室优待条件，一九二二年二月病逝。民国总统派代表参加葬礼，溥仪迫于压力，谥世续为"文端"，派贝勒载瀛参加祭奠仪式，并赏银八千两。

次是让自己再次向载沣提亲。

最要命的是,据世续说,宫内几位老太妃由于惧怕袁世凯的势力,都迫不得已点头同意了这门意外的婚事。

世续在清朝末年确非等闲人物,担任过军机大臣,在溥仪"逊位"问题上,曾经极力附合袁世凯,力劝隆裕太后下诏——"宣统逊位",以换取清室优待条件。在皇族的眼中,这是一位胳臂肘往外拐的"风派"人物。

载沣虽内心十分不满世续前来提亲,可也不敢轻易得罪。世续走后,载沣急得在屋里直转磨——这袁世凯是醇王府的仇人啊,左想右想不能赞成这门婚事。但袁世凯是"大总统",权倾朝野,一时无法断然拒绝,何去何从?载沣感到了前所未有的苦恼。

幸亏袁世凯好梦不长,一九一六年,只做了八十三天"皇帝",就在全国一派反对声中死去。载沣终日担心的这门亲事自然也没能兑现,心里这才彻底踏实下来。

这都是祖母睡午觉时,躺在床上对溥仪二妹韫龢讲述的真实故事。

颠倒的皇后与皇妃

客观地看,溥仪一生的婚姻都是不幸的。有意思的是,他的五个妻子无一不是从照片上挑选而来。

第一次大婚,溥仪先是在照片上随意圈中了文绣,首选"皇后"初现端倪。没想到初选的这位"皇后"不仅端康太妃不同意,溥仪的两位叔叔之间也发生了巨大分歧。六叔载洵明显倾向文绣,七叔载涛则支持婉容。内中原因究竟何在?

在笔者即将出版的《末代国舅润麒传》一书中,披露了真实、详尽的内幕。

表面看,这是文绣与婉容的娘家人在竞争打拼,实则为宫内两位老太妃在一争高下——敬懿太妃支持文绣,端康太妃则力挺婉容,背后乃是皇叔载洵与涛贝勒运作的结果。

载涛与荣源堪称莫逆骑友,他俩的联手运作,不仅使后、妃颠倒了个儿,也成就了溥仪与婉容的"末代姻缘"。

据皇后婉容的弟弟润麒所知,此事由皇叔涛贝勒一手暗牵红线——因平时载涛与荣源经常一起骑马或开车游玩,两家人经常一起到香山赏景,彼此相交甚厚,无话不谈。

就在京城对于"皇上"选"后"众说纷纭之际,皇叔载涛与荣源有了一次推心置腹的简短密谈。

"你愿不愿意让婉容当皇后?"

"有那么容易?"荣源听了,将信将疑。

"试试吧。"

涛贝勒简单一句话,铸成了历史的一页侧影。

不久,载涛开始牵线运作,荣源这边自然心照不宣。

为了当皇后,打通宫内外各种关节,婉容和文绣两家人都花了不少银子。相比之下,婉容家更为富有。文绣家则相对贫穷得多,据说她有时还以补花、绣花贴补生活,连打通关节的银子,都是借来的。

实际上,载涛素与端康太妃关系密切,通过种种方式层层疏通。细忖之,婉容册立皇后,也不乏祖上的背景。

因为送进宫的履历册上,明明白白地写着,荣宅的格格婉容是吉林将军长顺的曾孙女。但在宫中两位太妃的较量之中,这充其量只是一种说辞而已。

一般人所不知的是,严格地说,溥仪与婉容的婚姻,若按照汉族的说法实际是亲上加亲——"骨肉还家"。

这里就引发出另一个问题,婉容的生母到底是谁?

现存三种说法:

第一种说法是,婉容的生身母亲,是"四格格",即庆亲王奕劻的四女儿——慈禧太后的干女儿。

第二种说法是,婉容的生身母亲,是定郡王溥煦①次子贝勒毓朗的四女儿。

第三种说法是,婉容的生身母亲,是溥煦长子毓长次女——爱新觉罗·恒香。

现根据有关史料,简单分析一下这三种说法。

第一种说法,婉容的生身母亲是庆亲王奕劻的四女儿,流传较广。连一本记述末代皇后婉容的传记,也语焉不详地提到婉容的生身母亲,"是位皇族小姐,人称四格格"。显然这因为庆亲王奕劻的"四格格"是慈禧的干女儿,在京城比较出名。但此种说法系误传,根本不靠谱儿。

第二种说法,一本书这样记载道:"毓朗有好几个女儿,二女和四女都

---

① 定郡王溥煦,系乾隆帝长子定亲王永璜的五世孙。溥煦有四子,即长子毓长、次子毓朗、三子毓辰(卒年三岁)、四子毓盈。

出嫁给了溥仪的岳父荣源,二女生润麒,四女生婉容和润良。"①。但据润麒回忆,毓朗的四女儿未命名便故去,此种说法明显与史实不符。

第三种说法,毓长的次女爱新觉罗·恒香,生下婉容之后去世②,荣源才迎娶来婉容的继母仲馨③。

准确地说,毓长共有三子二女,次女恒香按照家里大排行,被称为"四格格"。毓朗有二子七女,仲馨是其二女儿,人称"二格格"。

事实是,毓长的"四格格"恒香和毓朗的"二格格",先后嫁给了荣源。恒香生下末代皇后婉容以及润良,仲馨则生下了润麒。

婉容之继母仲馨

结论很清楚,末代皇后婉容的生母,无疑就是毓长的次女——爱新觉罗·恒香。

皇后婉容是毓长的外孙女(她的继母仲馨是毓长的二弟毓朗次女)。毓长之父溥煦,是清高宗乾隆长子定安亲王永璜的玄孙,与溥仪是刚出五服的同宗兄弟。

最初,婉容被选进宫时,她母亲不太愿意,其父反倒是"一厢情愿",俩人意见相左。

载涛曾经来过荣宅几趟与荣源当面商议。婉容虽然被"钦定"皇后,母亲仍不十分赞成,但木已成舟,只得如此。

---

① 详见白皓著《三条胡同长长的记忆》。
② 此事有两种说法。一种是,恒香生下婉容两年后去世。另一种是,恒香生下婉容即因患产褥热而病逝。
③ 一般书籍大多将润麒的母亲名字写为恒馨。据查其户籍,其名金仲馨,原名爱新觉罗·仲馨,别名竹香。

溥仪繁琐的"大婚"仪式

虽为"逊帝",但溥仪独特的政治地位仍使其婚姻倍受国内外密切注视。对此,溥杰先生曾用过一个好笑的词来形容——"奇货可居"。

不仅国内不少达官贵族和遗老遗少家的名媛纷纷向溥仪抛去橄榄枝,连国外不少年轻漂亮的洋妞也打起了溥仪的主意。

在宫内负责拆阅国外来信的洋师傅庄士敦接到过几位外国"不知名女子"的来信,有的想得到溥仪的签名,有的甚至希望得到溥仪的垂青而成为妃子,进入后宫。庄士敦向溥仪提起此事,"逊帝"哈哈大笑,只当玩笑,并没回信。

令人始料未及的是,溥仪虽然没娶外国女子为妃,屡拿其兄婚事开玩笑的二弟溥杰,却在若干年后娶了一个日本女子为妻。

最初,溥仪只打算娶一位"皇后"进宫。哪知,选妃活动经过不知多少回合的明争暗斗,溥仪的对象圈定在越来越小的范围之内。最终,身不由己地确定婉容和文绣为一"后"一"妃",并眼见"大婚"之期日益迫近。

伴随"立后颁旨",逊清宫廷遂在一九二二年三月十一日隆重宣布,溥仪的大婚典礼将在当年十二月一日举行。

有意思的是,在此期间,内务府似乎欲证明"援例"前朝,又陆续公布了光绪朝等大婚的礼仪,显得事无巨细。仿佛逝去的帝制在借溥仪的婚事来了个"回光返照"——"逊帝"大婚的筹办可以说极尽豪奢。

连日来,皇后婉容一家好事不断。据宫廷抄报记载,三月十五日,皇后婉容的父亲荣源,被宫廷专使送达圣旨,溥仪"钦派"准岳丈荣源为御前大臣,此后,又被宣旨进宫,赏赐紫禁城骑马入宫谢恩。

这天,溥仪第一次见到了未来的岳父荣源。

似在显示着溥仪格外重视的程度,在同一宫廷抄报上,又登载了一则消息,溥仪同时钦派七叔贝勒载涛以及汉文师傅朱益藩、内务府大臣绍英、耆龄等四人,为筹办"大婚礼大臣"。

一般人都以为,此时皇后婉容正在京城。其实恰恰相反,并没怎么拿"选后"当回事儿的婉容,彼时还远在天津的姥姥家里听讯儿。

据婉容的弟弟润麒对笔者回忆说,他的姐姐平时在天津时间较多,而很少在京城帽儿胡同荣宅居住,院内最后一排的后罩房——婉容的卧室,大多总是铁将军把门——上着锁。

三月中旬，内务府传旨，溥仪盼咐接皇后婉容立即进京。这倒不是让她来见溥仪，而是令皇后预先演习宫廷礼节，以免进宫后露怯。同时，内务府还嘱其家人，让皇后逐渐接触皇室成员，濡染富贵之气。

为此，溥仪专门派遣宫内大臣、太监、护军等一批人员，赴津迎"鸾"。

三月十七日，婉容满怀喜悦之情，乘专车平安抵京。逊清朝廷的所谓文武官员、群僚，以及未来陪伴她的贴身侍女、伴妇等人，一律换上了崭新服饰，来到火车站"相迎于驿"。

出乎意料的是，民国政府方面居然也格外重视，派去了大批卫队到车站保护。荣源根本没想到，从火车站

从天津赶赴北京"选后"的婉容成了逊清"皇后"（由润麒收藏）

开始，竟然沿途三步一岗、五步一哨，大道两侧布满了持枪军警，直达什刹海东侧的荣公府。

轮到婉容惊诧不已了。她乘坐的车辆行驶中，沿途军警无不行礼致敬。

甭说婉容，就连颇见过世面的荣源，也为此感到意外，没想到退位的"逊帝"——溥仪，居然在社会上还有如此之大的影响力。

一向默默无闻的荣公府，顿然成了京城的热门地带。原本位于北京中轴线偏东北城的帽儿胡同，虽然"地甚幽僻"，距离神武门却仅不过两三里地之遥。自从皇后婉容抵达帽儿胡同荣宅当天开始，这里就被称作了"皇后府第"。

众多前来围观的街坊发现，荣源一改傲然走在前边的习惯，当皇后婉容被迎进家门时，只是跟随在女儿的屁股后边，而不敢"居先也"。

轮到溥仪出场了。按照宫内规矩，大婚前的筹备之事不得稍错一步。四月六日，溥仪身穿皇帝正装，乘坐"龙车"出紫禁城神武门，来到摆设着清朝诸位皇帝牌位的景山寿皇殿，"依古教"，将迎娶后、妃的订婚大事，禀告列祖列宗。

而在这里，还将有两个隆重仪式即将举行。

一是在大婚仪式之前，溥仪要钦派礼王和怡王，前来后殿代为祷告，这意味着举行大婚典礼的最终确定；

二是大婚典礼仍要由钦天监择选吉日良辰,确定以下三个步骤:

其一,在十月二十一日,纳彩礼。

其二,在十一月十二日,举行大征礼。

其三,在十一月三十日,举行皇后的册封典礼。

大婚典礼之前的这三次仪式,都异常重要而隆重。大队人马将从紫禁城内的乾清宫启程,一直抵达皇后婉容所居住的帽儿胡同——"皇后府第"。

每次鱼贯而行的仪仗到来,溥仪的岳父荣源都要长跪于地,恭迎天子使节。

在仪仗队伍的最前边,必须有一名纯正皇族血统的亲王作为溥仪的御使,持节领衔。三次几乎重复的礼仪,却各有不同的特殊意义。

先说十月二十一日,纳彩礼。这绝不是随意而为的,必须严格按照前朝的先例。所纳彩礼——配好马鞍和辔具的良马两匹,十八只绵羊,四十匹宫缎、八十匹布。这些物品采办之后,均放置在类似小轿子的明黄色"龙亭"里面,位置稍错一点儿都不行。

随后,各王公大臣以及皇族近亲诸如贝勒等人,要集聚乾清宫前。这时,执掌仪式的执事官,把众人引导到各自的位置上,静候传旨官入殿。没一会

溥仪大婚时,警察在神武门内护卫

儿,传旨官走进大殿,伫立在宝座东侧,高声宣读圣旨:"六品荫生后补道台,荣源之女郭博罗氏,已立为'皇后'。兹遣卿等持节行纳采礼。钦此。"

御旨中说得明白,皇后婉容的父亲荣源,当时仅是一个"六品荫生后补道"。而淑妃文绣的父亲,只是一名候补知县。这是并不广为人知的。

此时,持节大臣便受命立于仪仗最前边,捧节而行。众多人马列队走出神武门,步行至帽儿胡同的"后第"。最热闹的是,一起前往的,不仅有紫禁城护军以及乐队,随行的还有民国政府的骑兵和步兵。沿途围观的人群非常壮观。

再看十一月十二日,溥仪大婚前夕举行的"大征礼"。

众多程序与上次纳采礼无二,仍是传旨官步入乾清宫内,只不过宣旨的内容截然不同:"持节行'大征礼'。"

显然,此时是皇后婉容一家人倍感荣幸之际。因为,这次主要是赏赐皇后婉容以及家族的礼品。其中,赏赐皇后婉容的礼品有:黄金百两、白银万两、金银茶具各一对、银脸盆一对、绸缎百匹、配好马鞍和辔具的良马两匹。

其次要数荣源受赏赐的种类最多。礼品单上清楚地写着:黄金四十两、白银四千两、金银茶具各一对、宫缎四十匹、布百匹、配好马鞍和辔具的良马两匹。此外,还赏赐他平日朝服两身、冬天朝服两身、腰带一条。

赏赐婉容的两个弟弟——润良和润麒的礼品,倒显得少多了,因为润麒年仅十岁。礼单上清楚地写明:赐宫缎八匹、布十六匹。另外,还赏赐他一套文具。最使皇后一家人印象深刻的是,连众多仆人也被赏赐了共四百块大洋。

这三次仪仗当中,数十一月三十日上午举行的皇后册封典礼尤为隆重。因为正处于溥仪大婚前夕,喜庆气氛愈加浓郁。

在乾清宫殿正中,宝座前边放置着三张礼仪条案,正当中的条案中放置着"节"。东侧摆放着金册,西侧的条案上放置着金印。这些都要按照旧规矩,全部送交皇后婉容。当仪式结束后,仍要随身带入宫内后,再带回来。

值得一提的是,溥仪大婚时所用的喜轿,更是十分讲究。这种红黄相间的大婚喜轿,需要太仆寺的二十二名专用轿夫来抬。进宫时,要从帽儿胡同一直抬至宫内。不少人问起轿顶四角所竖立的"鸾凤"是什么,其实这正是"凤舆"的来历。所谓"鸾凤",就是人们常说的寓有神意的"凤"。

自古以来,中国人就有"凤"喻吉祥的传统,久而久之,"凤"更成为皇后的代称。正如将皇帝喻为"龙"一样。

仪式开始之前,乐器排列在乾清宫大殿东西两侧。当韶乐奏响之际,溥仪身穿朝服走进大殿,御览金宝、金册之后,端坐在金銮宝座上。此时,午门准时响起钟鼓声,大殿奏响韶乐。溥仪得意洋洋地欣赏着眼前的一切。

当乐声终止时,王公贝勒以及百官群僚聚集阶前,行三跪九叩的大礼。当执礼官喊出"礼毕"时,溥仪方在韶乐齐奏之中,离座回宫。

圣旨宣读已毕,一队跟从前一模一样的仪仗,缓缓行至婉容的"后宅"。

皇后婉容正式露面时,全身佩戴齐整,盛装迎于道路右侧。当专使走进"后第"宣读册封皇后的圣旨时,婉容跪而"受册",恭行三跪九叩大礼。

至此,皇后才意味着被正式"册立"。

在同一天,十一月三十日,黎明时,迎纳册封的淑妃文绣进宫。自然,婉容摇身一变成了皇后,最初被圈定的皇后文绣,反而降成了淑妃。

不仅如此,最使文绣郁闷的是,作为淑妃,必须在十一月三十日丑时,要先进宫迎候婉容。到第二天寅时,等皇后婉容走进神武门,来到顺贞门时,淑妃文绣还必须前来跪接。

后、妃颠倒了个儿,为此后文绣与溥仪、婉容反目,埋下了导火索。

这是1922年溥仪为纪念大婚,在景德镇定制的。虽已值民国,碗底却是红款:大清宣统年制。碗外的图案是两条张牙舞爪的金龙,睁一眼,闭一眼。碗里两条鲤鱼跃龙门,也是睁一眼,闭一眼。溥仪有诗:"睁眼看世界,闭眼养千年,挑动天下反,谁主沉浮权。"那根正先生解读为此碗图案喻意当年努尔哈赤造反起家是鱼化龙,而溥仪逊位则是龙重新化成了鱼(由那根正收藏)

玖 「遜帝」大婚以後

在"大婚"之后的中外招待会上，谁也没想到，溥仪的开场白居然是一口流利的英语。

晚清三代——同治皇后、光绪皇后以及宣统皇后，在洞房花烛之夜，无一不是恰巧遇到月经来潮。这确是世人极为罕知的"清宫秘闻"。

十六岁的末代皇帝溥仪，大婚当夜没和皇后同房，到底睡在何处？又跟谁待在一起？

溥仪在"婚庆"上缘何钦点《霸王别姬》这出戏？

溥仪亲眼见到公牛被群狗追咬"出宫"，是否老太妃所预言的"被逐出宫"的先兆？

图片说明：这是一幅未公开的逊帝溥仪与皇后婉容的合影。看上去溥仪似乎萎靡不振，两人拉开了一定距离，显得貌合神离（由那根正收藏）

十六岁的溥仪仍只是一个大男孩儿。他的大婚典礼,成了"逊帝"成熟的标志。

然而,他在大婚之中以及婚后都遇到了一系列蹊跷的怪事。

谜底何在?

迎娶皇后进宫

迎亲没有悬念。

一九二二年十二月一日。

午夜过后,尽管已是隆冬季节,寒风凛冽,但京城百姓一改冬天早睡的习惯,纷纷聚集到"宣统"接亲队伍沿途的马路边。

因为,皇后婉容进宫良辰,由钦天监定为十二月一日凌晨四点。

因此,她在三点左右就必须在宫中女官的陪伴下,离开帽儿胡同的"后第"。宫中迎娶,按例不在白天,而在午夜过后,这也是一种满族自古沿袭下来的不同于汉族的礼仪。

宫中迎接皇后婉容的"凤舆",是从乾清宫启程的,一直行至帽儿胡同荣宅。

这中间有一个换轿夫的过程,先由轿夫把"凤舆"抬至院内前庭,再由太监抬到正堂内,面朝东南角。据说,这个确切方位是由宫内的钦天监预先占卜过的。

此时,皇后婉容经过一番梳洗打扮,再由婚礼大臣奏请皇后"升舆"之后,才能正式起轿。

起轿的程序与来时一样,先由太监抬出厅堂,穿过庭院,到大门口再换上二十二名太仆寺轿夫,肩抬进宫。这时,皇后的家族众人不能随行,只是由其父荣源跪在门口,恭送"凤舆"渐渐远去。

在这一队众多人马前边,除了紫禁城内的护军、乐队以外,仍由民国政府的骑兵和步兵护驾。与众不同的是,队伍内须设空轿一乘,还另设京城的旧式空车三辆,算是迎娶的宫礼。两旁随行的六十名宫女,手持大红宫灯,若加上手持龙凤旗以及手持宫幡、宫伞的太监,不下七十多人。

耀武扬威地走在最前面的是持节的庆亲王,而郑亲王则手捧御旨,紧随其后。

再后边,才是皇后婉容乘坐的"凤舆"。两旁则是溥仪派来的御前太监,在两旁簇拥前行。内务府大臣以及大婚执礼官吏,骑马伴随。

按照惯例,"凤舆"所经路途,无不是黄土铺路,净水泼街。虽是凌晨时分,京城的百姓听说之后,蜂拥而至围观,一时热闹非凡。

按照规矩,迎亲队伍需经东华门正门,随"凤舆"进入紫禁城,直达乾清宫,还要在丹墀前替下轿夫而换上太监,抬至大殿前。

跟随皇后婉容的一切随从,全部迎立于殿外,没一会儿,"凤舆"被抬入殿内宝座前,只有一个捧檀炉的太监,允许伴随婉容走入殿内。

皇后婉容缓步走出"凤舆"的这一道程序,叫作"降舆"。这时,侍立于殿内两侧的王公福晋、内务府大臣以及伴妇等人,要全部退出大殿。在殿门关闭之后,皇后婉容才轻步迈出"凤舆",由宫女和太监搀扶从大殿后门,步入乾清宫北面的坤宁宫。

这时,正在迎候的溥仪,轻步走上前郑重揭去皇后婉容的"盖头",婉容这才算一睹天颜。

而此时溥仪的真实感受,在四十多年后才写入自传——《我的前半生》:"她坐在炕上,低着头,我在旁边看了她一会儿,这个凤冠霞帔浑身闪着像碎玻璃似的反光、一

婚后的溥仪与婉容生活照

声不响的皇后,令我觉得生疏得很,我又环视一下这个很不习惯的环境,不由得闷气。我坐也不是,站也不是,想起了我的养心殿,我开开门,回去了。"

被单独抛在大婚洞房内的皇后婉容,仿佛锦衣夜行,虽风情万种却没受到半点欣赏,感觉受到了蔑视,心绪复杂地半坐半卧到天亮……末代皇后,从此开始了漫长的"怨妇"之旅。

溥仪像木偶似的按照既定日程,度过大婚的时日。十二月二日上午,"帝"和"后"到神武门对面的景山寿皇殿,前去祭拜列祖列宗时,却没让淑妃前去。由此,淑妃大为恼火,从而憋了一肚子气。

十二月三日,溥仪接受"群臣"和众人朝贺。最有意思的是,溥仪虽是"逊清"皇帝,前来面见的旧日前清的王公大臣,却一律按照过去的品爵,穿戴朝服来叩见"皇上"。民国代表,相当一部分穿着民国政府服装或身着西服来见,倒似在显示对溥仪的尊敬之意。

溥仪倒也不糊涂,始终惦念着尽力修复与宫中三位太妃的关系。早在大婚之前,便传旨将宫中三位所谓"养母",晋升皇贵妃为皇贵太妃:

"敬懿皇贵妃暨荣惠皇贵妃,服侍穆宗毅皇帝,克尽厥职;端康皇妃服侍德宗有功。大婚礼已近,为示敬崇,兹均尊为皇贵太妃,著该衙门遵旨照办。钦此。"

此外,溥仪赏赐二弟溥杰为"辅国公"。庄士敦赏头品顶戴。晋陈宝琛为太傅,朱益藩为太子少保,绍英为太保,内务府大臣耆龄为少保。连醇亲王之父——奕譞,也被追封了新的尊号。

其实,这些都是陈宝琛等师傅给他出的主意。

溥仪大婚当夜睡在何处之谜

几天下来,溥仪感到昏昏沉沉。然而,溥仪大婚礼仪隆重,各界赠送的各种礼品倒让他视为玩具,颇值得细细把玩一番。

众所周知,溥仪大婚,费用颇巨。各地进献各类物品不说,仅现金一项即达上百万元。因此,内务府专门设置了一个账目簿,并作了详细记载。其中最有意思的是,冯玉祥将军为大婚进献玉如意一柄,但不过一年多时间,他的手下就奉其命令,将溥仪赶出了紫禁城,使"逊帝"大不"如意"。

民国总统徐世昌和民国总统黎元洪各进献大洋两万,奉军军阀张作霖和江苏军阀张勋各献大洋一万元。更令溥仪瞠目结舌的是,一位前清旧吏生活

溥仪大婚,徐世昌露了怯——婚前想把女儿嫁溥仪未成,送礼时又未以"清太保"身份只以个人名义而惹起溥仪师傅的不满。图为"中华民国七年十月十日第二任大总统徐世昌就任纪念章"(由本书作者收藏)

拮据,无以奉献,却献上了清圣祖——康熙皇帝的一册手书《千字文》,堪称价值连城。溥仪仔细欣赏之后,赞叹不已,视为"至宝"。

尽管黎元洪赠送了珐琅器等八件礼品,大红帖子上赫然写着"中华民国大总统黎元洪赠宣统皇帝",吴佩孚、曹锟等重头人物也都纷纷送来了厚礼。然而,溥仪对这些当年推翻他皇位的军阀,仍然心存芥蒂。

如此看来,送礼"进行曲"中,也流淌着许多不平静的"音符"。

徐世昌除向溥仪献上名贵瓷器二十八件以及一席龙凤地毯之外,另外还有四件珍贵礼品:一柄如意,紫榆八合圆桌,彩缎尺头,屏风。礼单落款是:徐世昌谨赠。

谁知,溥仪一见礼单落款,顿时气不打一处来:"徐世昌还有清太保之衔嘛,如何用这个落款?他如果以民国大总统名义,尚可。但他是当朝皇室'太保',未免太不合规矩……"

结果,溥仪所说的这番话,经渲染之后,被公开刊登在天津《大公报》上。这使徐世昌很没面子,其女儿既没能嫁给溥仪,送礼又受了一顿意外奚落,遂成了街谈巷议的一个笑话。

多年以来,末代皇帝溥仪与皇后婉容当夜的洞房生活,始终是一个未解之谜。

洞悉宫闱"绝密"的老太监信修明,曾慨然写道:"钦天监之选择最不相当吉日,近世纪有三错误。穆宗、德宗、宣统三大婚礼,合卺之夜,皆当皇后月事来临,致而皆不圆满,终身不得相近。其为命乎?"

也就是说,并非唯独末代皇后婉容,从晚清三代——同治皇后、光绪皇后再到宣统皇后,在洞房花烛之夜,无一不是恰巧遇到月经来潮。

显然,与人所共知的晚清宫中"三代未闻啼声"不同,这实实在在是世人极为罕知的"清宫秘闻"。

极为留意宫中细微情节的信修明,对于末代"天子婚姻"亦曾有这样一处具体记载:"花烛之夜,值皇后月事,皇上从此不到中宫。皇后固聪明伶俐,百法逢迎,希帝之喜悦,帝终不住中宫。"

颇值得注意的是,信修明在以上回忆中还讲述了溥仪大婚之后的非正常状况。

虽然,溥仪在《我的前半生》中追忆,他在大婚当夜没有和皇后同房,而是去了养心殿。但到底干什么去了?却始终是一个谜。

笔者曾亲笔记录整理了第一手历史资料——溥仪曾对最后一个妻子李淑贤说起的"大婚"经过,其中首次作了披露:"大婚仪式是在夜里举行的。溥仪掀开新娘婉容的大红盖头,看了看,相貌的确长得不错。他没在坤宁宫睡觉,而是'在养心殿和太监一直玩到天亮……'"

至此,溥仪大婚当夜的谜底彻底揭开。

生熟子孙饽饽

宫廷大婚与老百姓的婚礼有什么区别?

当溥仪特赦之后,曾对妻子李淑贤讲述过当年大婚中的一件真实往事:"大婚过程中,有一个仪式叫做:吃'子孙饽饽'。在坤宁宫里,婉容的伴娘走了进来。这个伴娘那时有个说法,必须是'全和人'——父母和儿女双全的人。伴娘依照老礼儿问了我一句话,没想到,这一句话可答糟了!"

李淑贤曾好奇地问溥仪:"这是哪一句话?"

"嗨,甭提啦。她眼瞧着我吃了一口'子孙饽饽'之后,问我:'是生的,还是熟的?'我老老实实地回答说:'是熟的!'谁想到,回答之后,宫里立时炸了窝。在场的人脸上都吃惊得变了颜色。这是大不吉利啊!"

"一句话,能有那么严重?"李淑贤仍不明白,追问溥仪。

"生就是生孩子,熟就是不生不吉利!"

"你不知道这有多严重啊。"溥仪继续说,"是我先吃的子孙饽饽,婉容后吃的。她见我这么回答,脸色也顿时变了……"

终身无子,是否因溥仪大婚夜里回答子孙饽饽生熟的说法?类似谶语式的预言,这尽可以不信。或许这大抵是后人附会已发生的故事。

然而,溥仪的"病"却不能不探究,毕竟这是研究溥仪扭曲性格的重要一环。

据笔者考证,溥仪大婚前后,并非像他对李淑贤所说的:"什么也不懂。"

大婚之后,溥仪并未与皇后婉容"同房",而是半夜逃往了养心殿——究竟去干什么?

溥仪重游紫禁城时对李淑贤的说法,弥补了他在《我的前半生》中的记述。因在这部书里,溥仪没有讲他是如何度过后半夜的。而他在这次游故宫时不禁吐露了真情:一直和太监玩到天亮。

就此事,我曾多次与《我的前半生》的执笔人李文达先生探讨。据他说:刚开始对这个问题没有注意。后来也追问过溥仪,没有得到任何答案。只得按溥仪的说法写入了《我的前半生》,即以复辟之事遮掩一切:"如果不是革命,我就开始亲政了……我自己亲手要恢复我的祖业!"

后来,在修改《我的前半生》定稿过程中,迫于李文达的追问,溥仪才不得已透露了一些外界所不知的实情,鉴于某种原因,正式出版时对于有关情况作了删节。

对于溥仪大婚之后的情形,此时正在宫中当值的老太监信修明,作了明确记载:"大婚以后,帝不曾近女色。后与妃独宿寒宫。"

对于久居宫中的老太监信修明的记述,应该是可信的。因为,他曾直言不讳地说——要在世上留下"信史"。

溥仪因何钦点《霸王别姬》这出戏?

溥仪并非守旧派。

在大婚之后两天,溥仪夫妻出面宴请中外各界人士。最令外界感到惊诧的是,当溥仪和婉容设宴招待时,竟然改变了慈禧太后宴请外宾时男女分宴的老规矩,应邀前来的男女宾客首次在宫内同桌共席,成了清末以来开一代先河的"新风"。

更让人耳目一新的是,各界宾客到来之际,先被引到乾清宫享用茶点,并赐予一个银盒作为纪念品。溥仪和婉容并不以皇帝和皇后自居,而是站在西暖阁由两旁各一名伴妇陪同,与重要的来宾逐一握手,俩人俨然一副"现代"作派。

溥仪为接待外国人方便,还组成了一个"中西合璧"的接待班子,专门派洋师傅庄士敦出面款待外宾。另外,还责成内务府专派三名精干人员——梁敦彦(张勋复辟时的外务部大臣)、联芳和曾任海军上将的蔡廷干三人,负责"高层"斡旋。其中,联芳不仅精通外文,还任过前清外务部侍郎。

溥仪、婉容（前坐者右、左）大婚当日，接见前来祝贺的外国来宾

颇让大多数外国来宾吃惊的是，开场白竟然是溥仪的英文"欢迎辞"。

在场人士谁也没想到，"逊帝"一张口，居然是一口流利的英语，而且没有使人生厌的过多废话："女士们，先生们：今天承蒙世界各国的诸君光临，不胜荣幸。谨此，敬祝各位健康幸福！……"

当溥仪讲过几句开宗明义的外文之后，接着，按照外国礼仪，梁敦彦递给溥仪一杯香槟酒，溥仪环顾全场后，郑重地提议所有人"干杯"。

值得一提的是，各国宾客大多虽是外交官员，但多数声明，并不代表本国而来，而只是代表本人。这一初衷恐怕亦是为了摆脱政治干系，力图把问题简单化。

一个小插曲，发生在大婚期间，尔后竟在皇城内外被演绎得沸沸扬扬。

按说溥仪大婚，自然照例要在重华宫的漱芳斋舞台唱三天大戏。通常无外乎是《龙凤呈祥》这类戏目。

据档案记载，一九二二年十二月十三、十四、十五日，内廷演戏，赏群臣听戏，为此，内务府专门发出请柬，宫中档案仍保存着这份别有意味的原件："敬启者,现由奏事处传出。奉旨:于阴历十四、十五、十六日,在漱芳斋听戏,钦此。特布达,专此即颂。公绥。"

由此可见,宫中大婚演戏三天,格外受到重视,以致由内务府向被邀者专门发出了公文。这三天的隆重程度,在庄士敦的书中也可以查到相关印证:"演戏三日以来,共三十三出,演员均为京中名伶。听戏官吏,均着补褂、花翎,坐作者之侧,为一公爵,前为西太后所宠信者,曰:自一八九三年中日战争以来,宫内无此盛举,既有,后妃福晋均不得参列,而今日得共睹之。三年以后,午夜之清室,似有日光之状,然而不然也。"

正是在这三天盛演的三十三出大戏之中,没想到,溥仪鬼使神差地钦点了一出《霸王别姬》。这个戏名一报出来,几乎所有人都目瞪口呆。

在笔者多年采访中,许多满清遗老都不禁提起溥仪在大婚时演出《霸王别姬》的大不吉利。

在这出戏内,由红极一时的武生泰斗杨小楼扮演楚霸王项羽,当红男旦梅兰芳饰扮虞姬。此后,润麒听到清朝遗老和太监议论纷纷,曾不解地问过溥仪:"你怎么在大婚之日,点了这样一出戏呢?"

溥仪笑笑而已,并没当一回事,说只是偶然纯出于好玩儿,也没过多琢磨。宫内外无人不晓,溥仪和溥杰一样,都喜欢京剧花脸戏,而且一直在学唱①。

因溥仪嗓音不算理想,只会冒唱两句"力拔山兮,气盖世……",于是,一时兴起就钦点了这一出留下话柄儿的"砸锅"戏。

如果说,大婚当夜溥仪未与皇后"合卺共枕",使"宣统婚姻"蒙上了一层阴影,那么,《霸王别姬》这出戏则成了阴影的"点睛之笔"。

建福宫大火和遣散太监

一九二三年初夏的夜晚,故宫西北角的建福宫发生了一场莫名其妙的大火。顷刻之间,十几处古建筑化成了一片焦土。

溥仪勃然大怒,但是,调查结果却只以"失慎"两字结案。

胆怯的溥仪再也不敢在宫内睡个安稳觉,总觉得有人要暗害自己,最大的可疑人群就是太监。他不敢让太监守候在旁边过夜,想来想去,唯有皇后可

---

① 据笔者所知,溥杰先生终身喜爱京戏,尤其酷爱铜锤花脸。他在医院病逝前,躺在病床上,仍然从录音机中多次收听裘盛戎先生演唱的《赤桑镇》。

靠,于是便让婉容睡在卧室为其守夜。但是,这终归不是长久之计。

不久,夜间有人在溥仪所居住的养心殿东院,发现东厢房无逸斋窗户上塞着一团棉花,已被点燃,幸亏发现得早,遂被迅速扑灭。

溥仪在洋师傅庄士敦的怂恿下,狠狠地咬着牙根,痛下决心把太监从宫中轰走。他跑到醇王府,要求父亲载沣同意,否则就不再回宫。在溥仪的软磨硬泡之下,载沣毫无办法,只好违心地勉强同意。

一天之内,宫内太监几乎全部被轰出了紫禁城。原来宫内的近三千太监①,只留下一二百人左右。据末代太监孙耀庭回忆,不少太监出宫之后,因没有任何生活出路,走出宫门就跳进了筒子河。老太监信修明,也曾作过这样一段精辟的记载:"民国十二年,溥仪在建福宫内的德日新演电影,此后,燃起的大火将宫内的珍宝付之一炬。遂酿成溥仪悉数将太监轰出大内。"

然而,溥仪倒觉得总算能睡个安稳觉了。

公牛被群狗追咬"出宫"

宫外人不知,溥仪从小就爱豢养小动物,如猴子、骆驼、牛、狗等,甚至还养过金鱼和蚂蚁。

最令人匪夷所思的是,他还曾经养过一群牛和狗。溥仪所养的群狗,格外与众不同,乃是一种"宫狗"。据老太监信修明记载:"'宫狗'者,乃大内所畜之小犬也,又名'龙狗'。"

信修明回忆说,在宫内时,一位朋友送给自己一只小犬,仅一年便长大成形,身长两尺,善迎人意,伶俐无比,擅长搏战。

素来喜欢在宫内四处闲逛的溥仪,听说此事,又打听到太监信修明处所养的"龙狗"厉害无比,便亲自牵着二十多只大狗来到信修明的住处,公然上门挑战,"观战为乐"。

结果,谁也没想到,溥仪所携来的二十只大狗,竟然逐一败北,全部"夹尾而逃。帝不惟不怪,必抱起而爱之"。

由此可见,溥仪在宫中实在心情郁闷,居然经常牵着群狗以四处打架为乐。

不仅如此,溥仪还有一个爱好——最爱看群狗和公牛打架,百看不厌。岂

---

① 另据庄士敦记载,一九二三年时,宫内还剩下太监一千人。兹录以备考。

料,溥仪这一特殊爱好,竟惹起了宫内外一场"大祸"。

一次,溥仪所豢养的公牛在群狗的攻击下,实在难以招架,忽然跑出宫门径向西长安街狂奔而去。但是,群狗紧追不舍,上演了一场引人注目的"追牛闹剧",宫内的太监们死活拦截不住,险些闹出人命来。

哪知,溥仪豢养的公牛被群狗追咬出宫这件怪事,竟然传到了荣惠太妃耳中。她煞有介事地说:"狗欺负牛,这可是关系到爱新觉罗家族前途命运的大事。"

她利用溥杰为溥仪伴读的机会,悄悄派太监唤溥杰到重华宫去见她。见了面,荣惠老太妃表情沉痛地对他说:"你没听说吗?你们皇上近来时常让狗来咬牛,把牛都咬伤了。你知道吗?在'推背图'①上,牛是象征清朝的嘛。让群狗咬牛,这可不是什么好兆头。可是,我不好直接劝阻皇帝。你还是回家跟老福晋②说说,让她到宫里来一趟,想法子劝劝。这事太大,我可不能睁眼看着不想法子呀……"

老祖母刘佳氏听到情况之后,随即进宫来找溥仪谈话。转了很大弯子,她才把群狗不可咬公牛的大道理用暗示的方法谆谆述说了一遍。这虽使溥仪甚感不解,却也为老祖母的煞费苦心而感动万分。

此后,淘气的溥仪再没引起老太妃和祖母的焦虑,而终止了这个事涉"社稷"安危的游戏。

这个真实的故事,绝非臆造。数十年后,溥仪在抚顺战犯管理所将此事写入了一份类似"检讨书"的书稿里。

当"群狗咬牛"事发前不久,也就是婉容的生日过了没多少日子,九月二十五日,端康太妃突然发病③,在永和宫猝然去世,灵柩移奉慈宁宫④。

这仿佛为即将寿终正寝的末代王朝"发丧"似的,满朝大臣都披起了孝衣。

俨然一个笑话。似乎,群狗咬公牛以及紫禁城内满朝丧衣,成了半个月之后溥仪被逐出宫的"预言"。

---

① 一本所谓预言朝代兴亡的迷信书籍。
② 系指溥仪的祖母刘佳氏。
③ 早在夏天,溥仪的二妹韫龢进宫时,就曾见到端康太妃坐在椅子上已经穿上了棉袄。
④ 据老太监信修明回忆:甲子春夏间,宫苑之花多歧出并头,人皆以为瑞。端康叹曰:"此妖异也。孝钦与孝定宾天时,花多异彩,我将归去乎。"言时,有无限感慨。(阴历)八月十五日,皇上至永和宫请安,请皇阿娘至养心殿赏月度节,不邀他宫……夜过子时,乐而忘返,本宫首领请回休息,始回宫。因夜凉受寒,一病不起。至(阴历)二十日薨于永和宫。按制,凡为妃嫔者,皆在禁外吉祥所(所在景山后街之东)殓入停灵,因时势关系,在寿康宫殓入停灵。皇上、皇后哀痛尽礼。至十月初七日,突有逼宫之变,皇上出宫。十九日,移停端康之柩于广化寺。

第二卷

皇城末日,并未留下落日的余晖。
末代皇帝被逐出"大内",依然终日眷恋着"龙抬头"。
溥仪赴津之后,虽留下一连串扑朔迷离的故事——
"靠谱儿"的故事却毫无悬念。

拾

被逐出宫

这里披露一则史实。帝师陈宝琛和载沣早在溥仪被冯玉祥"逼宫"前，不止一次去南苑营地，试图劝说冯玉祥而以失败告终。

辛亥革命五十周年纪念日，溥仪应邀与鹿钟麟和熊秉坤合影留念。溥仪好奇地问鹿钟麟，当年逼宫时，景山顶上真的架有大炮吗？

鹿钟麟不禁笑了，说："那是骗你的呀，哪儿有什么大炮？"

"张璧还对你说，'你成为公民，如果将来为国家出力，也可能被选为大总统呢！'这不也是连哄带骗嘛！"

巧的是，溥仪特赦后竟又恰遇当年被逐出宫时为他开车的司机。

图片说明：婚后的溥仪仍然喜欢在宫内四处留影

一九二四年十一月五日,这一天,溥仪被逐出故宫。

这一年,溥仪十九岁。

当时,国内适值爆发第二次直奉战争。曹锟、吴佩孚与张作霖之间内战正酣。直系陆军检阅使冯玉祥①打垮了吴佩孚,班师回京,发出"停止内战宣言",囚禁贿选总统曹锟于延庆楼,继而成立了黄郛②为首的"临时内阁"。

而与溥仪密切相关的是,冯玉祥还收编了警卫紫禁城的陆军十六师,同时,率两师人马驻兵南苑。

此时,溥仪正在御花园,用望远镜向外偷偷瞭望,见到景山和守卫紫禁城的军队一律都换成了国民军的灰色军服,不由大惊失色。

身边的人纷纷跑来告诉溥仪,听说,"皇上"可能要被轰出故宫。

帝师和载沣劝冯玉祥失败的内幕

这里再披露一则史料。虽然,载沣不主张溥仪投奔日本人,但对于竭力保求溥仪留居宫内的"逊帝"地位,却是不遗余力的。一般人所不知的是,载沣在溥仪出宫前,不止一次赶赴南苑驻军营地,试图亲自劝说冯玉祥不要"逼宫"。

这是一个绝非杜撰的真实故事。冯玉祥所统辖的国民军,官、兵军服一个样式,根本看不出区别。当载沣被让进南苑驻军的客厅之后,见到一个身穿灰布军大衣的大汉背脸站在那儿,认定这个人一定是冯玉祥的听差,就客气地询问:"冯检阅使在营里吗?"

没想到,那个大汉转身回答说:"我就是冯玉祥。"

载沣听了,大吃一惊。两人以这种方式相见,自然,话不投机。

接着,载沣只得返回紫禁城面见溥仪,讲述起这个只重衣冠不重人的失败故事。

---

① 冯玉祥,祖籍安徽巢县人,国民革命军陆军一级上将,曾任河南省政府主席。在1924年第二次直奉战争中任直军第3军总司令,发动"北京政变",驱逐溥仪出宫。曾任国民政府军事委员会副委员长、中国国民党革命委员会政治委员会主席。后在回国途中因轮船失火遇难,享年66岁。

② 黄郛,浙江绍兴人,留学日本。1924年10月参加冯玉祥领导的"北京政变"。曹锟下野后,被任命为代理内阁总理,又以代总理摄行总统职权。段祺瑞复出后,被迫辞职。

当然，载沣与冯玉祥当面晤谈过，也赠送了贵重的礼品，但冯玉祥只是礼而宾之，并没有改变主意。也就是说，冯玉祥丝毫不为之所动，结果自然是载沣垂头丧气、失败而归。

其实，溥仪此前也曾派帝师陈宝琛去拜望过冯玉祥，而且想借机笼络他，以保全帝位。陈宝琛对溥仪说："听说，冯玉祥治军有方，和一般军阀不同。"于是，陈宝琛想了想，只是以个人慰劳的名义，前去看望。冯玉祥倒是见了，也谈了不短时间的话，却没有收到任何效果。

回宫之后，陈宝琛盛赞冯玉祥的部队军纪严明、经常从事修桥补路的善事，且冯玉祥为人豪爽。对于没成功的原因，陈宝琛则不知所云地对溥仪说，冯玉祥可能对"帝师"的身份不感兴趣。对这种旁敲侧击的沟通，根本不搭理。

其实，溥仪早就感觉局势不妙。

就在前不久，民国国会里，一批议员提出了废止"优待条件"、由民国政权接管紫禁城的议案。理由是，溥仪竟然为去世的"复辟元凶"张勋赐"谥"，又赏汉人郑孝胥紫禁城骑马并授内务府大臣云云。

溥仪见到报纸上的消息，长叹一声，对婉容的弟弟润麒坦言："哎，我出宫，是早晚的事儿。"

可没想到，"皇上"出宫来得如此之快。

溥仪是被"骗"出宫的

更使溥仪胆战心惊的是，风闻《清室优待条件》将被取消。

此事并非空穴来风。在紧锣密鼓中，京畿警备司令鹿钟麟建议紧急召开内阁会议，讨论修改优待清室条件。几经修改后的《清室优待条件》，主要内容是：

> 今大清皇帝欲贯彻五族共和之精神，不愿违反民国之各种规章制度仍存于今日，特将清室优待条件修正如下：
> 一、大清宣统皇帝即日起，永远废除皇帝尊号。
> 二、自本条件修改后，民国政府每年补助清室家用五十万元。
> 三、清室按照原优待条件，即日移出禁宫。
> 四、清室之宗庙陵寝永远奉祀，由民国酌卫兵妥为保护。
> 五、一切私产归清室完全享有，一切公产，当归民国政府所有。

此后，筹备成立"清室善后委员会"。

仅从业经修改的简要《清室优待条件》中，亦不难看出来，溥仪出宫已是大势所趋，指日可待。

这里有一个有趣的历史内幕。

黄郛和警察总监张璧及鹿钟麟三人商议，如何执行。三人一致的共识是，速度必须尽快，因为清室有《优待条件》可恃，不然外国人一旦介入，就会引起更大麻烦。于是，黄郛问起鹿钟麟："你要多少兵力？"

鹿钟麟伸出两个手指头。

"两万？"

鹿钟麟摇头。

"两千？"

"难道只要两百人？"

鹿钟麟仍然摇头，"只须二十人就够了。"

黄郛大吃一惊，但马上表示同意。

当日上午九点钟，鹿钟麟带领二十人的手枪队，怀里揣着两颗手榴弹，从神武门闯入紫禁城，急匆匆径奔养心殿。

但溥仪此时却正在储秀宫。鹿钟麟带领的这一队士兵，采取"钉人术"，像孙悟空定身术似的，每见到一人，便强令站住——"不许动"。这样一直找到内务府大臣绍英，要求他向溥仪马上转达命令，限时离开紫禁城，话说得极为明确："立即请'逊帝'迁出宫外！"

其间还有一些有趣的对话，倒是颇值得玩味。

当时，内务府大臣绍英见到鹿钟麟，故作镇静地说："你不是故相鹿传霖一家的吗？为什么这样逼迫我们？"

"我们是来执行国务院的命令，是为了民国，同时也是为了清室。如果不是我们，休想这样从容。"鹿钟麟毫不讳言。

而绍英看上去面无惧色，且慷慨陈辞："我大清入关以来，宽仁为政，没有对不起老百姓的事，何况优待条件尚在，你们怎么能这样办呢？"

"你这是为清室说话，满清入关后的扬州十日、嘉定三屠，老百姓永远不会忘记，张勋复辟颠覆民国，'优待条件'早已被清室毁弃。如果不是我们劝阻，早就出乱子了。"

此时，绍英似乎无言以对，只好跑去禀报溥仪。如此往返数次而未决。

鹿钟麟进宫时，溥仪正在干什么？据末代太监孙耀庭回忆，他在储秀宫和小太监孙耀庭踢完鸡毛毽,正和婉容一起吃苹果。

溥仪不知,宫内早已乱成一锅粥。当溥仪听到绍英前来禀报,知道大势已去,连削好的半个苹果也没来得及吃下去,赶忙吩咐打点行李。

直到后来清室善后委员会清点宫内物品时,人们仍然在储秀宫见到了桌上咬剩下的半个苹果。这是后话了。

溥仪显得焦急万分,一边紧急找父亲载沣进宫商量对策,一边以两位老太妃不肯出宫为由,一直拖延到了下午两点多。

闯进宫的鹿钟麟(前右三)正率领士兵逼溥仪出宫。内务府大臣绍英紧随其后(前右二)与之周旋

之前,宫内的电话线就被铰断了,溥仪根本无法与载沣取得任何联系。而载沣是闻听消息,主动赶来的,见到溥仪时,说话变得更是结结巴巴了。

对于溥仪出宫,历来有种种不同看法。有人认为,溥仪是顺应历史潮流,自愿出宫的,也有人认为他是被迫出宫的。

笔者倒认为,溥仪不仅是被迫而且是被"骗"出宫的。

由于事态紧急,鹿钟麟唯恐延迟时间过长,发生意外,遂把出宫最后时间限定在下午三点钟。

眼看时限将至,鹿钟麟急中生智,于是把怀里揣着的两颗手榴弹掏出来,猛然摔在绍英的桌上,故意虚张声势地大声向随从说:"弟兄们,时间虽然到了,景山上先不要开炮,再延长二十分钟……"

最后,溥仪被吓得心惊胆战,只好在鹿钟麟等人的"护送"下,怅然若失地离开了紫禁城。

显然,溥仪是被景山顶上那并不存在的大炮骗走的。

一假三真的"盗宝"

溥仪被逐出宫过程中,发生了不少故事。为此,真假传闻满天飞。

其中一则,显然是虚假消息。一天,国民军总司令部所在地——旃檀寺忽然中断交通数小时。京城纷纷传说,是冯玉祥从宫中盗走的珍贵国宝用骆驼运载而去,为的是对外严密封锁消息。

后来有人经过仔细查询,才发现是由于旃檀寺突发火灾所致。一些遗老遗少还幸灾乐祸地说,冯玉祥逼宫,才引起火灾,这是天意啊。实际上,这只是一派胡言而已。

而另外三种传闻,却并非空穴来风。

当张璧进宫交涉溥仪出宫,来到养心殿面见溥仪时,突然发现溥仪的帽子上嵌有一颗巨大的珍珠,断定是天下最大的珍珠,可谓价值连城。张璧由此动开了脑筋,随后佯作玩笑似的从头上摘下警察总监的官帽,扣在了"逊帝"的"皇冠"上。

这个特殊的举动把溥仪吓了一跳,但性命攸关之际,哪里顾得许多。只是猜不透张璧葫芦里卖的什么药。

哪知,张璧威胁恐吓溥仪一番之后,临走时,装出漫不经心的样子,顺手牵羊把两顶帽子一起全扣到了自己的头上。据说,张璧事后不敢在京城销赃,悄悄把"皇冠"上的这颗稀有宝珠拿到天津,变卖了一笔天价,俨然成了巨富。

直到多年之后,还有古董巨商托人向溥仪打听他"皇冠"上那颗宝珠的下落。

溥仪出宫之后,有人亲眼见到鹿钟麟家里的孩子,竟然手攥着宫内的珍宝——"古月轩"的瓷瓶在门口玩耍。人所共知,古月轩的瓷器,是康、雍、乾三朝,专门进奉宫廷的官窑"珐琅彩",不仅价值颇高,民间也决然没有。

于是人们纷纷猜测,如此珍贵的国宝瓷器,鹿钟麟既然能让孩子随便拿出来玩儿,显见,他家中更好的奇珍异宝,自是难以想象的了。而这些,溥仪并不知晓。

人所罕知,溥仪出宫之际,暗中吩咐手下心腹夹带"盗宝",在神武门被查出截获,当时的胆战心惊是可想而知的。

"三希堂法帖"——王羲之的《快雪时晴帖》、王献之的《中秋帖》和王珣的《伯远帖》,始终被乾隆皇帝珍藏在养心殿西暖阁的三希堂。一直居住在养心殿的溥仪,自然知道"三希堂法帖"的重大历史价值。

于是,溥仪临出宫之前,仍然没忘召唤心腹之人去养心殿西暖阁,将最具书法价值的《快雪时晴帖》,私藏在行李卷中欲携出宫外。没想到,竟然意外地被值守宫门的国民军搜出。顿时,溥仪被吓得魂飞天外。

频经交涉未果,以胆小著称的溥仪以保命为要,只得遗憾地放弃了《快雪时晴帖》,赶快溜之乎也①。

其他两帧极为珍贵的历史名帖,则被瑜、瑨两位老太妃偷运出宫②。直到五十年代末期,溥仪被特赦之后,返回京城之后许久,才始获"三希堂法帖"的最终下落。

这里顺便提一下随同溥仪被迫出宫的两位老太妃的下落③。她俩出宫之后,一起迁住京城东城区麒麟碑胡同的宅院中。

两位老太妃先后病逝,并非默默无闻,而是惊动了整个京城。敬懿皇贵妃于一九三二年二月五日(阴历辛未年除夕)病逝,终年七十七岁。棺椁曾暂存京城柏林寺。荣惠皇贵妃于一九三三年五月十八日下午七时卒,终年七十八岁。棺椁停于麒麟碑胡同五号院。

两位老太妃的棺椁,不能久停于京城而不下葬。一九三五年三月十四日寅时,敬懿太妃和荣惠太妃的遗体分别起灵,葬于河北遵化县双山峪惠陵。

至此,宫内同治皇帝的两位老太妃的后事,才算最终有了着落。

---

① 据曾担任台北故宫博物院副院长的庄尚严先生回忆,溥仪携《快雪时晴帖》在故宫神武门被截获后,"清室善后委员会"即派人买来装有对字暗锁的大保险柜,放在善后委员会的办公地点——神武门西边一间小屋内,派士兵日夜守护。此后,张作霖曾派手下前来强索《快雪时晴帖》未果。

1933年上半年,包括《快雪时晴帖》在内的四批故宫文物,被暂存上海法租界天主教堂。四年后,转移至故宫博物院南京分院。日寇进军上海后,这批包括《快雪时晴帖》在内的文物在贵州安顺县城外的天然溶洞藏匿五年,又迁至四川巴县。

1948年9月,包括《快雪时晴帖》在内的三批故宫文物,被运往台湾。至今,《快雪时晴帖》仍收藏于台北故宫。

② 当溥仪出宫十六天后,敬懿太妃和荣惠太妃才迁出故宫。此前,敬懿太妃偷偷把王献之的《中秋帖》和王珣的《伯远帖》转移到寿康宫,出宫时带回了娘家,此后又叫贴身太监把两幅珍贵字帖卖给京城后门桥一家小古玩店——"品古斋"。

《中秋帖》和《伯远帖》辗转至台湾、香港,被抵押给英国汇丰银行。解放后,故宫博物院按照周恩来总理指示,赴港用五十万港币回购二帖。1951年12月,国家文物局局长王冶秋亲自将《中秋帖》和《伯远帖》送还故宫。现收藏于北京故宫。

③ 清朝同治皇帝的瑜妃,后被溥仪尊封为敬懿皇贵妃。瑨妃,此前曾为瑨贵人、瑨嫔,后被溥仪尊封为荣惠皇贵妃。

这里还有一则有趣的轶事。溥仪出宫后,胡适①等三十位社会名流,作为"清查干事",也参加了故宫文物的清点。其中,最有意思的是,后来鼎鼎大名的鲁迅——名单上的名字是"周树人",亦在其中。

只不过,有人提出"干事"的称谓不够档次。当大多社会名流改成"顾问"之衔时,彼时就职于民国政府教育部的鲁迅却没能当上,仍只是一名"助理员",从始到终,"绝未到会一次。"

四十年后,溥仪与鹿钟麟拥抱合影

一九六一年十月十三日。

这是一个历史时刻。全国政协在京举行纪念辛亥革命五十周年活动。经全国政协副秘书长申伯纯安排,溥仪与鹿钟麟及参加武昌首义的熊秉坤等人士欣然会面。

上午十一时。在全国政协礼堂第四会议室大厅,溥仪身穿中山装,胸前佩戴辛亥革命五十周年纪念章,在申老陪同下微笑着步入会议室。

顿时,以鹿钟麟为首的几位先生惊喜地站了起来。此时,鹿钟麟一眼就认出了溥仪,激动地连称:"奇遇啊,奇遇!"

溥仪爽快地应邀与鹿钟麟和熊秉坤合影留念。鹿钟麟和熊秉坤公推溥仪坐在中间,鹿钟麟还幽默地对他说:"谁让你是'皇上'呢!……"

"不,现在我是中华人民共和国的一个公民了!"

三人并排拥坐在一起,留下了具有特殊历史价值的合影照片。

在纪念辛亥革命五十周年座谈会上成为公民的溥仪与当年逼他出宫的鹿钟麟(左)亲切交谈

---

① 胡适,徽州绩溪县人,现代著名学者,新文化运动领袖之一。曾任北京大学校长、中华民国中央研究院院长。著有《中国哲学史大纲》等。

闲聊之中,溥仪好奇地向鹿钟麟询问心存几十年的一个疑问:"当年,景山顶上真的架有大炮吗?"

鹿钟麟不禁笑了,对溥仪大声地说:"那是骗你的呀,哪儿有什么大炮?"

众人抚掌大笑。溥仪听后,也笑得前仰后合。

溥仪在醇王府前说要做"老百姓",确系谎言

鹿钟麟与溥仪合影留念过后,不由自主地提起了往事:"你还记得吗?当时我把你押出故宫送到醇亲王府,临下车时我问你,你愿意做老百姓呢,还是愿做皇帝……"

"当然记得了。"溥仪仍然记忆犹新。

接着,鹿钟麟又刨根问底地问溥仪:"你当年在北府前回答的话,是真是假?"

溥仪坦率地说:"当时,我说要做老百姓。可老实说,那时我心里想的可完全不是那么回事哟!"

鹿钟麟的思绪还停留在往事里,"是呀,张璧还对你说,'你成为公民,有选举权,也有被选举权。如果将来为国家出力,也可能被选为大总统呢!'"

溥仪仰起脸,问鹿钟麟此话真假。

鹿钟麟说:"这也是连哄带骗嘛!"

溥仪与鹿钟麟这段对话,又将在场的人们逗得哄堂大笑。

兴奋之余,他们又各自谈起辛亥革命后的不同经历。解放后,鹿钟麟担任了国防军事委员会委员和全国政协委员。毛主席曾四次接见并宴请他。

有意思的是,当溥仪听说前门劝业场旁的照相馆陈列了他的大幅照片,还特意前去观赏。

八十年代,笔者在京城西单附近的民居采访过鹿钟麟的族弟鹿森尧。他说,鹿钟麟后来除了把这次会面告诉老伴外,还将他与溥仪的合影照片拿给鹿森尧看,语重心长地说:"过去,是我进宫把皇上赶跑的。现在,溥仪特赦后,认为逐宫很对,并不记恨我,而且与我合影,说明了他的胸怀。"

老报人徐铸成后来这样评价溥仪与鹿钟麟、熊秉坤的合影:"溥仪愉快地拥着这两个'仇人'合影,可见他的感情完全变了。"

溥仪特赦后巧遇出宫开车的司机

八十年代初,我采访过溥仪出宫时开车的司机老聂。他回忆起溥仪特赦之后两人相逢的情形。

溥仪去西单前樱子胡同的一个普通院落看望故人,迎面碰到一位六旬老人,老人走过来反复打量他:"您是溥仪先生吧?"

"是的,我是溥仪。"

"您还认识我吗?我是小聂呀。"

这个自称小聂的老人,就是当年被逐出宫时为溥仪开车的司机。溥仪清楚地记得,小聂驾驶美国"顺风"小轿车将他接往北府时,车前那个小帆船标志。

"我记得啊。"溥仪拍着他的肩膀,"唉,多少年没见面了。"老人忙唤过儿子,"快,给溥仪先生鞠个躬。"

说着,溥仪与他亲切握了握手。在他得知当初给塔王塔旺布里贾拉①开车的小聂是新中国第一批公共汽车司机时,当即羡慕地对老人说:"您的孩子这么大了,又有了孙子,晚年真幸福。"

分别之后,老人指着溥仪的背影,告诉儿子:"这就是当年的宣统皇帝。"

"呃……"老人的儿子难以置信,呆呆地望着溥仪远去的背影。

话说回来,当年溥仪出宫,成了京城的爆炸性新闻。有的太监重提当年溥仪从宫中轰赶太监的旧事,对"皇上"被逐出宫,不仅绝无同情之意,反而幸灾乐祸:"这才叫一报还一报呢!……"

---

① 塔王塔旺布里贾拉,在民国期间,曾任蒙藏院总裁。

拾壹

潜往天津

溥仪出宫之后，暂赴醇亲王府栖身，继而潜往日本公使馆避风。

胡适第三次前来看望溥仪，而溥仪又是如何"深度"评论胡适？

阴历二月初二——"龙抬头"之日，他秘密潜至天津"寓居"，成天约见拥戴"复辟"者。

在岳父荣源介绍下，溥仪秘密去曹家花园夜见张作霖。张作霖走出房门迎接时跪倒在地上，连续磕了几个头。张作霖对冯玉祥部队逼宫，愤愤不平，临别时，又让手下拿来几万大洋，补助"皇上"的生活费用。

不料，第二天日本驻津总领事有田八郎即会见溥仪，威胁说，如果"陛下"继续我行我素，日本人无法再尽保护之责。

溥仪害怕之极。

图片说明：寓居天津的溥仪表面成了时髦的"新潮派"，暗中却正与日本人勾结密谋潜往东北溥仪走投无路，被逐出宫之后，暂先来到位于什刹海北岸的醇亲王府栖身。

当时，整个醇王府里，如果用一句话来形容，就是阖府上下瞬间成为热锅上的蚂蚁，乱成了一锅粥。

末代皇帝——溥仪被轰出故宫，无疑引起了国内外政治和舆论上的轩然大波。

就在溥仪出宫第二天，曾三次出任民国总理的段祺瑞，致电冯玉祥，大意是：优待条件，全球共闻。虽有移驻万寿山之条，缓商未为不可。迫之，于优待不无刺谬，何以昭大信于天下乎？望即从长计议。

饶有趣味的是，冯玉祥的复电，异常简明却意味深长："此次班师回京，自愧尚未做一事，只有驱逐溥仪，乃真可告天下后世而无愧。"

看来，已没有任何商洽余地。

溥仪栖身北府

当溥仪惶惶然走进北府的那一刻，"自由"两个字也离他越来越远了。走出府门，这个原本再平常不过的举动，已经成了溥仪当时最大的奢望。门口驻有冯玉祥的国民军持枪守卫，他实际被软禁在了醇亲王府之内。

表面看起来，溥仪倒是颇有闲心，首先想到的是让手下从宫中把他喜爱的德国狼狗狒格牵来。相比之下，他父亲载沣与七叔载涛反倒急得团团乱转。两人终于密谋商定，打算采取内外施压的策略。一是借助外国势力；二是直接找冯玉祥交涉。

于是，十一日那天，载涛与庄士敦一起，仍然去找老朋友——驻华外交使团团长、荷兰公使欧登科，几经磋商，拟定两条意见：一是致电冯玉祥，必须保证溥仪生命安全；二是尽快恢复溥仪人身自由。

荷兰公使欧登科当即表态，如果次日的公使团会议产生异议，荷兰方面一定会单独坚持这个主张。之后，载涛又在庄士敦陪同下，先后到英、法、意等大使馆游说一轮。

载沣曾遭拒绝，心生胆怯，不愿再面见冯玉祥，只好由七弟载涛当天去旃檀寺的冯玉祥司令部，与冯玉祥直接面谈。哪知竟也遭拒，说是冯总司令太忙，让黄代总理接洽。

这里还有一层外人不知的特殊关系,因载涛担任军咨府大臣时,曾保送黄郛赴日本留学,多年来两人一直保持往来。

总算涛贝勒有面子,会谈的结果是,黄郛终于答应保证溥仪安全,但对于承诺恢复溥仪人身自由的问题,却没法做主,声称需与段祺瑞和张作霖再作商量。

溥仪等在醇亲王府花园。左起:载沣、溥仪、溥杰、溥任

载涛返回醇王府内,向兄长通报了四处疏通的细节,载沣这才稍稍放下心来。

病急乱投医。这时,载沣想起管家张文治交游广泛,遂把他找来一起想办法。谁知,张文治居然一口答应,并立即出面联系把兄弟张作霖。

于是,以载沣领衔,再加上载洵、载涛、载润、载泽等人联名,以全体皇族王公的名义,致信张作霖,要求"大帅"尽快解救溥仪,恢复"皇帝"自由。

连夜,张文治手持此信奔赴沈阳。

此时的醇亲王府内,政治主张上已是各持己见。

庄士敦这一派主张依恃英、美外国势力。郑孝胥①和罗振玉②等人则力主依靠日本人的势力。有的人更为激进,竟然异想天开地提出干脆借助外国军队挟走溥仪。但是,陈宝琛、朱益藩等遗老派为防止酿成大乱而极力反对。

---

① 郑孝胥,福建闽侯人,近代著名书法家、政治家。清光绪年举人,历任广西边防大臣,安徽、广东按察使,湖南布政使等。曾任伪满洲国总理。
② 罗振玉,江苏淮安人。曾入值逊帝溥仪南书房。任伪满参议府参议,满日文化协会会长,著有《殷墟书契考释》等。

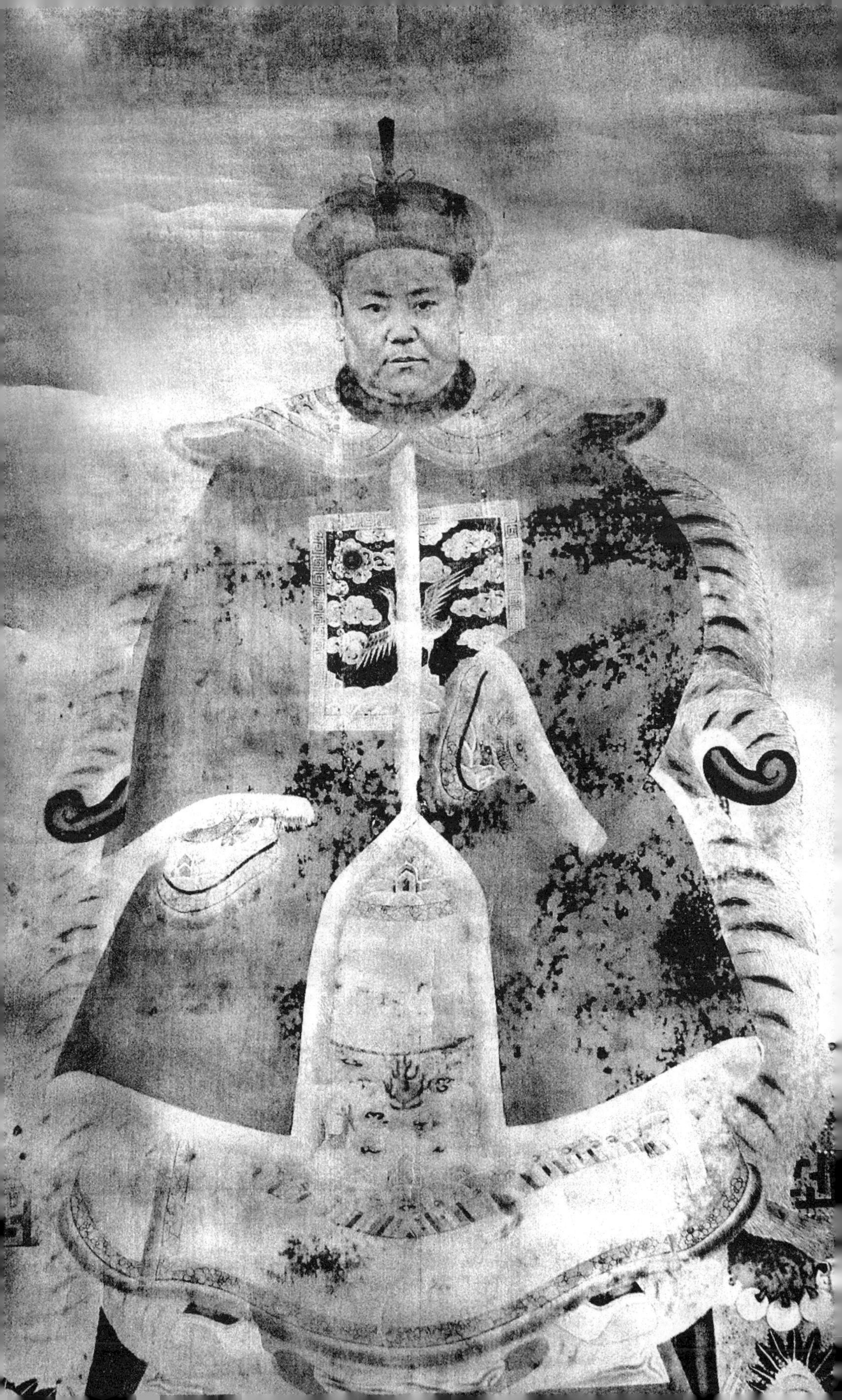

什刹海北岸的醇亲王府,最初是康熙年间兵部尚书明珠的府邸。这幅首次面世的明珠画像,原来的画像最上端写着:大清国名相明珠像,"文革"中被裁去。此为慈禧曾侄孙那根正先生家里传世珍藏。由于那根正的姐姐嫁给了一位解放军军人,"文革"时照片被藏在女婿家里,得以保存。

图片说明:清康熙朝重臣明珠画像

一天，郑孝胥偷偷把日本驻京公使馆武官和医生换成便衣带进醇亲王府内，当面与溥仪策划了潜逃至日本公使馆的计划。实际上，这已埋下了溥仪投日的伏笔。

其间，发生了一个可笑的"插曲"。溥儒[①]前来府里拜见溥仪。在大书房里，他见往来人多，就神秘地对溥仪说："奴才有密奏的要事，这里人太多啦。"

于是，溥仪拽着他和溥佳避开众人，来到宝翰堂。刚一进门，溥儒就立时跪倒在地，痛哭流涕地对溥仪说："奴才见皇上竟然到了如此地步，心里难受极了，我一定要用这把匕首刺杀冯玉祥和鹿钟麟。"

溥仪顿时被吓坏了，连忙抢上一步，将那把带套的匕首夺到手里，小声叮咛说："你忠心可嘉，但是你不顾一切，有百害无一利，那样只会激化矛盾。你可千万不要任性胡为啊。"

溥仪又转过身来，一再叮嘱溥佳不能对外人透露。返回树滋堂，溥仪从怀中掏出那把所谓匕首一看，不禁笑喷了，原来这只是一把画画儿所用的裁纸小刀。

溥仪哭笑不得地把它轻轻放在书案上，以后时常作为笑话提起。

藏身日本公使馆，胡适三见溥仪

否极泰来。

十一月二十四日，段祺瑞就任民国临时执政第一天，头一件事就是下令解除对溥仪的监视。

醇亲王府内的众人，顿时露出了多日不见的笑容。

然而，溥仪心中有数，这丝毫没有解决眼前的困境。

于是，溥仪撒下一枚烟幕弹，散布说不能在醇亲王府久住，需要在京城另辟住所。连载沣也不知溥仪葫芦里卖的什么药，只是感觉情形不妙。

果然不出载沣所料。当月二十九日，溥仪在神不知鬼不觉的情形下，偕同陈宝琛和郑孝胥假借去苏州胡同看房子为名，转道德国医院逃往日本使馆。这显然是日本人蓄谋已久的计划。

日本公使芳泽谦吉早已在使馆内腾出一幢小楼，供溥仪居住，可见日本人

[①] 溥儒，字心畬，恭亲王之孙，近现代著名书画家，与张大千并称为"南张北溥"。毕业于德国柏林大学，曾任教台北师范大学。1963年逝世于台北。

溥仪(右五)、婉容(右六)、韫龢(左四)、韫颖(左二)、婉容之母(左三)等在北京日本公使馆

早就预先知道了内情且极为重视。

这时，一位神秘人物悄然来到了日本公使馆。溥仪乍见，大吃一惊，来人竟是大名鼎鼎的胡适。

如此机密之事，一个大学教授怎么会知道得如此之快？溥仪此时愈加忐忑不安。这里需要补插一笔。在《我的前半生》中，溥仪只讲到了自己两次见到胡适的情形。

其实，溥仪至少三次见到胡适——溥仪出宫后，这次在日本使馆见到胡适，是第三次。

众所周知，第一次是溥仪出于好奇心打电话，这才引起胡适进宫拜见，口称"皇上"。实际上，胡适之前向庄士敦打听过确切消息，才有此举。

溥仪和这位胡适博士的见面，在几位师傅之间，引起了一场不大不小的风波。不过在这场"风波"中，也表现出两种不同的看法和截然相悖的结论。

一种意见是对此表示不满。理由是："皇上怎能把这样的'新文学家'找到宫里来呢？尤其是这样和他'破格'谈了话，岂不是于'体统'有碍？！"

还有另一种意见，则与前者背道而驰，表现出"往自己脸上贴金"的洋洋得意，说："看看！连胡适这样的人，都让咱们皇上给'化'过来了！"

而溥仪究竟是怎么看待胡适来访的呢？他在一份遗稿中写道："其实，

这两种说法都是胡说八道。不过胡适这个人,却实实在在有愧'新文学家'四个字。在他灵魂深处,不但有一种和封建残余反动势力异途同归的共同之点,同时,还有和资本主义反动阶级思想同流合污的另一面。""不管他当时嘴里怎样说着假开明的诱人词句,他的整个立场根本就是和广大人民利害相反的。"

当然,溥仪写于一九五九年的这篇遗稿,不可避免地带有极"左"色彩。但,胡适三次造访溥仪,毕竟反映了他内心浓重的皇权意识。

第二次,是当一九二四年溥仪刚被逐出故宫、暂住父亲家中之时。胡适闻讯亲自来到醇亲王府拜见溥仪。也许只是为表示一下"胡博士"对"皇帝"的关切之情,向溥仪寒暄了一番安慰和客套之话,便悄然辞去。

但有一点,可以认定,胡适对于溥仪被逐出宫是深表同情的。

第三次相见,即是此次溥仪从醇王府刚刚潜往日本公使馆之际。这个消息,在当时对外可称"绝密",连溥仪的生身父亲载沣都被蒙在鼓里,不知胡适从何渠道得知,足见其神通广大。

言归正传,这天溥仪从楼上看到一辆小汽车驶到日本公使馆楼前停住,从车中下来一个人。他一看,原来又是胡适驾到。

这时因为溥仪对胡博士的"好奇"已经"好够"了,就借口没工夫挡了他的"大驾"。从此之后,溥仪再没有看到他。

皆因此时,溥仪正为自家性命担忧,确实顾不上什么胡适了。

寓居张园

溥仪在避居东交民巷日本公使馆的日子里,怀着复杂的心情度过了二十岁生日,更在惴惴不安中接受了清朝遗老的朝贺。

继而在日本驻华公使芳泽谦吉阴谋策划下,溥仪决定"寓居"天津。

这里有一些《我的前半生》当中没有叙述的细节。

此前,溥仪就先让心腹朱汝珍在天津物色好了张园。这是一幢位于天津市内七楼七底的小洋楼,是清末第八镇统制张彪的一处对外游戏场所。

一九二五年二月二十三日,溥仪去芳泽住处与其夫妇俩小酌后回到自己住的小楼,谎称要去英国使馆观看跳舞晚会,由醇亲王府视为"护身符"的日本公使馆参赞池部"陪伴",从日本公使馆后门偷偷溜出,来到当时的北平东车站,登上了一辆运兵的三等兵车。

一向迷信的溥仪,千挑万挑择中"龙抬头日"——二月二十四日凌晨①,在随从的陪伴下,秘密潜往天津。

为防止露馅,"逊帝"穿上一身粗布料的西装,摘下眼镜,打扮成日本商人模样,头上的猎帽遮住了半个脸。

刚一上火车,池部就假称溥仪这几个人都是日本人。在丰台车站,溥仪虽然胆怯地畏缩在座位里,但仍然受到盘问,池部告知对方这节车厢是兵车,这才遮掩过去。接着,溥仪在池部遮掩下,又由三等车厢转移到二等车厢,罗振玉和儿子罗福葆早已等候在此。就这样,溥仪哆哆嗦嗦地蒙混过了这一关。

溥仪此时身边带着三个随从,还有日本公使馆警察署长和警察。火车开动之前,池部下车回使馆复命。每到一个车站,便上来一个日本警察,就这样抵达了天津,溥仪在车里已经被日本警察团团包围了起来。

走下火车时,日本驻天津总领事吉田茂和副领事以及日本驻屯军头头、数十名警察夹道欢迎。如惊弓之鸟的溥仪,被这种阵势吓了一跳。

坐车来到张园,没想到园门紧闭,溥仪只好暂时居住在日本租界的"大和旅馆",几天后,才迁进张园。

这时,皇后婉容和淑妃文绣也赶到了。

为奔走"复辟",溥仪像没头的苍蝇乱撞

在天津,溥仪为复辟大清,活像没头的苍蝇般乱撞,终致被骗走大量财物。

忽而约见白俄军官,忽而会见奉系头头李景林,又忽而接见直鲁联军首领毕庶澄等人。谁给溥仪几句好话,他就感激不尽。

狗肉将军张宗昌曾从溥仪之处获取不少"赏赐",当兵败之际,还托部下金卓带来一封密信,放进用油纸裹的酱咸菜篓内呈交溥仪表示忠心。这时,溥仪口授一封"敕诏",由胡嗣瑗笔录,交给来人金卓以示抚慰。

其实,所谓为溥仪复辟活动的人,大多数都是骗子。譬如,有一个安福系小政客叫费玉楷,经常找溥杰下饭馆喝酒,想接近溥仪。一次,费玉楷居然请来了已下台的安福系头子段祺瑞,在英租界里,溥仪以及载沣、溥杰三人和他见了面。

趁此,费玉楷以复辟为题,说得吐沫星子乱喷,听得溥仪目瞪口呆。段祺

---

① 一九二五年二月二十四日,阴历二月初二,俗称"龙抬头"之日。

溥仪(中立者)、婉容(右二)与溥杰(左一)等在张园会见外宾

瑞最后只说了两句没头没脑的话:"收拾残局,舍我其谁?"

溥仪根本没明白是怎么回事。过了几天,费玉楷又来找溥仪,称已与炸死张作霖的日本军官河田大佐联系好,将策动张学良[①]部队兵变,进一步发动"复辟政变"。

这次,溥仪又听得瞠目结舌,因为太离谱了。陈宝琛、郑孝胥听到后,都认为纯属胡说,劝溥仪不要和他交往。溥仪细想想也不太靠谱,于是与之一刀两断。

不料,费玉楷大怒,找到张园,进而威胁溥仪的岳父荣源:"我如此卖力气,你们竟然不再理睬我,我可要到民国政府告你们颠覆中华民国的罪行!"

岂料,荣源见多识广,立即反唇相讥:"我们可不怕,你写给皇上鼓动复辟的亲笔信,现在就在皇上手上,你控告岂不是白费劲吗?"

以毒攻毒见效。费胖子从此不敢再来纠缠。

溥仪为谋"复辟"之事曾送给军阀毕庶澄几块久藏的古汉玉。因为早就听说,如果身上有汉玉,跌倒或遇险时,汉玉就会出现一道细纹,而佩戴的人则不会受伤。他本是为了复辟大清,才赠玉以保佑毕庶澄的,谁知如今闹了一个

[①] 张学良,奉系军阀首领张作霖长子,人称"少帅",曾任东北保安总司令、陆海空军副司令、东北边防司令长官。张学良与杨虎城兵谏蒋介石,逼蒋联共抗日,发动震惊中外的"西安事变"。蒋介石下令对张学良审判后,长期囚禁。2001年在美国病逝,享年101岁。

不欢而散。

不久,溥仪听到一个说法——后来毕庶澄在军阀混战中被逮捕被枪毙时,中弹倒地之后多时尚未断气,有人发现了他身上的汉玉,遂悟到他所以没立即断气的原因。取下汉玉之后,这才闭目身亡。

来人对溥仪讲起这件事时,居然牵强附会地说:"那是因为有'皇上'所赠的汉玉嘛。"

溥仪听了,当然十分高兴,过后才知那人也是来向他讨要汉玉的。

其实,溥仪对古玩极为在行。自幼生长深宫,成天接触的都是国宝级文物,所以见了假货,一眼便知。

后来溥仪听说罗振玉在大连开了一家古董店,叫"墨缘堂",专营青铜器、玉器等古玩,赚了不少钱。有一天,溥仪突发奇想,叫罗振玉把店中的汉玉拿来看看。看后吃了一惊,发现没有一块是真的,竟全部是赝品。

溥仪坦白地说,自己虽然没有学过考证古玉的专业知识,可是从小就在宫里见识过许多古玉,时常拿在手里把玩,行家管这叫"一眼活"。

这里讲述一个溥仪在天津的小故事。话说"皇上"心血来潮,想感受一下自己书法作品的社会认知度。

过去在宫内,溥仪视己字为"恩典",以为赐赏他人之用,即令成为"废帝",亦不相信自己的墨迹会价落千丈。

那次,溥仪故意装扮成落魄文人,让随从们远远地跟着,不许靠近。

衣着朴素的溥仪,信步来到一个商铺云集之地,自备笔墨纸砚,挨户为人撰写对联并讨钱。谁想,竟然屡屡遭遇尴尬,往往在店主鄙视的目光下,被扔给几个铜子打发了事。

那天溥仪先后书写了几十幅,却所获无几。

《我的前半生》执笔者李文达曾明确指出:溥仪的岳父荣源(上图)是三野机关的常客

他那些落款为"青巾"的对联,大多被撕碎扔入纸篓。第二天,他派人以每幅一百银元的高价购买,只得到了四幅完整的墨迹。后来当那些店主询知"青巾"即逊帝溥仪时,无不悔恨之极。

不难想象,这次"实践"活动,让溥仪深深感受到了皇帝与平民的巨大落差。

因此,他的全部心思从此更是用在两个字上——"复辟"。

梦寄张作霖父子

若谈起溥仪在天津期间的活动,不免要提及两件事。

一是溥仪的父亲载沣和六叔载洵、七叔载涛全家人,在兵荒马乱当中,是由七叔让醇王府管家张文治出面求助于张学良,才得以用兵车运到天津的。

二是溥仪到天津之后,一直在寻找"靠山"。一天夜里,他在岳父荣源和张作霖的亲信阎泽溥的介绍下,秘密去曹家花园面见张作霖,同时还留下了双方会面的照片。

当时,张作霖走出房门迎接溥仪。出其不意,张作霖忽然跪倒在屋外地上,连续磕了几个头,结果吓了溥仪一跳。

进屋之后,张作霖对溥仪谈起冯玉祥部队逼宫的往事,仍然愤愤不平,以略带责备的口气问起溥仪:"皇上出宫之后,我就到了京城,有足够的兵力保护陛下的安全,为什么要逃到日本公使馆去呢?"

溥仪听后顿觉尴尬万分,无言以答,只是支支吾吾地一再表示感激之情。张作霖还拍着胸脯说:"如果皇上愿意到奉天去住的话,我可以负责保护,还可以让皇上住在沈阳故宫里。"

在张作霖说话的整个过程中,溥仪仅是不置可否地连连点头,却极少插话。

临别时,张作霖亲自礼送溥仪到了大门外,又让手下拿来几万大洋,以补助"皇上"日常生活费用。

溥仪自从出宫以来,从来没受到过如此优厚的礼遇,顿时感激涕零。张作霖送溥仪上车前,又对他说:"在日本租界内,如果日本鬼子对皇上有什么不敬的地方,只管告诉我,我自会对付他们!"

溥仪始终没敢吭声。为什么?贴身跟随在溥仪身边的日本便衣警察就站在汽车边上,张作霖的话,一句不落,都被听到了。

这天夜间,张作霖派出一群卫兵,分乘几辆汽车,一直把溥仪送到日本租界边上。

岂料,第二天,日本驻津总领事有田八郎就向溥仪郑重表示,对于陛下去"中国地"会见张作霖极为不满,甚至还威胁说:"如果陛下再到中国地方,日本人无法再尽保护之责。"

溥仪害怕之极,只好向日本人道歉。据说,溥仪一连几天都没睡好。

哪知,一波未平,一波又起。溥仪被突如其来的两筐"水果炸弹"吓蒙了。

拾贰

三十年后才破解的
水果筐炸弹之谜

溥仪在天津始终有一"谜"未解。即静园发生的三宗突发事件，为什么恰巧都是侍卫祁继忠来报告的？

溥仪身边的郑孝胥、罗振玉以及荣源和润良父子，经常出入"三野"日本特务机关。

贴身侍卫祁继忠不露声色，又与婉容私通，溥仪却不敢枪毙他。尔后，他投靠日本人竟然在华北当上了伪军上校。祁继忠是否始终就是日本人的"卧底"？

溥仪在张园曾莫名其妙接到两颗炸弹，事隔三十多年后见到张学铭，才豁然解密"炸弹事件"。

又是一个历史问号——一封溥仪在伪满没接到的秘密电报……

图片说明：溥仪与来到天津的父亲载沣（右四）及家人合影

天津，无疑是溥仪人生的一个重要转折点。何去何从，他始终没下最后决心。

溥仪从张园搬往日租界的静园，其实是一个信号。

静园原名叫乾园，位于日本租界内，是曾任中国驻日公使陆宗舆的私宅。溥仪将此地亲自改名"静园"，寓其新的"复辟"含义①。

最初，他想从这儿出国留学，哪知在天津一待就是七年。当初始料未及的是，这里居然成了他投日的跳板。

至今，溥仪在天津尚有一谜未解。就是静园发生的三宗突发事件，为什么都是侍卫祁继忠亲自前来报告溥仪的？

据了解，溥仪身边的郑孝胥、罗振玉以及荣源和润良父子，经常瞒着溥仪频频出入"三野"特务机关。要知道，这几个人物可都是溥仪的心腹之人。"三野"虽然只是隐藏在一个普通的绿色小门内，却是一个专门针对溥仪所设的日本特务机关②。究竟背后搞了哪些名堂，是可想而知的。

从目前所掌握的历史资料来看，溥仪的一举一动，毫无疑问，都在日本人的视野之内。连溥仪的岳父和小舅子，都时常在"三野"特务机关内喷云吐雾——抽大烟，静园内还能有什么秘密能瞒得过日本人呢？

偏偏与众不同而又百般蹊跷的是，溥仪的贴身侍卫祁继忠却不露声色，表面上只与日本驻静园人员往来。后来在伪满与婉容私通——溥仪最终没敢枪毙他，因其与日本人关系非同一般，遂被溥仪从伪满轰走了事。

后来，祁继忠公开投靠日本人，在华北摇身一变，竟然当上了伪军上校，解放后被枪毙。祁继忠是否始终就是日本人的"卧底"？

这是一个待解之谜。

溥仪瞒父暗中投日

静园不静。

---

① 据说，溥仪将此园改名的真正含义是："静养其心，徐图复辟"。
② 关于荣源和润良父子经常出入"三野"特务机关之事，李文达先生曾将此记述到一本关于溥仪的画传中。荣源之子润麒先生曾当面向李文达先生提出过意见，认为不宜写入此书中。李文达先生则认为应当尊重并承认历史，不应回避。润麒先生和李文达先生在生前都曾分别向我述说过此事。特作此说明。

实际上,此时的溥仪正处于各种势力的包围与争夺之中。一九三一年,溥仪在日本人裹胁之下潜往东北前夕,发生了不少故事。

在这一明争暗斗过程中,有一则外人所罕知的事件正悄悄拉开帷幕。

一天,溥仪不露声色地来到父亲载沣的屋里,试探着说:"我听说,溥伟到奉天祭祖陵去了。"

溥仪一边说,一边观察着父亲的脸色,想了解他对这件事究竟持什么态度。结果,载沣什么实质的话也没说,只是脸色变得非常难看,随便地说:"好了,好了。以后再也不要提他了。"

溥仪一声没吭,立时站起身,结束了这次不愉快的简短谈话。

在此前后,天津发生了"淑妃离婚"以及"军阀孙殿英盗陵"等一系列使溥仪倍感恼怒而"闹心"的大事。这些是人所共知的。

其实,溥仪一直在暗地忙碌着张罗"复辟"的事,但对父亲载沣却一丁点儿没透露。到后来,七叔载涛在外边听说了不少溥仪与日本人密切勾结的传闻,统统告诉了载沣,而且还让载沣转告溥仪:"这可要慎重,别上日本人的当。"

载沣听后,十分害怕,当即找到溥仪,把七叔的话如实复述了一遍,却没敢提七叔让自己转告的实底。没料到,溥仪听后,极为不满,直截了当地质问起父亲载沣:"王爷,你这些话是从哪儿听来的?"

载沣只好被迫露了底,说:"是你七叔说的。"

溥仪听完,脸色陡变,恼羞成怒地说:"载涛有话可以跟我说,为什么让王爷来转告呢?"

载沣显得十分尴尬,只好说了实话:"七叔不敢来说,所以才让我来转达的。"

说到这儿,父亲载沣感到挺伤心,既管不了溥仪,又为儿子的前途担心,于

民国年间报纸登载的"淑妃离婚"的消息(由本书作者收藏)

是无奈地流开了眼泪。

溥仪见了,也不想关系彻底弄僵,连忙哄劝父亲说:"王爷,请放心。绝对没有外边说的那些事儿。"

随后,溥仪又好言好语安抚了父亲一番。

然而,当载沣回到家中不久,即"九一八事变"发生后不到两个月,溥仪的住地又突然发生了三件令父子俩都极为提心吊胆的"奇事"。

溥仪感到奇怪的是,这三件事都是贴身侍卫祁继忠前来报告的。

溥仪亲笔手绘的"杀孙图"

溥仪贴身侍卫是否日伪"卧底"?

第一件是,侍卫祁继忠前来报告,亲眼见到天津"中日冲突"事件发生的早晨,一个日本人打扮成中国人模样,发给一些中国汉奸钞票和手枪。

接二连三,溥仪收到许多恐吓信,大多也是来自祁继忠之手。祁继忠还报告说,门口经常有一些莫名其妙的人,很可能是暗杀溥仪的。

这可吓坏了溥仪,时刻感到大祸临头。

第二是炸弹事件。那是十一月六日。一个陌生人拿着东北保安总司令顾问赵欣伯①的名片,给溥仪送来两筐水果,打开一瞧,果筐里面居然藏着两枚炸弹。

祁继忠马上禀报,溥仪一见炸弹就慌了神。静园驻扎着专门负责警卫的日本警察,见此立即报告警察署,日本军官和警察来了一批人,拿走炸弹进行调查。检验结果出来了,两颗炸弹均是"东三省制造"的。

溥仪认定,这与张学良方面或国民党有关。这时,他反复考虑的结果是,

---

① 赵欣伯,生于1890年,字心白,满族,河北宛平人。早年留学日本,获大学法律博士学位。回国之后,曾任张作霖的东三省保安司令部法律顾问、奉天(今沈阳市)市市长,伪满洲国立法院院长等。一九四五年后,因汉奸罪被国民党当局逮捕,不久"保外就医"。1951年7月20日,北京市公安局传讯赵欣伯,其血压升高,猝死看守所。

没别的路可走,只有投靠日本人才是唯一出路。

第三件事最是蹊跷——祁继忠当面禀报,在英国租界内,溥仪经常去吃西餐的维多利亚餐厅一个服务员突然打来电话……又是祁继忠接的电话,陌生人转告溥仪,千万不要去吃饭。因为,服务员见到一个凶狠的陌生人拿着手枪和短刀,正四处寻找溥仪,还询问溥仪什么时候来这儿吃饭。

据祁继忠讲,服务员还让他转告溥仪,这个人是从张学良那里来的!

通过对后边发生的两宗事件加以分析,溥仪再次认定:必是张学良要谋杀自己无疑,而且很快就要下毒手了。联想至此,溥仪可真吓坏了,顿时惶然无措,而且越想越怕。

接着,祁继忠又连续送来恐吓信,这些被溥仪称作"一些吓唬人的流氓语",俨然让溥仪产生了条件反射——一见到祁继忠前来禀报,便知将有不妙事件发生。

对于祁继忠身上的疑点,溥仪并非没有察觉。他后来曾回忆说:"我离开天津去东北,他是随我同去的三个随侍之一,我的举动他无一不知。我到很晚才明白过来,日本人和郑孝胥对我当时的动静那么清楚,对我的心情掌握得那么准确及时……祁继忠实在是个很有关系的人。"

但,溥仪至此仍没弄清楚祁继忠的真实底细。

就在第三件事发生的第二天,溥仪立马给父亲载沣打去电话,让他和弟弟、妹妹一起到静园吃饭,并随即派出汽车来接。

载沣和儿女们一走进静园,就感到气氛非同寻常。院墙内外都增加了警戒的岗哨,根本没有丝毫来聚餐的气氛。

刚一落座,溥仪就跟父亲提起了头一天有人送来炸弹的"怪事"。载

溥仪虽然在张园采取一系列措施,仍无法控制局面。图为溥仪亲笔书写的规定:所有张园内仆役一切人等,于夜间由十时至早五时出门,非经盖此章,不得放出

沣听完,吓了一跳,脸色大变,再也不敢吭声。

说完头天的怪事,溥仪又劝父亲载沣说:"近来时局不稳,为了安全起见,请王爷来静园躲一躲吧。"

父亲听了,未置可否。

晚餐之后,全家人聚在客厅里,溥仪又跟大家闲聊了一阵。

说是闲聊,据二格格韫龢回想起来,溥仪所说的内容都是有隐喻的。譬如,溥仪一板一眼地聊起了"楚汉相争"的历史故事。

载沣始终默默无言,只是一味听着溥仪叙说,没插半句话。

屋内弥漫着怪异的空气。在场之人,也许除了父亲载沣,兄妹几人谁也没明白溥仪所讲故事的真实含义。

但是,全家人谁也没想到,这天夜里竟然是溥仪和他们在天津最后一次见面。

那一天夜里,全家人都宿在了静园。

溥仪与溥杰(左二)、韫龢(右一)、韫颖(左一)

第二天，静园四周响起了断断续续的枪声。载沣感到前所未有的恐惧，因为不知怎么回事，溥仪居然一整天没露面。

外边的人都纷纷传说，院外驶来了专门保卫静园的铁甲车。而且不断传来不知真假的"新闻"——

传来的零落枪声，是日本人组织汉奸便衣队在租界外骚扰，日租界已经宣布戒严……

载沣异常害怕，根本睡不着觉，于是跑到溥仪的卧室，想找他问个究竟。可是，去了不止一次，都让随侍硬挡回来，溥仪拒绝见面。

这是从来没发生过的怪事。载沣的心里顿时打起了鼓。

当父亲的自然连早餐都吃不下，上午再次去溥仪房里找他，又同样被阻挡回来。这时，载沣才料定，必是发生了什么出人意料的大事。

当载沣带着子女茫然离开静园，返回戈登路住地时，一路上默然无语，老泪纵横。

在这一天的日记上，载沣心怀狐疑地提笔写道："此次'变乱'甚奇……"

三十年后揭密炸弹事件

载沣始终没有得到溥仪任何音讯，焦急万分。

临近中午，溥仪的贴身侍卫霍建阁才匆匆前来，向载沣转交了一封信，打开一看，是溥仪专门留给他的亲笔信："我已于昨晚乘船，从旅顺转道沈阳，沿途有人保护。请放心。"

在这封短信中，溥仪还写道，此次去奉天是为了复辟祖宗的事业。一切都已"安排"好，请父亲放心。同时还交代，对于他的出走，要严加保密。

当载沣阅读这封信时，紧张得双手一直发抖。看完信之后，载沣随即让人送走了霍建阁。过了好一会儿，才一字一顿地说："嗨，'皇上'考虑得太不周到了。真是荒唐，真是荒唐啊。"

过了许久，载沣忐忑不安地回到卧房，坐在太师椅上翻来覆去地考虑溥仪信中的所谓"安排"，几乎彻夜未眠。

第二天一早，载沣就按照溥仪信中的要求，对于严密封锁溥仪秘密出走的消息又作了周密部署。这算是父子双方的默契。

此后的溥仪，便音信杳无……

时光荏苒。三十年后，溥仪与杰二弟先后被全国政协聘为文史专员。溥仪始终在脑海盘桓着若干历史疑问,其中就有花篮里藏着的那颗炸弹之"谜"。由于接触了一些历史的亲历者,他出乎意外得到了答案。

溥仪在审核东北省的文史资料稿时,偶然见到了张学良的胞弟张学铭。此时,张学铭凑趣地询问起溥仪:"你记得当年在天津时,收到过一份炸弹礼物吗?"

"我记得很清楚啊。"

"你知道是谁送去的吗?"

"不知道。"

张学铭乐了,随即一拍大腿:"是我哥哥张学良派人送去的呀!"

"啊?"

历史竟如此扑朔迷离。

溥仪事隔三十多年后方知,张学良当初之意是警告他不要与日本人勾结,谁想,竟成了日本人胁迫他离津的借口。

忆及往事,溥仪不禁感慨万千:"那颗炸弹当时不但没把我炸醒,倒使我糊涂了不少年。现在,竟成了我回首往事的遗憾!"

溥仪由此对天津的种种"奇怪"之事,产生了怀疑,他在一份旧稿中写道:"现在回想起来,世界上哪里会有这样进行暗杀的笨蛋?还有,这件事的最后'杰作'之处,那个人是从张学良那儿派来的那句结语,更是笨得出奇和蠢得有趣的一个断语。我常想,恐怕这种超艺术的画龙点睛法,不但不会使被点上眼睛的纸上画龙破壁而去,一定还会把那条被画得栩栩如生的龙,给点成一条瞎了眼睛的死龙不可。"

这条"死龙",溥仪意识到了,正是他自己!

一封穿越时空三十年的秘密电报

又是一个历史问号。

全国政协委员陈铭枢[①]为撰写文史资料,需要核实一些历史背景,经李以劻[②]从中搭桥,在专员办公室见到了溥仪。

[①] 陈铭枢,字真如,广东合浦人。历任国民党上将、行政院副院长、代院长、交通部长、国民革命军第十一军军长,广东省政府主席,国民革命军右翼集团军总司令,十九路军司令。解放后,历任中央人民政府委员、中南行政委员会副主席、民革中央常委等职。

[②] 李以劻,曾任国民党青年军军长,特赦之后,任全国政协文史专员、全国政协委员。

"一九三二年,你接到过我给你的一封电报吗?"

溥仪一阵思索过后,肯定地回答:"没有。"

接着,溥仪又追问起来:"那是一封什么内容的电报?"

陈铭枢详细向他做了介绍。原来,一九三二年,曾由陈铭枢以国民党行政院副院长名义向溥仪发去一封电报,试探其态度,希图暗中拉拢。

这对于公开场合始终不承认伪满洲国的国民党政府说来,是一件不被世人所知的秘密,也是一桩被湮没的历史公案。

三十年后,当事人陈铭枢撰写国民党与伪满政权勾结的历史材料时,感到向溥仪查证是最直接、可靠的,因此辗转找到了他。结果事出意外,溥仪竟然丝毫不知。

"溥先生,你说当时没接到电报,可是国民党的档案存有电报发去的记载。"

对于溥仪的回答,陈铭枢感到很奇怪。

溥仪思忖了好半响,不解地说:"也许底下人接到了,没交给我?伪满当时很混乱,大部分官员憎恶国民党,不愿与之打交道,接到之后扣下,也未可知……"

"请再帮助回忆一下吧。"陈铭枢充满期待地说。

过后,溥仪仍然没有交出令人满意的答卷,歉意地对陈铭枢说:"很对不起,没有满足你的要求。"

而陈铭枢却感到很满意:"得到'皇帝'证实,你当时没直接看到那份电报,这本身就是收获噢!"

显见,末代皇帝在天津乃至伪满期间,尚有一连串待解之谜。

然而,溥仪就任伪满傀儡前后,依然湮埋着不少人所不知的秘密。

第三卷

盲人骑瞎马，夜半临深池——史上罕见的傀儡戏，粉墨登场。

一纸预支的"卖国契约"，在开启溥仪新"皇帝梦"的同时，也开始了噩梦之旅。

《绝密会见录》，使湮没在历史尘埃中的绝密，逐渐尘落封拆……

拾叁

潜离天津

秘密潜离天津前一天，溥仪精心布置"迷魂阵"，耍了一个"尿盆计"。始终头戴礼帽，身披日式黑风衣的溥仪，竟被软禁汤岗子"对翠阁"，整整七天。

凡是跟日本人发生联系的关键所在，都有贴身侍卫祁继忠的身影。至此，溥仪偶然发现祁继忠与日本人私下嘀咕，行踪变得愈加诡秘。

在旅顺，郑孝胥父子一软一硬胁迫溥仪，在幕后与日本人达成了什么交易？

关东军参谋板垣征四郎大佐再次来到旅顺与溥仪密谈。孰料，板垣征四郎对溥仪的真实心态，居然了如指掌。

最终提出并确定溥仪为"执政"的究竟是谁？

图片说明：溥仪在天津与日本人加紧勾结。图为溥仪、婉容与日本天津驻屯军司令高田丰树（左三）在一起

"人鬼"之间——溥仪在天津完成了质的蜕变。

事实上,溥仪由天津秘密潜往长春,经过了长期的暗中酝酿。然而,其中最关键的环节则是溥仪"夜见土肥原"的那次密谈①。

这次,土肥原回答了溥仪提出的建立新国家,是共和还是"帝制"的疑问,明确承诺帮助他"复辟大清"。其中,土肥原甚至还做了一项秘密承诺,如果一年后溥仪没当上皇帝,溥仪可以不再干下去。

现在看来,溥仪成为伪满洲国"执政"之前,做了精心策划和部署,连每一个细小环节,都考虑得极为周密。

这些内情,则是末代皇后婉容的弟弟——润麒事后才了解到,并对笔者首次披露的。

溥仪耍的"尿盆计"

故事的叙述,似应"闪回"到溥仪秘密潜离天津那一天——十一月十日。

以往,每天清晨起床,溥仪总是叫随侍李国雄或赵荫茂去倒尿盆儿。恰恰临离开天津之前,溥仪据此精心布置了一个"迷魂阵"。

其中一个"障眼法"就是当他潜走之后,仍然让随侍按时倒尿盆儿,使外人感觉溥仪仍稳居静园没动窝儿,以瞒住外界各方。

直到溥仪离津几天之后,没有尿的尿盆才不再倒,这些随侍也随之悄然潜往东北。

有的书籍和影视里,描述溥仪是被藏在小汽车后备箱里,被送上船的。实际上,这与客观事实不符。因为溥仪藏身的是一辆天蓝色的两排座的敞篷小汽车,车上根本没有后备箱。

按照事先预谋,当天前半夜,溥仪悄悄溜进院内的汽车库,把车上的顶篷拆下来,将自己的身子塞进顶棚和座位之间的后边空隙内,蜷伏在车底,由祁继忠命令司机开走这部所谓"空车"。

溥仪为了保证高度绝密,不敢擅用自家的司机,事先让祁继忠花钱叫来一个外边的二流子,仅能勉强开走汽车。这时,始终坐在司机座位旁的仍是侍卫祁继忠,可见其重要性——几乎寸步不离溥仪左右。

---

① 溥仪在天津"夜见土肥原"的密谈,发生于一九三一年十一月二日夜间。

没想到，敞篷小汽车刚驶出门口，就撞上了门边的电线杆。立时，溥仪被吓得冒出了一身冷汗。

此时，来到静园门口把风的日本人吉田忠太郎，见汽车驶出来之后，紧跟在后边护卫。遇到路上的日本兵过来检查，吉田忠太郎又马上跳下车，予以制止，还帮助拉开了横摆在马路上的路障。

在夜幕掩盖下，汽车终于驶到了日本人经营的饭馆——敷岛料理店。

吉田忠太郎走过来，支开了二流子司机，把溥仪从车中放了出来。日本饭馆内预先已隐藏着一位日本陆军军官方勋大尉，他连忙把一件日本旧军服让溥仪套上，又给溥仪头上戴了一顶日本军帽。

溥仪与天津日本驻屯军司令官高田丰树

一行人鬼鬼祟祟溜到白河畔，便见到一艘小汽船正在那里停泊等候。

在祁继忠贴身陪伴下，溥仪进舱一看，郑孝胥和其子郑垂正等在里边，此外还有日本人上角利一、工藤铁三郎①。工藤是罗振玉特地打电报，把他从日本召来参加这次重大的秘密行动。

溥仪还吃惊地看到，一个日本军官大谷某和日本军士诹访绩二人，带着二十多个全副武装的日本士兵，一声不响地坐在船舱里。

在汽船行驶途中，也发生过一场小虚惊。刚离岸不久，岸上猛然传来一声呐喊："停船！"

接着，传来一声枪响。溥仪又被吓得缩起脖子，面无人色。小汽船急速行驶起来，终于暂时脱险，接着从大沽口改换了日本商船"淡路丸"号，直奔营口。

溥仪看到，那二十多个全副武装的日本士兵，完成了第一站护送任务，返归天津复命而去，临行还冲离岸的船只挥了挥手。

---

① 工藤铁三郎，即工藤忠，是溥仪亲自为之改的名字。曾是陕甘总督升允的部下。

实际上,溥仪所转乘的这一艘商船,直接隶属日本大连汽船株式会社,处于日本关东军严密控制之下。据说,当时船上只有一个船员带着照相机,而且只剩下了一张底片。

于是,十一月十二日下午约两点,溥仪戴着礼帽,身披风衣,端坐在轮船甲板上的座椅上,郑孝胥则穿着其子郑垂的西服——据说他平生极少穿西服,这是其中一次。郑孝胥板着面孔站在溥仪身后,留下了与溥仪的这张海上"绝版"合影。

忽然,日本船长神色慌张地跑过来说:"不好了,我从望远镜里,发现了几艘舰艇……"

溥仪和船上的众人,顿时惊慌失措。郑孝胥和郑垂也马上停止了侃侃而谈,纷纷猜测着。

"这是国民党的吧?"

"不对,看旗帜像是张学良的舰艇。"

立时,溥仪吩咐祁继忠把随身携带的几把手枪,迅速发给了日本人上角利一、工藤铁三郎等人。没想到只是虚惊一场,当几艘可疑的舰艇逐渐消失在视野中,众人才勉强松了一口气。

溥仪所乘坐的商船在营口抛锚前,因海水退潮,一时竟无法登岸。见此,溥仪不禁仰天长叹:"哎呀,事事不顺啊。"

麻烦事接踵而至,行进中又突遇外国税关人员上船盘查。溥仪又顿时惊慌失措起来,慌乱中只得按照上角利一的安排,立即换上了事先预备好的日本军服和军帽,再次冒充起日本军人。

溥仪见税关人员依然逡巡不走,又灵机一动,拿出了一些金银珠宝,让上角利一贿赂税关人员。

经过一番周折,直到第二天清晨,溥仪一行才登岸上港。

此时已是十一月十三日,上午九时。

嗣后,一行人由这里转乘火车继续前行。

这里有一个隐秘,是溥仪后来才知道的——白河偷渡时,离溥仪不过一米多远的船舱处,暗藏着一桶汽油,如果一旦暴露,日本人就准备烧死溥仪,焚尸灭迹。

尽管早已事过境迁,但乍听之下,溥仪仍被吓出了一身冷汗。

软禁汤岗子

一九三一年十一月十三日,溥仪抵达汤岗子温泉。

这里位于辽宁半岛南部的鞍山近郊百里之处——位于鞍山与海城之间,是满铁株式会社的高级疗养院,地势隐秘。

抵达汤岗子温泉之后,始终头戴礼帽、身披日式黑风衣的溥仪,即被日本人带进了"对翠阁"宾馆二楼的欧式风格房间。从当月十三日起,一直到十一月十九日,溥仪在这里竟然居住了整整七天。

但起初,溥仪并没觉察到这一点。

刚开始,溥仪见到了晚清遗老罗振玉、商衍瀛和佟济煦。"君臣"他乡猝遇,溥仪顿时高兴起来。更让溥仪倍感兴奋的是,罗振玉悄悄告诉他,自己正在和关东军商洽"复辟建国"之事。溥仪此时的心情顿时"阴转晴",饱餐过一顿日本饭菜之后,一觉睡到了大天亮。

洗漱之后,本打算到外边溜达一趟,谁知,紧随身边的侍卫祁继忠却变得愁眉苦脸,对他说:"皇上,不行啊,日本人不让出去啦。"

"谁说的?"溥仪感到非常诧异,内心犯开了嘀咕,"你麻利点儿,到楼下去问问。"

"哎哟,我早就问过了,这儿连二楼都不让下啦。"

"什么?……"

一直到这时,溥仪才意识到问题的严重。通过仔细观察四周,对翠阁宾馆似乎已完全被封锁起来。正在万分恼火的当口,祁继忠找来了上角利一。溥仪立即板起脸来,上前质问:"你们到底要干什么?"

哪知,上角利一似乎胸有成竹,笑呵呵地解释说:"这完全是为了宣统皇帝的安全啊。"

"这是谁的命令?"

溥仪不依不饶,一再刨根问底。

"这里,一切都要听从板垣征四郎大佐①的指令。"眼看溥仪怒气冲冲,上角利一不得不说出了内幕。

---

① 板垣征四郎,曾任日本关东军副参谋长,1938 年任日本陆军大臣,后任中国派遣军参谋长。是日本方面策划建立伪满洲国的重要人物之一。

溥仪顿然明白,实际上,自己已经完全被软禁了起来。对翠阁,无疑就是一座囚笼。

甚至,溥仪还被告知,不允许私自走下二楼一步。但可笑的是,日本人仍然对他声称出于"保护"目的①。但溥仪至此已失去了人身自由。

恼怒之际,溥仪憋在屋内,仔细回顾了近来发生的一切。他注意到,凡是跟日本人发生联系的关键地方,都有贴身侍卫祁继忠的身影。然而,溥仪并无任何证据,只是觉察出一丝异样——譬如,他在窗内偶然看到,祁继忠在二楼拐弯处与上角利一附耳嘀咕什么,究竟谈什么自然无从得知。

也就是说,直到此时,溥仪仍未彻底了解祁继忠与日本人到底是什么关系②。

但是,溥仪却明显感受到,日本人对他的态度有所变化。因为,他仿佛失去了人身自由,成了日本人手里的玩偶。溥仪后来曾回忆说,日本天津驻屯军司令上角利一,见面再打招呼时,对于自己不像在天津时那么毕恭毕敬了。

仅从称呼上,就可以发现微小的差别——"皇上",变成了"陛下"。

在这一点上,溥仪最敏感不过。他认为,这并非小事,而是对自己身份的确认。事实证明,溥仪的猜测并非毫无道理。

此时,溥仪隐约得知,日本人对他在即将成立的满洲国"皇位"的具体说法,仍未达成一致。

一个星期之后,溥仪从汤岗子温泉被转移到了旅顺。

在《我的前半生》定稿本里,溥仪只是讲到,一到达旅顺就住进了大和旅馆。事实并非如此。

真实情景是——溥仪完全没想到,刚到旅顺时,竟意外地被撂在日本军队的一间空房里,连暖气都没有。进屋之后,冻得他连那件西式斗篷也没敢脱,因为天气实在过于寒冷。

然而此时,溥仪的心比天气更冷。

---

① 当时,日本关东军要弄了一个把戏,背着溥仪,向日本军部关东厅等重要部门发出了通告,称:"溥仪深感自身处境危险,自意逃离天津。十三日十点,突然登陆营口,请求保护。出于人道主义立场考虑,暂收容于汤岗子加以保护。鉴于当前时局,禁止其政治活动,并切断其与外界的联系。为了对其加强专门保护,经溥仪同意,未到适时,禁止发表与溥仪有关的一切消息。"——引自日本人编纂的《满洲国史》

② 书中有关祁继忠的部分内容,包括祁继忠的最后下场——到华北公开当上日伪军官、被人民政府枪毙等,均采访自《我的前半生》一书的执笔人李文达先生。

虽然,他在这里喝下了几口暖身的热茶,然而,接下来日本人对他的安排,让人愈加心生疑窦。

此后,又搬进旅顺大和旅馆,全班随从跟在身边,还整整包下了一层楼。奇怪的是,唯有郑孝胥父子却不见了踪影。

似乎又被"隔离"了,溥仪继续忧心忡忡,成天一言不发,只在室内踱来踱去。

至此,溥仪发现祁继忠与日本人在背后的交头接耳,变得愈加诡秘。

直到十一月二十六日晚,皇后婉容由川岛芳子①相偕,来到溥仪所转住的旅顺大和饭店会面,溥仪这才稍稍定下心来。

溥仪此前并不知家人背后发生的故事。婉容和溥仪的二妹韫龢、三妹韫颖被日本女间谍川岛芳子从天津悄悄带到了东北,起初安置在大连黄金台大和旅馆的分馆。

上岸之后,婉容多次要求和溥仪见面,日本人偏偏不让。婉容误以为溥仪已被日本人暗害,随即就大吵大闹起来。

经过上角利一等人周旋,川岛芳子只好请示板垣,同意之后,带着婉容和溥仪的两个妹妹——二妹和三妹来到旅顺。哪知,日本人强行规定,她们只能暂住一夜,下不为例。一家人的团聚,显然成了梦想。

溥仪闻知,感到十分震惊。

紧接着,几天不见的郑孝胥像幽灵似的,忽然又蹿到溥仪房间。日本人通知溥仪,只能会见郑氏父子及罗振玉、万绳栻四人。除此之外,不能会见任何人。

起初,日本人不允许曾任婉容老师的胡嗣瑗面见溥仪。经过婉容多次央求,胡嗣瑗才总算见到"圣上"。

刚一见面,胡嗣瑗竟然咧嘴大哭起来:"想不到跟随皇上多年,连一面都难见了呀……"

但日本人仅让胡嗣瑗见了溥仪一次,以后就再也不给机会了,任凭他吵闹不已。至此,溥仪的心头不免又蒙上了一层阴影。

---

① 川岛芳子,汉名金璧辉,是肃亲王善耆的第十四女,日本间谍。她曾参与"皇姑屯事件"、"九一八事变"、"满洲独立"等重大叛国活动,是她秘密抵天津把皇后婉容接到东北。一九四八年三月,在北平以汉奸罪名被枪决。

接着，上角利一来找溥仪，让他写信劝降黑龙江省军阀马占山①。这里须多赘几句——当时，溥仪并不知道马占山的真实面目，一直认为马占山与自己一样，同是亲日派。

实际上，溥仪早在天津张园就见过马占山，也曾经代日本人向他写过一封劝降信，这次算是第二次。据说，没等溥仪的二次"劝降信"发挥作用，马占山就开始了"诈降"。这次轮到溥仪吃惊了。

一九三二年一月二十八日，日本本庄繁大将派关东军参谋板垣征四郎大佐，第一次会晤溥仪。谈了没多久，他就从板垣征四郎的口气里听出来，日本关东军对自己的心态，居然了如指掌。

曾饱受争议的抗日英雄马占山将军

在这次谈话中，板垣试探地告知溥仪，日本人的意见是要让溥仪当"满蒙共和国大总统"。没想到竟遭到了溥仪的断然拒绝。

对于溥仪提出复辟"大清"并重登皇帝"宝座"的要求，日本关东军极力避免正面回应，只是含糊答应成立满洲国，让溥仪作为独立国家"元首"之类。

此时，溥仪又开始寝食不安。找出从天津带来的《未来预知术》，亲手为自己的前程算了一卦。竟摇出了"乾乾"卦——在他看来，这个结果并不算坏，重登皇帝宝座也许还有一线希望。

随即，溥仪在心猿意马中又被日本人悄悄转移到了已死去的肃亲王——善耆在旅顺的旧公馆。

这里的特殊环境，愈加勾起了溥仪对往日"帝位"的格外眷恋。

---

① 马占山，字秀芳，祖籍河北省丰润县。1885年11月生于吉林省公主岭市农民家庭。陆军中将加上将衔。早年上山落草被推为头领，率弟兄从军。从哨长、连长、营长、团长、旅长升任东北边防军骑兵师师长和黑河警备司令等职。"九一八"事变后，张学良任命其为黑龙江省政府代理主席兼军事总指挥。1932年，马占山"诈降"日本。后再举抗日旗帜。后因失利，退至苏联。曾参与并支持逼蒋抗日的"西安事变"。"七七事变"后，蒋介石任命其为东北挺进军总司令兼东北四省招抚。平津战役时，马占山劝说傅作义接受和平改编，促使北平和平解放。1950年11月29日，因肺癌病逝于北京，终年六十五岁。

溥仪"后知"的东北"四巨头"密谋

正如溥仪后来多次所谈起的,那一年恰逢"辛亥"年,亦即他被赶下皇帝宝座二十周年之际,抚今追昔,无边失落与彷徨袭来,连睡梦中都在踌躇满志地期盼着重登失去的皇帝宝座。一时间竟像着了魔,时时不忘复辟大清,又像热锅上的蚂蚁,没白天没黑夜地约见身边的遗老和师傅们。

正当溥仪焦虑不安之际,一个人不知、鬼不觉的阴谋正在暗中酝酿着。

由于日本关东军的操纵,一九三二年二月中旬,在沈阳市教育会召开了"四巨头"第一次会议①,即原哈尔滨特区长官张景惠、奉天省主席臧式毅、吉林省主席熙洽、黑龙江省代主席马占山以及赵欣伯②。

明明是东北"四巨头"开会,为何是五个人呢?

原来,前四人都是东北雄踞一方的实力派,而赵欣伯作为日本人赏识的心腹,仅以一个无地盘的代表身份参加了会议。

据说,这是一个异常奇怪的会议形式。会场甚至准备好了鸦片和烟枪,可以随时躺卧磋商。开会之前,每人面前都放好了由板垣预先派人准备好的黄牛皮纸袋,内装铅字印刷的会议议程,而正式发表的通电东北独立、与南京国民政府脱离关系的电文,以至连组织东北最高政务委员会决议,也都一一摆放整齐③。

---

① 《我的前半生》全本中讲,"外传四巨头会议,实际是七巨头会议"。理由是,除前四人外,还有原奉系保安总司令部总参谋于冲汉、原奉系军阀秘书长袁金铠、原奉系东三省巡阅使署法律顾问赵欣伯。笔者认为,称"四巨头会议"是比较恰当的。因四人皆是占有地盘的军阀。其他三人只是出于不同角度的陪衬而已。

② 张景惠,字叙五,1871年生于辽宁台安县农民家庭。曾随其父卖豆腐为生。后长期追随张作霖,担任奉军西路总司令、陆军总长、实业总长。降日后,曾任伪参议府议长兼东省特别行政区长官、伪军政部总长、伪满国务总理大臣等。日本投降后,被苏军逮捕,关押于苏联及抚顺战犯管理所。1959年1月,病死于抚顺战犯管理所,终年八十八岁。

臧式毅,字奉久,1885年生于辽宁沈阳。曾任东三省保安总司令部中将参谋长、辽宁省政府主席等职。伪满洲国建国初,为"四巨头"之一。日本投降后,被苏军逮捕,关押在苏联,后引渡回国。1956年11月13日,病死于抚顺战犯管理所,终年七十一岁。

熙洽,生于1883年,辽宁省沈阳人,爱新觉罗氏,清太祖努尔哈赤胞弟莫尔哈齐后裔。辛亥革命时,熙洽曾参与宗社党复辟活动。早年就读于日本东京士官学校骑兵科。曾任奉天讲武堂教育长、吉林公署参谋长。曾任伪满洲国财政总长兼吉林省省长、宫内府大臣。日本投降后,被苏军逮捕。1950年被引渡回国,病故于哈尔滨战犯管理所。

③ 原东北政务委员会,是张学良时代的组织,此次新成立的委员会,增加了"最高"二字以示区别——实际已沦为日本关东军的侵略工具。参加这次东北政务最高委员会会议的日本人,有三宅羲马、驹井德三、宇佐美胜夫以及阪谷希一等人。这些人大多是起草伪满洲国政府组织法和有关法令的人。

在伫立屋外的日本兵刺刀弹压之下,这次会议只走了一个形式,便通过了张景惠为委员长、其他人为副委员长的决议。事后,遂以委员长——张景惠的名义,向国内外发布了"东北独立"通电。

哪知,第二次会议,竟然是在张景惠家中举行的,匆匆通过了日本人起草的满洲国组织以及办公地点等。说起第三次会议,更是可笑,地点又转到了赵欣伯家里。关东军参谋板垣亲自到会,对建立满洲国的具体事项,诸如国号、首都地点,以及满洲国国旗等问题,逐一作了介绍,大家只是点点头就算通过了。

当说到满洲国国旗,有人提出要采用五色旗时,板垣断然摇了头。有人提出使用清朝的黄龙旗时,板垣又作出了坚决拒绝的姿态,而且马上从军服口袋里掏出了满洲国国旗的式样,并仔细作了说明。

至此,大家蓦然意识到,在场的中国人无一不是傀儡,只能听从日本人的任意摆布,因此全部噤若寒蝉,再也没人敢发表不同意见。

至于满洲国的政体,五人议论了半天,始终无法统一意见。张景惠主张东北最高政务委员会为政体。熙洽作为满族贵胄,则极力主张复辟帝制。狡猾的臧式毅,由于刚刚被日本人从日本宪兵队释放出来,余悸尚在,没敢发表明确意见,只是暗中观察着板垣的神态。

马占山是张景惠的绿林同党,自然随声附和委员长的意见。

据李文达先生告知笔者,通过查阅敌伪旧档案证实,在伪满洲国独立和彻底出卖主权的问题上,与会者中,马占山以回去商量一下为由,没有当场签名,很可能是在这个问题上唯一"耍滑头"而没有签字的历史人物。

言归正传。下边的话题,自然是溥仪瞪大眼珠密切关注的所谓满洲国"国体"。

在第三次东北最高政务委员会议上,"蛤蟆吵坑"根本不起作用。到最终,板垣一言九鼎地以"太上皇"口吻,传达了关东军的命令,除立即发布"建国宣言"以及有关法令外,明确满洲国政体的头头为"执政"——一个不伦不类的称谓。

据说,这三次会议,每次时间都不超过一两个小时,充其量只是一个形式罢了。

然而,仅是走形式的会议,对于溥仪而言,却已经是实质性的"定位"。

密谋于关东军参谋长三宅光治室内的决策

殊不知,早在"四巨头会议"之前,日本关东军参谋本部已就此事召开过秘密会议,做出了决定。说穿了,所谓"四巨头会议"不过是台前的一场傀儡戏罢了。

一九三一年初,日本关东军参谋本部在第一部长建川美次少将主持下,提出了解决满蒙问题的昭和六年的《形势判断报告书》,指出要按照三个阶段进行:一是建立亲日政权;二是建立独立国家;三是由日本占领满蒙。

直到六月间,才在此基础上完成了《满蒙问题解决大纲》。

九月十九日,建川美次在关东军参谋本部会议上,更进一步明确,建立亲日政权取代张学良政权,然后建立独立国家——满洲国。

此时,溥仪尚且不知,决定命运的关键性日子到来了。

九月二十二日,在沈阳公馆一号室,亦即关东军参谋长三宅光治的房间,奉天特务机关长土肥原贤二大佐、关东军参谋本部的板垣征四郎大佐、石原莞尔中佐、片仓衷大尉五人,经磋商,达成了统一意见。

嗣后作为关东军的意见,以参谋本部《关参四一一号电报》,正式呈报给了陆军大臣和参谋总长:"由我国支持宣统帝为首领,在东北四省及蒙古领域建立支那政权,使之成为满洲各民族的乐土。首领及我帝国所需国防外交等诸费用,均由新政权承担。"

这是日本绝密档案当中,第一次明确提出由宣统帝溥仪出任"首领"的正式文件。

据说,最终提出并确定溥仪为"执政"唯一人选的,却是根本没出席此次会议的建川美次少将①。

这一点,并不广为人知。

旅顺——郑氏父子一软一硬胁迫溥仪

此时,溥仪仍然满心狐疑,依然未参透日本关东军葫芦里究竟卖的什

---

① 建川美次,毕业于日本陆军大学第21期,时任日本参谋本部第一部长。后曾任驻苏联大使,官至陆军中将。1945年逝世。

么药。

摊牌的时间终于到了。

一九三二年二月二十三日,关东军参谋板垣征四郎大佐再次来到旅顺,与溥仪在肃亲王公馆密谈。这是日本人第一次正式向溥仪通报即将成立的满洲国的所谓"政体"构架。

实际上,早在三天前,即二月十九日——溥仪度过生日的第二天,就确切地获知,日本人操纵的"东北行政委员会"已通过了建立所谓"满洲国"的决议,而绝非他理想中的复辟"大清国"。

溥仪在《我的前半生》未定稿中,曾经真实地记述了内心的感触:"我关心的只是要复辟,要他们承认我是个皇帝。我如果可以不当皇帝,我在世界上的存在,还有什么意义呢?"

他后悔之极,不应该早早接受日本人诱惑而逃离天津。然而,此时已踏上了一条不归之路,悔之晚矣。

接着,板垣征四郎的话,更使他如坠冰窟,"阁下,这不是大清帝国的复辟。东北行政委员会通过决议,一致推戴阁下为新国家的元首——'执政'。"

溥仪最难以忍受而气愤的是两个字的根本区别——宣统皇帝或皇帝陛下的尊称,竟被"阁下"一词取代了!他后来回忆说,当时全身的血都涌到了脸上,是可忍,孰不可忍!

当天,板垣征四郎正式通知溥仪,要他出

溥仪与伪满洲国总理大臣郑孝胥

任新国家的"执政",宣布这次就职并不意味着清朝复辟,而是要建设一个五族共和的"新满洲"。同时声明,日本人要在这个即将成立的傀儡国家当权。

溥仪立时翻脸,认为当初在天津受到了土肥原的欺骗,当即断然拒绝了以上条件,愤然拂袖而去。

这里有一个插曲。事先,年已八十高龄的陈宝琛师傅,也闻风来到旅顺,对溥仪作了最后的教诲:"共和、总统之说,皇上万不可应。若非复位以正统系,皇上将无以对待大清列祖列宗在天之灵。"

当板垣征四郎走后,溥仪想起陈师傅的话,就在屋内开始歇斯底里地大骂土肥原,咒骂板垣和关东军,骂到兴头上,竟然抄起一个茶杯,猛地摔在地上……此时四散飞溅的碎片,又何尝不代表着溥仪破碎的内心?

谁知,溥仪的态度早已被老谋深算的板垣征四郎料到。次日,板垣即把郑孝胥等几人叫到大和旅馆,悍然宣布——如果溥仪不接受日本军方要求,就是日本人的敌人,接下来,就将采取对待敌人的手段。

溥仪当时不知,郑孝胥早已被日本人暗中威逼加利诱拉拢了过去。当然,郑孝胥最了解"皇上"的真实心态,于是,回来就向溥仪转达了板垣的原话。

溥仪立时傻了。

然而,溥仪更没料到的是,郑孝胥进一步的谈话态度,更显得异常狠毒,明确表示,如果溥仪拒绝板垣的要求,自己就扔下溥仪不管,一走了之。

郑孝胥对于溥仪看得很准,瞄准其要害,屡屡威逼恐吓。

紧接着,郑孝胥的儿子郑垂又出场了。他说的是软话,讲出的是大道理:不入虎穴,焉得虎子?否则性命不保——首先不吃眼前亏,将计就计,可先答应日本人要求,等将来我们掌了权,再想办法对付他们。否则,性命不保则一切都完了。

结论是,子姑待之——将来自有办法。

就这样,郑孝胥父子俩的一软一硬,果然奏效。溥仪思虑再三之后,紧皱着眉头,勉强答应出任满洲国"执政"。

但溥仪仍然固执地重申,暂待一年,如仍不能当上满洲国"皇帝",则辞去"执政",另寻他路。

此时,溥仪听说板垣征四郎邀请郑孝胥和罗振玉赴沈阳,猛然想起了自己密藏的珍宝玉器,于是亲手挑选了几件,交给罗振玉转送板垣征四郎。

更主要的是，溥仪亲手将所写的复辟大清的"十二条理由"①，同时转交板垣征四郎。

其实，前八条是溥仪亲手撰写，后四条则是皇后婉容过去的师傅陈曾寿添加的。临别之际，溥仪一再叮咛两位老臣，务必力陈利害，以图转机。

正如溥仪在《我的前半生》中所提及的，他在旅顺两次先后接见所谓"恳请权领满洲新国执政事务"的"请愿团"，则完全是他在心知肚明的前提下，由日本人在背后支持组织扮演的一场"假戏"。

也正是在日本关东军的幕后策划下，三月三日和三月七日②，所谓民众请愿代表相继两次来到旅顺，请求溥仪"出山"。

第一次，凌升③以及张之洞之子张燕卿和谢介石一伙九个人来到驻地，当场向溥仪呈上了"推戴书"④。

谁知，溥仪在预先安排好的接见中，竟装模作样地婉辞"执政"。

颇值得注意的是，经查溥仪答词原稿到正式发表时，其间作过较大修改。

---

① 溥仪所谓复辟大清的"十二条理由"：一、尊重东亚五千年道德，不得不正统系。二、实行王道，首重伦常纲纪，不得不正统系。三、统驭国家，必使人民信仰钦敬，不得不正统系。四、中日两国为兄弟之邦，必须尊崇固有之道德，不得不正统系。五、多数人厌恶共和，思念本朝，故不得不正统系。六、满蒙人民素来保存旧习惯，欲使之信服，不得不正统系。七、若中国得以恢复帝制，于两国人民思想上、精神上保存至大，此不得不正统系。八、大清在中华有二百余年之历史，在满洲有百余年之历史，从人民之习惯，安人民之心理……巩固贵国我国之皇统，不得不正统系。九、保存东方固有之精神，挽回濡染欧风之弊习，为趋明治大帝，不得不正统系。十、若实行共和制度，取消蒙古诸王公以前爵号，则因失望而人心涣散，更无由统制之，不得不正统系。十一、予欲以东三省为张本，推至于东亚共存共荣，两国政体不得歧异。为振兴两国国势起见，不得不正统系。十二、予自辛亥逊政，退处民间，今已二十年矣……实以所主张者纯为人民，纯为国家，纯为中日两国，纯为东亚大局起见，无一毫私利存乎其间，故不得不正统系——以上简引自本书作者收藏的溥仪《我的前半生》1962 年 10 月未定稿本。

② 《我的前半生》中，将这两次所谓"请愿"分别写成是 3 月 1 日、3 月 5 日。疑有误，特在此处提出异议，供参考。

③ 凌升，字云志，时任伪兴安省省长。后来被日本人杀害。

④ "推戴书"原文如下：伏维有清，圣贤迭作，垂三百年，深仁厚泽，浃于民心。辛亥逊位，以不忍涂炭生灵，而争一家一姓之私。遂以政权公诸天下，让德光昭，尤为中外国人同所顶仰。讵自共和成立以来，纪纲日堕，争战频仍，军阀党徒，迭为消长，祸国殃民，于今弥烈。而我满蒙各地，既为残暴所凭，更受渝胥之苦，水深火热，呼吁无门。今幸一旦廓清，亟应与民更始。爰建新国，名曰满洲。惟是天生蒸民，必立之长，讴歌讼狱，民意是归。事经行政委员会博征舆论，密察群情，研虑再三，久而复定。检以前清宣统皇帝，冲龄逊政，功德在民，念载潜居，声闻益懋。谨以我三千万民众一致之推戴，恳请权领满洲新国执政事务。想当年救民为志，不惜敝屣荣华。今者仍以救国为怀，纡尊屈任，正无悖夫初心。况辽沈为丰镐旧邦，谊同桑梓，痌瘝在念，何能恝然。务乞俯徇民意，即日就任，以慰来苏之望。谨合词吁请，派遣凌升等赍呈渊鉴，临笺不胜迫切待命之至。三月三日。东北行政委员会（印）——引自《溥仪私藏伪满秘档》

譬如，原稿中"今三省代表等前来"，改为"今某某等前来"。这样不仅消除了仅"三省代表"的局限，以俾作代表更大范围的民众，又使溥仪的答词具有较大回旋余地，可谓煞费苦心。

直到第二次，请愿代表突然增加到二十九人，可谓蜂拥而至，再次以无比"虔诚"的态度向溥仪递上了一份言简意赅的"推戴书"。全文如下："前以群情推戴，合词吁请，俯徇民意，暂领满洲新国执政事务。伏承温谕，益见冲怀。此次皇帝念满蒙黎庶，屈志救民，盛德谦光，同深感戴。至日后政体，设有违忤不适之处，去就自当敬遵圣意，决不敢丝毫相强。特在陈明，仍恳早言凤驾，以慰三千万民众喁喁之望。三月七日。东北行政委员会（印）①。"

这样，溥仪才算按照事先预谋，假戏真做地勉强答应下来，随即发表了早已准备好的书面"答词"②。

一直到这次表演结束，溥仪才装模作样地接受了满洲国"执政"这一傀儡职务，并且确定年号为"大同"。

可以看到，溥仪在其中强调的是"暂任执政一年"，以逼迫日本人早日使他变成"皇帝"。这才是其真实用意。

近年，越来越多的新史料表明，整个所谓推戴的过程，完全是一场骗局。充其量不过是溥仪与日本关东军暗中策划的一个自导自演的傀儡戏而已。

所谓两次民众"推戴书"和溥仪的答词，均是由秘书班子集体起草，更是经过了日本关东军的审阅把关。

不可忽视的是，第二天，溥仪又按照日本关东军的要求，返回到汤岗子，在此签订了丧权辱国的"卖身契"。

对此拙劣的欺骗手法，连曾任日本奉天总领事的石射猪太郎，也在多年之后作出了这样的评论："证明其行为必要性的理由，全部都是虚构的。其中，最大的借口莫过于'三千万民众的民意'，以此为理由建立了满洲国。除了数

---

① 摘引自《溥仪私藏伪满秘档》。
② 溥仪的第二次"答词"，全文如下：前表愚衷，未蒙矜谅，更辱推戴，感悚交深。慨自三省变兴，久失统治。承以大义相责，岂敢以暇逸自宽，审度再三，重违群望。今者宪法尚未成立，国体尚待决定。窃以为天下无弊之法，所者两权相其重轻，才力有不及之时，要贵自知其长短，固不敢强人而从己，亦未敢违道以趋时。今与国人为约，勉竭愚昧，暂任执政一年。一年之后，如多陨越，敬避贤路。倘一年之内，宪法成立，国体决定，若与素志相合，再当审慎，度德量力，以定去就。若其未合，即当辞退。此约必得国人公认，然后敢承，期有出言可践之实，庶免为德不卒之讥。盖天下有明知其法之善，尽心而为之，或有不如初志者矣；未有明知其法之不善，违心而为之，而或收善果者也。覆辙未可重迹，徇人必至失己。愿得一言，以为息壤，此心瞰日，幸垂谅焉。——引自《溥仪私藏伪满秘档》

在日本人操纵下，所谓"促进建国运动大会"代表赴关东军司令部恳请关东军"协助建国"

名清朝遗臣之外，难道有一位东北三省的中国民众希望独立吗？首先根本没有舆论，所谓的舆论全部都是形式上的弄虚作假。"①

事实上，通过这一轮的假戏真唱，溥仪已经被绑在了日本关东军的"战车"上，明知根本无路可走，只能硬着头皮往前强撑。

是死是活，他已全然不顾。

---

① 引自石射猪太郎著《外交官的一生》。

拾肆 出任伪满傀儡「执政」

日本关东军恐吓溥伟祭祖，吓破"小恭王"的皇帝梦。

溥仪根本不知，日本关东军对于伪满洲国的"元首"人选事先做了"三个预案"，更不知郑孝胥父子在背后与日本人暗中达成了什么交易。这里还应揭开一个历史绝密——溥仪就任"执政"前，就与日本人签订了卖国求荣的"秘密协议"——却在《我的前半生》中撒了谎，故意将此写成是郑孝胥瞒着自己而与日本关东军司令本庄繁所签订的"秘约"。

真相是，当溥仪赴长春途中，就与板垣在汤岗子温泉秘密签订了"卖国契约"。显然，溥仪签署的是一纸预支的"卖身契"。

图片说明：日本天皇在火车站迎接溥仪

岂非咄咄怪事？

众所周知，一九三二年三月一日，在日本人操纵下，东北行政委员会在沈阳发布了《满洲国建国宣言》。

奇怪的是，满洲国已公开建立，国家"元首"却仍虚位以待。

不久后，日本关东军才最终决定由溥仪出任"执政"。但溥仪能否顺利完成"执政"就任仪式，就成了关乎"建国"成败的焦点。

关东军参谋片仓衷大尉忧心忡忡地在三月一日记载的《满洲事变机密策略日记》中，直笔写道："现在虽然只剩下了迎接'执政'就任，但不得不说新国家前途艰难……"

这说明，日本关东军依然担心溥仪是否能老老实实地如期参加就任典礼。

从另一方面来看，溥仪当上满洲国"执政"，也有两个真实的内幕须交代。

一是郑孝胥以"一走了之"威胁溥仪，其实质却是郑孝胥父子在幕后与日本人达成交易，内定以郑孝胥出任总理大臣以及两个儿子都当上执政府的秘书官为交换条件。值得一提的是，三十年之后溥仪才知道，郑孝胥为促成溥仪出任"执政"，竟然收下了日本关东军一百万元"保密费"。

二是日本关东军果断处理"小恭王"溥伟事件。

直到上世纪六十年代初，溥仪才知晓，日本关东军事先作了三个预案：

第一个预案是准备让段祺瑞出任执政——与民国"执政"名字相同①；

第二个预案是由恭亲王溥伟出山，国名都已确定，叫"明光帝国"；

最后一个预案，才是由溥仪出任满洲国"执政"。

最终，日本关东军还是考虑"宣统皇帝"名正言顺，影响力更大一些，充当满洲国傀儡最"贴切"，这才策划了一系列诱使溥仪"出山"的阴谋。

吓破溥伟的"皇帝梦"

日本人事先向溥仪开出了一纸空头支票——将来出任满洲国"皇帝"。

---

① 北京东城区铁狮子胡同十字路口西北角，一座大红府门口，竖立着一通文物保护碑，上面镌刻着段祺瑞"执政"府所在地。

对此,溥仪始终犹豫不决。究竟是什么促使溥仪下了最后的决心呢?

一九三一年十月,发生了一件不大不小的"意外"。

在日本人的眼皮底下,恭亲王溥伟戴上三眼花翎,身挎腰刀,俨然唱戏登台一般,带领各色人等去新宾、沈阳北陵等"祭祖",一时闹得沸反盈天。

其实一望而知,此举为醉翁之意不在酒。之后不久,溥伟便公开发表了具有弦外之音的谈话:"没想到,我这次'祭祖'竟然聚集了这么多人。"

这倒也并非全是谎话。溥伟的身边有不少日本浪人,还有一些清朝遗老遗少,都梦想溥伟能当上满洲国皇帝好跟着沾光。哪知,"祭祖"行径意外打乱了日本关东军的部署,甚至引起了局部混乱。

忽然有一天,日本关东军指令日本驻朝鲜高级参谋金子定一中佐,在沈阳满铁医院借了一个房间,让肃亲王善耆的儿子宪立,把正在做着皇帝梦的溥伟约来谈话。

为什么日本人偏偏把一个远驻朝鲜的日本军官调来,对溥伟训话,奥妙何在?

原来,金子定一在中华民国留学生队里当过中队长,与肃亲王的几个儿子都有师生之谊。可见日本人机关算尽。

俨然两军对阵。在宪立一句句翻译之下,金子定一对溥伟铁青着脸,毫不留情地下达了逐客令:"你这种行动,和大日本皇军的方向截然抵触。希望你赶快断了当皇帝这个念头,立即老老实实回大连当寓公去吧。"

听到最后通牒,溥伟哭丧着脸,诉说了一番苦处。大意是,闹到这地步,周围跟了一群追随者,简直骑虎难下,如何收场?

说着,"小恭王"声泪俱下,"我无法遣散这些人,现在连住店钱也掏不出来,就是返回大连,饭店也不会放我走的。"

没想到,金子定一听到这儿,哈哈大笑:"原来是这点儿区区小事,没关系。大日本军部负责全部解决,只要你撒手走掉就行了。"

当即,溥伟勉强止住了哭声。金子定一立马让宪立买来赴大连的火车票,还送给他一些路费。算是强行轰走了这位溥仪的竞争者。

这是溥仪尔后才知道的。此前,日本人多次向他明里暗里透露:"你溥仪也不止一个竞争者……"

这些都使溥仪感到了无形的压力,终日寝食难安。思来想去,如不就范,恐怕小命难保。渐渐地,对生存的渴望压倒了难以摆脱的恐惧感,以致慢慢走上了日本人早已掘好的"陷阱"。

溥仪就任"执政"前签订"卖国秘约"——却在《我的前半生》中撒谎

在种种利诱和压力之下,溥仪最终屈服了。

一九三二年三月六日,早晨七点半,溥仪离开旅顺,赴长春准备参加三月九日的满洲国"执政"就任典礼。

但日本关东军明确通知溥仪,此行必须事先前往汤岗子温泉。

所去何为?溥仪暗自猜测着。

午后一点多,溥仪一行人再次住进总是带给他不祥之感的对翠阁宾馆。原来,他的老对手——日本关东军板垣大佐正在这里"恭候"。

当天的见证人——日本关东军参谋片仓衷,在一九三二年三月六日的《满洲国事变机密策略日记》中,作了明确记载:"这一天,板垣参谋到汤岗子,决定最后的人事安排,并与溥仪签订有关国防、交通及其他问题的协议。"

这一篇由关东军参谋片仓衷当天写下的日记,应该说是比较可信的。

然而,溥仪滞留于汤岗子温泉,心情到底如何?

据跟随在溥仪身边的当事人——溥仪的二妹韫龢回忆,虽然溥仪在表面上有意开着轻松的玩笑,但依然能看出他的心情非常沉重和复杂。至于究竟为什么,二妹当时却是丝毫不知情。

实际上,此时此地,溥仪的所作所为,是在为他的一生来"定性"——到底是不是"卖国贼"。

换句话说,这是溥仪人生的最关键时刻。

而溥仪在《我的前半生》一书中,故意将此写成他就任"执政"之后——在《日满议定书》签订大约一个月前的八月十八日,郑孝胥拿着一堆文件到"勤民楼"请求溥仪批准。

这里指的是《满日议定书》的"秘密协定"附件,其中包括溥仪所谓未经自己许可而郑孝胥与本庄繁签订的出卖有关铁道、港口、资源等管理和建设权内容。溥仪在《我的前半生》中,这样写道:

> 郑孝胥对我说,"这是臣跟本庄司令官办的一项协定,请上头(指溥仪)认可。"
>
> 我一看这个协定,就火了。
>
> "这是谁叫你签订的?"
>
> "这都是板垣在旅顺谈好的条件,"他冷冷地回答,"板垣跟上头也早

伪满洲国总理郑孝胥(右坐者)与日本关东军司令兼特命全权大使武藤信义签订《满日议定书》

说过。"

"板垣和谁说过？我就没听他说过。就算他说过，你签字之前也要告诉我呀。"①

显然，溥仪在《我的前半生》中，撒了一个弥天大谎，故意将此写成是郑孝胥瞒着自己而与日本关东军司令本庄繁签订的"秘约"。不仅如此，溥仪在《我的前半生》中还坦白了自己的内心恼怒："我恼的是，郑孝胥过于擅自专断，竟敢拿我的江山去跟日本人做交易……我在气恼而又无可奈何之下，追认了既成的事实。"②

现在具体来看，溥仪在《我的前半生》中撒了什么谎呢？日本历史研究学者中田整一在最近出版的一本日文书里，揭穿了溥仪的把戏：一是溥仪把签订《满日议定书》的附件——所谓"秘密协定"的责任，全部推给了郑孝胥；

二是溥仪把三月六日在汤岗子温泉与板垣大佐之间签订的秘约，故意混

---

① 引自溥仪《我的前半生》。
② 引自溥仪《我的前半生》。

丧权辱国的《满日议定书》中文原文

淆,而写成了八月。

显而易见的是,当《我的前半生》出版时,郑孝胥早已去世,根本不可能站出来证明历史真相了①。

其实,溥仪内心再清楚不过——这是他在汤岗子温泉早就与日本人达成的秘密协议。

这里还应揭开一个秘密。这次溥仪与板垣在汤岗子会谈签署的秘密文件是三月六日,而后来对外公布的日期则是三月十日。原因何在?

因为,精于算计的日本关东军非常清楚,在三月六日,溥仪还未就任满洲国"执政"。

只有三月十日签署的公文,才具有法律意义。

也就是说,当溥仪赴长春即将就任"执政"途中,就与板垣在汤岗子温泉签订了秘密的"卖国契约"。显然,他签署的是一纸预支的"卖身契"。

毫无疑问,艰难地迈过板垣这道铁门槛,溥仪这才乘坐火车来到长春。

前来迎接的清朝遗老遗少中,竟然有几个打着清朝黄龙旗,声泪俱下地对溥仪倾诉说:"我们都等了'皇上'二十多年了!……"

听到这些,溥仪激动得热泪涟涟。

然而,溥仪当上的并不是皇帝,而是所谓"执政"。首都,是日本人指定的

---

① 此内容参阅中田整一著、喜入影雪译:《溥仪的另一种真相——秘藏日本的伪满皇宫最高机密》。

"新京"——即长春,国旗则是满洲国"五色旗",更不是大清黄龙旗。

次日清晨,在长春举行的所谓"执政就职典礼"上,日本关东军司令官本庄繁、参谋长三宅光治、高级参谋板垣征四郎及陆军中将石原莞尔等人,身穿礼服郑重出席。在群魔乱舞的典礼上,溥仪并不愿意亲自出头念什么"执政"的公文,而是委托郑孝胥代为宣读了《执政就任宣言》。

执政就职典礼结束的标志,就是在原长春道尹公署的院内,溥仪亲手升起了伪满洲国的五色国旗。

眼望着傀儡旗帜徐徐升起,溥仪心绪复杂,并不满意眼前的"执政"地位,仍把希望寄托在一年之后的"皇帝梦"上。

梦幻果能成真?

访 日 丑 剧

"汉奸"这个名词,乃溥仪一生的最大耻辱。

伪满洲国有三个标志,可以证明溥仪彻底沦为了日本军国主义的走狗——汉奸。

一是他与日本人签订的《满日议定书》,彻头彻尾出卖了祖国利益。而事先在汤岗子温泉所秘密签订的"协定",则是其"卖身契";

二是溥仪先后两次访问日本,认贼作父,彻底投入了日本人怀抱;

三是迎回所谓"天照大神"。

为使溥仪成为日本关东军的忠诚殉葬者,日本人终于在一九三四年三月一日,让溥仪如愿当上了"康德"皇帝①。

日本天皇裕仁特意委托其弟秩父宫向溥仪赠送"大勋位"和菊花颈饰——"菊花大绶章",而且向皇后婉容赠送了"宝冠章"。一系列"动作"使溥仪受宠若惊。

人所共知,溥仪在一九三五年四月以及一九四〇年五月,两次访日。

先讲溥仪第一次访日。为报答日本人允其当上"皇帝"之恩,且答谢日本天皇派其弟秩父宫前来参加即位仪式,溥仪决定亲赴日本进觐日本天皇。

令溥仪甚感意外的是,日本天皇裕仁不仅派军舰来大连迎接溥仪,而且格

---

① 据溥杰先生回忆,溥仪之所以将伪满洲国皇帝的年号称为"康德",因为溥仪崇拜康熙皇帝开疆拓土的气概和光绪皇帝忍辱负重的胸襟,故在"康熙"和"德宗"(光绪皇帝的谥号)中,各取前一个字,合成"康德"。

溥仪（前者）在伪满时访问日本登上军舰

外给面子，天皇还亲自到火车站迎迓溥仪。

当溥仪回拜日本天皇时，裕仁还在溥仪下榻的赤坂离宫，向他赠送了菊花章颈饰，并宴请溥仪。

次日清晨，溥仪献媚地前去日本天皇的家庙，即明治神宫顶礼膜拜，不仅参拜了靖国神社，还在下榻的寓所会见了土肥原贤二、冈村宁次、片仓衷、驹井德三等日本关东军的头面人物。

更可耻的是，溥仪还到日本天皇裕仁父亲大正的墓地，为其烧香上坟。凡此种种，足证溥仪认贼作父，俨然成为日本人名副其实的"孝子贤孙"。

接着，溥仪还到日本陆军第一病院，慰问侵华的一百一十五名日本伤员。

在东京，溥仪先后两次看望天皇的母亲，搀扶着老太太散步。甚至夸张地说，以后每当太阳升起的时候，就会想起老人家。听起来，实在令人肉麻。

三十年后，连父亲临终都没见上最后一面的溥仪，万分痛悔地写道："我真是后悔莫及，当初连父亲载沣都没搀扶过啊……"

在访日那些日子里，溥仪过足了日本瘾。在日本遍览名胜——东京、京都、奈良、大阪等地，直到四月二十七日，才返回"新京"（长春）。

刚回到长春，溥仪就颁布了回銮诏书，堂而皇之地写道："与友邦一德一心，以奠定两国永久之基础。"

但在《我的前半生》中,溥仪却没有明说,这其实是在他准备乘船回国前,受伪满洲国国务院总务长官远藤柳所嘱而写。这位日本天皇的代表,要求溥仪回国后,尽快发表一篇诏书,将对日本人的感谢昭布"全国人民"。

谁知,当汉奸还有比溥仪更积极的。溥仪甫抵长春,郑孝胥早已经拟出"诏书",就等他回来签字了。

由此可见,溥仪凡事都不折不扣地按照日本人的指令行事,同时也可以看出,不听是不行的——日本人甚至越过他,直接向郑孝胥下达指令了。

在此前后,吉冈安直还直接插手此事,亲自斟酌字眼,溥仪只需照抄不误就行了。到最后,只有诏书中的"依存不渝"的依存二字,郑孝胥觉得不像中国话,改成了"依赖"——仅有的改动。

虽然,溥仪内心一直把复辟"大清国"作为终极目标,信奉的是"尺蠖之屈,以求伸也"。为了达到目的,他尽可以忍受任何屈辱,恰如尺蠖为了前行,而不得不先蜷曲身躯一样。郑氏父子的解劝——不入虎穴,焉得虎子,只可暂时成为他掩耳盗铃的借口。

尽管如此,溥仪仍不得不承认第一次访问日本,成为他步入日本汉奸行列的重要标志。

当他一个跟头栽入日本关东军的怀抱时,却蓦然发现,再也无法抽身。

拾伍 解密日本人的《绝密会见录》

身处险境中的溥仪，真假虚实，令无数人雾里看花，一时真伪难辨。

在伪满期间如实记载溥仪行踪的《绝密会见录》五十年后"现身"日本，竟在细微之处道破天机。

密藏起如此珍贵的历史记录者，到底何许人也？

究竟是溥仪还是溥杰，谁先认识的御用挂——吉岗安直，内中掩藏着什么故事？

《绝密会见录》披露了一个世人罕知的惊人史实——溥仪是否否定了溥杰的皇族身份？溥仪是否始终反对溥杰找一个日本妻子，真相何在？

早在《帝位继承法》颁布十二天前，溥仪是否就与关东军植田司令官签订了密约？

《绝密会见录》的记录者，为何被废除"宫内府行走"这一职务？

图片说明：日本人的《绝密会见录》透露了溥仪和婉容在伪满的畸形关系

身处险境的溥仪,使尽浑身解数,一是竭力保全身家性命;二是希图复辟大清,重登皇帝宝座。

面对错综复杂的伪满现状,溥仪真真假假、虚虚实实,让无数人雾里看花,一时难辨真伪。

近年来,日本出版了《溥仪的另一种真相——秘藏日本的伪满皇宫最高机密》一书。此书不仅有助于解密溥仪在伪满洲国的真实心态,也从中道破一些人所罕知的历史真相。

这部书披露了近年来,日本发现的溥仪在伪满期间的《绝密会见录》。这些堆起来高达数米的绝密记录,半个多世纪以来,一直被密藏于日本歌山县御坊市一座仓库里,始终不为人所知。

这被日本学者称之为——"这是五十年一次,不,是百年一次的重大发现。"

"从庞杂的绝密文件中,以全新的视角披露了溥仪伪满生活的另一种真相,与其自传《我的前半生》有所不同。"

《绝密会见录》及其作者

"阴谋"抑或"信史"?

所谓《绝密会见录》的原始记录,从一九三二年十一月开始,至一九三八年四月结束,前后历时五年零五个月。

一九三二年九月十五日,伪满洲国国务总理郑孝胥与日本关东军司令官兼任大使武藤信义签订了《满日议定书》。根据此文件规定,十二月一日,日本在新京——长春设立了日本驻满洲国大使馆。

根据现存的记载来看,《绝密会见录》的记录,早在大使馆建立前十天就开始了。其中一些历史细节,竟然与世人所知乃至与溥仪的《我的前半生》中的记载截然不同。

显然,这为研究溥仪的真实人生,提供了无可替代的第一手史料。

密藏起来如此珍贵的历史记录者,究竟何许人也?

据查,这是一个经历奇特的日本人,叫林出贤次郎。

一八八二年,林出生于日本歌山县日高郡美滨町,以第一名的优异成绩毕业于县立一中,此后当了一名小学代课教师。他的机遇,始于一九〇二年被选为全县唯一的公费生,即赴中国上海留学。

他毕业之后,正值一九○五年——日俄战争期间,旋被外务省录用为职员,奉命到新疆伊犁,冒着生命危险侦察边境情况。

他穿上中国服装,梳成长辫子,化名林慕胜,由两位汉族和蒙古族人陪同,骑着骆驼历时七个月,穿越茫茫无际的戈壁沙漠,翻越高耸入云的天山之巅,经乌鲁木齐进入伊犁,成为第一个到达新疆伊犁的日本人。

林出在这里的调查长达五个月之久,非但与吐鲁番郡王结成了知心朋友,又和新疆乌鲁木齐布政使王晋卿①成为忘年挚友。不仅如此,王晋卿还就将来开办法政学堂和陆军学堂事宜与之交换意见,林出开阔的眼界和独到的见解,无疑备受赞赏,遂被邀请未来执教,林出慨然应允。

初出茅庐的林出贤次郎,以不俗的表现,显示了他的确是一个少见的精干而情商极高的日本年轻人。

返京后,他遂被日本外务省正式录用为驻华中文翻译。出奇的是,他几乎同时被清朝当局看中,又被朝廷聘为清朝教官。故此,林出赴新疆任法政学堂和陆军学堂教官三年,就居住在新疆布政使王晋卿家里,且系统地向王晋卿学习中华文化并演习清朝礼节,这为日后被溥仪所赏识奠定了重要的基础。

一九三二年,林出作为日本特命全权大使陆军大将武藤信义的随从,担任了《满日议定书》签字仪式的翻译。随后,被调往日本驻满洲国大使馆。

渐渐地,林出在与溥仪的密切接触当中,受到了溥仪的极大赏识。这不仅由于他熟悉清朝礼节和中国风俗,也因在"红卍字会"的信仰上与溥仪达成共识。

溥仪视其为"知音",两人关系日趋密切,以致溥仪写成一幅自认为满意的字后,居然会不分白天或晚上召他进宫赏鉴。

有一件事,亦足可彰显溥仪对其信任的程度。

一九三四年三月一日,溥仪由执政转为"康德皇帝"。宫内须设"宫内府秘书长官"一职,相当于秘书长。溥仪和伪满大臣一致要求林出就任此职。而与此同时,日本各方也非常看好他。但如果林出担任满洲国职务,则必须辞去日本大使馆二等书记官的外交官身份。

然而,溥仪不舍得失去林出陪伴,于是,"赐"给他一个满洲国"宫内府行

---

① 王晋卿,祖籍热河承德人,生于直隶保定新城。36岁中进士,历任户部广西司主事、新疆布政使等。

走"之职——满洲国原无该职,这是从紫禁城内的官职硬"套"来的。其中一个特权,就是可以自由进出于宫禁。

这样一来,林出既相当于溥仪的贴身秘书兼翻译,又担任了没有薪水的日本关东军司令部特约事务员,而且还成了日本关东军翻译。同时,继续在日本驻满洲国大使馆担任二等书记官。身兼数职,实属罕见。堪称是伪满官吏史中的"唯一"。

值得一提的是,溥仪时年仅二十六岁,林出却已年过半百,仍不时照顾溥仪的生活,形影不离,俨然形同父子。

可以说,林出获得了溥仪的绝对信任。

至于《绝密会见录》出笼的背景,却是颇有意思的。据考证,当时因为日本驻满洲国使馆与关东军经常发生重大分歧,以致大使馆只占据关东军司令部一个小角落。又因历任的关东军司令官无不兼任日本驻满洲国"特命全权大使",因此与大使馆关系堪称"极为微妙"。

为避免日本国内决策出现重大失误,日本驻满洲国大使馆的外交官冒着极大风险,遂将每次溥仪与关东军司令官会谈的绝密情报,秘密报送外务省。

但为防止军部察觉,且应对责任追究,外务省高级官员绞尽脑汁,想出了一个妙招,即由林出把会谈的绝密情报,直接报给日本外务省的东亚局长,属于半公半私性质,既避开了大使审查,也同时逃脱了关东军司令这一关。

据日本学者考证,当时外务省能够阅读《绝密会见录》者,绝不超过三人,即日本外务大臣、次官以及东亚局长。显见其绝密程度。

这些《绝密会见录》,以对话的形式,生动记载了满洲国皇帝溥仪与日本方面,诸如日本关东军历任司令官以及政要人物的会见内容。可称当时外界绝对无法获知的"密室会谈记录"。

据统计,《绝密会见录》所记载的会见谈话,共计四百九十六次。包括溥仪与之谈话的日本人二百一十多人,有的甚至谈了不止一次。其中主要人物,大多是历任关东军司令官,诸如武藤信义、菱刈隆、南次郎、植田谦吉、梅津美治郎以及山田乙三等先后六任。

其他日本军界赫赫有名的将领,如陆军大臣林铣十郎、曾任关东军司令本庄繁、板垣征四郎、土肥原贤二、东条英机,以及日本皇族秩父宫等人,甚至日本围棋国手吴清源,也在会谈记录名单当中。一部会见录几乎囊括了日本军政界的所有主要重量级人物。会见录的珍贵程度,亦由此可见一斑。

据记载,有时溥仪与关东军司令官会谈竟长达两小时之久。负责起草

《绝密会见录》的林出贤次郎，每次均把副本底稿留在自己手里，又转而藏匿于家乡的仓库里。这为历史留下了弥足珍贵的真实史料。

近年，《绝密会见录》的公开，被日本史学界称为"揭开了满洲国中枢的秘密，写下了埋没在历史深处的史实"。

《绝密会见录》披露了什么绝密内容

欲盖弥彰，还是昭然若揭？

《绝密会见录》究竟记载了一些什么绝密内容？

据时刻不离溥仪左右的"满洲国帝室御用挂"①——吉冈安直，向前苏联克格勃当局交代，关东军司令官要在每个月逢"一"之日，即每月一日、十一日、二十一日这三天拜会溥仪，传达日本政府的政策方向与意向，并且彼此交换意见。

也就是说，举凡日本关于伪满洲国的重大决策与人事安排等极端机密，包括所有敏感内容，无不在内②。

颇具历史价值的是，在每一次的会见记录中，都详细记录着会谈的具体日期和时间、所在地点以及会谈参加人物和身份。譬如，在溥仪第一次会见记录中，明确记载着："昭和七年十一月二十一日，下午两点十分至四点十五分，在执政府执政居室，执政与武藤大使会见（林出同席翻译，共三人）。"

一年多之后，溥仪从"执政"变成了"康德皇帝"，《会见录》对于他的称谓也变成了"皇帝"。

究竟会谈的内容能具体细化到什么程度？这里试举两个例子。

一九三六年一月十三日，溥仪与关东军司令官南次郎新年的首次会谈开场白，能在很大程度上说明一定内情：

南次郎说："今天是新年的初次谒见，有两件要事想与陛下商量。不

---

① 日本关东军所设置的用来作为溥仪与日本高层沟通的专门职务。
② 据日本学者中田整一所述，《绝密会见录》所记录的会谈内容，涉及许多方面：满洲国的人事组阁；关东军和皇帝、国务总理在人事安排上的交涉；有关国政的议案；溥仪访日；满洲国帝室大典；帝位继承法；满洲国面临的国际形势；日本国内发生的"二二六"内乱事件；满洲国高官被逮捕正法事件；热河作战始末；卢沟桥事变和中日战争战况；日本皇室；皇弟溥杰的婚事；溥仪"选妃"；日本移民和满洲国民众的摩擦；满洲国农民穷困的生活状况；对日满双方有关人物的评介；各种流言传闻；溥仪的个人兴趣、艺术观以及中国古典文化知识等等。《绝密会见录》把满洲国初创时期属于最高机密的会谈，事无巨细地记录了下来。

知屋外能否听见谈话的内容？"

溥仪回答说："请放心，屋外绝对听不见谈话内容。"

"近日收到本庄繁侍从武官的来信。信中详尽讲述了日本皇宫内的情形。天皇陛下、皇后陛下、皇太后陛下均玉体安康，皇子的成长也非常顺利，皇太子特别康健，在房间里跑来跑去地玩耍（此处略）。与日本皇室的兴旺相比，臣下不由感到满洲国的皇室实在颇显寂寞……"

伪满洲国皇帝旗

切莫忽视这次似乎非实质的轻松谈话。自从这一天之后，溥仪的皇位继承问题，就被正式提到议事日程上来了。

进一步而言，《皇位继承法》的出笼，也是这次试探性谈话的幕后阴谋之一。

不难看出，伪满洲国发生的重大事件，无不与此绝密会谈息息相关。

有意思的是，《绝密会见录》中还记载着一次溥仪与关东军司令官南次郎的会见，表面似乎与政治毫无关系，居然专谈溥仪收藏的古籍。

溥仪在会谈开始不久，便娓娓谈起："最近在天津那边买到了好书，全套的《图书集成》。价格出乎意料的便宜，只要八千日元。这套书大概能放满这一整间屋子。《图书集成》有两种印刷，根据纸张的好坏，价格也不同。这一次到手的，是纸张不好的。我听说，四十年前英国博物馆的图书馆以十六万两白银买走了一部《图书集成》。"

"乾隆时代的文化达到了鼎盛时期。乾隆帝是一位非常英明的君主，他写的诗也同样非常了不起。读他的诗集，你会看到从一月一日开始到十二月的除夕，每天的事，他都用诗记了下来，如同一部日记。最近我拿到了乾隆帝的诗集，共七套计三万多首诗。从现在起，和大使每次见面，就可以谈一谈其中的一些好诗。读乾隆帝的诗有时会让我落泪，因为他的诗里总是充满了敬天爱民的思想。例如有一首诗，写的是乾隆帝坐在书房里听着窗外的鸟鸣，悠闲地读着书，忽然想到潮州的水灾和北方的干旱，顿时万分忧愁。"

见溥仪言此,南次郎回应道:"日本维新的功臣西乡隆盛①,也把敬天爱民作为自己的信念。所以,虽然有一时期他背负了叛贼的恶名,但是日本国民非常尊敬他。我在天津担任司令官时也曾听说,乾隆时代各种文化都达到了鼎盛时期,所以买了一些乾隆时代的书籍和茶碗。可是,大多数的书籍都是伪造品,有些茶碗里侧写着日本名古屋制造的字样(南次郎和帝等大笑)。"

其实,日本关东军的每次会谈都不是毫无目的,至少总是弦外有音。譬如,这次南次郎抬出日本的西乡背负叛贼的恶名,但仍然受到日本国民的尊敬,无疑就是为溥仪充当日本汉奸而开脱。

而日本关东军谈起中国文物,也并非空穴来风,而是注意到了溥仪从宫中带来的文物及去向,而溥仪顾左右而言他,显然在为各自利益斗智斗勇。

溥仪之所以欣赏林出贤次郎,其中一个重要原因,就是他善于将自身缺点变为优点。林出本是一个光光的秃头,在参加会谈中,时常以此自嘲,开心的笑声有效调解了紧张的气氛。鉴此,日本学者中田整一曾评价说:"以和颜悦色、能言善语和温厚敦实来形容林出,是毫不为过的。"

难怪众人称赞他,平时既严谨又谦虚,既风趣又幽默,也因此以其语言能力和诚实完美的人格,成为溥仪与伪满宫内府、日本关东军和大使馆之间不可或缺的联络协调人员,也就不足为奇了。

据笔者了解,林出贤次郎忠心为溥仪服务,利用偶尔单独相处的时机,拍摄了不少珍贵照片,为历史留下了罕见的镜头②。

显而易见,《绝密会见录》纠正了溥仪在《我的前半生》中的一个讹误。

众所周知,溥仪屡屡提及,假若就任执政后一年仍然未实施帝政,他便可以辞去"执政"。他在《我的前半生》中写道,就任"执政"一周年之后没几天,在定期会谈中,武藤信义就谈起了这个话题。

但在林出的忠实记录上,却没有任何这方面的记载。因为溥仪知道,武藤信义与伪满洲国总理郑孝胥在一九三三年七月十七日,第一次谈及溥仪的帝制之后第十一天,也就是七月二十八日武藤信义突然病逝,这显然再也无从对证。

---

① 西乡隆盛,日本江户时代末期的武士和政治家。"明治维新"成功后鼓吹对外侵略扩张,因坚持"征韩论"遭反对,辞职回到鹿儿岛,兴办私人军事政治学校,后因发动反政府的武装叛乱,史称"西南战争",兵败自杀。
② 林出贤次郎留下了不少颇有历史价值的照片,尤其是溥仪在伪满洲国的照片。本书作者曾花高价收藏了林出贤次郎拍摄于三十年代,由日本出版留存下来的罕见的一部精装珂罗版照片辑——《扈从访日恭纪》。

溥仪永远也不会想到，林出的《绝密会见录》一页不差地藏匿在他家乡的仓库里，居然在五十年后被历史研究者发现。

真实的情形是，当溥仪就任执政一年零四个月之后，武藤信义作为关东军司令官才谈到未来的"帝制"问题。

林出在遗下的会见录中，不仅记下了这一重大细节，还描写了林出的妻子从日本来到满洲国，把带来的丹波桑酒送给了武藤信义。与此同时，武藤信义又把西洋娃娃和点心等礼物赠送给林出的孩子。这些情节，林出显然没有必要编造出来。

但愿溥仪并非顾及面子才"制造"了上述善意谎言，而确实是由于年代久远所产生的记忆误差。

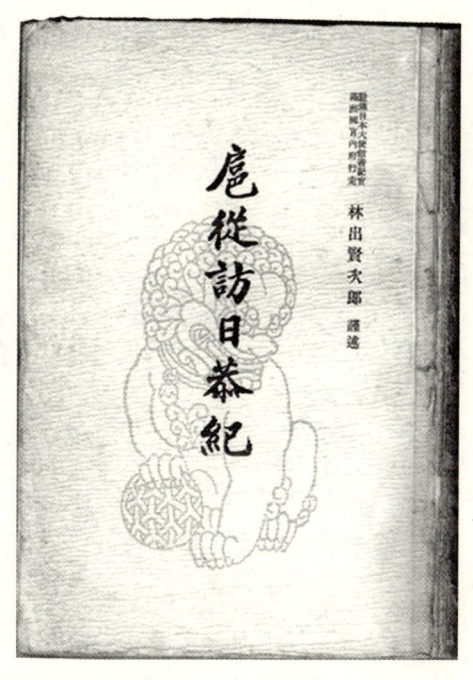

林出贤次郎撰写并摄影，日本原版的精装珂罗版照片辑——《扈从访日恭纪》（由本书作者收藏）

在溥仪还是溥杰谁先认识吉冈安直的问题上，鉴于吉冈的特殊身份，溥仪兄弟间说法不一。

据溥杰先生对笔者讲，他是通过溥仪在天津认识的吉冈[①]，而溥仪则含糊其辞地说："如果说他是溥杰的好友，倒有一半是真的。"

而笔者经查询资料，起初认为溥仪的说法是可信的——再加上相信《我的前半生》的执笔人李文达先生等人，一定作过认真的考证，所以，笔者在撰写《末代皇弟溥杰传》中，按照溥仪的说法写入了书内。现在看来，溥杰自传中的说法，倒是站得住脚的。

在此基础上，通过进一步了解，才知道溥杰先生和妻子嵯峨浩多次讲过，甚至在书中叙述过溥杰在伪满垮台之后，险些用手枪自杀之事，竟然是溥杰在随同溥仪逃往大栗子沟前一天晚上，发生在吉冈安直家中的。

[①] 溥杰在自传中写道：吉冈在日本驻天津部队当上尉参谋时，就和溥仪有过打网球等应酬来往；促使溥仪送我到日本学习陆军技术。这次他是以溥仪的好朋友的资格，邀请我利用暑假归途到他的家乡鹿儿岛去做客的。

如若不是《绝密会见录》披露的内容以及吉冈的女儿——吉冈悠纪子发表文章，笔者即使作为研究溥仪和溥杰的专家，也并不知此事真相到底如何。

显然，细节反映了实质。

始终围绕"帝位"的兄弟婚姻

一派谎言，还是真实记录？

局外人难以理解，溥杰的婚事居然在溥仪的"政治"生涯中占据着极为特殊的位置。

对此，各方存在不同说法。溥杰在自传中说，那年我三十岁，日本关东军想在日本妇女中物色一位对象，以便将来如果因为溥仪无嗣需要我继任皇位的话，这种特定的婚姻关系便可以强化"日满一体"。

而溥仪在《我的前半生》中，则以不同的角度写道："日本人想要笼络住溥杰，想要一个日本血统的孩子，必要时取我而代之。我把溥杰找来训导了一番，警告他如果家里有了日本老婆，处于日本人监视之下，是后患无穷的。我派人让岳父家给他找了一个中国对象，溥杰同意了，但吉冈突然找到溥杰，横加干涉地说，日本关东军希望他跟日本女子结婚。溥杰只得屈从了关东军。"

据笔者所了解的史实来看——经过采访溥杰和其二妹韫龢，俩人都回忆道，溥仪确实曾派二妹到北京给溥杰找一个满族姑娘为妻。而且，溥杰在自传中也提及到了这件敏感的往事。

然而，从《绝密会见录》所披露的事实来看，溥仪对溥杰想娶日本妻子之事并非一无所知，而是多次在日本人面前表示赞同。

事实是，溥仪在那次与南次郎谈及自己"选妃"的话题之后，就自然提起了溥杰的婚事。南次郎对溥仪说："接下来想商量的是，溥杰已明确地断绝了和前任妻子的关系，应尽快再婚。有过一次成家经历的人又变成孤身一人，确实会很寂寞，实在值得同情，尽早建立一个温暖的家庭才好。"

溥仪表示同意，明确地说："确实如此。溥杰在操持一天军务疲惫回家后，家中没有一个能安慰他的人。诚如大使所说，应让他尽早成婚。"

面对溥仪的表态，南次郎追问道："对此，陛下有何特别的想法？"

溥仪则十分圆滑地回答说："只要溥杰自己满意，我就不会反对。"

南次郎意味深长地说："自古以来就有策略婚姻，必须非常注意这一点。务必要考虑溥杰一生的幸福。"

溥仪接着这个话题，发表了长长的一番见解："完全同意。溥杰自己也对我说，对任何人都不持偏见。因此，从日满国交上考虑，如果与日本皇族有此缘分，他自己也感到称心如意，对两国来说没比这更好的了，且能真正体现两国的一致，为两国民众树立亲善的典范，的确是件好事。但满洲国至今还未制定帝室法典，溥杰是否为皇族也依然未定。如果公开进行挑选，并让天皇陛下知道，倘若有什么原因使婚姻无法成立，那么即便是对国交没有任何影响，恐怕两国人民会因此产生不快，如果婚姻顺利成立，但是将来出现不和，同样会导致不好的结果。我想有必要私下进行严密的调查。溥杰已尝过婚姻苦果，对于再婚人选，他认为人品和关心自己是首要条件。最重要的是双方相互理解，能够建立幸福的家庭。"

"从人选上看，满洲人的教育程度低，不懂礼节规矩。北京、天津等处，在中华民国学校受过教育的人又过于热衷西方文化，不太适合。日本人虽然不论是在教育上还是在家庭生活上都无可挑剔，但还需要当事人互相了解。现在溥杰所处环境，与日本人交往机会很少，不能抱什么希望。但是溥杰本人希望进入陆大或是步兵学校学习。若能实现，则会有和日本女子交往的机会，但何时成行一时还定不下，我会经常考虑这个问题。"

从以上溥仪的谈话来看，他赞同溥杰找一个日本妻子，是显而易见的。

对此，日本学者中田整一作了考证，他先后找到了三个人的回忆或日记证实以上记载的准确性。譬如，时任日本宫内省宗秩寮总裁的木户幸一，在一九三六年二月二十八日的日记中更进一步明确写道：

"大臣处得知，满洲国皇帝希望溥杰从日本皇族或华族中寻找妻子。这是南次司令官在写给本庄武官长的信中提及的。"

从史实来看，溥仪在此耍了一个两面派。

溥仪本意是想通过弟弟溥杰和日本皇室联姻，从而借天皇的权威来加固其满洲国皇帝的地位。

谁想，恰恰适得其反。

日本关东军却借势阴谋策划制订了《帝位继承法》。这使溥仪意外地感到了极大威胁。

但是，从《绝密会见录》可以看到，溥仪早在《帝位继承法》颁布十二天前，就与关东军植田司令官签订了密约。这由备忘录和简约两部分组成。

备　忘　录

如果康德皇帝没有男孩，有关皇位继承经关东军司令官同意之后，按照以下步骤决定：

在康德皇帝和皇后之间确定不可能有男孩后，皇位继承需根据天皇的意愿决定。

确定康德皇帝无男孩继承帝位后，根据天皇的意愿决定帝位继承人之后由皇帝进行宣布。

任何一代皇帝都遵照此规定。

康德四年二月十七日

简 约

在确定皇帝没有男孩后，经关东军司令官的同意可选侍奉者入宫。

皇帝之子的教育由日满两国人品高尚者进行。

在适当的时候，皇帝之子需前往日本学习院留学。

皇帝之子必须身为军人、皇帝之女必须下嫁军人。

有关皇帝之子必须身为军人、皇帝之女必须下嫁军人的约定，如遇特殊情况无法照此办理，须经关东军司令官的同意。

侍奉者不属于皇族。

任何一代皇帝都遵照此规定。

康德四年二月十七日

在以上两部分结尾之处，溥仪不仅正式签名，而且钤印上了"康德皇帝"的印玺。

以上文中所讲到的"侍奉者"，显然是指皇帝的"妃嫔"。

尽管签订"密约"也许是溥仪违心之举，但终归是发生过的事实。

图穷匕首见——

在接下来颁布的《帝位继承法》中，更是明目张胆地写道："帝子孙皆不在，传帝兄弟及其子孙。"

此外，《绝密会见录》披露了一个世人罕知的惊人史实，即溥仪否定了溥杰的皇族身份。

在记载溥仪与关东军植田司令官会谈的绝密第六十九次《绝密会见录》中，明确地写道：

"关于溥杰中尉，虽然是陛下令弟，但其身份并不是帝族，而是满洲国的一位平民。"

这亦可以在一九三七年一月六日，木户的日记中得到佐证：溥杰的身份，不是皇族①。

这个微妙的说法,当然藏匿着诡秘的"玄机"。

当然,溥仪自有其如意算盘。而据日本学者分析,日本关东军则另有一种解释,即希望把皇族的范围缩至最小,从而不留下复辟清朝的痕迹。

虽然彼此各怀鬼胎,但溥仪与溥杰之间依然存在着潜在的你死我活的矛盾,却绝非虚构的说法。

在《我的前半生》中,溥仪甚至预见到了最坏的结局:"我相信那个帝位继承法,前面的几条都是靠不住的。靠得住的只是弟之子继之这句话。关东军要的是一个日本血统的皇帝,因此我们兄弟两个都可能做牺牲品。"

显然,溥仪说到了关键的点子上。

对于在日本婚后的溥杰夫妇,日本关东军俨然视为保护的"重点"。六月二十一日的六十九次《绝密会见录》记载着:"来满洲之前,暂且由佐佐木少将和东条英机参谋长夫人辅导溥杰夫妇,照顾他们身边的所有事务,以免他人干涉。"

这是人所罕知的史实。在《我的前半生》和《溥杰自传》中,均不见任何记载。而据我所知,溥杰始终避免提及此事。

当然,随着溥杰婚后妻子嵯峨浩的怀孕,溥仪的心恐怕也跟着提到了嗓子眼儿。一九三七年七月十二日,即卢沟桥事件爆发第五天,第七十一次《绝密会见录》中记载了溥仪听到植田向他通报嵯峨浩怀孕的情况,同时也说希望溥仪早日能有继承人。

"但愿陛下也更加努力。"

没想到,溥仪竟然意外地冒出了两句日本话:"阿里阿多,阿里阿多。"

当溥仪说出这两句日语的"谢谢"之后,仰天大笑。

于是,林出如实记录下了溥仪用日语说出的话,"敏锐地看穿了想要掩饰不安的溥仪的内心世界。"

据考,这是《绝密会见录》中溥仪唯一用日语说出的话。显然,溥仪完全失态了,日本学者形容为,他"寒意渗入到了骨髓"。

直到溥杰的妻子连续生下两个女儿,溥仪这才松了一口气。

---

① 在《绝密会见录》中关于"皇族"的提法,也有时写为"帝族",在此照录未改。

林出的意外结局与《绝密会见录》的披露

历史往往喜欢开玩笑。

结果,时常与愿望相反。据一九三七年十月十三日《绝密会见录》记载,溥仪在结束一次会谈时,颇为信任地对关东军石原副参谋长说:"历任关东军司令官和我会谈,都是由林出担任翻译……虽然有其他翻译,但我都只用林出,谈话内容不会向外泄露,这一点完全可以放心。"

说到此,溥仪忽然身子扭向了林出:"翻译这些也许有些为难,但请如实翻译。"

也就是在这次记录之后三个月,日本关东军通知伪满宫内府,废除了林出的"宫内府行走"这一职务。

虽然,溥仪一再试图阻挡这一人事变动,但终归无效。

究其原因,关东军很可能察觉了林出一直向外务省报送《绝密会见录》。但关东军一直没有明说。一九三八年四月六日,是溥仪访日纪念日,林出在关东军司令官邸出席并拜谒溥仪。与此同时,林出作为日本驻伪满洲国大使馆一等书记官的使命,也在此刻划上了句号。

林出返回了日本歌山县御坊老家。五月七日,再次受命前往中国,负责中华民国临时政府协调工作。一九四一年,林出又被调任日本驻中华民国大使馆参事官。不久,即辞去所任职务,结束了三十多年的外交生涯。

显然当林出所记录的《绝密会见录》戛然而止,亦即七年零四个月之后,溥仪的所谓满洲国也在历史舞台上灰飞烟灭。

此后,林出返回日本,长期从事昭和天皇的中文翻译。昭和二十三年,林出返归思念已久的家乡,荣任日本世界红卍字会会长,直至辞世。

当溥仪去世三年之后,林出贤次郎于一九七〇年十二月亦悄然辞世,终年八十八岁。

值得庆幸的是,日本学者中田整一于一九八五年通过采访,竟意外发现了珍藏在林出之子贤三处的《绝密会见录》。

于是,湮没在历史尘埃中的绝密,被逐渐展卷揭开……

拾陆

伪满洲国无形的
刀光剑影

溥仪哪知，第一次访日却潜藏着直到他死后亦未获悉的咄咄杀机！

溥仪从日本迎来"天照大神"，还奉为祖宗按时祭拜。吉冈郑重通知溥仪：每月都要亲笔抄录一遍日本人拟好的祭文，去"建国神庙"祭拜。溥仪内心极为反感，却又不敢违抗，只好私下捣鬼。那么究竟是谁替溥仪代撰祭文？

有一段在正式出版的《我的前半生》中未见诸文字的内容，那就是溥仪会见汪精卫。吉冈告诉溥仪，应该到长春火车站去迎接，理由是汪精卫现为"一国元首"。溥仪听后，满脸不高兴。内心的真实想法，则在几十年后写入了《我的前半生》未完成稿。

图片说明：溥仪临时"执政府"

走狗,也并不是那么好当的。似乎时刻面临着被"烹"的险境。

充当"傀儡"也绝非易事,总要付出代价,甚至有性命之虞。

在这一点上,溥仪不可谓体验不深。

溥仪第一次访日险遭暗杀

然而,溥仪万万没想到的是,他第一次访日却潜藏着直到他死后亦未获悉的潜在杀机。

根据日本最新披露的档案,就在溥仪首次访日前几天,日本警方刚刚破获了一起策划持枪刺杀溥仪的预谋[①]。

一九三五年四月十四日晚,在东京新宿区执勤的日本警察发现一名携带武器的形迹可疑人员,当即上前询问,哪知,这个人却仓促夺路而逃,遂引发了警察的全力追捕。应该交代的是,日本社会当时正处在异常动荡之中,以致连日本首相犬养毅、浜口雄幸等人也都先后死于暗杀者的枪下。

溥仪访问日本期间视察日本海军

---

① 此部分内容,参引自萨苏先生文章《东京溥仪暗杀计划》。

暗杀的阴影,仿佛久久不散的迷雾,笼罩着日本四岛。

很快,这名嫌犯便落入法网。嫌疑人名叫小见山登①,年仅二十二岁,是日本映画电影公司的演员。

审讯的结果,竟使警方大吃一惊,貌不惊人的普通演员,居然是一个暗杀组织成员,目标则是即将访日的满洲国皇帝——溥仪。

无疑,这一意外事件顿然引起了日本警方的高度警觉。通过调查,他们发现小见山登正在主持一个叫做"示心塾"的诗歌协会,还无偿教授没钱读书的穷苦学生,似有无政府主义或共产党的嫌疑。

战后,小见山登在日本还组织过十万人大签名的活动,强烈要求释放日本战犯,此事曾引起日本社会极大反响。因此,小见山登被日本特高课列入社会"危险人物",终日监视其起居活动。

此前,"九一八"事变之后,小见山登曾强行闯入位于东京的中国大使馆,甚至拔出尖刀威胁中方大使馆人员,旋被日本政府批准逮捕。

小见山登被捕后供认不讳,他和弟子冈岛等人正在暗中策划,准备在溥仪前来东京访问时实施暗杀。这次,小见山登是到新宿去"踩点"而被捕的,因为他听说溥仪访日之际将乘车途经此地。

可怕的是,据小见山登供认,他还计划火烧苏联和英国大使馆。根据日本宝岛社出版的《日本恐怖史鉴》记述,小见山登认为,"满洲国"的存在,将严重影响中国和日本的友好关系,故策划刺杀溥仪,以图瓦解"满洲国"。

据萨苏先生分析,《日本恐怖事件史》一书还举出了一个令人生疑的情节——小见山登实施对溥仪的刺杀,须持有武器。然而,警方搜得的手枪,却是冈岛从"偕行社"②所获得的,而偕行社则声称该手枪为展览品,被冈岛所盗窃。但同时"被盗"的还有这支枪所用的数十发子弹。展品怎么可能带着实弹?这显然不能自圆其说,终成一个历史之谜。

只是对于这次暗杀一无所知的溥仪,不久后便违心地采纳关东军新的"建议"——奉"天照大神"为祖宗,以体现日满协作精神。这,无疑是众所周知的。

但有一件大事,却是溥仪故意蒙骗了所有日本人——

---

① 小见山登,一九一三年生于日本冈山。曾在东京就读大学,辍学之后来到神户,依靠放映幻灯度日,后来被日本映画电影公司聘用,先后在几部日本影片中担任角色。

② 偕行社,是日本陆军士官的俱乐部。

迎回"天照大神"与代撰"祭文"之秘

古语说得好,切不可"数典忘祖"。

日本人也恰恰利用这一点,妄图以各种方式使溥仪彻底忘掉中国祖宗。让他从日本照搬回日本天皇的祖先——"天照大神",便是其中一计。

该事件发生在一九四〇年五月,正值溥仪第二次访日期间。

这次,溥仪在日本待了八天,多次受到日本天皇裕仁的会见,而主要成果则是携带回所谓"天照大神"。

何谓"天照大神"?其实,"天照大神"充其量不过是三件象征性的东西——一块玉石,日本人称之为"八版琼曲玉",第二件是一面铜镜,第三件是一把刀。

溥仪的侄子毓嵒①,算是最了解溥仪的近亲之一。毓嵒先生在生前曾对笔者回忆说:凭心而论,溥仪对此内心始终是矛盾的。目睹日本人的种种恶行,如溥仪四妹的未婚婿——凌升之死,贴身的吴警官惨死等,他一直既不敢怒也不敢言。

应该说,毓嵒先生对于溥仪真实心理的分析,是较为客观的。

为迎取"天照大神",溥仪下令在伪满宫内府东南角,建筑了一座"建国神庙",又按照日本的习俗,在这座庙前竖起一座木牌楼。

溥仪将"天照大神"供在此处,还奉为祖宗按时祭拜。但在日本人背后,溥仪与毓嵒谈起它时,往往极不尊敬地称之为"枭居"②。

谁知,日本人以此作为考察溥仪是否效忠于日本的重要标志,专派一名叫桥本虎之助的军官充作"祭祀府总裁",

溥仪参拜日本靖国神社

---

① 毓嵒,与溥仪同是道光皇帝的后人。曾在狱中被溥仪立为继承"皇位"的嗣子。
② 枭,古人认为是一种恶鸟,捕捉后常被悬头树上以示众。

又专设一名中国官吏做"副总裁",此人是伪满洲国尚书府大臣,叫沈瑞麟。

每次"祭拜"的丑剧上演完毕,吉岗还会与溥仪交谈一番。而且,日本人让吉岗郑重地通知溥仪:每月,他都要亲笔抄录一遍日本人拟好的祭文,去"建国神庙"祭拜。

溥仪内心异常恼火,但又不敢显露,只得装作虔诚地到"建国神庙"去行礼。至于亲笔抄写祭文,溥仪硬是绞尽脑汁琢磨出一个主意,找来侄子毓嵒,让他仿照自己的字体抄写。

从这一天开始,毓嵒每天就用毛笔临摹溥仪的字,以代溥仪抄写祭文。如果现在不澄清此"秘",也许日本人直到今天还认为那是溥仪亲笔抄写的祭文。

多年之后,溥仪曾对毓嵒谈起过每逢进入"建国神庙"时的真实想法:"我虽然按月到建国神庙去行礼,但是,在祭拜时心中默念的却是清朝的列祖列宗!……"

显然,这是溥仪阳奉阴违的"阿Q精神胜利法"。

然而,溥仪对此一向心怀忐忑。一天,溥仪突然唤毓嵒去他的卧室,吩咐说:"新年就要到了,为了体现与日本的同心同德,你们几个学生必须每年都去吉岗安直的家里祝贺新年!"

溥仪让毓嵒去吉岗家贺年回来,询问得很详细,但他关心的主要是吉岗的表情。毓嵒明白了,溥仪原来是在探测日本人对他的真实态度。

一天,有人来向溥仪报告说,吉岗的一个女婿突然死去。溥仪得知,又将几个学生叫到他屋里,吩咐这几个人马上到吉岗家,表示哀悼。

结果几个学生一起去吉岗家里致过哀,回来照例向溥仪作了汇报。

尽管溥仪以两面派对付日本人,但日本关东军仍然牢牢地控制着溥仪。

以至于,曾经阴谋暗杀溥仪亲父载沣的仇人——汪精卫来到长春,他也不得不遵从日本人的旨意,违心地召开了一个盛大的欢迎宴会,与其举杯共饮。

溥仪会见汪精卫

这确有其事。

有一个在正式出版的《我的前半生》中丝毫未见诸文字的内容,那就是溥仪会见汪精卫①。

据史料记载,汪精卫在一九四一年当上南京汉奸政权的头子之后,访问日本归来,又前去访问伪满洲国,亲自拜会溥仪。

一九四二年,是伪满洲国成立十周年。五月四日这一天,南京伪国民政府主席汪精卫,率领八人代表团访问伪满洲国,以示恭贺。随汪精卫访问伪满的除各部部长以外,最引人注目的则是鲁迅的弟弟、华北教育总署督办周作人②。

关于两个臭名昭著的大汉奸的会见,周作人以亲历者的身份在日记中作了详尽记载:"五月八日,上午九时五十分随主席进宫谒见,十时十分退出。十时四十五分来访,十分钟后退去。十一时五十分又进宫,在嘉乐殿筵宴,一时半回公馆。"③。

对于溥仪会见汪精卫这一尴尬事件,有人作了评论:三十多年前,两三岁的溥仪是大清国的宣统皇帝,二十六七岁的汪精卫是大清国的一个一心要谋反的子民。这子民甚至因图谋炸死溥仪生父而被捕,成为大清国的囚徒④。三十多年后,两人都成了日本扶持下的"国家元首",并以此元首身份"欣然"相见。三十多年前,汪精卫不惜以满腔爱国热血,也要推翻溥仪这个"宣统皇帝"的晚清王朝。三十多年后,汪精卫在溥仪空出的地方成了"主席",又以"主席"之身跑到长春来拜见溥仪,而溥仪又一次成了"皇帝"——历史真是最大的"幽默大师"。

汪精卫(1883—1944年),曾任国民政府主席、国民党副总裁等职

① 汪精卫,名兆铭。生于1883年5月4日。祖籍江西婺源,出生于广东三水。主谋刺杀清末摄政王载沣。曾任国民党国防最高会议副主席、国民党副总裁、国民参政会议长。在抗战期间,任汪伪政权行政院长兼国府主席。1944年11月10日病死于日本。
② 据王彬彬《汪精卫见溥仪》一文记述,随汪精卫访问伪满的,有外交部长褚民谊、参谋本部部长杨揆一、宣传部长林柏生、外交部政务次长周隆庠、侨务委员会委员兼全国经济委员会秘书长陈君慧、航空处长陈昌祖、华北教育总署督办周作人等。
③ 参阅自王彬彬《汪精卫见溥仪》。
④ 汪精卫被关押在狱中时,曾有口占诗:"慷慨歌燕市,从容作楚囚。引刀成一快,不负少年头",在当年传诵一时。

溥仪的二妹韫龢对于汪精卫暗杀其父载沣之事，直到年近九十岁时，仍然记忆犹新。她对笔者详细披露了汪精卫谋刺事败之后，之所以能保全性命的内幕。她亲口回忆说："当年，汪精卫刺杀我的父亲摄政王载沣失败，被逮捕入狱之后，有人主张立即判处汪精卫死刑，但遭到肃亲王善耆等一些当朝权贵的极力反对，力主载沣不要杀他。本来我父亲载沣就没想开杀戒，经过一番劝阻，也就顺水推舟，同意了不杀汪精卫。"

"可以说，当时作为监国摄政王载沣的意见，起了决定性的作用。结果，汪精卫保住了头颅，而被判终身监禁。"

"'辛亥革命'爆发之后，溥仪'逊位'。载沣不仅建议释放汪精卫等人，还给涉案人员每人发了三百块路费。"

然而，历史犹如一个善变的魔术师。

一九四二年五月，两个日伪大汉奸会面之前，溥仪竟然被"帝室御用挂"吉岗安直告知，他应该到长春火车站去迎接汪精卫，理由是汪精卫现为"一国元首"。

溥仪听了此话，满脸不高兴，内心当然不愿意去迎接，可又要找一个合适理由，于是淡淡地狡辩说："日本天皇派来秩父宫（雍仁）殿下，来到满洲国，是我到火车站去迎接的。但我不能把日本天皇的'御名代'与汪精卫等同呀。"

其实，溥仪内心的真实想法，几十年后写入了一份书稿[①]："我不甘到火车站迎接的原因是，汪精卫曾在辛亥革命时，潜入北京，悄悄在银锭桥下埋入炸弹，要暗杀父亲载沣的缘故……"

所以，溥仪一直对汪精卫的杀父之仇耿耿于怀——这源自中国人自古以来，最大私仇莫过于杀父之仇、夺妻之恨。溥仪亦不例外。

就在汪精卫抵达长春之后，溥仪故意没主动去看望，而等着汪精卫前来拜望自己。

令人难以想象的是，当两个日伪大汉奸会面时，溥仪的帝室御用挂——吉岗安直仍一直在旁边监视。虽然，两人彼此说了一些协力日本圣战、大东亚共荣圈之类虚假的套话，显然是言不由衷的。溥仪始终记得自己对汪精卫所说的那些自欺欺人的话："我们应该一致协力于日本的圣战，好来完满达成日本'大东亚共荣圈'的伟大历史使命……"

会见时，汪精卫还赠送给溥仪一些礼品，譬如非常精致的湘绣被面、褥面

---

① 此书稿由本书作者收藏。

和挂在室内的帐子。

据说,这些礼品连新婚的皇妃李玉琴也跟溥仪讨要过。不知出于何种想法,溥仪却没舍得转送给她,而独自保存了起来。

此后,出于礼节,溥仪在关东军一再威逼劝说之下,不仅去汪精卫的寓所回访,还主持召开了一个盛大的欢迎宴会。

堪称煞费心机,溥仪与汪精卫两人碰杯时,喊出的共同口号居然是:"'日满华'合作万岁!"

颇具讽刺趣味的是,溥仪这次会见汪精卫之后,有人竟据此写成了一个灯谜。谜面是"汪精卫访溥仪",猜一电影名。谜底是——"木偶奇遇记"。

显然,两个卖国的日本傀儡,已经是尽人皆知的了。

毫无疑问,日本关东军豢养的两个大汉奸的会面,确是卖国铁证。溥仪心虚,甚至在特赦前夕的五十年代末期,仍在一份材料中哀叹在伪满洲国与汪精卫那次会见:"现在回想起来,岂但无以自解,简直是羞愧得无地自容……"

显见,溥仪身为傀儡,在伪满洲国不得不听命于日本主子,甚至连他发现皇后婉容与侍卫通奸,"康德皇帝"能否离婚?也无不遵从日本人的指令。

岂非悲乎哉?……

拾柒

末代皇后婉容的「秽闻」命运

末代皇后婉容抽大烟的起因是什么，末代太监孙耀庭的回忆是否可信？
川岛芳子受日本关东军派遣，携婉容及溥仪的二妹和三妹乘船赴东北途中究竟发生了什么？此后婉容精神失常，是否与此密切相关？这个人所罕知的隐情，众说纷纭，本书作者提出了证据——溥仪特赦之后，痛心地写在了一份未完成的书稿上。
在伪满洲国，溥仪为什么宽恕"皇后"的通奸者？本书作者以第一手资料，披露幕后的未解之谜。
婉容生下的婴儿是否被活活扔进了锅炉？
溥仪特赦之后，有否探望"情敌"全家？
皇后婉容究竟病逝何处？

图片说明：伪满洲国时期的皇后婉容

仅以溥仪的畸形生理及心理,就注定了皇后婉容的悲惨命运。

从本质上看,溥仪的命运自从被绑在日本人的战车上,婉容则完全依附于必然失败的傀儡头子,下场可悲可叹,自然可想而知。事实亦如此。

鸦片"皇后"

早在紫禁城内,溥仪与皇后婉容便属"无性夫妻",只是空留一个名分而已。

在寂寞的深宫时光中,婉容百般无聊之余,抽起了大烟。对此,一直流传着几个不同的说法,有的说她在天津才开始抽,也有的说在北京宫中就抽上了瘾。

实际上,这个问题不存在争议。据老太监赵荣升回忆,皇后婉容在宫内就抽大烟,这是公开的秘密,他本人便曾给皇后亲手烧过烟泡。

至于起因,历来有这样几种说法。有的人说,皇后婉容是因无聊才抽起的大烟,有的则说是溥仪故意纵容所致。也有的说是婉容的兄长润良引诱其胞姐抽的大烟,他以便借此从中牟利。

隔山打虎的种种说法,显然缺乏依据。末代太监孙耀庭是伺候婉容的贴身太监,他的回忆应该较为可信。据他回忆,起初,婉容由于在宫内缺乏正常夫妻生活,心情郁闷,所以经常犯"痛经"病,父亲荣源便让其兄润良拿来一些大烟膏让她尝试止疼。

谁知,试过大烟膏果然管用,婉容便渐渐上了瘾。

至于是否溥仪纵容?据皇后婉容的胞弟润麒对笔者追忆,自己在天津前期还不知道姐姐抽大烟,但此事要完全瞒住溥仪,是根本不可能的。因溥仪对婉容一直内心愧疚,最初可能只是睁一眼闭一眼,以致后来想管也管不住,倒可能是实情。

以往在宫内,溥仪与婉容的关系一度趋冷。婉容自从与溥仪在天津发生过一次大吵大闹之后,自认为再无出头之日,逐渐变得心灰意冷。

谁都看得出来,溥仪对婉容愈来愈冷淡。仅举一个例子。据润麒回忆:一天,婉容忽然提出嘴馋了,想吃羊肉,厨子于是按照溥仪的吩咐,为她送去一只炖熟的整羊。

那天,润麒和太监一大群人站在旁边伺候婉容进餐。

谁料,皇后在吃整羊时,蘸着涮羊肉的作料,嚼几口就吐出去。溥仪闻声走进屋,一眼不眨地瞧着婉容发泄似的胡闹,强忍住没发作。

站在旁边的润麒看到,婉容根本没把羊肉咽进肚子,而是吃了吐、吐了吃,显然是成心在和溥仪怄气。

饭后,婉容见溥仪依然不动声色,旋即又找碴儿大发脾气,声称有人惹她生气。溥仪走近身来,低声询问她:"是谁气你了?"

婉容手指一个姓尤的保姆,故意显得怒气冲冲。那个三十多岁的保姆正要解释,溥仪走过来,声色俱厉地对保姆说:"你给我趴下!"

保姆只好忍气吞声地趴在地毯上。

"赶快拿笤帚来!"于是,溥仪当着婉容的面,亲手拿扫地笤帚揍了保姆屁股一顿。其实,溥仪下手并不算狠,只是打给婉容看罢了。

许久以来,润麒就观察到溥仪对婉容一味迁就,百依百顺,姐姐婉容反倒有些自暴自弃。

似乎成了规律,只要婉容无缘无故动怒,溥仪就下令责打保姆或下人。

在天津后期,溥仪与淑妃文绣不再在同一张餐桌上吃饭。溥仪与"后"、"妃"关系,名存实亡。同时,溥仪与婉容关系也逐渐明显恶化。

乃至抵达伪满洲国之后,据说婉容连一天不抽都不行,的确染上了吸食鸦片的毒瘾。以致后来她连床都不起,整天披头散发,精神上也出现严重问题。

当溥仪从天津赴东北后,川岛芳子受日本关东军之托,带溥仪二妹和三妹及婉容乘船赴东北。在离开天津赴大连的乘船途中,发生了一个真实故事。

途中,婉容的哥哥润良因与日本军人极其熟悉,私下默许日本军官夜间在舱中强奸了妹妹婉容。这使婉容受到巨大的精神刺激。

尔后皇后婉容的精神失常,与此有很大关系。

这个人所罕知的隐情,应该说是真实发生的。溥仪特赦后,将此情节痛心地写在一个未公开的文稿上:"直到很晚我才知道,早在她那次离津去大连的路上,她的哥哥就由于换取某种利益,把自己的妹妹卖给一个同行的日本军官了……"

宽恕"皇后"通奸者的幕后之谜

在伪满宫廷之内,溥仪额头青筋暴起,恼怒到了极点,因为一件令人震惊的丑事发生了——婉容已"身怀六甲"!

溥仪并不具备这种能力,这是宫内人所共知的秘密,谁敢与婉容私通?此事明摆着已不用追查,溥仪早就心知肚明,与皇后通奸者正是他存疑已久的贴身侍卫祁继忠。

如何处置?按照溥仪的想法,真想枪毙了之,可还没等溥仪毙他,祁继忠倒提着勃朗宁手枪在宫内装疯,要毙起别人来了。

祁继忠的公然招认,显然是一种公开挑衅。而且他还声言,与婉容通奸者不只他一人,至少还有另外一个侍从李体育!

溥仪感到更加震怒——要么毙了这两人,证实秽闻,从此戴上绿帽子。要么悄悄遣走这两人,以保全"皇帝"和"皇后"的声誉。

应该说,这是一个"宫廷秽闻"。即使后来,也极少有人知道详情。当溥仪知道婉容通奸的事之后,打算与"皇后"公开离婚。没想到,日本关东军司令官菱刈隆亲自找到溥仪,密谈了半天,明确表示反对此举。

似乎,日本关东军对于如何处置两个当事人——祁继忠和李体育,也提出了明确主张。具体细节,如今已不得而知。

然而,不可思议的事实是,在关东军司令官菱刈隆与溥仪一番秘密谈话之后,"皇上"的态度立时软了下来①。

结果,溥仪左思右想,采取了另一种妥协方式,二人各发四百块大洋,算是保密费,打发两个侍卫悄然离开了伪满洲国。

颇使人费解的是,祁继忠在内廷秽闻中,竟然胆敢与溥仪明目张胆对抗,还抡起了手枪,显然违背了常理。溥仪对于这桩"秽闻"莫名其妙的处置,使众人感到了疑惑不解,但又不敢公开议论,只能成了背后的笑谈。

而在关键时刻,日本关东军将领非但不站在溥仪一边,反而坚决阻止溥仪离婚。

这显然是一个未解之谜。

婉容生下的婴儿并非被活活扔进了锅炉

一个刚刚问世的小生命的突然消殒,竟使溥仪在百年之后,仍重新身陷众

---

① 对此事原委,溥仪作过这样的回忆:当我发觉这一事件之后,本打算和婉容离婚,但日本关东军司令官菱刈隆居然表示对我的离婚不能同意。从此以后,我更不去搭理她,并且还严命她周围的佣人须担当对她进行不断监视的任务。事无巨细,都得随时向我报告。就连她的生身父亲荣源、哥哥润良、弟弟润麒,也不许可和她见一面。因此,她在这种家庭地狱的悲惨环境中,过了十几年的痛苦生活,直到伪满垮台为止,她只能拿吸鸦片当做唯一自慰的良伴。

多非议之中。

在《我的前半生》正式版本中,并没有溥仪把婉容生下的小孩儿扔进熊熊燃烧的锅炉这一情节。

而在《我的前半生》全本中,增加了这一内容。然而,对于婉容生下的小孩儿是否被活活扔进了锅炉,还是死后被扔进锅炉被焚这一细节,各方看法始终不一。

下面,我们看一看,来自溥仪二妹韫龢的真实回忆。老人在年近九十岁时,亲口对我述说,而且亲笔写下所知道的真实情节:

溥仪的二妹韫龢是在英国归来的途中——在日本,才从保姆口中听说宫中秽闻,只是不知其详而已。

以往,韫龢与婉容关系一直不错。通过打听,才知由于她赴英国陪读,三妹夫妇赴日留学,婉容在内廷连个聊天的近人也找不到,异常孤独,抽大烟更是成瘾。

韫龢乍从英国回来,单独去看望婉容,连丈夫郑广元也没让去——这叫避"官防",就是男人一般不能见皇后,只有润麒和润良除外,因他俩算家里人。即使溥杰,没特殊理由也不能轻易去皇后的卧室探望。

二妹韫龢给婉容带去了苏格兰毯子作为礼物,尊敬地称婉容为"皇后主

婉容在伪满内廷过着囚徒一样的日子。图为伪满内廷

子"。谁料,婉容开口说话时,居然变得颠三倒四。俩人刚见面,婉容居然询问起她:"最近,你到'惠罗'去了吗?"

还没等她回答,婉容又问她:"韫龢,你去'利物普'了吗?"

韫龢一琢磨,这些不都是天津商铺的名字吗?这才感到婉容可能精神已变得不太正常了。

接下来,她发现,婉容忽而明白,忽而糊涂,最后谈着话时,竟然打起了哈欠,一时变得精神恍惚。见此,她连忙起身告辞。

据说,那时婉容还每天按时起床,打扮还算整齐,此后越来越差,甚至每天早晨不再梳妆打扮。韫龢看望婉容归来,十分不安地向留在长春的"看妈"——德妈追问起"皇后"变化的来龙去脉:"您告诉我,'皇后'究竟是怎么回事?"

于是,德妈凑近身旁,告诉她:"婉容跟一个随侍的出事儿了。宫内外传闻比较多,都走样儿了。"

德妈说完之后,又显得十分惊恐地马上叮嘱她,"你可千万别去问万岁爷呀!"

韫龢才明白,婉容为什么变得如此颓废①。

另,关于婉容怀孕后生孩子之事,韫龢亲口对我作了如下回忆,并查看了我的记录。记录稿如下:"婉容临产之前,溥仪将天津的德国大夫——白大夫请去,专门打胎。打下就死了,死后烧了。"

以上记载,收录在笔者《末代皇妹韫龢》一书中。可见,并非像有的传闻那样:小孩儿生下之后,就被活活扔进了锅炉。

关于婉容吸毒及怀孕诸事,溥仪自有这样一种回忆:

> 自从她把文绣挤走了,我对她有了反感,很少和她说话,也不大留心她的事情,所以,我没有从她嘴里听她说过自己的心情、苦闷和愿望。后来发生的事情说明,她究竟是个人,有一般人的正常需要。她是在一种非常奇特的心理下,一方面有正常需要,一方面又不肯或者不能丢开皇后的尊号,理直气壮地建立合理的生活,于是就发生了私通行为,还染上了吸毒(鸦片)的嗜好。
>
> 这种事情,无论如何不能由她负责任,至少不该全部都由她自己负

---

① 关于婉容的秽闻,韫龢曾应我的要求,亲笔写下如下内容:关于婉容秽闻之事,那时我正在英国。回国后过了一些时候,溥仪才告诉我的。所以,没有(之前)"叫韫龢来商议"(此处引自一部书的原话)之事。

责。事实上,当时我把全部责任都放在她身上,我根本没有责怪过自己,当然更谈不上责怪那个吃人的制度。

事实上是,她的吸毒是由于她的父兄给出的主意,甚至在私通问题上,也受过她哥哥(已死)的鼓励。

一九三五年,由于她有了身孕并且将近临产,我才发现了问题。我当时的心情是难于描述的,我又愤怒,又不愿叫日本人知道,唯一的办法就是在她身上泄愤。我除了把和她有关系的人和有嫌疑的人,一律找词驱逐之外,还决定和她离婚,用当时我的说法,是把她"废"掉。由于当官内府次长的日本人和关东军都不准许,我不敢冒犯日本人,于是又做出一个成心给婉容看的举动,即另选一个"贵人"。

婉容也许至死还做着一个梦,梦见她的孩子还活在世上。她不知道孩子一生下来就被填进锅炉里烧化,她只知道她的哥哥在外边代她养育着孩子,她哥哥是每月要从她手里拿去一笔养育费的。

"八·一五"①后,她和我分手时,烟瘾很大,又加病弱不堪,第二年就病死在吉林了②。

不久,二妹韫龢再次去卧室探望婉容时,"皇后"更是变得神志不清,坐在屋里总是不停地往地上啐吐沫:"呸,呸,呸……"

举止异常的婉容,一边继续向地上啐着唾沫,一边依然摇头不止。见此,韫龢感到万分惋惜和伤感,只待了一会儿,就不忍心再看而悄然离去。

婉容日益"病"重之后,溥仪不再跟她一起吃饭。韫龢从英国归来,就没见过婉容和溥仪同桌就餐。她见到婉容每顿饭都是一人在屋里独自吃,不禁对丈夫郑广元说:"细想起来,婉容真是怪可怜的啊。"

溥仪苦于无处发泄,只好不允许婉容的父亲荣源以及润良、润麒与婉容再多接近,而将"皇后"软禁起来。

但溥仪又怕她生事,只好默认婉容抽大烟,一直到伪满垮台为止。

溥仪探望"情敌"全家

而与婉容通奸者的命运又如何呢?

---

① 日本天皇宣布投降之日。
② 当时,溥仪因不知婉容病逝的地点,所以此处写错了。婉容病逝的具体地点,应为延吉市监狱。

八十年代初,笔者曾在北京什刹海附近采访了李体育的家人。当时,李体育夫妇已去世,他们的子女接待了笔者,而且讲述了回到京城的父亲在新中国生活的故事。

时间是上世纪六十年代初,溥仪特赦之后的一天上午,他正走在宽街大佛寺西街马路上,迎面过来一个人,老远就反复打量他,他也觉得这人似乎有些面熟。

两人愈走愈近,他看清了这个人的体态和面容。年近五十岁的人,脸上皱纹却不多。宽宽的肩膀,笔直的腰杆,年轻时准是个眉清目秀的小伙子。高度近视的溥仪猛然认出了面前这个人——李体育……

婉容与韫龢(右)、韫颖(左)

其实,溥仪早就知道李体育回到了北京,却没料到在偌大北京城竟跟他走了个对脸儿。李体育也认出了溥仪。溥仪快步走上前,紧紧握住了李体育的双手:"我是溥仪,你还认得吗?"

"认得……'皇上'。"李体育根本不敢正视溥仪。

谁知,溥仪坦然地对他说:"过去的溥仪已经死去了,那些旧事不要提了……"

"啊,啊……"一时,李体育竟不知如何是好。

"你现在在哪儿工作?"溥仪察觉了对方的尴尬,随即话头一转。

李体育指了指路西的大门,"我在那里——中医医院工作。"

"过几天我看你去。我有点儿事,先走了……"

说完,溥仪与他分手告别。

起初,李体育以为溥仪只是说说而已。然而,一个星期不到,溥仪来到宽街中医医院看望他,还参观了他管的动物实验室。

当医院的职工老霍和老周知道来者是溥仪时,吓得直咋舌头,以为眼前会出现一场好戏。他们早就知道李体育曾与皇后婉容通奸,也看过老李当年与婉容的合影照片。

谁料,溥仪对于旧事竟只字未提,只是说看老朋友来了。

当溥仪听说李体育有了妻室儿女,几个子女都已长大成人,有两个还当上了解放军,特意去什刹海北岸的西口袋胡同看望他全家。

后来溥仪再次去医院看望李体育,得知他妻子患病,经济拮据时,当着几位工友的面拿出二十元钱递到他手里。

鲜为人知的是,溥仪特赦后的新婚之日,热情接待了前来祝贺的李体育,却没有告诉妻子来者是谁。

事后,医院的工友知道了此事,纷纷说:"溥仪不念旧恶,心蛮宽。"

婉容究竟病逝何处?

回过头再说婉容在伪满垮台之后,在大栗子沟与溥仪分手,从此再未谋面。

此后,她跟随抗联部队在东北风雪中漂泊各地,仍然断不了抽大烟的瘾,曾被苏军和沿途老百姓当怪物似的参观。

到最后,婉容已完全成了一个疯疯癫癫的女人。没有大烟时,往往鼻涕眼泪一起流,昔日的花容月貌早已荡然无存。冻饿之中,她被关进了延吉监狱。

至于婉容的去世地点,一直有多种说法。连《我的前半生》初稿中也弄错了,写成是哈尔滨;也有的说是在敦化。

其实,无须争议,找出婉容病逝于延吉监狱的档案,就十分清楚了。在延吉监狱原始登记表上,婉容的姓名一栏里,写着:荣氏。案由一栏,写着:伪皇后。

上面明确记载:一九四六年,婉容"于六月二十日午前五时亡去"。

末代皇后婉容的坎坷一生,终于惨淡落幕。

毫无疑问,如同溥仪一样,她也是一个悲剧式的人物。

故事没有结束。

婉容是否留有后代?几年前,一位在上海的法国女士多次与我联系,还不止一次通过电话,对方自称是婉容的外孙女——法国银行驻沪首席代表。

有一次，她从上海来到北京，自称就是那位婉容私生女儿的后代，邀笔者在虎坊桥的前门饭店见面。由于笔者临时有事，未能前往。就这样阴错阳差，直到她在华任职期满离开中国之际，双方仍没能如约见面。

关于此事真假，笔者曾多次询问过润麒先生。年逾九旬的老人虽然没下结论，却也十分不以为然。据说，润麒先生曾经请"婉容女儿"做过DNA检测。然而，结果并不恰如人意。

当然，婉容是否生有私生女儿，这不仅需要第一手史料佐证，更有赖于遗传医学科技的进一步检测认定。

让时光再退回到伪满洲国……当婉容出现精神严重不正常之后，溥仪又相继选中谭玉龄和李玉琴为"妃"。

两位"妃子"的命运，究竟如何？

拾捌 谭玉龄之死及无福的『福贵人』

一九三七年，日本关东军中将参谋吉冈安直力劝溥仪娶日本老婆。溥仪派二妹连夜赴京，寻觅到"祥贵人"。

岂料，谭玉龄猝死。谜底何在？

谭玉龄骨灰下落如何？这里有本书作者采访当事人的真实追忆。

日本人进一步逼迫溥仪娶日本妻子。溥仪在伪满洲国"海选"妃子，竟然逼哭了一位伪满校长。

溥仪在六十多张照片中挑中十五岁的李玉琴进宫。其父卖过豆腐，人称"豆腐西施"的李玉琴，被册封为"福贵人"。

至于"福贵人"的命运，溥仪后来评论说：李玉琴虽说是"福贵人"，她其实连一天福也没享过。

图片说明：伪满洲国时期溥仪的"祥贵人"谭玉龄

在伪满,日本人想方设法控制溥仪。最简单的就是控制他的身边近人。

自然,最亲近的莫过于睡在身旁的妻子。一九三七年,日本关东军中将参谋吉冈安直一本正经地找到溥仪,三番五次劝"康德皇帝"娶一个日本老婆。溥仪虽表面虚与委蛇,实则另有打算。

二妹连夜赴京寻"贵人"

溥仪内心是有数的。为防止日本人阴谋得逞,让二妹韫龢连夜乘火车赶往北京,火速寻觅中国"妃子"已是当务之急。

与此同时,日本关东军也在密切注视着溥仪的所谓"选妃"。

根据日本最新披露的档案记载,一九三六年一月十三日,从上午十点四十五分开始,溥仪就与关东军司令官兼任驻伪满大使南次郎,作了整整一小时的例行会谈。主要议题只有一个,那就是溥仪的"选妃"。

从实质来看,"选妃"绝非儿戏,而关乎溥仪的"皇位"继承——一个对溥仪的政治生涯来说"性命攸关"的大问题。

表面上优雅文明的会谈中,充斥着明显的火药味。会谈开始,南次郎便似乎关切地对溥仪说:"至今满洲国还未能诞生继承人皇太子。陛下今年迎来了三十一岁盛年。但愿陛下与皇后能尽快诞生皇子殿下。如果一时没有可能,那么就须另行准备,尽快设置皇太子之位。若纳妃,陛下与妃子诞生皇子以后,与皇后也有皇子诞生,当然更是锦上添花。总而言之,这是现在最期盼的事。陛下对此如何考虑,准备采取什么办法?"

南次郎单刀直入地步步紧逼,溥仪内心虽不屑,表面上仍深表感激:"非常感谢大使对此事的种种关怀。此事已从去年开始让人进行挑选,想必不久人选就会来到满洲。"

然而,溥仪的话依然不能令南次郎满意,他继续喋喋不休地追问各个细节:"在大范围挑选能获得较好的人选,但如果范围太广,则难以详细调查。而选择范围狭小,虽然便于调查决定,但候选人会比较少,确实有些困难。恕我直言,条件只有两个:血统纯正,身体健康。除此之外的任何条件,陛下可以自行决定。此次是命谁进行选定?"

溥仪眼瞧毫无退路,索性实话实说:"先是命涛贝勒(载涛,贝勒的地位仅次于亲王)和朱氏①。去年又托大格格(皇后母亲的姐姐——原书所注)进行物色。由于只看照片并不可靠,考虑先以召集女官的方式唤入宫内,和格格等②共同起居,在充分了解其性格人品之后,再决定是作为女官还是作为妃子。"

此时,南次郎的表情似乎并无多大变化,依然接着说:"非常好。希望能够早日选定。"

溥仪显得极为客气,说:"感谢大使的关怀。皇后的母亲明天应该会来此处。到达后,将在宫中住些日子。"

接着,南次郎追问了一句:"她多大年纪了?"

溥仪想了想,含含糊糊地说:"不是很清楚,五十岁上下吧。在北平(北京)、天津时常往来,这次是为了探视皇后,见见从日本回来的润麒。"

说到这儿,南次郎换了一种结束的口气,说:"哦,这样挺好。"

仅从以上对话,就不难清楚地看出来,溥仪的所谓"选妃",是在日本关东军严密监控之下进行的。似乎已失去了婚姻的意义,完全成为了日本争夺"康德皇帝"继承权的一个关键环节。

据溥仪的二妹韫龢回忆,她抵京当晚就在北京约请王敏彤母女吃饭,紧急磋商此事。应当说明,王敏彤曾被推荐给溥仪当伪满妃子未成,其母亲是皇后婉容的大姨——人称立太太。

经过一番细细寻觅,王敏彤的母亲经人介绍找到北京一名满族学生——谭玉龄,与光绪的妃子珍妃一样,姓他他拉氏③。

二格格韫龢亲自出马面试之后,感到颇为满意,紧接着,便乘坐火车迅速把照片送呈溥仪阅览。

溥仪看后,也觉得不错。于是,王敏彤的母亲便亲自将谭玉龄护送至长春。不出二妹韫龢所料,溥仪果然一眼相中。

据韫龢回忆,溥仪看中并不算数,还要经日本关东军的批准才奏效。她说,溥仪选中谭玉龄后,日本关东军司令并不甘心,火速派吉岗安直赶赴京城,内查外调一番之后,才勉强允许溥仪张罗"册封"之事。

如今,从《绝密会见录》中才获知,谭玉龄是在上百个"妃子"候选人中脱

---

① 此处所谓"朱氏",极可能系溥仪指定留守京城、办理皇室有关事务的汉文师傅朱益藩。
② 指当时在伪满内廷一起居住的溥仪的四妹韫娴和五妹韫馨。
③ 他他拉氏,又称他塔喇氏、他塔拉氏。世居松花江上游一带,满语意为"特别多",他们所改汉姓,大多为唐氏、谭氏、舒氏等。

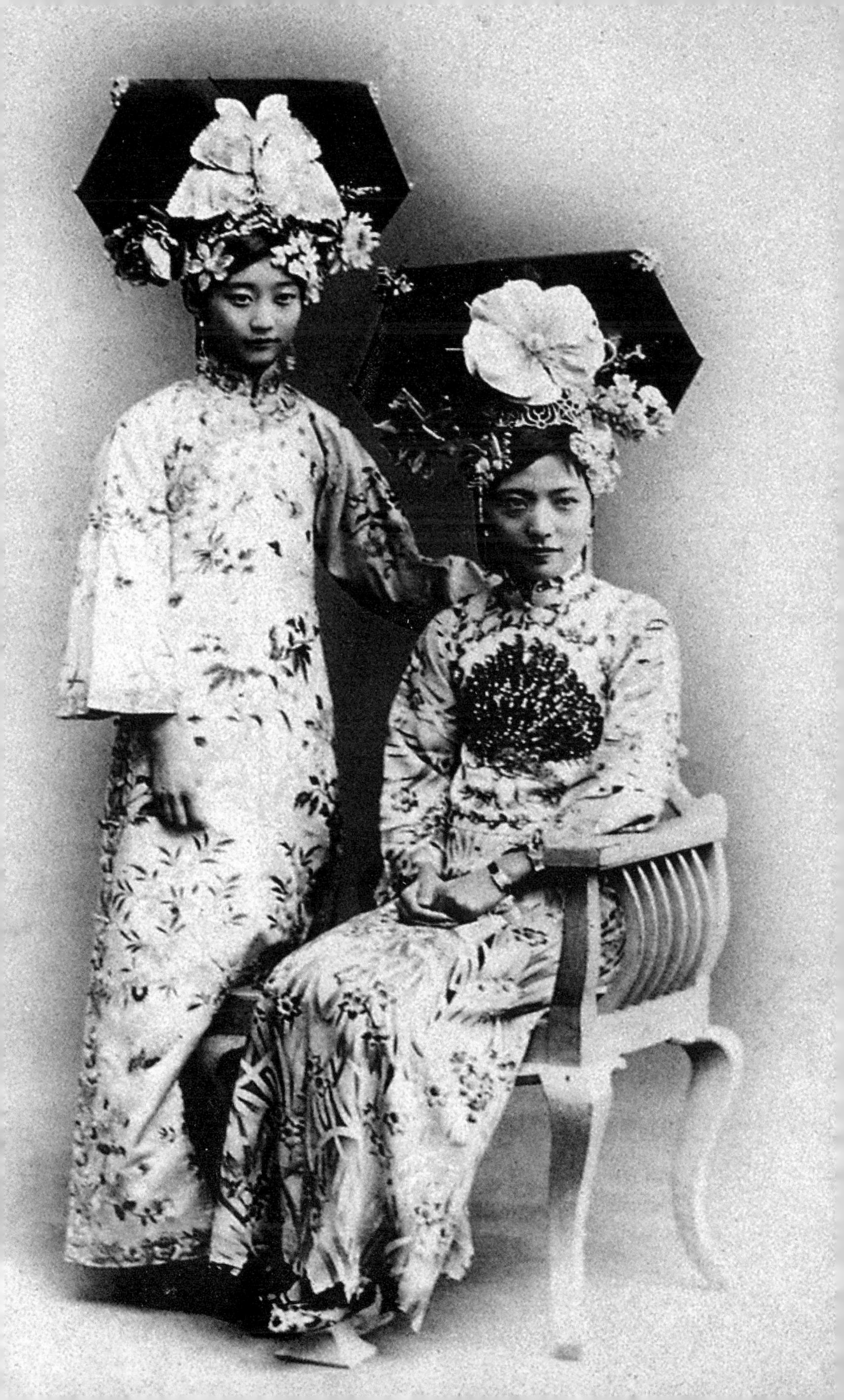

大美人王敏彤始终对溥仪情有独钟。早在伪满时，她就曾作为"皇妃候选人"入围，囿于各种原因未成。溥仪特赦之后，她又重燃旧情，然而溥仪欲找一个自食其力的劳动者，她仍旧未能如愿。当溥仪病重住院后，王敏彤始终惦念在心，时常前去探望，一次竟因拿走了探视牌，致使溥仪的妻子李淑贤无法入内，因而发生了一场激烈争执。美人恋溥仪成了皇族内外的一段笑谈。

图片说明：王敏彤（左）与孟小冬

颖而出的。

而且,择选到最后,她还有一个竞争者,同时被送入宫内充当"秀女"而非"妃子"。俩人与溥仪的四妹和五妹一起读书、就餐,昼夜生活在一起①。

这样,经过反复考察,谭玉龄才被正式选中。

这可以从一九三七年一月三十日,《绝密会见录》"绝密第〈五十三〉"报告中,关于溥仪与关东军司令植田的会谈中,看到内中详情。当时,溥仪介绍说:"此事我也时常想着,目前正在考察中。现有两人在宫内读书,都是纯粹的满洲旗人。一人十七岁,另一人十四岁。十七岁这位没有上过小学,因此识字不多,但性情非常温顺。十四岁这位也只在北平上完了小学,和孩子一样完全如同一张白纸,要看如何进行教育。现正考察她们的性格体质,选二人中一人为妃,还是都不选用,尚未决定。总之气质好、性格温顺,身体健康是首要条件,容貌则在第二。这二三年来或是通过照片或听人介绍或是实际考察,考虑了近百人,和年轻时不同,一旦决定了便很难再更换。"

接着,溥仪还谈到了所选中的女子一定要符合两个条件才行:"所选择的女子要性情温和并一定要能与皇后和谐相处,经常在外走动的人,恐怕会破坏宫中的规则。不管是我还是皇后都不能随意地在市内或郊外走动,入宫侍奉的女子也同样,经常要到外面走动的人是不行的。"②

从最新披露的日本档案史料来看,首次才得知谭玉龄连小学都没上过,其父生活潦倒,连职业都没有。③ 但其祖父却曾任过清朝的副都统,显然是蒙受皇恩的满族贵族。

众所周知,按照大清的祖制,清朝皇帝历来将妻妾分为七个等级名分,即皇后、贵妃、妃、嫔、贵人、常在以及答应。此时作为满洲国"康德皇帝"的溥仪,依然承袭了紫禁城内的这一整套旧规矩。

经过一番折腾,也可能是希望取个吉祥之意,谭玉龄遂被溥仪册封为"祥贵人"。

这样,谭玉龄就成了满洲国"康德皇帝"的"谭贵人"。

显然,众多日本人不满溥仪的所作所为,但也只能干瞪眼,目光中却早是

---

① 我采访年近九旬的溥仪二妹韫龢时,她曾回忆说,谭玉龄曾先期进入伪满内廷与四妹和五妹在一起生活,此后经过一段时间考察才确定的。最初,笔者以为韫龢回忆有误,未写入书内,见此《绝密会见录》,才知韫龢所述是真实可靠的。
② 引自中田整一著、喜入影雪译:《溥仪的另一种真相——私藏日本的伪满皇宫最高机密》。
③ 过去一些书或有关人员的回忆,大多将谭玉龄写为初中生,显系误传。

暗藏杀机。

这在溥仪看来,自然是心知肚明的。

不久,在伪满皇宫缉熙楼的典礼上,谭玉龄被正式册封为"妃"。二格格韫龢伫立在一旁,眼看着溥仪亲手递给谭玉龄一柄玉如意,她"三跪九叩"之后,由韫龢从谭玉龄手里再接过如意。

谭玉龄被"册封"之后,一直居住在缉熙楼一层。溥仪和婉容则住在楼上二层——溥仪住西头,婉容住在东头,楼梯边有一个药库。谭玉龄跟二格格韫龢关系处得不错,经常一起玩儿、吃饭。二格格几乎天天去她屋里聊天。

其实,这也是溥仪让二妹借此了解她,并及时向他汇报情况。

此时,婉容已每天都不能离开大烟,精神也越来越不正常。外人难以置信,虽然俩人只是分住一、二层楼,谭玉龄却从始至终一次都没见过婉容。

据韫龢所知,溥仪与谭玉龄结婚之事,婉容可能始终一无所知——即使直到伪满垮台也不知晓。

谭玉龄人聪明,手也很巧。她平时没什么其他爱好,总在编织毛线活,还给溥仪亲手编织过毛衣。也许由于二格格在谭玉龄与溥仪姻缘上的作用,谭玉龄跟二格格韫龢关系密切,经常坐在一起织毛衣,以消磨内廷寂寞的时光。

谭玉龄身材苗条,与婉容差不多,平时总穿一身旗袍,但不喜欢满族厚底鞋,大多穿高跟鞋。看上去比较文静。

谭玉龄为人本分,还会做家常饭,也会炒几样菜肴,有时还亲手给溥仪烙饼吃。所以,溥仪挺喜欢她,因她没上过几年学,溥仪还专门聘来一位老师教她念书、写字。

谭玉龄在北京有一个哥哥,溥仪短不了让二妹的丈夫郑广元回京时

"祥贵人"谭玉龄。溥仪临去世前还贴身保存着这张照片

去他家探望,还给他捎回过一些钱。谭玉龄在几个妻子中,一时最得溥仪宠爱。

据溥仪的侄子毓嵒对笔者回忆,一九四二年秋天,谭玉龄偶然患了并不重的感冒,让医生看了几次病也没好。溥仪又亲自派去了两名贴身御医为她治疗。

此后,溥仪亲自召来宫中最有名的中医大夫佟阔泉和徐思允,一起商量诊脉开药方,然后,经溥仪亲笔在药方上修改、增减,再派人去抓药。

然而,溥仪仍不放心,又找来一名西医黄子正——他原是长春一家私人小医院的主治大夫,因为西医在伪满不太受欢迎,所以收入微薄。他原打算返回台湾原籍,可巧溥仪大腿内侧起了一条红线,让黄大夫治好了,于是,溥仪赏赐五千元,叫他继续开那家小医院。

实际上,他从此成了溥仪的"御用"西医。

每天晚上,溥仪不管是否有病,黄子正都照例来到伪满内廷为溥仪听心脏、量血压,检查一下身体状况。

谭玉龄猝死之谜

无奈,谭玉龄的病情愈来愈重。

眼看谭贵人的病久治无效,溥仪又叫来中医大夫林永泉为谭玉龄作针灸治疗。

谁知适得其反,谭玉龄的病情不但没减轻,反而生命垂危。

此时,溥仪束手无策,只好通过黄子正又找来伪满新京医院一位日本西医治疗。

当时,在内廷学习的几个皇族学生按照溥仪的"旨意",在谭玉龄居住的寝室外屋轮流值班。从谭玉龄病重一直到去世为止,毓嵒自始至终参加了守候,对整个诊治过程可以说最清楚不过。

对于谭玉龄的逝世,历来众说不一,但绝大多数是主观猜测或以讹传讹。在她是否被害的问题上,分歧最大。

谭玉龄去世当天晚上,日本大夫带去一个年轻的中国女护士,从女护士胳膊上抽血给谭玉龄胳膊上注射。

就在谭玉龄病情如此严重之际,毓嵒还听到她躺在床上有气无力地询问:"皇上进膳了没有?吃的是什么……啊?"

深夜,日本关东军中将参谋吉岗安直,忽然来到宫内府候见室,让门口的传达员毛永惠马上禀告溥仪,立即通知正给谭玉龄治疗的日本医生,去候见室见他。

溥仪哪敢不遵命?日本医生中断治疗,前去候见室里与吉冈谈了许久。

之后,日本医生又回到谭玉龄的居室,继续治疗,但日本医生显然已经没有原来那种紧张神态了。

过了一会儿,谭玉龄尿液排出困难,日本医生提出要给谭玉龄导尿,大概是要接触谭玉龄的身体下部,溥仪听到后,表示坚决反对。

在此之后,谭玉龄的病情越来越重,屋内渐渐听不到她说话的声音了。

溥仪临走之际,叫几个学生和大夫林永泉共同到谭玉龄的床前,做起临终祈祷。

毓嵒亲眼目睹,到了后半夜,只见谭玉龄突然长出一口气,从鼻孔内流出了两条鼻涕,脸部歪向了一侧。

谭玉龄与世长辞,年仅二十二岁。

此后,谭玉龄的遗体从缉熙楼居室内,被抬至西花园植秀轩堂屋停放。溥仪让几个学生在植秀轩院中轮流守护谭玉龄的遗体。

第二天早晨,溥仪派人为谭贵人换上了崭新的满族服装,安放于灵柩中。溥仪又把毓嵒和溥瑛叫到身边,吩咐说:"你俩赶快去换衣服,当谭贵人的孝子,穿上孝服为她守灵!……"

两人按照溥仪的要求,身穿孝服跪在谭贵人灵前。灵柩在植秀轩停放七天七夜之后,溥仪又让他和溥瑛二人披重孝,把灵柩护送到长春"般若寺"最后一进院的北房正中央。

谭玉龄病逝之后,溥仪特意叫她的哥哥来长春参加丧事,又送给他一些钱,就让他返回了北京①。

丧事之后,溥仪还特地派专人在长春般若寺中为"谭贵人"看守灵柩。

然而,直到从大栗子沟一度返回长春,溥俭和毓嶂才将谭玉龄的尸首火化,带回北京。

因为他俩知道毓嵒曾为谭贵人"披麻带孝",溥仪又曾将他"立嗣",溥俭就将谭玉龄的骨灰盒寄放在毓嵒居住的西城南官房家里。

谭玉龄骨灰下落

溥仪终生难以抹去对谭贵人的深刻记忆。上世纪六十年代初,李淑贤与

---

① 据韫龢在上世纪九十年代末回忆,谭玉龄的哥哥如果健在,最少也有八九十岁以上。

溥仪新婚之后，偶然在溥仪工作证的夹子里，意外发现了一张年轻女子的照片。

见此，溥仪赶紧对妻子解释说，这是他在伪满时娶的"妃子"——谭玉龄。溥仪当年还在另外一张谭玉龄照片背后亲笔写下："我的最亲爱的玉龄"。

从溥仪留下的回忆中可以看到，在一生前后几个妻子里，他跟谭玉龄感情最好，只可惜好景不长。

也许正因为如此，溥仪才更加怀念那段逝去的时光。从谭玉龄去世，一直到特赦，溥仪始终把谭玉龄的照片藏在贴身衬衣兜里。那是溥仪选"妃"时见到的照片——谭玉龄身穿花色旗袍，亭亭玉立，神情淡定地站在月亮门前。

据李淑贤回忆，谭玉龄死后，她的骨灰几经辗转，一直保存到溥仪特赦回京。

李淑贤跟溥仪新婚之后，在全国政协宿舍存放东西的小屋里，见到一个木盒子，便好奇地问起溥仪："这是什么？"

"这是谭玉龄的骨灰。"溥仪坦率地告诉她。

一九六二年七月，一天晚上李淑贤做了一个梦。梦见小屋里走出一个女人，浑身披着白纱，慢慢地往她床上摸来，好像是谭玉龄。她吓出了一身冷汗，在梦里惊叫起来，立刻吵醒了溥仪。于是，李淑贤开始害怕起小屋里收藏的谭玉龄的骨灰盒。

听完李淑贤对梦境的描述，溥仪当天叫来毓嵒，叮嘱他把谭玉龄的骨灰盒拿走，说："省得你大婶害怕。"

于是，毓嵒拿走骨灰盒，存放在了家中。从此，李淑贤梦中再也见不到谭玉龄了。

上世纪八十年代，在撰写《末代皇帝的后半生》时，李淑贤对我回忆说，溥仪逝世后，一九七四年，由小瑞①将谭玉龄的骨灰埋在茶淀农场。实际上，李淑贤此说不确。

经我采访证实，真实情况是：毓嵒一直把谭玉龄的骨灰保存在南官房的家中，"文化大革命"之中，他把骨灰盒拆掉，骨灰坛埋在自建的南屋小厨房地下。骨灰盒的白松木板，则做了他家做菜的砧板。

一九九三年，我出资拍摄"谭玉龄骨灰下落之谜"，毓嵒手捧谭玉龄骨灰坛，对着摄像机向我讲述起了这一段真实的历史……

---

① 小瑞，即毓嵒。

关于谭玉龄的哥哥,李淑贤有一段回忆由我记录下来,但李淑贤在世时没让发表,怕招惹麻烦。以下是原文:

> 谭玉龄的哥哥,当溥仪特赦之后,仍住在北京市西城一带。大约一九六四年,他给溥仪写过一封信,请溥仪到他家去,我挺不愿意他去,怕社会上太乱,不愿溥仪招事儿。见我这个态度,溥仪跟我淡淡地说:"我就不去了……"

过了很久,李淑贤才知道,溥仪至少曾私下见过谭玉龄的哥哥一面。

由此也可以看到,溥仪对谭玉龄一家始终怀有深厚的感情。

海选"妃子",逼哭了伪满校长

就在谭玉龄逝世不久,吉岗安直拿来许多花枝招展的日本女人照片,多日纠缠不休,死活非让溥仪从中挑选一个妻子。

溥仪自有他的考虑。谭玉龄的死,他还怀疑是日本人搞的鬼,怎么能再找一个日本女人睡在身边,这不是又在身边多设一个"女吉岗"吗?但他又不敢断然拒绝,只好委婉地对吉岗说:"如果找个日本妻子,唯恐语言不通。"

"那可以找一个懂满洲语言的……"吉岗步步紧逼。

"恐怕生活习惯不一样。"溥仪推说。

不久,吉岗又拿来一些照片,溥仪只得采取拖延战术,推托都不满意:"什么民族我倒不在意,终身幸福的大事,人要满意才行。"

没几天,吉岗又找来一张百里挑一的漂亮女子照片,据说是受到日本奴化的旅大中学的女学生。溥仪看到是中国人,而且很漂亮,就动了心。

没想到,半路杀出了程咬金,溥仪的二妹韫龢听说后,找到了溥仪,态度十分坚决。她说:"那和娶一个日本老婆有什么区别?那是'二毛子'……"

溥仪最终听从了二妹劝说,只好谎称没看中,忐忑不安地退回了照片。

吉岗并不罢休,此次没拿照片,索性带来一个漂亮的中国女子,自称是中学教师。吓得溥仪说不出半句话。当那名中学女教师走后,溥仪低头想了想,对吉岗说:"我喜欢小的女子,你不如找一个小学生,拿来照片让我看看。"

他内心的真实想法是,年岁小听话,怎么也比日本人训练的特务安插在自己身边好得多。他拿定主意找个小学生,让吉岗再多找一些照片。据说,这次海选照片,溥仪起初总是不满意,甚至逼哭了一个伪满校长。

至此,溥仪仍存戒心,犹豫不定地对二妹韫龢说:"这些女学生,不可能个个都是训练好的日本特务吧?"

结果,溥仪在六十多张照片中挑中一个。这就是年仅十五岁的李玉琴。

为防止日本人从中捣鬼,溥仪吩咐立即面试。于是,吉岗亲自带来李玉琴见面。

整个"选妃"过程,堪称斗智斗勇。

"福贵人"的命运

溥仪终归拗不过吉岗安直。妥协的结果是,李玉琴作为新京南岭女子优等学校的学生进了伪满皇宫。

八十年代初,笔者赴长春采访过李玉琴。李玉琴本人对于如何选上的"皇妃",自始至终也是稀里糊涂。

实际上,她只是长春一个普通人家的女儿,父亲原来卖过豆腐(人称李玉琴为"豆腐西施"),家居长春二道河子。其父人缘颇不错,人称"李老好"。

溥仪册封李玉琴为"福贵人",仍在缉熙楼,依然是二妹韫龢站在旁边充当司仪。

在册封仪式上,李玉琴既未披婚纱,也没穿新婚礼服,只是身着普通服装。按照事先的演练,先是给溥仪磕头,再由太监递给李玉琴一柄如意,她跪在地上递呈溥仪,溥仪接过来再交到韫龢手里。

李玉琴向溥仪三跪九叩后,就算册封仪式结束。

整个过程,没有任何外人在场,足见仪式简单之极。

自从李玉琴来到宫内,溥仪将她安置在同德殿楼上东半部的房间居住,直到伪满垮台,她的所有活动仅局限在同德殿楼东部,最大活动范围就在宫廷院内。

在两年多时间里,她连伪宫内廷的门槛也没迈出去过。李玉琴的父母,只能偶然到同德殿前来探望。平时她连通信自由也没有。

起初,李玉琴感到十分奇怪,"皇帝"——溥仪与她相见,大多在晚上七八点钟到夜间一两点钟左右。直到过了许久,她才渐渐习惯。

自打李玉琴进宫后,溥仪对注射男性激素越来越上瘾,有一段,几乎每天必打不可。但李玉琴回忆,溥仪始终没和她发生过性关系。

溥仪自有无法言表的内心苦恼。有一天,他禁不住对"福贵人"谈起:"我一天都是烦人的事情。我高兴的事情,你要做,我不高兴的事儿,你就不能去做。你的任务就是这么简单!……"

　　直到此时,李玉琴才恍然大悟,自己不过是溥仪心情烦闷时的活"玩具"。

　　伪满垮台之后,李玉琴跟随溥仪一起逃到通化大栗子沟。溥仪临走时,告诉她,过几天就来接她去日本。谁想一别十几年后才见面。

　　她先是跟随"皇亲"一行人离开长春,后来又随同何长工[①]带领的一支东北抗日队伍在东北飘泊。途中,她甚至一度还产生过自杀的念头。几经周折,李玉琴终于回到长春老家。

　　直到李玉琴返回长春后许久,依然茫然不晓溥仪的下落。

　　其实,她根本不知溥仪早在日本投降那年,就在沈阳机场被苏联军队俘获而押往苏联。

　　但这究竟是巧合,还是日俄之间的一笔交易?

　　始终众说纷纭。

---

① 何长工,老红军。新中国成立以后,曾任地矿部部长。

第四卷

白昼之梦，终归化为一枕黄粱。

身在异国他乡，溥仪五年间三次上书斯大林，申请永远留居苏联。

他自以为命悬一线——中国政府与苏共正在秘密商洽引渡"皇帝"归国。

恰值梦醒时分。

拾玖

溥仪被俘是巧合
还是交易？

一九四五年八月十九日，溥仪在沈阳飞机场被苏军俘获。因飞机始终在空中盘旋，直到苏联军队占领机场才落地。对此，不少人甚感蹊跷，众说纷纭。

押送途中，溥仪差点被苏军士兵"干掉"。

意外的是，苏联前线总指挥马林诺夫元帅乘飞机直抵通辽，亲自负责押送溥仪一行人至苏联境内，还指定一位大尉在途中专门负责看管溥仪。原来，苏军意图猎取溥仪口中的秘密情报。

结果如何？

图片说明：溥仪在沈阳被苏军俘获后押往苏联。这是当年日本画报上登载的溥仪与婉容的照片（由本书作者收藏）

一九四五年八月十九日，溥仪在沈阳飞机场被苏军俘获。因为飞机始终在空中盘旋，直到苏联军队占领机场才落地。

对此，不少人甚感蹊跷，一直众说纷纭。

因为内中有着说不清的谜团，至今没有最终答案。

误以为溥仪要自杀

"八·一五"，伪满垮台，溥仪跟随日本关东军乘坐火车，逃到大栗子沟。

在这里，溥仪产生了前所未有的恐惧之感。前路茫茫，何去何从？在屋内，他像没头的苍蝇似的，不停地走来走去，呆滞的目光中透出的仅是绝望……

当吉冈向溥仪通报日本无条件投降后，溥仪立即向东跪下，磕了两个头，然后，像表演似的抽了自己两个大嘴巴。

众人目瞪口呆。

接着，溥仪沉着长脸，面无表情地在一间小屋里颁布了"退位诏书"。

溥仪在逃亡途中的大栗子沟，第三次颁布了"退位诏书"。图为大栗子沟

"帝室御用挂"——吉岗安直

阴谋继续酝酿着。吉岗私下对溥仪悄悄说，日本关东军已把三亿日元巨款汇到日本，充作溥仪抵达日本之后的生活费用。

接着，吉岗又对溥仪说，随从人员须先飞到沈阳，再转换大飞机飞往日本。

溥仪早已弄不清怎么回事了。十几年之后，他回忆说："当时我已经丧失信心，反正是吉岗说了算，叫我到哪儿，我就乖乖跟到哪儿吧。"

夜色之中，溥仪和溥杰一行九人从大栗子沟乘火车到达通化，再转乘汽车抵达通化机场。此时天已放亮，停候的三架飞机正待启航。

这一行人分乘两架飞机抵达沈阳机场，不知为何，飞机在空中盘旋半天才下降。

溥仪从窗口看到飞机四周都是持枪的苏联士兵，顿时愣住了，昏头昏脑刚刚走下飞机，就被押进一幢小楼里。

这时，溥仪惧怕日本人杀人灭口，疯子似的猛然掏出手枪，溥杰以为他要自杀，赶紧过来抢下了溥仪的手枪。

歇斯底里的溥仪，还命令侄子拿着手枪监视外面。但这一切，只是无谓的举动。

溥仪眼看着苏联军人从飞机上走下来，解除了日本军人的武器。没一会儿，苏军持枪闯进屋，他们一起莫名其妙地成了苏联人的俘虏。

在屋里待了一会儿，吉岗陪着一位苏联将军走进屋，跟溥仪握了一下手，就围着桌子坐下了。溥仪奇怪地看到，吉岗竟然背朝着他，向苏联将军苦苦哀求，让溥仪跟他们一起去日本。

当时，正是溥杰担任日文翻译。溥仪听到溥杰翻译的中国话，吓得连连朝苏联将军反复努嘴打手势，表示坚决反对吉岗的提议。结果，将军一句话成了最终结论："今后不管是谁，都要听从苏联军队的命令！"

当即,"帝室御用挂"吉岗①瘫软了下来。溥仪也暂时放下了心。

没过一会儿,又走进一队苏联军人,强行搜去了包括溥仪在内的所有人的手枪。

溥仪在沈阳被苏军俘获是巧合吗?

对此,溥仪已弄不清是怎么回事了。因为,他又听吉岗说,原定飞机先要降落在平壤,然后转飞日本。谁想,飞机半路却转向了沈阳。

不仅溥仪始终没弄明白,连许多研究学者对这一史实,也众说纷纭。

其一,日本关东军与苏联达成默契,将溥仪一行人当成礼物,送给了苏联人。

其二,据船木繁著《昭和风云录》记载,改变飞机去向,是当年七月刚就任的关东军司令部第四政务课长本悦雄大佐的擅自主张。他认为,满洲国"退位宣言"应在国内公布,这一改变正与苏联占领沈阳的时间巧合。所以,溥仪一行人恰好成了苏联人的俘虏。

到底真相如何?众说不一,只有待第一手档案披露解密。

当飞机再次起飞时,溥仪一行人变成了苏军的在押犯。走下飞机时,他才获悉到达通辽机场。

望着四周都是苏联军人,溥仪开始心惊胆战。突然,他被一群苏联军人紧紧围住,人越拥越多,溥仪紧张得简直透不过气来。

原来,一些苏联军人认出了溥仪,纷纷围上来抢着与溥仪握手。事已至此,溥仪只得壮着胆子伸出右手。溥仪身边始终站着手端冲锋枪的苏联红军战士。他抬眼望了望面前这座不大的城市,发现满街仍然悬挂着青天白日旗。

在苏联军人押送下,他们走入一家医院借宿。一名中国院长拿出了最好的食物来招待,但溥仪根本无心吃饭。

一行人彻底失掉了自由,甚至去厕所蹲坑,也有手端冲锋枪的苏联士兵在

---

① 此后,溥仪向苏联军队提出,不让吉岗跟随身边。从此,溥仪再也没见到这位"帝室御用挂"。直到溥仪一九五九年特赦后,仍然不知吉岗的最终下落。真实情况是,吉岗被押到苏联之后,先是监禁在赤塔。一九四五年十月,被移送位于苏联莫斯科卢比扬卡大道的克格勃监狱,后转到布道易路基监狱医院监禁。其罪名是从事对苏维埃政权的间谍活动。
一九四七年(昭和二十二年)十一月三十日,吉岗安直病死于莫斯科布道易路基监狱医院。死因诊断为:患慢性结核及营养失调——引自苏联国家保安部的中央文件保管部关于"满洲国帝室御用挂"吉岗安直中将的审问记录和法医《死因调查报告》。

一旁监视。溥仪别扭极了,整整一宿,睡意全无,只是和溥杰愁肠百结地在屋里踱来踱去。

"你看,苏联人能把咱们怎么样?"溥仪小声地问起溥杰。

"唉——现在哪儿看得出来呀?"溥杰长叹一口气。

"总不至于把咱们全拉到苏联枪毙吧?"溥仪想到了最坏的结果。

这时,溥杰轻轻摇了摇头,说:"我想,现在还不会。"

其实,溥杰只是这样说说而已,心里也没谱儿。

溥仪差点被苏军士兵"干掉"

事实与溥杰的猜想恰恰相反。

夜间,一个苏军列兵科索洛博夫突然向伙伴建议:"干脆把溥仪干掉算了!"

这并非虚构。据当时负责押送溥杰弟兄一行人的原苏联第六坦克集团军政治部少尉亚历山大·热尔瓦科夫回忆:

> 一九四五年八月十九日,满洲国皇帝溥仪、弟弟溥杰及侍从九人,在沈阳机场被俘。然后,被我们用飞机送往通辽市。
>
> 八月十九日夜间,是一个漫漫长夜。我的眼睛一会儿也没离开溥仪,连打个盹的机会都没有。我甚至不记得我那一夜是站着还是坐着。自从接到看住溥仪等人的命令后,我们就把他们看成了敌人。不知何故,列兵科索洛博夫突然对我说:"干脆把溥仪干掉算了。"
>
> 这一夜,谁都没入睡。溥仪甚至只是和衣而卧。溥仪戴一副角质眼镜,身穿深色西服、浅色衬衣,衬衣领子翻在衣服外面,不打领带。他的身子清瘦而单薄,脸色苍白,显得张惶不安。[①]

当然,这个莽撞的建议没被采纳。亚历山大·热尔瓦科夫少尉反而下达了明确命令:"一定要让溥仪活着!"

不然,他没法交差。

这些内情,溥仪哥俩当然丝毫不知。溥杰困得连连打起哈欠,然后昏昏沉沉地睡了过去。近乎神经质的溥仪,仍然在房间里不停地走来走去,彻夜

---

① 引自亚历山大·热尔瓦科夫著《溥仪被俘纪实》。

未眠。

早晨,一个略懂中国话的苏联士兵,走到了溥仪面前,"你就是溥仪?"

"我就是。"溥仪霎时变得极为紧张,瞪大了双眼。

没想到,那个苏联军人朝溥仪行了一个礼,说:"我是柯斯特留可夫。如果有什么事情,我可以代为转达。"

"噢,噢……"溥仪摸不着头脑,只是支吾了两声。

溥杰走过来,看清苏联军人的官衔是个中尉,便朝他打了一个招呼。然后,转身朝溥仪小声嘀咕说:"你有什么问题,可以问他嘛!"

溥仪见来人并没什么恶意,便向苏军中尉询问起了未来的命运。

"我们要被送到哪里去?"他用手比划着。

"按照上级的要求,我们要送你们到苏联国内去……"

溥仪早与溥杰嘀咕过了,这还算是好去向,他俩就怕被移交给国民党当局,那样小命儿就难保了。

"什么时候启程?"溥仪见那个苏联军人能够客气地回答他的问题,马上变得兴奋起来。

"就在这两天。"

那位苏军中尉迟疑了一下,又急切地询问溥仪:"你了解不了解日本人对苏联的军事计划?"

"当然,当然知道。"溥仪借此机会赶紧巴结他。

"能不能告诉我们?"

"可以,可以。"溥仪凑上前讨好地说,"我知道得非常清楚,全部告诉你们!"

"好吧,你都知道哪些?"

"所有的都知道。"

显然,溥仪多少有些夸大其辞。然而,苏军中尉急于邀功,迫不及待地反复追问,同时又吩咐溥杰说:"你先到旁边去,一会儿再谈吧。"

溥杰知趣地躲到一边,见溥仪比比划划大概是讲述所谓的军事秘密。

但溥杰跟溥仪的想法可不一样:如果苏联人问完了想得到的一切,咱们还有存在的价值吗?退一步而言,如果等苏联人知道溥仪只了解一些皮毛,那不也同样没什么用场了吗?……

事后,溥杰向兄长说起自己的想法,溥仪又立马傻了。

苏军意图猎取溥仪口中的秘密情报

然而,溥仪和溥杰都不知道,这位苏军中尉与溥仪谈过话,马上便向苏联当局最高领导人发出了电报,告知溥仪了解许多日本人的秘密,尤其是对苏联有利害关系的军事情报。

这个真实的细节,有历史档案为证。据最新公布的苏联秘密档案披露:当夜,苏军中尉即向苏军金将军报告,溥仪了解日本军队对苏联军事部署的全部情报。

当即,这个情报便以电报形式发往苏联莫斯科。

意外的是,苏联居然马上派前线总指挥马林诺夫元帅乘飞机抵达通辽,负责押送溥仪和溥杰等一行人至苏联境内,还指定一位大尉专门在途中负责看管溥仪。可见苏联高层重视的程度。

一九四五年八月二十日早晨,溥仪一行人从通辽换乘上了苏联军用飞机,直飞苏联赤塔。

据最新公布的苏联秘密档案披露:当溥仪和溥杰一行人在沈阳被俘后,苏军远东部队司令官华西列夫斯基元帅当即向苏联领导人斯大林发出电报,请示对溥仪的处理意见。电报如下:

一九四五年八月十九日,按照您的命令,满洲皇

一则来自英国伦敦的电讯,证实溥仪确已被苏军俘获

帝溥仪以及随员从奉天押往苏联克拉夫琴柯苏军总部。根据您的指示,我们将把这一行人拘留,暂时安置在赤塔附近。

究竟前景如何,溥仪茫然无知……

不久,苏联政府宣布了对溥仪一行人实行"抑留"。令人意想不到的是溥仪石破天惊的举措,他居然向斯大林亲笔写信请求——

留居苏联,申请加入苏联共产党。

贰拾 溥仪向斯大林写信要求留居苏联

溥仪一行人乘坐飞机从通辽降落赤塔。苏联政府宣布对溥仪实行"抑留"。人皆不知，溥仪兄弟之间，发生了一次回避任何人的密谈。

起初，溥仪躲在屋内的角落里，亲笔给斯大林起草信件。尔后，溥杰又在溥仪口述下，代笔起草了那封密信——在苏联的五年里，口头不算，溥仪总共三次上书斯大林，申请永远留居苏联。

国民党方面公然提出，对溥仪绳之以法。溥仪却迫切要求加入苏联共产党："如果说，过去没有'皇帝'加入共产党，那我愿意做这第一人！"

图片说明：一九四五年八月十四日，日本天皇向议会宣布接受《波茨坦宣言》，向盟国投降溥仪一行人乘坐飞机从通辽起飞,降落在苏联赤塔。

刚走下飞机,溥仪等人便被塞进几辆小卧车里,驶往市区。溥仪感觉挺新鲜,不住地向窗外张望。

晚间九点多钟,许多大楼没有灯光,即使少数灯光通明的楼房,窗子的玻璃上也贴满了长纸条。在一幢大楼前,小卧车戛然停下。

忐忑不安地望着几名苏联军人走上楼去,待了好长时间才下来。当汽车重新行驶起来,溥仪才明白目的地远未抵达。

苏联政府宣布对溥仪实行"抑留"

这支奇怪的车队又驶出市区,沿途荒无人烟,除了车灯以外,看不到一点儿亮光。

溥仪心里没了底,一声也不敢吭。溥杰实在憋不住了,悄声地询问润麒:"老润,这是给咱们带哪儿去啊?"

天生乐观的润麒,小声儿开起了玩笑:"要让我猜啊,没准要把咱们拉到哪儿去枪毙吧?!"

听此,溥仪内心变得更加惴惴不安起来。

"停车,停车!……"

正在这当儿,随着几声呐喊,汽车忽然停在了江边。

溥仪吃了一惊,车窗上趴着一张中国人的脸,挨车对他们大声地用中国话喊:"愿意溺尿的,可以下车……"

这时,溥仪对润麒附耳小声说:"又坏事啦,这不是一个中国人吗?弄不好,别把咱们一堆儿送给国民党啊!"

"如果真是这样的话,那可就必死无疑喽!"润麒身子往后一仰,跌靠在车座上。

溥仪尿完上车后,溥杰附耳告诉他,车下的那个中国人是一个苏联少尉军官,姓李,是个苏联籍中国人。

溥仪放了心。车子又往前行驶了不久,停在一幢灯光明亮的三层木楼前。已是后半夜了,四周一片漆黑。

"到地方了,你们都下车吧!"那位李少尉,再次用中国话对一行人语气平和地发出了命令。

步入楼房，一群苏联军官迎上来，其中一个身穿西服的苏联人，用俄语大声说了几句话。从表情上，溥仪料定准不是什么好事儿。

李少尉翻译过后，溥仪和溥杰这些人你瞧我，我瞧你，全默不作声了。那位苏联军官是在俨然宣布："我代表苏联政府，向你们正式宣布：从今天起，对你们实行'抑留'！"

许久以后，溥仪才明白，苏联人对他们这一行人实行区别对待。所谓"抑留"，指的仅是伪满洲国皇帝和一批将官，区别于"关押"的"俘虏"一词。其他伪满军官以及随后到达的日本军官，则被苏联人统统视为"俘虏"。

原来，向溥仪这批人宣布这种"特殊待遇"的苏联人，别看身穿便装，也不太起眼，却是苏军驻赤塔司令。

尽管如此，溥仪这群人还是全傻了眼！

"把你们的行李全部交出来，彻底检查！"

几名苏联军官走上前，厉声下达命令。

溥仪和溥杰赶紧跟着大伙把行李放在了大厅。接着，苏联军人走过来，把行李胡乱拆开，翻腾了个底儿掉。

"不合格的，统统没收！"

那个李少尉把苏联人的话翻译给了众人。溥仪眼瞧着苏联军人把他的望远镜和五妹夫万嘉熙的指南针、水果刀，敛走了一堆。

检查过后，苏军赤塔司令踱着四方步走过来，当众打开了水瓶，自顾自倒上一杯水，得意地向溥仪这些人大声说："你们在这里每天都可以喝上这儿的矿泉水，味道很好。待久了，你们也许还不愿离开了呢……"

他一仰脖子，喝干了那杯矿泉水，哈哈大笑着走了。

溥仪早已经没了魂儿，呆愣愣的，双眼茫然……

当夜，溥仪这一行人被"抑留"在赤塔郊外这幢大楼里。

两人居住一个房间，屋里全部是凉冰冰的铁床和铁桌椅。路过的每一层楼梯口，都有一名苏联士兵全副武装把守着。

"这不是成了在押犯人吗？"

溥仪虽然这样想着，可路过楼梯口时，值班士兵猛然向他举手致礼，反倒吓了他一跳。不知如何还礼，只好傻乎乎地笑着走过士兵面前，心情倒莫名其妙地好了不少。

第二天早晨，溥仪一觉醒来，被叫到由几根原木搭成的餐厅和大家共进早餐。

他见到溥杰和其他人一个没少,心里才像一块石头落了地。

"这是哪儿啊?"

溥仪和这几个人凑在一起,彼此询问。经过略懂俄语的老万了解,他们才总算弄清楚,所到达的地点,是苏联赤塔近郊——俄语叫"莫洛科夫卡"。这是细心的老万从苏联少校那儿打听来的。

惊吓之中,也稍有安慰。一日三餐,每顿饭都有丰盛的菜肴。晚上还有一顿茶点加餐。

在这里,引出了溥仪兄弟俩一次避开所有人的密谈。

溥仪要求永远留居苏联的真相

"你今后,有什么打算?"溥仪一句话把溥杰问糊涂了。

"既然来到苏联,被握在人家手掌心里,能有什么打算。看看再说吧!"

"我是想问你,下一步怎么办?你是想留在苏联呢,还是另有打算?"

溥杰从内心不愿回答,只是对付着说:"说实话,我不想永远留在苏联!"

答案一摊牌,溥仪半天不再说话。

其实,溥杰对自己的前途早有明确的目标,绝不想盲目追随溥仪,既不愿留居苏联,也不想离开苏联后再去投奔国民党。

溥杰曾经多年留学日本,各方面关系很多,他本想先去日本与妻女团聚。如果日本人能够东山再起的话,还可以没任何风险地实施"复辟"梦。

过了一会儿,溥仪考虑再三,吐露了口风:"无论怎么着,我也不能回中国。回中国哪儿成啊?那不就成了陈公博、周佛海——没命了嘛!"

当溥杰听溥仪提起这两个汉奸不祥的结局,心里一怔,只好闭口不语。

哥儿俩这番谈话,不欢而散。

密谈之后,溥仪开始躲在房屋角落里,闷声不响地亲笔书写着什么。溥杰感到十分纳闷儿。

没几天,谜底揭开,溥仪是在向斯大林起草亲笔信,请求——"永远留居苏联"。

溥杰见溥仪写字缓慢,如此费劲,就主动接手过来,在溥仪口述下,代笔起草完了那封信。

在这封信里,溥仪透露了近乎绝望和一种可怜巴巴的心态,这实质是一封对斯大林的"效忠信":

上世纪九十年代初,润麒与溥杰追忆起溥仪当年向斯大林写信要求加入苏联共产党并留居苏联的往事

斯大林元帅:

……承蒙苏联社会主义国家宽大为怀,拯救了我的生命。使我在贵国如此安全度日。为此,我谨向您表示诚挚的谢意。

恕我有一项请求,不知可否。我诚挚地恳求贵国政府,允许我在苏联长期居留。如蒙允许,我将全心致力于对苏联社会主义理论和其他科学的研究……①

说到底,溥仪让杰二弟代他起草的这封信,只是一个公开的"幌子"。他最后的如意算盘,在没人时又悄悄透露给了溥杰。

"在共产党的国家里,其实是挺可怕的!"

"那我不明白……"溥杰反问溥仪,"既然如此,你怎么还想留在苏联呢?"

"唉,这不过是'韬晦之计'——先保命要紧啊!总不能让苏联人把我们送回中国去啊,那不就没命了吗?如果能够做到这一步,然后再拿这儿做跳板,逃到欧美自由国家,另寻他路……"溥仪颇有城府地说。

---

① 引自俄罗斯于1992年公开的《苏联秘密档案》。

溥杰虽肯代笔捉刀，但对溥仪的"如意算盘"却并不以为然。他怎么也弄不明白，为什么溥仪煞费心机"留居"苏联？

实际上，溥仪的良苦用心，旨在逃避中国政府的惩罚——至少不被中国政府以汉奸罪而枪毙。

此后，溥仪尽管屡次上书斯大林要求永远留居苏联，但只是拽上了几个侄子，再也没"捆绑"上溥杰。

溥仪在苏联的五年里，口头不算，总共三次上书斯大林申请永远留居苏联。这次赤塔算一次，两个月后迁到伯力一次，后来又一次。

这仿佛成了溥仪意在逃脱困境的"锦囊妙计"，只要感到不安，就重新写上一次，但都没有得到任何答复。

没有不透风的墙。溥仪自以为保密，但他第一次递上信，就遭到大多数人的反对。

伪满大臣到达赤塔第二天，张景惠就带着几个旧日的大臣来看他，溥仪误以为是来请安，谁想却是"请愿"。张景惠毫不犹豫地代表众人开了口："听说您愿意留在苏联，可我们不愿意，我们家人都在东北呀。还是请您跟苏联人说说吧，让我们早日回到东北去吧。"

溥仪起初不答应，这些人死活吵着不出去，一时间闹得乌烟瘴气。

见此，溥仪只好勉强答应转告苏联人，这才算完事儿。

国民党要求对溥仪绳之以法，溥仪要求加入苏联共产党

虽然伪满大臣不再买溥仪的账，可是皇族仍然拿他当一回事儿。

溥仪依然拿自己当"皇上"，连下楼和大家一起吃饭也死活不肯。岳父荣源自告奋勇来给他端饭，为他洗衣服，在他看来仍理所应当。

在皇族眼里，皇上还是皇上。在苏联，每年的正月初一吃饺子，溥仪依然要吃第一碗，任谁也不敢抢。

溥仪在苏联期间，苏联人让他学习马列主义、《联共（布）党史》。他左耳进、右耳出，根本充耳不闻。

这一时期的溥仪，成天泡在屋里，默念他的《金刚经》《般若多若蜜心经》和《大悲咒》，每次饭前还不忘诵念《往生咒》。

实际上，正像他所说的，自己每天考虑的只是如何保住性命。其他都是假的。

其实，溥仪哥俩并不知道，当他们被关押在苏联收容所里时，国民党当局

确曾向苏联政府发出过正式外交函件,要求引渡溥仪兄弟俩,对他们绳之以法。

据苏联公布的秘密档案记载:一九四六年三月上旬,中国国民党政府外交部曾正式由驻苏大使向苏联政府递呈一份外交信函。内容非常明确:

中国驻苏大使受中国政府委托,三月七日发出照会:就苏军俘获溥仪一事,提出:

溥仪为背叛中国的日本汉奸。中国政府希望苏联政府将此犯归还我国,并绳之以法。

溥仪眼看"致斯大林书"始终没有回音,又异想天开地爆出另一个"冷门"。

他见到胖中校所长沃罗阔夫走进屋,马上偷偷拽其到了一边,神秘地说:"有件事情,不知能不能对你说?这可是一件大事啊!"

"无论有什么事情,你都可以对我说,由我负责向上司汇报。"

"你能不能直接向斯大林汇报?"

"如果重要,当然可以。"

溥仪仔细观察一下四周,然后,郑重地说:"我要求加入苏联共产党……"

那位苏军中校听了,瞪大眼睛,十分吃惊:"这可是真的?"

"当然。这是我出于对苏联共产党的认识……"

溥仪提出的奇特要求,让苏联人感到无比震惊。中校莫名其妙耸了耸肩,转身走了。

没过几天,他带来了一个冷冰冰的回答:"溥仪,你不可能加入苏联共产党!"

溥仪听了呆若木鸡,好像被判处了死刑,小心翼翼地问道:"难道一个中国前'皇帝',就不能加入苏联共产党?"

"你的要求,与我们苏联共产党宗旨不同。苏联共产党没有过这样的先例。"

"如果说,过去没有'皇帝'加入共产党,那我愿意做这第一人!"

溥仪激动万分,脖子暴起了青筋。那位苏军中校丝毫没搭这个茬儿。

这样,末代皇帝申请加入苏联共产党,只成了历史上的一个笑谈。

不久,苏联当局通知溥仪去日本远东国际军事法庭出庭作证。

没想到,溥仪居然当庭作起了假证。

贰拾壹

出席远东国际
军事法庭作假证

一九四六年八月,苏联当局通知溥仪从伯力赴东京远东国际军事法庭作证。溥仪的表演可谓登峰造极,极力粉饰自己只是个傀儡。海外媒体臧否不一,竞相报道了这次庭证:"溥仪也讲爱国——在法庭上说,做'皇帝'是入虎穴,想藉此恢复失地。"

一封溥仪在一九三一年写给日本参谋本部次长——南次郎的亲笔信提交法庭。这封信如被确认,溥仪甘心情愿做"满洲皇帝"将会得到证实。在"御笔"真伪的辩论中,专家的最终鉴定得出什么结论?

溥仪迷迷瞪瞪返回苏联,却根本不知,中国政府正与苏联政府秘密商洽引渡"皇帝"归国。

图片说明:一九四六年八月,溥仪在苏联军官陪伴下,从苏联伯力抵达日本厚木机场,为远东国际军事法庭作证一件意料不到之事，又吓了"皇上"一跳。

一九四六年八月，苏联当局通知溥仪从伯力赴东京远东国际军事法庭作证。顿然，溥仪又变成了热锅上的蚂蚁，惶惶不可终日。

作证事毕引渡回国还是……

没过几天，苏方从莫斯科派来一名大校——别尔缅阔夫，面无表情地向溥仪宣布了赴日行程。此人出生于中国哈尔滨，精通俄文、日文和中文，堪称"中国通"。

谁料，溥仪赴日前夕第一课居然是练习规范吃西餐。

巨大的餐厅内，仅摆了一桌西餐，有人前来专门指导他如何拿刀、叉，尤其提醒溥仪喝汤不能出声音，连他在宫中养成随心所欲的手持刀叉方式也被矫正了过来。

一九四六年八月九日。夜幕中，一架军用飞机在日本东京厚木机场降落。当晚，美国旧金山电台向全世界透露了这一"谜底"。飞机来自遥远的苏联伯力，走下飞机的是别尔缅阔夫等四名苏联军官。

唯一的中国人，就是末代皇帝——溥仪。

他身穿西服，走起路来身体板直，脸上时而露出一丝不易察觉的惶惑。

第二天，溥仪读过报纸上的新闻，更是惊恐不安。八月十日，国民党要人谢冠生在南京发表谈话，声称："引渡溥仪事，苏联已有明确表示，即可引渡。"

溥仪在东京作证后将"引渡来京公审"。

一时间，新闻界仿佛开了锅。在世界各报纷纷转载这则消息的同时，许多报纸又都在同一版刊登："溥仪解至东京作证，事毕仍由苏联押回。"

这两种截然相反的报道，使此时居住在苏联大使馆里的溥仪如惊弓之鸟。

八月十六日，溥仪第一次出庭作证。

设在前日本陆军省会堂的审判厅拥挤不堪。当他缓缓步入证人席，摄影机和电影机镜头一齐对准了他。

普通证人仅有一名宪兵护送出庭，溥仪却由两名宪兵"伴入"，可见其身份特殊。

溥仪编假话——被日本人胁迫当"执政"

随着一声槌音落下,东京远东国际军事法庭正式开庭。

担任首席检察官的美国人季楠按照国际惯例,首先对证人的出生地、简历等提出一系列询问。

伴随溥仪的起立,全场霎时"聚焦"。当溥仪叙述从三岁"登基"开始的经历时,法庭一片寂静。

显然,溥仪的证词所持立场,让全场倍感震惊。

谈到辛亥革命时,溥仪竟然称颂孙中山是"非常伟大的人物",还说:"我的母亲隆裕太后曾与孙中山先生会晤,非常赞同建立民国,决定将中国的统治权交与革命党。"

甚至,溥仪称辛亥革命是"非常进步的运动",而极力隐瞒对推翻清王朝的仇恨之情。检察官季楠打断了溥仪冗长而空洞的长篇证言,单刀直入地问起了令他胆寒的要害问题。

"你离津赴旅顺前和日本著名人物有什么接触吗?"

此时,溥仪轻描淡写地提及与日本驻屯军司令香椎浩平的会见,而对天津"夜见土肥原"那一幕则避而不提,因为那是他与日本关东军勾结的铁证。

正是在那次会见中,溥仪公然提出,"建立的'满洲国'必须是帝制的,否则不去……"

接着,当季楠询问他为什么最后接受了日寇的建议时,溥仪戏剧性地逐一环顾了面前的十一位法官,居然反问起了检察官:"当时那么多的民主国家都不能抵抗日本的侵略,'余何独能耶?'"

当溥仪讲到板垣威逼他去东北时,从五公里外的巢鸭监狱押来的板垣,脸部"因憎恨而变其形象",表示出极度"鄙夷的神情"……

在日本人"绑架"还是自愿去伪满的问题上,溥仪一口咬定,是"被胁迫去的'满洲国'"。

这次开庭,旁听席"人满为患",多数听众一直站到休庭。

八月十九日,溥仪第二次出庭,再三请求法庭原谅他在生命受到威胁时,被迫登上"满洲国"皇位的苦衷,遭到庭长威比的断然驳斥:"怕死不能原谅。从来没见过哪个国家恕宥怕死的卖国贼。"

别瞧这么简单的一句话,却足以使溥仪心惊肉跳许久。因为十天前,中国报纸公布了溥仪族兄溥侗（汉奸）已患风瘫，仍将受到审判，以及川岛芳子即将公审的消息。

继而，溥仪在详述接受"皇位"的理由时，竟当场编织了令人难以置信的弥天大谎："这是为满洲人民着想，先秘密训练军队，等待时机成熟，再与中国政府合作，光复东北。这一理想，将我驱入虎穴……"

顿时，大厅内一片嘘声。

但溥仪站得笔直，脸不变色心不跳，堪称铁嘴钢牙。这使世界看到了他的另一副面孔。

下午出庭，溥仪的表演堪称登峰造极，极力粉饰自己只是个傀儡，谈起第三个妻子谭玉龄之死，居然以拳头猛击桌面，高声怒叫："谁害死了她？就是吉岗中将！"

海外媒体纷纷以辛辣的笔法，报道了这次庭证，且均冠以醒目的大字标题：

"溥仪也讲爱国——他在法庭上说，做'皇帝'是入虎穴，想藉此恢复失地。"

继而，溥仪在法庭上对日本人罪行的披露，犹如东海决堤，滔滔不绝。

"居住在东北的中国人，被强迫将存款储蓄在日本银行，竟达六百亿元……日本人在东北贩卖鸦片，所得净利高达二十亿元，拿这些钱资助日军经费……"

法庭上的众人，无不瞠目结舌，由衷钦佩而惊讶溥仪何来此精确数字，而且具有如此过人的记忆力。

然而，溥仪的上述行为，也同时成为日本战犯的律师关注的焦点。质证伊始，日本战犯的辩护律师便在质询中，纷纷拼命搜集溥仪并非"傀儡"的证据。

这场质询竟一连持续了六天，被日本报界称为"冲锋肉搏式"的交锋！

二十一日，是溥仪陷入困境的第一天。

一位瘦小的日本白发博士缓步上庭。他是日本律师团首席代表鹈泽，质询的方式显得很特别，竟然向溥仪询问起三岁登基是否在北京天坛行过祭天礼，以及"逊位"后是否希望重现"康乾盛世"……

在得到溥仪的肯定回答后，马上以溥仪就任伪满皇帝也在长春南郊举行过"大礼"来证明他是真心想当皇帝，而并非傀儡。

当恍然明白这个并不高明的圈套之后，溥仪的回答采取了异常讥讽的态度："如果孔夫子出世治世，世界自然要好些。"

……在一片哄笑声中，这位博士尴尬地退下阵。

溥仪刚松了一口气，美国律师布列尼克上阵了。

"……那么你看过李顿报告书吗？"他绕了半天弯子，又回到了溥仪是否傀儡皇帝的问题。

溥仪的回复倒是极为简单，索性答以"记不清了"。

布列尼克步步紧逼，在十几个历史问题上，连续发难。

当布列尼克绕着圈子，询问溥仪在离开天津赴旅顺，以及伪满洲国"登基大典"等日期时，他都一概以"记不起来了"而避而不答。但谁都看得出来，溥仪紧张得额上却渗出了冷汗。

见询问无效，布列尼克直接引用英国记者伍海德撰写的《在中国的记者生活》一书记载庄士敦转述溥仪的话，证明他是自愿做皇帝的。

溥仪摇了摇头，仍"什么都记不起来"，此时，美国律师被激怒了。

"御笔"真伪

布列尼克使出了杀手锏。

一封溥仪在一九三一年十一月一日，写给日本参谋本部次长南次郎的亲笔信提交法庭。这封信如被确认，溥仪甘心情愿做"满洲皇帝"就会得到证实，更意味着他将同时丧失证人资格。

这封亲笔信交到溥仪手中。只见他辨认"黄绢信"时，双手颤抖，突然火冒三丈地高呼："这是伪造的！"

随即，他一下子把"黄绢"摔到地上。

"这是谁的笔迹？……"

"不知道！"溥仪仅气呼呼地回答了三个字，再也不说半句话。

在这场"御笔"真伪辩论中，溥仪心中暗自庆幸只在"黄绢"上盖了"御印"，而没有签名。西方惯用的签名生效的唯一法律规定，在溥仪这里却找不到证据。他在内心暗中笑个不停。

一波未平，一波又起。

二十六日，布列尼克又拿出了溥仪送给庄士敦一柄扇面题词的照片，来证实"黄绢"上的字迹就是溥仪的亲笔信。

字迹真伪，谁能当场做出决断？法庭决定提交专家另行鉴定。

最终，皆因专家鉴定得出了两种不同的结论，此事只好不了了之。

溥仪好不容易熬到出庭作证的第八天,即最后一天。

哪知,法庭检察处当众出示了一九三一年日本驻津总领事给外务省的电报:"溥仪获恢复帝位将受日皇室欢迎之消息后,表示极愿复位。"

然而,对这封电报的真实性,法庭却仍没有取得一致意见。几位检察官茫然地坐在审判席上,面面相觑。

当天,纽约广播电台播送道:"东京消息,伪满皇帝溥仪出席远东军事法庭前后作证八日,今日已告终止。"

在极端复杂的心绪中,溥仪乘飞机返回苏联。

溥仪解密"御笔"真伪

那么"御笔信"的真相呢?

后来溥仪在抚顺战犯管理所时仅向五妹夫万嘉熙谈起,除此从未向其他人说过。而在特赦后的一次座谈会上,却诚挚地作出了坦白:

> 在自传中要不要交代罪恶?我还做了些别人不知道的事:一个是我曾在天津亲笔写信给日本军阀,请他们以武力助我复辟;一个是一九三二年我到东北,并非被日本特务绑架,而是听了土肥原答应让我复辟清朝后自愿去的。
>
> 这些当事人已全死了,是无人知道的秘密。说不说呢?坦白从宽靠不靠得住呢?所以,在我所交代的罪恶历史中,没写出这两件大事,而是把所作所为全推到日本人吉冈身上。我试图隐瞒这样的历史,是为了表明当汉奸从头到尾都是被迫而非自愿的。
>
> 两年后,我交代了"九·一八"以前勾结日本军阀和自动去东北投靠敌人的罪行,一九五四年也把这一罪行写在了认罪书上。

溥仪在特赦之后,哪怕对于家族亲友的不正确看法,他也敢直接反驳。他曾直言不讳地写道:"我的堂弟对我说,过去在伪满,我是受日寇强迫到东北的。我当面痛驳了这种错误观点。"

有意思的是,美国记者斯诺也把溥仪的变化写进了书里:"我从前一直认为溥仪是被日本人绑架走的。溥仪却直率地告诉我,'我是自愿去东北投靠的日本人,想以此来复辟大清皇帝的统治。'我说,佩服他的诚实。溥仪却说,'这是揭穿自我欺骗的结果。你不知,这多么不容易啊……'"

溥仪只谈起苏军大校在东京"窃茶杯"

起初，苏联人曾承诺，溥仪赴日本出席作证只有十几天。

谁想，直到过了一个多月，溥仪仍没能回到伯力，而是在红河子战犯收容所待了一段，才返回伯力。

在此之后，伯力收容所的日本人，对于溥仪的态度发生了截然不同的变化。

过去，所有日本人见到"康德"都是九十度大躬，一鞠到底。而溥仪从东京作证归来，日本人则纷纷议论说，溥仪在法庭上跟"天皇"作对。所以，日本人见到溥仪竟丝毫不再理睬，有的竟然横眉冷对。

而润麒则好奇地问起溥仪赴远东军事法庭作证的经过，哪知溥仪王顾左右，实在被逼不过，只是苦笑着谈起了一件"窃茶杯"的轶事："我和一起去的苏军大校住在宾馆同一个房间。临走时，他把宾馆的茶杯偷偷顺手揣在皮包里。见我发现后，也随手递给我一只茶杯，我不好意思拒绝，就带了回来。"

润麒听了，暗自好笑，"皇上"赴日作证竟"偷窃茶杯"，不啻一个天大笑话。

实际上，溥仪根本没必要在日本窃走不值钱的茶杯。因为他手里藏匿的许多价值连城的珍宝，都无处打发。这无疑成了他的一块心病。

他知道决定自己命运的是苏联人，便就势拼命讨好不已。向苏联当局献出的金银珠宝，名义上是拿出全部财产"献宝"，以支援苏联建设。实际上，他并未献出"全部财产"，而是把最好的"珍宝"偷偷留了下来，让侄子毓嵒藏进一个黑皮箱的夹层。

即便如此，还是有不少财宝无处存放，又怕苏联人说他"欺骗"，只得四处藏匿，连肥皂里都塞满了。最后，溥仪为此事整天睡不着觉，索性让侄子们分头扔掉。

可是，这很快被苏联人发现了，因他们从院里的废暖气片里发现了藏在里边的金银手饰。上边还镌有北京"银楼"的印记。

苏联人找来了溥仪，他不敢承认，硬着头皮不认账，即使有人证明裹在一起的值钱的梳子，乃是溥仪使用过的，他也死活不肯认账。

他害怕了，唯恐苏联人发现他的欺骗行径，就陆续把一些珠宝放进炉子里烧掉。又让手下把价值连城的珍宝扔进冰河或居室的烟囱里。这是溥仪临回国之前发生的丑事儿。

此时,溥仪根本不知道,中国政府与苏联政府正在商洽引渡他"归国"。

传闻变成了现实。当溥仪离开苏联,以为要被枪毙,竟然装疯卖癫,在归国的列车上欲与一个假想敌——咒骂斯大林的人决斗。

谁知,却意外受到东北局高岗主席①的接见。

---

① 高岗,陕西省横山县人,陕甘边革命根据地领导人之一,新中国中央人民政府副主席。被控于1954年2月,在中共七届四中全会上与饶漱石进行分裂党、篡夺党和国家最高权力的阴谋活动,受到揭发和批判,1954年8月自杀身亡。

第五卷

铁窗寒夜,茫茫七夕何在?
人性的苏醒,恰遇"特赦"的神话。
变成普通公民的生活,使世界看到了新生的溥仪。
孰料,新婚却五味杂陈。

貳拾貳

抚顺战犯管理所

岂料，溥仪被引渡归国，竟是毛泽东主席的决策。

个别书籍或影视中，描述溥仪回国途中在厕所自杀，在列车上受到老百姓批斗等情节，纯属凭空杜撰，只是戏说，并非历史。

溥仪在归国列车上，居然大吼大叫："谁敢骂斯大林，谁就是我不共戴天的敌人……"

为了争取溥仪家庭团圆，罗瑞卿破例批准溥仪与李玉琴狱中同居。结果没有成功。溥仪离了婚，杰二弟的婚事如何处理？

哪知，溥仪一口咬定弟妹——溥杰的妻子是日本特务。

图片说明：这是一幅由新华社记者拍摄的稀见照片——被特赦的溥仪带头高呼口号

岂料,溥仪被引渡归国,竟是毛泽东主席的决策。

新中国刚刚成立的一九四九年十二月至一九五〇年二月,毛泽东和周恩来在访问苏联期间,便与苏共总书记斯大林谈了"引渡溥仪",其中包括九百六十九名日本战犯及六十多名伪满战犯。

一九五〇年七月三十一日,溥仪一行被苏联列车押送到边境上的绥芬河车站,因大雨滂沱,无法移交,所以在这里停留了整整一夜。八月一日清晨六点,溥仪等人被正式移交中方。

根据苏联最新解密档案——苏联内务部部长克鲁格洛夫向中国当局移交战俘情况致斯大林的报告记载:

七月十八日,苏联在绥芬河车站向中方外交部代表陆曦移交了九百六十九名日本战俘,其中有十七名将军。另外,还移交了苏方有关审讯材料。

八月一日,苏方向中方代表移交了伪满洲国"皇帝"爱新觉罗·溥仪,以及伪满洲国政府部长、将军和官吏五十八人①。

值得注意的是,这份内部报告收录了一份秘密情报:"在溥仪和随从人员从哈巴罗夫斯克起程之前,曾收到密报说,溥仪担心自己的命运,表现得十分神经质,并表达了想要自杀的念头。这是他弟弟爱新觉罗·溥杰怂恿他这么干的。""鉴于这种情况,要将溥仪与其亲属、其余战俘和拘押者隔离,在加强监视下送到中国当局的移交地。"

看来,溥仪的一丝一毫动向,都没能瞒住苏联当局。

溥仪要与反对斯大林的人决斗

也许正因为如此,当溥仪移交中国境内之前,忽然被唤下苏联列车,由苏联收容所长阿斯尼斯负责押送,登上中方列车的一节专列车厢,单独作了移交。

连溥仪那只不离身的黑皮箱,也由专门人员提着。溥仪刚刚登上列车,看到手持冲锋枪的战士,又发现车窗的玻璃全部被糊上厚厚的旧报纸,当时心就凉透了。

---

① 苏方电报关于移交中方人员五十八人的记载,与陆曦记载的六十多人的数字有差距。此处实录待考。

接着,发生了一系列真实的故事。

须说明,个别书籍或影视当中,描述溥仪在厕所自杀,在列车上受到老百姓批斗等情节,纯属凭空杜撰。只是戏说,不是历史。

在当时,整个押解和移交过程,仍属中苏两国绝密。

当进入中国境内押送他和亲属随从的列车驶过哈尔滨,一直向南(长春)驶去时,溥仪顿然觉得气氛不对,因此变得更加神经质。见到公安人员小声交谈,便认为是在议论自己,看到持枪的战士瞅了他一眼,就以为指不定什么时候就会对自己下手。

黄昏降临,大多数人都已沉入梦乡。突然,车厢里一阵骚动,传来了溥仪一阵阵声嘶力竭的大吼大叫:"我听见有人在骂斯大林!谁敢骂斯大林,谁就是我不共戴天的敌人……"

溥仪好像患了精神病,脸部不停抽搐。他在车厢里遛来遛去,圆瞪两眼巡睨着面前的几个侄子,好像非要从中找出那个并不存在的假想敌。

一位工作人员走过来,唤醒了睡梦中的溥杰,说:"溥仪正在前一节车厢里吵闹,咋说也不行!"

闻此,溥杰吃惊地披衣站起身:"我能帮您做点儿什么?"

"溥杰,我们想让你到前一节车厢劝劝溥仪,如果发生意外,对谁都不好!"

溥杰立马跟着工作人员,迈进了前一节车厢。

这时,溥仪正在车厢里来回乱走,嘴里不断胡乱叫嚷。见到溥杰在押解人员陪同下走过来,他睁大双眼,顿时停止了喊叫。

溥杰走上前,轻轻拍着兄长的肩膀说:"我有几句话,要跟你说……咱们刚刚离开苏联回到中国,刚才工作人员不是宣布了嘛,必须听从统一指挥。你怎么能不听工作人员劝解呢?"

"我这是为了保卫斯大林……"听到这儿,溥仪不仅没收敛,反而大喊起来,"谁反对斯大林,谁就是我们的敌人!"

"是,是,谁也不能反对斯大林……"溥杰知道不能硬劝溥仪,便顺着他的话说,"咱们现在是押解途中,你还是要先坐下休息一会儿,绝不能不听劝呀!"

溥杰深知溥仪在为小命儿担忧,才演出"假想敌"的一幕。说透点儿,逢场作戏,是他的拿手绝活儿。这不又在临场"发挥"嘛……

杰二弟看透了兄长的心理,凑上去,小声附在溥仪耳边提醒说:"你要这么再闹下去,没准儿得被枪毙喽!"

仅此一句,果奏奇效。无疑,溥杰这番话击中了溥仪的软肋,他小声嘟囔了几句,就蔫蔫地返回了座位。

一夜无事。早晨起来,溥仪看见公安部队在车外排队走过,就误以为这是准备押送犯人赴刑场执行死刑。见到乘客跑着去换车,就认为是看枪毙汉奸的。

他正瞎想着,听到押送人员叫他和几个大臣的名字,催他们下车,认准这次可是来"真的"了,必是押送刑场无疑。

谁知,他又错了。

高岗接见与露面的共产党"卧底"

当溥仪登上一辆大公交汽车时,见到手执武器的公安战士在车门附近站立,感到可能会被枪毙,下决心不能在临刑前丢脸,于是想好了临刑前的口号:"太祖高皇帝万岁!"

他首先想到的是祖上的第一个皇帝努尔哈赤。

哪知道,又白忙活了,根本没用上——这绝非编造,溥仪将此真实想法,写入了《我的前半生》初稿。

他没被押送刑场,却被送到了沈阳市的东北局政府。下车时,溥仪有意躲在最后一个,没想到却被命令站在头一个。

这情形又让他想到了必死无疑,于是拉上最恨的一个侄子,说:"你跟我见列祖列宗去吧。"

一句话,吓得侄子面无人色。

走进大厅里,溥仪看到长条桌上摆着许多点心和水果,以为这是处决犯人的"送终宴",拿起苹果,狠狠咬了一口。

当一个干部笑着前来招呼他们时,溥仪神经质地站起身,说:"不用多说,快走吧。"

那个人仍然在笑。他却弄不明白了。

溥仪绝没想到,这次即将受到东北局主席高岗接见。

一行人步入大厅之后,高岗接见时说的一句话,让溥仪从胡思乱想中猛然清醒过来:"你们不会被杀头。现在,你们这是去抚顺改造……"

猜错的,不止他一人。多年之后,溥杰讪笑着对溥仪说:"我当初见到你和一批伪满官吏先下列车,也以为是分批处决呢。"

列车到站。溥仪一行人走下车,被关押进抚顺战犯管理所的高墙内。

每个人都换上了清一色的囚服,左胸缝了一块布,上面写着编号。溥仪的号码是"981"。

冰冷的牢房和铁条横竖的窗户都让溥仪感到,这回果真成了"犯人"。

环顾室内,两溜木板长铺。溥仪与溥杰、五妹夫老万、妻弟润麒睡在一边,其他侄子等人睡在另一溜。一个不大的监房,足足装了十个人。

此时的溥仪内心并不踏实,一直担心被杀。然而,让他稍稍放心的倒有两件事。

第一件事:一九五五年三月,贺龙元帅和聂荣臻元帅参加旅大港的接收仪式,途中去抚顺战犯管理所视察时,不仅看望了溥仪和溥杰,还对哥俩说:"你们有希望看到社会主义建成。"

第二件事:一九五六年三月十日上午,七叔载涛带着溥仪的三妹和五妹来到抚顺战犯管理所看望溥仪和溥杰。而且特意告诉他:"这是毛主席让我们来看望的。"

直到此时,溥仪这才彻底放下了心,性命似乎无虞了。

在此前后,溥仪为保全性命,一直竭力想表现自己的进步。于是乎,在苏联的"献宝"之举故伎重演——向抚顺战犯管理所郑重献出了乾隆的"田黄三连环"太上皇玉玺。可是石沉大海,没见任何动静。

哪知烧香引来了鬼。他不舍得献出来的其他珍宝,却被一位侄子揭发,还给他写了一张纸条,藏在饭碗底下,催促他主动交出来:"我从前给您藏在黑皮箱里的东西,您坦白了没有?自己主动交代,政府一定宽大不究。"

后来,他才知道,所方对他了解个底儿掉,只等待着他觉悟呢。

他似乎没有了生死忧虑,家庭问题反倒凸显出来。

溥仪(前左一)在抚顺战犯管理所内练早操

罗瑞卿亲准溥仪与李玉琴狱中同居

再说溥仪的妻子李玉琴一路辗转,从京津返回长春,一直没改嫁,始终痴心地等待着溥仪归来。

而溥仪通过五妹打听到了李玉琴的地址,于是给她尝试着发了一封信。

一九五五年夏天,李玉琴前往抚顺战犯管理所探监。

一年间,她曾先后三次看望溥仪,而现实却让她不由自主地发生动摇。由于受自己和溥仪的关系牵累,叔伯哥哥、妹妹被调离长春,哥哥失业。无形的压力让她产生了离婚的念头。

一九五六年十二月底,李玉琴再次来到抚顺战犯管理所。所长金源和管教人员李福生热情接待了她。在与溥仪的会面中,她首次提出了离婚。

溥仪毫无思想准备,哭了,他不同意离婚。金源所长请李玉琴重新考虑,来日再谈。

谁想,此事竟然惊动了北京,身为公安部长的罗瑞卿将军亲笔作出了批示:"为恢复感情,可同居。在婚姻问题上尽可能做好工作,不离婚。"

第二天,仍无结果。抚顺战犯管理所根据将军的批示,打破了惯例,特地腾出一间房,为溥仪和李玉琴摆了一张双人床——两张单人床拼在一起,让夫妻二人共叙旧情。

可是,这一夜"同居"之后,李玉琴依然坚持离婚要求。

关于李玉琴这次探监,她在一九八五年接受笔者采访时,亲口回忆起当时的真实情景。当时,笔者一再向李玉琴追问她和溥仪同居一夜的细情,李玉琴不好意思地对我说:"怎么说呢……这些对你讲也讲不明白,你太年轻,不懂……"

到底怎么回事呀?在笔者一再询问下,她坦诚地谈起了两人同居一夜的细节。

而这正是她与溥仪离婚的关键所在。

这一夜的同居生活,应该说是失败的。两人之间没有过上真正意义上的性生活,溥仪经过多年的监狱生活,加上早年宫中的恶习,早已失去了夫妻性生活的能力。

早晨起床之后,李玉琴满脸沮丧,失望而去。

李玉琴接受采访时,真诚地对笔者说,她要过一种真正的"人"的生活,她向往着真正的新生活……

就在这一夜同居之后，李玉琴与溥仪离了婚，正式办理了手续。

关于俩人婚姻的结局，抚顺战犯管理所所长金源，曾经对笔者不无遗憾地回忆说："次日一早，溥仪找到我说，头天晚上才知道，自己的病并未治愈，离婚不可避免。"金源对溥仪直言以告："做两手准备吧，实在不行也没办法。"

话说到这份儿上，溥仪没话了，只好就此分手。

一九五七年四月一日，抚顺市河北区人民法院收到李玉琴的民事诉状，二十八岁的李玉琴请求人民法院准许她与五十一岁的溥仪"脱离夫妻关系"。

在民事诉状原被告"职业"一栏上，李玉琴填写的是职员，溥仪的职业一栏则是令人回味的"空白"。

历史记下了这一天——一九五七年四月二十四日，身在抚顺战犯管理所的溥仪，收到了人民法院的送达书。

一九五七年五月二日，抚顺市河北区人民法院"准许原告李玉琴与被告溥仪离婚"。

溥仪收到的宣判书，是这样写的：

"被告溥仪承认李玉琴所述双方结婚经过和婚后没有建立真挚的夫妻感情是属实的，并表示完全同意和李玉琴离婚。从上述双方承认的事实来看，双方确非自愿结婚，婚后未建立起真正的夫妻感情，况且已多年没有同居……故依法裁定离婚……"

"皇帝"与"妃子"的婚姻关系，在新社会正式宣告结束。

一九五八年"五一"，李玉琴再婚，婚后生育一子。

溥仪特赦之后，在北京与李玉琴重逢，诚挚地祝贺她建立了美满的家庭，还向朋友们坦然介绍说："她过去虽说是'福贵人'，可一天福也没享过。现在她才有了幸福的生活！"

溥仪认定弟妹是特务

溥仪凄然离婚。

杰二弟的家事如何处理？这一难题不容回避地摆在了溥杰面前。

伪满政权的崩溃，使溥杰与妻子嵯峨浩天各一方。早在溥杰随溥仪被苏军抑留苏联期间，妻子嵯峨浩便携六岁幼女嫮生被八路军收容，在东北随军飘泊。直到一九四七年一月，母女俩才得以乘坐最后一艘遣返船渡海返日。其间也不免颇受周折。

溥杰与妻子嵯峨浩和长女慧生

一九五〇年,溥杰返归中国,在抚顺战犯管理所接受改造,依然惦念着妻女的生死,无奈却始终杳无音讯。

直至一九五五年初春,溥杰拆开一封来自日本的信件,信封里竟然掉出妻子嵯峨浩与两个女儿的三封来信!

对于孤苦多年的溥杰来说,妻女的来信无异天降甘霖,在欣喜若狂中,他几乎一夜未眠。于是,一封又一封饱含思念的家书飞向日本。

然而,溥杰夫妇频繁的书信往来,被溥仪得知后所说出的"心里话",却使杰二弟感到浑身冰凉:"溥杰,你时至今日还惦念那个日本女人,这可是民族立场问题!"

平时称溥杰为"二弟",此时直呼其名,显然问题相当严重了。

溥杰思索再三,委婉地问起溥仪:"那大哥的意思呢?"

"不要给她再写信了,应该一刀两断!"

"所领导也没有这样说啊?"溥杰执拗地表示不同意,但仍然没有翻脸,只是稍稍委婉地对溥仪解释着。

没想到溥仪怒目圆睁,竟大发脾气:"这是非你表态不可的。你可不要再犯糊涂了。"

接下来,溥仪数次劝说二弟要与日本妻子断绝关系,甚至责令他打消与嵯峨浩破镜重圆的念头。理由冠冕堂皇——二弟的婚姻是日本"政略婚姻",应该随同历史埋入坟墓。

彼此见解相左,两人谈话无可挽回地陷入僵局。

时隔不久,一天晚上高墙内放映电影《李二嫂改嫁》,溥仪专门拽溥杰坐在一起,再次规劝二弟与嵯峨浩离婚。望着银幕上改嫁的李二嫂,溥杰万分感慨,眼泪汪汪。溥仪尽管苦口婆心,结果依然没能谈拢。

不久,一件铁板钉钉的大事横生枝节,使溥仪和溥杰感到万分震惊。原来听说溥杰即将特赦的事儿,居然吹了。

溥仪为此找到溥杰,大发雷霆:"依我看,这就是因为你和嵯峨浩的关系问题。我不能眼看着你掉进泥坑里不管。"

溥杰找不到充足的理由来反驳,只是含糊地表示,要更好地接受改造,争取早日出狱。实际上,溥杰内心对溥仪的反感,虽然没说出来,却亲笔写在了一篇日记上:"我可不能学吴起①,来个杀妻求将……"

---

① 吴起,战国时卫国人,颇得鲁国国君赏识。吴起在鲁娶一位齐女为妻,适逢齐鲁交战。鲁国人对统帅吴起表示怀疑,吴起为博鲁国信任,竟杀死妻子。最终,仍被鲁国国君所弃。

貳拾叁

溥仪身边的共产党「卧底」

长达半个多世纪的悠悠岁月中，一对亲生父子，以末代皇帝溥仪为界，虽多年生活在一个屋檐下，却分属两个敌对的阵营。

其父是伪满洲国总理大臣，儿子却是专门从事反对伪满洲国皇帝的中共地下情报人员。

难以想象的是，更有一些极机密的中共谍报会议，居然是在伪满洲国总理大臣张景惠的家中召开的。张绍纪和妻子亲自望风，担任警卫，从未失手。

张绍纪所在的地下情报组织，曾经受到毛泽东的表扬。

伪满洲国总理张景惠的儿子竟然是共产党的"地下党"，更是深藏伪满的"卧底"。感慨万端之际，溥仪禁不住对润麒说："共产党实在太厉害了！"

图片说明：张绍纪时常以父亲张景惠的伪满洲国总理身份为掩护，从事地下工作。图为张绍纪（后坐者）和父亲张景惠（左二）、张景惠的七夫人徐芷卿（左一）、兄长张绍维这实在是一个颇值得提及的传奇故事。

本书原本没有这一节内容。临近杀青之际，思来想去，仍然增加了这一章节。因为，这个故事——不，这绝不是编撰的故事，而是真实的历史。

真实的历史，有时往往比杜撰的小说更具传奇色彩。

父子仇敌

长达半个多世纪的悠悠岁月中，一对亲生父子，却以末代皇帝溥仪为"界"，虽多年生活在同一个屋檐下，却分属两个敌对的阵营。

难以想象的是，其父是伪满洲国总理大臣，儿子却是专门从事反对伪满洲国皇帝的中共地下党情报人员。如果褪去政治的有色眼镜，父子二人对于分属两个阵营的"圣上"而言，无疑都是出类拔萃的人物。

父亲是赫赫有名的张景惠。儿子是默默无闻的张绍纪①，新中国建立后，改名张梦实——意味着"梦想"成为了"现实"。

父子俩的公开"分野"，凸显于伪满垮台之际。

谁也没想到，当苏军坦克开进长春之后，根本不懂中国话的苏军，竟然一个不落地带走了所有溥仪的亲戚。连皇后婉容的父亲荣源，也没能逃脱。对此，人们感到十分奇怪，苏军通过什么途径弄到了如此准确的情报和详细的地址？

原来，这便是张绍纪提供的秘密情报。

当年，联合国李顿国际调查团来到长春，普通人自然毫无所知。据婉容的胞弟润麒回忆，张绍纪竟然把秘密情报夹藏在其父张景惠照片的背面，交给了对方。然而，这依然没能结束溥仪为首的伪满洲国的苟延残喘。

《我的前半生》执笔人李文达，在五十年代末期曾调取过张绍纪的档案，并未发现异常，于是初步判断其为中共地下党外围组织成员。这便是历史的"奇妙之处"。

有意思的是，直到"文革"之后，李文达因曾失掉地下党唯一的上线联系

---

① 张绍纪，又名张梦实，一九二二年生于哈尔滨，辽宁台安人。早年曾入日本早稻田大学留学，后加入中国共产党。新中国成立之后，任抚顺战犯管理所干部、国际关系学院教务处副处长和西班牙语系主任、河北地质学院系主任、国际关系学院日语系主任和法语系主任。第七届全国政协委员。

人,被打成"敌特"嫌疑之后,才渐渐知道张绍纪的全部情况——张绍纪系秘密战线的中共党员,亦由于特殊的贡献被推选为全国政协委员。至此,李文达这位老地下工作者才算明白了始末。

人所共知,张绍纪精通日语,却长期隐瞒了精通俄语这一事实。直至随溥仪一行被苏军押往苏联,一口流利的俄语,才使溥仪瞬间目瞪口呆。自然,也使"末代国舅"润麒等人惊诧不已。

尽管张绍纪在苏联为溥仪等人充当了五年多的俄语翻译,此时,他的真实身份仍模糊不清。

在溥仪眼里,这是一个具有奇怪身份的人——既是自己亲信、伪满总理大臣之子,又在他与苏联人之间充当联系人,待人态度不亢不卑。

溥仪当初便认定,这是一个神秘人物。

伪满总理大臣张景惠之子——张绍纪

张绍纪,究竟何许人也?

可以这样说,张绍纪是中共情报组织中最为特殊的一个人物,绝不仅因其父是赫赫有名的伪满洲国总理大臣——张景惠,更因为他的经历有着颇为不寻常之处。那么张绍纪究竟具有什么样的奇特背景呢?

一九二二年,张绍纪出生于黑龙江省哈尔滨市,其母是张景惠的第七个妻子——天津卫擅唱京剧老生的名伶徐芷卿,在伪满时期曾任伪国防妇女会长。

甭瞧张景惠身材矮小,其貌不扬,自一九三一年"九一八"事变后投靠日本侵略者,却先后担任过伪满参议府议长、国务总理大臣等职,随后更成为颇受末代皇帝溥仪宠信的心腹之一。

自幼,张绍纪最受父亲张景惠的宠爱,其进步思想的启蒙,恰恰缘于父亲为他聘请的一位俄语家庭教师以及年长他六岁的堂兄。

当时,哈尔滨的豪门望族无不视懂俄语为时髦之举,张宅自然也不例外。正是这位俄语教员让张绍纪在学习中豁然开朗:一河之界的俄国正在发生举世瞩目的变化——铲除了专制的旧制度,消灭了剥削与压迫。

年轻人的心灵之窗被蓦然打开。张绍纪除掌握了流利的俄语之外,更迷恋上了自由与民主的"社会主义"。

继而,在婚姻问题上初露"锋芒",不止一次拒绝了父母为他包办的政治婚姻,却随后出乎意料地向家长摊牌,非要与母亲的女佣徐明结婚不可。

此举显然使父母气急败坏。一九四〇年,张景惠毅然采取隔离手法,强硬地把张绍纪送到日本留学,又背着他把徐明轰出家门。谁料,结果适得其反,家庭的高压态势,反而燃起两人在困境中的炽烈爱情。

张绍纪在日本早稻田大学读书期间,欣然接受共产主义思想,而且加入了共产党的外围组织——"东北留日青年救亡会"①。

与此同时,张绍纪把逐日勒紧裤带节俭下的钱不断邮寄给国内的徐明。两年之后,张绍纪返归国内,义无反顾地与亲爱的恋人完婚,由此成了众人皆知的"张府逆子"。

以上这桩似乎从小说中才可能出现的张绍纪娶女佣的传奇姻缘,溥仪直到被关押在苏联时,才从润麒口中得知原委。

而溥仪丝毫不知的是,"救亡会"成员不仅大多是留日的中国大学生,而且许多来自伪满上层——溥仪手下伪满大臣的子女。

一九四三年,"救亡会"陆续撤回东北,张绍纪与中共地下党组织负责人李克农②等人取得联系。这样,他带着父亲的名片任何地方都出入无阻,利用这种有利条件,为中共地下组织搜集了大量情报。

此后,张绍纪通过天津共产党地下组织负责人南汉宸③联络华北局地下组织,关系遂转到晋察冀社会部。随后,中社部指示该东北情报组打入伪满高层深入潜伏,主要目标是获取日伪战略情报。

这一情报网的成员中,相当比例的成员为伪满洲国高官子女,称得上是伪满大汉奸子弟暗中"投共集成"。其中,包括溥仪贴身少将侍卫处长佟济洵之子佟志彬、"地方自治指导部"部长之子于静纯、"军法处"少将处长之子王诚及侄子王谦等众多溥仪的心腹子弟。其中,最有名的当然是伪满总理大臣张景惠之子张绍纪。

听起来似乎有点难以置信。然而,这确是毫无疑问的历史事实。

溥仪自然不知,伪满洲国这座行将垮掉的大厦,早已从内部彻底"溃

---

① 据张绍纪的上级侯洛同志回忆,"救亡会"的前身是 1935 年在日本东京成立的"反帝大同盟",1940 年后受晋察冀分局社会部领导。成员七十多人,其中中共党员占四分之一以上。
② 李克农,1899 年 9 月 15 日生于安徽巢县一个职员家庭。1930 年春,调入中共中央特科。曾任中共中央社会部副部长、中共中央情报部副部长、新中国外交部副部长、人民解放军副总参谋长、中央调查部部长。曾任第三届全国政协常委。1962 年 2 月 9 日病逝于北京。
③ 南汉宸,中共隐蔽战线的卓越领导者。生于 1895 年 12 月 14 日,山西省洪洞县人。1911 年参加辛亥革命太原起义。新中国成立后曾任中央统战部副部长、中国人民银行总经理、中国国际贸易促进委员会主席等职。在"文化大革命"中遭残酷迫害,1967 年 1 月 27 日含冤逝世。1979 年 1 月,中共中央为南汉宸彻底平反昭雪。

烂"了。

最终，张绍纪所在的地下情报组织一举发展到了七十多人，网络遍布东北各大城市，许多人位居伪满高层，可以随时窥伺日伪机密战略情报。张绍纪自日本归国之后，就在长春情报小组专职从事地下工作。

固然，张绍纪可以借助于父亲的身份，从事秘密战线的情报工作，但同样作好了随时可能牺牲的准备。因为，日本关东军设有专门的反谍报机关。譬如中共地下组织曾为窃取一份情报牺牲了不少同志，仍然未能如愿，而张绍纪却可以与妻子通力合作，轻松地完成许多重大情报的获取。

仿佛成了一个惯例，每天张景惠下班回到家里，儿媳妇徐明总是按照张绍纪的细心安排，热情接过老公公的公文包和外衣，再由张绍纪察看内中有无重要情报。

中共地下组织的不少情报，就是如此神不知鬼不觉地获取的。

毛泽东表扬了张绍纪所在的地下情报组织

此时的张绍纪，已成了钻进溥仪肚里的"孙悟空"。

也就是说，每当溥仪刚刚召开会议确定重大战略部署，张绍纪便从参会的父亲那里知道得一清二楚。被关押在抚顺监狱的溥仪，曾不止一次说过，伪满高层多次出现泄密事件，日本人也曾调查过，但最终都是不了了之。

溥仪始终没想到，许多问题竟出在伪满总理大臣张景惠的家中。

张绍纪的特殊身份为其提供了他人无法比拟的条件。据此，掌握伪满上层人物关系、协助为地下工作者安排隐蔽身份，成了他的一项重要任务。

有时，张绍纪巧妙地采取移花接木的方法，为地下工作者改变身份。一次，他让徐明从父亲的公文包里偷偷取出一张张景惠的名片，让一位中共地下谍报人员持往伪满洲国银行谋职，不但旋即成功，竟还担任了一个高级职务。

读过《我的前半生》一书的读者，一定记得，溥仪在书中记载了一件发生在伪满内廷的事件——伪满皇帝溥仪忽然发现了墙上一条醒目的反日标语："你受日本人的气还不够吗？"

据润麒先生回忆，实际上，这条公开的反日标语，就出现在溥仪经常来打网球的球场墙壁上。

数十年转瞬而过，现在人们才知道，这条反日标语的"操刀人"，就是伪满洲国总理大臣张景惠之子——张绍纪。

这件事不仅被溥仪写入了《我的前半生》，张景惠当时得知后，也曾暴跳如雷地大骂过儿子一顿。然而，敌对不抵亲情，父亲张景惠出于各种考虑，放过了儿子张绍纪。

最令人匪夷所思的是，更有一些极为机密的中共谍报会议，居然就是在伪满洲国总理大臣张景惠的家中召开的。每当开会时，张绍纪和妻子亲自望风，担任警卫，从未失过手。

当父亲张景惠不在家时，张绍纪就和妻子利用日伪从不前来搜查的便利，一起用密写药液书写情报。伪满洲国总理府邸，俨然成了许多秘密情报的"发祥地"。

然而，张绍纪始终没向妻子徐明坦白自己中共地下党员的真实身份。直到新中国建立以后，他才坦诚相告。妻子此时欣慰地获悉，夫妻俩早已为新中国的建立秘密奉献了数十年。

张绍纪这个"满洲国总理大臣之子"的金字招牌，为他赢得了不少机缘，也结交了各方人士，更同时成为他获取众多情报的来源。

谷次亨是伪满总务厅次官，情知张景惠深受溥仪和日本人的信任，因此经常来其家拉关系。张绍纪发现谷次亨每次"莅临"，无一不是想借机和总理大臣张景惠套近乎。

而张绍纪也正是利用这一点，一度跟谷次亨打得十分火热，经常一起聊天及交际往来。

虽然，伪满政权里担任各部厅长的都是中国人，但担任次长的副职往往由日本人充当，且一言九鼎，正职仅是摆设。这是伪满政权人所共知的公开秘密。

然而，谷次亨出生于大连。由于从小受到日本奴化教育，加上又到日本留过学，所以精通日语，是各厅唯一担任副职的中国人。可见，谷次亨在日本关东军眼中的位置何等重要。

一次，谷次亨在聊天中自我吹嘘，无意间透露了一个事关重大的信息：新京（即长春）有一个秘密的"火曜会"，是日本关东军对伪满傀儡政权实施监控的决策机构。

仅从表面看，伪满洲国每次重大政策出台，均由伪满国务院总务厅总务长官星野直树向溥仪提交草案待批，然后，再由总务厅交付有关部门施行。事实上，这只是常人所知的套路程序，实则另有一个日本神秘组织在幕后策划操纵。

张绍纪此时接到中共上级组织指示——尽快摸清伪满政权决策过程。张绍纪四处打听未果,经过认真调查,谷次亨成了他的突破口。

因早已获悉谷次亨爱吹牛皮,便经常有目的地和他聊天闲侃,渐渐地摸清了"火曜会"的内部组织机构和决策内幕。

原来,"火曜会"是一个奇特的组织,超越伪满政权组织之上。表面上,伪满国务院总务厅长官主持会议,而总务厅次长以及各部日本次长全部是这个机构的成员之一。伪满提交溥仪签字的文件草案,几乎全部是由"火曜会"策划形成。

每当召开重要会议,关东军第四课——满洲课课长从不缺席,而与会成员只有一个中国人,那就是谷次亨。

于是,张绍纪利用谷次亨,轻松地拿到了"火曜会"操纵伪满政策法令出台的种种内幕。

在获取日本关东军战略决策上,张绍纪也为中共地下组织提供了可靠而极其重大的情报。譬如,较早地获取了日本关于"南进"或"北进"的重大战略争议。

四十年代初,日本面临两大战略抉择,一是北进,即向苏联开战,妄图掠夺战略资源;二是向英美开战,悍然发动太平洋战争。这属于日本部队的绝密战略情报,一般情报人员连皮毛都不可能获取。

张绍纪通过其父的特殊关系,以及与谷次亨等人的密切往来,准确地获取了这一绝密情报。此外还通过特殊途径,陆续刺探到了伪满以及关东军兵员编制、武器装备、秘密军事部署等信息。而且,还获得了伪满主要城市、要塞、港口设施、机场基地等详细地图。

在此基础上,他还机智地截获其他诸如伪满财政、金融、经济政策等绝密情报,为世界反法西斯战役的胜利,建立了特殊的功勋。

在抗日战争后期,包括苏军歼灭关东军、解放军抢占东北,无一不有他所在的情报组织提供的绝密信息。据说,当东北情报完整、准确地陆续送达延安时,毛泽东主席见到了张绍纪所加入的"救亡会"屡屡提交的准确情报之后,兴奋地说:"东北并不是铁板一块啊。伪满洲地下工作大有可为。"[1]

然而,毛泽东主席并不知晓,这些绝密情报竟来自伪满洲国总理大臣之子张绍纪之手!

---

[1] 参考黄书静整理的郝在今回忆:《最新挖掘出的余则成》。

中共地下党组织曾严格指示长春地下组织成员，严禁彼此私下联系，更不允许与地方党组织发生横向联系。这成为了铁一般的纪律。因此，张绍纪只知道直线上级田琛以及自己的工作。当然这也成为了张绍纪始终安然无恙的屏障。

日本投降前夕，张绍纪利用得天独厚的条件，积极为地下组织做了重要的筹款工作。其实，张绍纪由于家庭富裕，一直没有正式工作和薪水，只是依靠父亲所给的零用钱生活，从中抽攒出一些以支持地下党组织的经费。

当日本商人得知日本即将战败，大势已去，便纷纷开始抛售在华资产。当时，长春丸山造纸株式会社欲低价转让，张绍纪得知这个消息，马上请示地下党组织，得到的指示是：明确张绍纪为社长，另外两个部门领导须由地下党委派人担任。

屡经谈判，日本纸商被迫答应，但有一个条件却是一般人办不到的，那就是满洲国规定，纸厂作为军备物资，必须由满洲国财政厅批准才能转让。张绍纪此时发挥了独有的"背靠大树好乘凉"的作用，利用父亲的权势，顺利拿过纸厂，当上了奉天株式会社社长。

有生以来，张绍纪第一次有了正式薪金，每月一千五百元，几乎与父亲张景惠总理大臣的薪金差不多，但依然大多接济了地下党组织。

纸厂到手，其他地下党成员很快成为仓库负责人，而且把纸张迅速运往黑市抛出，换取了大量资金，在很大程度上解决了地下党的经费紧缺问题。

八月十五日，日本关东军无条件投降，苏军的坦克轰隆隆开进长春。

中共地下党决定派遣懂俄语的张绍纪立即与苏军联络，协助做好接收工作。在此期间，张绍纪主要做了两项工作：一是针对一些日伪特务的阴谋破坏，向苏军提供了准确情报，特务被悉数抓获；二是向苏军提供了十分准确的情报，把以父亲张景惠为首的伪满大臣及日伪汉奸一网打尽。

这里有一个小插曲。就在溥仪从长春逃走之后，伪满洲国总理大臣张景惠匆忙在长春通过广播宣布，成立"地方自治会"，妄图摇身一变为国民党在长春的代理人。

正在张景惠暗自得意时，一名苏军上校带领满载士兵的卡车来到他家，通知他召开紧急会议。

张景惠满以为"地方自治会"得到了苏军认可，返回屋里取了眼镜，就往外走。之后，苏军采用同样办法，把所剩余的伪满洲国大臣全部聚集到了原日本关东军司令部。苏军司令格瓦罗夫将军见此，微笑着说："相信你们一定想念皇帝陛下,今天就把诸位送到陛下所去的地方吧。"

谁也没想到,带领苏军逮捕伪满洲国大臣,且为苏军司令格瓦罗夫将军充当翻译的年轻人,竟然是伪满洲国总理张景惠的儿子张绍纪!

有意思的是,张绍纪又按照中共地下党组织安排,不声不响地跟随溥仪和张景惠等人,赴苏联担任翻译将近六年之久。

此时,溥仪仍不知这个年轻人的真实身份。

溥仪何时得知张绍纪的真实身份?

溥仪何时才确知张绍纪的真实身份呢?

那是一个对于溥仪来说,性命攸关的重要历史时刻。

一九五〇年八月一日,溥仪等一行战犯在绥芬河换乘上了中国列车。由于窗内玻璃全部糊满了报纸,里面根本看不见车窗外的情景。忽然,有人从糊窗户的报纸上,偶然发现了伪满官吏张海鹏被枪毙的消息,车厢里立时炸了窝。

溥仪误以为火车停下来,自己就会立即被枪毙,坐在车上不住发抖,忽而又狂叫不已,仿佛精神完全失常。

其实,此前周恩来总理曾指示东北战犯接收小组——组长即高岗,要密切掌握溥仪的动态,尤其要保证路上的安全。八月二日上午,押送溥仪的列车在驶往抚顺途中,临时在沈阳火车站停下。

一辆大轿车将溥仪一行人接往沈阳市和平区八十一号——东北公安部办公大楼。

张景惠等九名大臣跟随在溥仪身后,陆续走进二楼小会议室。

溥仪低垂着头坐在椅子上,两腿仍然不住颤抖。时任东北行政委员会主席的高岗,在东北公安部长汪金祥的陪同下走进会议室,会见持续了近一个小时。

据原抚顺战犯管理所所长金源回忆:几年之后,溥仪跟我交谈时提及受到高岗接见那天,满以为审判之后,就会被拉出去枪毙。心理上已处于临死的恐惧中,几乎不知道如何走出的大楼,高岗的谈话连一句也没记住,甚至想不起高岗什么模样。

然而,溥仪却牢牢记住了高岗刚开始讲话时所说的一句话:"你们看,张绍纪不是来了吗?……"

这时,先前神秘"消失"几天的张绍纪露了面,身穿中山装,面带笑容。高岗以熟悉的口气,向大家介绍张绍纪:"小张已经参加了工作嘛。"

此时，溥仪大吃一惊。

在此之前归国的张绍纪，不仅没有被枪毙，还成为了新中国政府的工作人员。溥仪联想起过去的怀疑，无须过多琢磨，顿时明白了张绍纪的真实身份。

那么，他的父亲张景惠何时才得知儿子的真实身份呢？

实际上，张景惠确切得知比溥仪还略迟。那是在一九五〇年，从苏联归国之际。苏联政府向中国移交上千名日本战犯以及六十多名伪满战犯，其中就包括张景惠。在伪满洲国战犯被遣送归国前两个月，张绍纪于一九五〇年五月根据周恩来总理指示提前回国，随后被分到抚顺战犯管理所管教科工作了六年。

所有从苏联归国的人员中，张绍纪的身份最为特殊——担任中苏两国政府移交战犯工作的翻译。

一九五〇年，张绍纪与溥仪一起从苏联归国，走进了抚顺战犯管理所。

不同的是，俩人身份已是天壤之别。

刚来到抚顺，溥仪与溥杰等人仍然寝食不安，成天彼此咬着耳朵，叨唠着性命之忧，更担心这是临刑前夕。

一天，一位身穿中国人民解放军军官制服的中年男子，在监狱管理人员陪同下，前来看望溥仪。溥仪抬眼一看，大吃一惊——原来这是伪满洲国总理张景惠之子张绍纪。

早在苏联时，溥仪就察觉张绍纪与苏联人关系非同一般，润麒曾经告诉溥仪，张绍纪可能就是中共地下党。当时，溥仪丝毫不信。

此时，溥仪不得不相信，伪满洲国总理大臣的儿子竟然是中共地下党，亦系深藏伪满的"卧底"。

事后，溥仪对润麒感叹着："共产党实在太厉害了！"

事实上，抚顺监狱管理人员带张绍纪前来，另有目的。

原来，所方非常清楚溥仪一行归国之前所受到的负面影响，可能相信——从苏联率先回国的人员全部被枪毙了。

为了打破这一恐怖的谣言，所方决定让张绍纪公开露面，前来看望所有老朋友，自然，包括其父张景惠。这样，张绍纪在监狱里走了一趟，谣言不攻自破。溥仪对此倒并不惊诧，早在高岗接见那一次，就仿佛吃下了一颗"定心丸"，这次更是感慨万分："哎，咱们听说的那些传言，闹了半天全是假的呀。"

此时，溥仪见到润麒对五妹夫万嘉熙附耳低语，便自作聪明地说："我早就跟你说过，张绍纪不简单吧？"

然而，万嘉熙只是神秘地笑了笑，根本不觉得惊奇。此刻，轮到润麒奇怪了。

直到后来,润麒才清楚,万嘉熙早就知道了张绍纪的真实身份。

而今,人们逐渐明白了,溥仪的第一份回忆录——灰皮本《我的前半生》,就是万嘉熙亲手用钢针笔在蜡板上刻印的。

据溥仪的侄子毓嵒回忆,万嘉熙早在苏联时,就因表现进步,受到苏联政府多次表彰,而且差点被留居为苏联公民。只是由于苏联政府劝他娶一个苏联姑娘为妻,而万嘉熙执意想把原配妻子韫馨接来苏联,因想法无法统一,此事只好作罢。

在所有被关押在苏联的中日战犯中,无疑,聪明的老万最受苏联人信任,也似乎更了解溥仪及周围人的一切——包括张绍纪。此处暂先打住。

在抚顺战犯管理所,溥仪眼见张绍纪又与父亲生活在一个灰墙之内,不同的是已改名张梦实,身份是监狱管理人员。一九五〇年六月,张梦实正式调至抚顺战犯管理所管教科,穿上了中国人民解放军军装。而父亲张景惠则变成了一名被关押的伪满犯人。

张绍纪虽是管教干部,但主要负责翻译整理苏联政府移交的有关日本战犯的档案资料,极少来关押伪满战犯的管理所。经过孙明斋所长再三做工作,张绍纪才同意与当护士的爱人徐明以及儿子,到一号病室看望张景惠。

平时,张绍纪与父亲很少见面,张景惠却时常挂念儿子,经常对狱友叨唠:"也不知道现在绍纪怎么样啊。"

当张景惠得知张绍纪的妻子生下一个男孩,更是时常挂记在心,三天两头要求见孙子。还经常把发下来的肉罐头留起来,设法转给自己的孙子。

即使在监狱中,张景惠也是一个特殊人物。因其患有高血压,一九五四年已届八十三岁,常年住在抚顺战犯管理所七所一号病室,饮食也与其他战犯不同,所方特殊照顾他一些容易消化的点心、牛奶之类食品。

当时,张景惠的贵重物品,都存放在管理所的库房里,基本上都是金器——金条、金元宝、金筷子、金碗以及翡翠手镯,大约七十余件,足足装满了一箱。

张景惠于一九五九年因心力衰竭病逝

"二所"库房属于张景惠的物品约二十余件：一副水晶眼镜，一颗篆字水晶印章，一根镶铜头扶手拐杖，以及一批西服、领带、皮鞋和苏联政府发给的劳动服、人造革皮鞋……

　　战犯管理所规定，须按时与战犯当面核对物品。由于张景惠年老多病，看守人员只好拿着物品及底账当面盘点清楚。张景惠经常仰卧在靠阳面的床铺上，耷拉着眼皮闭目养神。

　　管教人员时常帮他从衣袋内取出收据，一件件核对物品。张景惠见寄存的水晶眼镜、衣物以及一百元一张的伪满"绵羊"钞票等等，一件不少，又问起：我那箱子金器还有吗？

　　张景惠显然指的是那箱金元宝。管教人员告诉他："所里早就派有专人保管呢。"

　　此时，张景惠听后，连连致谢：谢谢，那都是我的宝贝啊。说罢，竟又自顾自地哼唱起《东方红》："东方红，太阳升，中国出了个毛泽东……"

　　一九五八年，鉴于张景惠病重，所方对其实行"保外就医"，一九五九年一月十一日终因心力衰竭而病逝。[①]

　　张梦实至今生活在北京西城区一座普通的家属楼里，过着极其寻常的百姓日子。

　　末代皇帝早已辞世近四十年，半个多世纪前那些"特殊战线"的故人，大多亦离他远去……

　　然而，当年抚顺战犯管理所的人们，谁也不知溥杰特赦之事为何翻了车。

[①]　此节相关内容，部分参考自张素英著《铅华洗尽亦风流——张梦实忆情报生涯》；金源著《奇缘》；杨玉德著《关于保管伪满战犯物品时的见闻》。

贰拾肆

颠倒了次序的特赦

溥仪居然被第一批特赦。原定先释放的是二弟溥杰，但次序被颠倒，决策人竟是毛泽东。

溥仪的工作安排问题，惊动了周总理。他问溥仪喜欢从事什么工作？溥仪回答，想当医生，还说会量血压、针灸，能开药方。周总理说：你要是治病，把人治死了，影响可就大喽。

找对象时，溥仪对周总理道出了内心苦衷："总理啊，有个矛盾，进步的不要我，落后的我不要……"

"唉，那你就找个中间的嘛。"周总理笑了。

毛主席亲自发话，动员大家为溥仪治病，却效果甚微。

没想到，身高一米七四、体重一百零三斤的溥仪，特赦后不乏各式各样的痴情追求者。

图片说明：溥仪由表弟溥俭陪同再次来到厂桥派出所，补拍了登记成为公民的历史时刻。右为民警吴静深其实，溥杰没被第一批特赦，与日本妻子问题无关，倒与溥仪关系甚大。

溥仪做梦也没想到，自己居然被第一批特赦。政府原定，先被特赦的应是二弟溥杰。但次序突然颠倒，决策人竟是毛泽东。

这一"颠倒"，源于一九五九年九月十五日，在中南海怀仁堂召开的民主人士座谈会。毛泽东主席建议，特赦包括末代皇帝溥仪在内的战犯。

这是历史的巧合吗？当年，溥仪被慈禧太后"立嗣"而成为皇帝也正在昔日这座皇帝的仪銮殿①。

一向崇尚"一分为二"的毛泽东，竟在座谈会上将两件风马牛不相及之事"合二为一"：彭德怀将被黜免，末代皇帝溥仪即将特赦。

这不能不使人感到遗憾至极。然而，这确实是史实。笔者在中央档案馆里，查到了这份曾标为"绝密"的档案。

毛泽东亲自决策的"颠倒"

毛泽东主席把一支特制的"熊猫"香烟，一掰两截，将半支插入玻璃烟嘴。

熟知他的人都知道，这往往意味着毛泽东将有重大决策。此时，毛泽东轻轻一抬右手，从容不迫地开了腔："特赦问题，几年前就有许多朋友提议。对真正改造好的战犯赦免，按照宪法叫特赦。请诸位考虑一下，改好了就赦嘛！"

半个月之后的这项重大决策，举世震惊——末代皇帝溥仪被特赦。

至于毛泽东把一支特制的"熊猫"香烟，一掰两截这个细节，笔者于八十年代特意在北戴河通过红机找到了毛泽东当年的秘书叶子龙，在电话中曾经进行过两次采访。通过回忆，叶子龙告诉我，毛泽东每逢在重大决策之前，总有这个特别的习惯②。

甫看这短短的几百字内容，笔者在八十年代费尽周折，通过中央档案局特批之后，才在中央档案馆查到了相关内容。在当时，这些档案属于绝密范畴。

---

① 民国初年，袁世凯称帝时，曾将中南海銮殿改称"怀仁堂"，沿用至今。
② 前几年，叶子龙的女儿叶莉亚曾到笔者家看望。她告诉我：溥仪特赦前后，父亲叶子龙正在毛泽东主席处当秘书，确实了解不少内情。

溥仪(右三)在抚顺战犯管理所被特赦时,极为激动地高呼口号

当时,笔者在中央档案馆整整抄录了一天,经过审查,仅允许拿走了不多几行文字,其余均被删去①。可见史料来之不易,亦弥足珍贵。

说到特赦之事,甭说一般人,连溥仪自己也难以置信地说:"我不可能第一批特赦。因为我罪恶严重,表现也不比别人强。"

二十多年前,笔者曾采访原抚顺战犯管理所所长金源,请其详细讲述了前来北京领取特赦证的过程。

最早,抚顺管理所建议被赦的是溥杰,而特赦证上的名字却是溥仪。因为一语定乾坤的是毛泽东主席。当特赦溥杰的名单呈送时,毛泽东颇不以为然,说:"要放,就先放皇帝,而不是皇弟,我们共产党人有这个气魄!"

于是,末代皇帝溥仪被特赦释放出狱,成了世界头号新闻。

此时,溥杰仍在狱中。

---

① 仅凭记忆,记得此次会议的一份会议录上记载,毛泽东谈起彭德怀元帅时,提起毛岸英牺牲在朝鲜那件事时,激动地说,始作俑者,无后乎!……

溥仪特赦回京

溥仪成为公民,举世瞩目。特赦抵京,更在皇族内外引起轰动。

一九五九年十二月九日清晨六点半。五妹韫馨夫妇和四弟溥任、堂弟溥佳和溥俭,前往北京火车站迎接溥仪。

溥仪一行人离开火车站,先去的是什刹海西岸——东官房前井胡同五号的五妹韫馨家。

之后,溥仪提出要到西扬威胡同的七叔载涛家看望,其住宅是原皇家马号改建的。二妹和三妹夫妇等皇族近亲,都翘首以盼,在七叔家等候着溥仪。

早在几年前,载涛出席第一届全国人民代表大会二次会议时,就见到了毛泽东主席。周恩来总理向毛泽东主席介绍说:"这是溥仪的叔父——载涛。"

"噢,"毛泽东问道,"你现在和溥仪还有没有往来呀?"

载涛当即被吓得够呛,慌忙解释说:"他是战犯,我怎么能和他来往呢?……"

见此,毛泽东则轻松地对载涛说:"哎,我们消灭的是阶级,不是哪个人。听说溥仪在抚顺改造得不错,你可以和他的弟弟、妹妹去看看他嘛。"

此后,载涛果然去抚顺探望了溥仪。如今,溥仪被特赦,载涛召来不少爱新觉罗家族的近亲,在家里迎候"皇上"。

载涛正在家里与溥仪叙旧时,溥仪的三妹韫颖夫妇也赶过来看望溥仪,润麒询问道:"大哥,你针灸学得怎么样了?"

"穴位都懂,就是不敢扎。目前,只会听血压……"

溥仪的最后一句话还没说

溥仪五妹韫馨家所在的什刹海南岸前井胡同

完,大家顿然笑作一团。

午饭时间到了,溥仪绝没想到,接风的午餐居然是菜团子。载涛边吃边问溥仪:"味道怎么样?"

显然,溥仪的回答透着政治色彩,兴奋地说:"自然比不上山珍海味。可是菜团子好呀,因为这象征家族的团圆嘛。"

登记"公民户籍"补拍的照片

溥仪刚被特赦回京之后,一度暂时住在什刹海北岸前井胡同的五妹韫馨家里。

多年之后,爱新觉罗家族有人提出了一个问题,为什么五妹夫万嘉熙陪同溥仪前去办理的户口手续,杂志上登载的照片却是溥仪和溥俭呢?……

一九八五年七月十二日,我在中南海西门斜对面的一处办公室,采访了公安派出所的民警吴静深[①]。他向我娓娓讲述了此事的来龙去脉。

溥仪抵京后第二天,便由五妹韫馨陪同,来到北京市民政局报到,而且由民政局秘局殷兆玉发给了溥仪每月六十元的生活费。

此时,溥仪迫切地要求参加工作。他被告知,办理公民户籍之后,才有可能。于是,按照上级要求,溥仪到京后第三天,由五妹夫万嘉熙陪同来到西城区厂桥派出所,办理户口登记手续。

负责接待的是一位年仅二十六岁的年轻内勤民警,叫吴静深,态度很热情,却不甚熟悉历史,也不知溥仪是谁。看过溥仪的特赦证明书之后,才明白站在面前的是清朝"宣统皇帝"。

见到特赦证书上面的名字,吴静深显得很惊讶:"爱新觉罗?好长的名字啊……"

"爱新觉罗是祖姓。我的名字,叫溥仪。"此时,溥仪特意向这位民警解释了一下。

吴静深边询问边为溥仪填写。按照当时的规定,溥仪要填写姓名、性别、职业,以及与户主的关系等十几项必填内容。其中一些项目,要由户籍民警来填写。于是,吴静深逐项地仔细询问,溥仪逐项认真回答。

当时,溥仪暂时居住在五妹金韫馨家里的地址是——西城区前井胡同6

[①] 结束采访时,吴静深查阅过我的采访记录后,亲笔签上了自己的名字。

号。户口簿上的户主,自然是五妹金韫馨。

当吴静深问起溥仪的职业时,溥仪连忙诚实地回答:"我刚从抚顺特赦回来,还没安排工作呢。"

于是,吴静深用钢笔在"职业"这一栏里,为溥仪填写上了"无叶"。显然,这是一个错别字。

当问到溥仪的文化程度时,溥仪因为早年在宫内上的学,只好回答是"私塾"。也可能出于紧张原因,吴静深在"文化程度"这一栏,将"塾"字误写成了"书"。

不知是溥仪没看出来,还是不好意思指正,反正在区区几十字中,至少出现了两个错别字。

"有爱人吗?"吴静深指着婚否一栏,继续向溥仪询问。

"唉,"溥仪长长叹了一口气,"死的死,离的离……"

站在旁边的五妹夫万嘉熙,连忙帮助简单地介绍了一下溥仪的婚姻情况。吴静深想了想,问道:"那您最后一个妻子呢?"

"噢,最后一个妻子是李玉琴,现在东北,是离婚的……"

这样,吴静深又在婚姻状况一栏,为溥仪填写了"离婚"二字。

正在此时,一位熟悉老万的老民警,从里屋走了出来,跟他开起了玩笑:"驸马爷陪皇上上户口来了?欢迎噢!"

听到此话,老万笑着纠正说:"从今天起,我大哥就正式成为北京市的公民了。"

"这可有点儿历史意义哟!"吴静深也凑趣地说。

当溥仪接过吴静深代他填写的户口簿时,激动地向他鞠了一躬,又格外客气地道了一声:"谢谢!"

的确,皇帝成为公民具有划时代的意义。由于溥仪的特赦战犯身份,再加上他又曾当过人所共知的"皇帝",他登记公民户口,被逐级上报公安部。

为将溥仪这位非常公民办理户口之事载入史册,一星期之后,公安部派一名政治部的摄影干事通过北京市公安局,来到厂桥派出所,要为溥仪登记成为公民补拍一张历史照片。北京市公安局正式通知,重新补拍溥仪登记户口的场面。

此时,吴静深奉命来到溥仪的五妹家里,通知溥仪,让他和万嘉熙再去派出所一趟。

溥仪不知是怎么回事,顿时被吓了一跳。经过一番解释之后,他才露出了笑容。

只不过,那天由于万嘉熙恰巧有别的事情,无法前去。不料,吴静深早有预案,让溥仪再换其他一名亲戚陪同前去。

溥仪考虑了一下,只得临时唤居住在同一院西屋的族弟溥俭,同去登记户口。为拍摄顺利,事先,溥仪和溥俭还按照要求,在派出所内当起了演员,事先演练了一遍。

不久,溥仪在一家外文杂志上,见到了申报公民户口的这张历史性照片——照片上,溥仪和溥俭正在一本正经地回答民警吴静深的询问。

不久,北京市重新进行户口登记,改为每人一张人口登记卡片。于是,一九六〇年八月十二日,厂桥公安派出所又为溥仪办理填写了户籍卡。

饶有趣味的是,在这张公民户籍卡上,溥仪填写的从事职业一栏为"北京植物园下放劳动",至于他的学历,不知怎么居然写成了"初中"文化程度。①

崇内旅馆痛斥"遗老"

不久,溥仪被安排在北京崇内旅馆统一学习。

崇内旅馆坐落在北京繁华的东单十字路口南侧,是一幢坐东朝西的二层小楼。十二月二十四日午间,五妹夫老万提着溥仪的黑皮箱,陪伴他迁住于此。

对于溥仪而言,这里发生的两件事对他触动最大。

其一,战犯当中关于是否给党中央毛主席送锦旗一事,展开了激烈争论。

八十年代初,原国民党战犯邱行湘②寄给笔者一封亲笔信③,内中追忆起溥仪成为公民后,在崇内旅馆的一段真实插曲:

> 我记得,在崇内旅馆还有一位周振强同学,周无事好串门、好提意见。有天早上,杜聿明、王耀武两同学来我处,研究送党中央毛主席的锦旗事。周振强也来我处参加议论。周和我的意见,认为"送锦旗不符合政府规定"。溥仪本来不属于我们国民党小组范围,但他是崇内小组的成员,他认为,"只要我们好好学习改造,跟共产党走就好了,不必拘泥于形式上的歌颂。"

---

① 如今,溥仪登记公民户籍的户口簿和户籍卡,均收藏于北京警察博物馆。
② 邱行湘,字辽峰,江苏溧阳人。十八岁考入黄埔五期,三十五岁任少将,以善战著称,被蒋介石誉为"邱老虎"。特赦后,任江苏省第五、六届政协委员及文史专员。一九九六年病逝。
③ 邱行湘这封亲笔信,由本书作者保存。

我想不到，溥仪是封建的代表人物，却如此开明！

其二，一些清末遗老遗少闻讯前来看望。溥仪一时竟不知所措。自己成了公民，如若不见，唯恐失礼。见吧，那些清末遗老遗少仍然拿他当皇上对待，动辄下跪施礼，影响极坏。如被人告发，这可绝非小事儿。

直到一次溥仪大发光火，"皇上"震怒，传遍了京城内外的皇族。

"外面有人找……"一天，溥仪正在学习，被旅馆的服务员告知有两个穿长袍马褂的老人"求见"。

"什么人呢？"他正纳闷儿，服务员递过一个考究的信笺。拆开一看，里边有帧用大红纸以楷字书写的"请安帖"。不看则已，瞧过之后，不由勃然大怒，对服务员说："告诉他们，我不在！"

拒见的理由何在？原来这二人是清朝末年曾在宫中供职的"大臣"。令他极为震怒的是，帖上竟然写着他俩在清朝的官衔："前翰林院编修陈云诰、前度支部主事孙忠亮。"

不仅如此，他们还俨然以清朝遗老自居，在帖上向皇上"亲诣请安"。"解放十多年了，竟然还有这种事儿！"溥仪忿忿而言，鄙视地将信笺原封不动地退给了服务员。随之想起不久前周总理的告诫："你们也不要把现在想得那么好，有的人还不如你们……"这才勉强压住火气，没有发作起来。

不久，溥仪应邀去北海公园参观书法展览，极为赞赏一幅称颂祖国建设的楷书对联，看了落款才知竟是陈云诰所书。这时，他才知道这位前翰林院编修已是中央文史馆馆员，而且开始明白，这些人的头脑中，不光有残存的封建思想，还有拥护社会进步的一面。

后来，回想起发生在崇内旅馆的那件事时，又为原来"没对两位老人帮助，而采取了回避态度"，甚感懊悔。以上这些内容，溥仪提笔写入了一份思想汇报。

不久，又有一位过去地位较高的清朝遗老前来看望溥仪，进屋后，赶紧关上门下跪，口称"皇上"："奴才给您请安。"

这时，溥仪面显愠色，一把将他拽起来，极为生气地说："告诉你，过去的'皇上'溥仪已经死了，现在站在你面前的是成为公民的溥仪！"

遗老不知所措，显得惊恐不安。溥仪又对他说："你这不是来看我，是害我啊。"

接着，溥仪又讲述了一番大道理，原样退回了他带来的礼物。

当时,溥仪住在崇内旅馆的消息,虽一再要求保密,但仍然不胫而走。为避免过多人前来探望"皇上",溥仪主动出击,前去看望过去的旧臣和皇族成员。在看望一位卧病不起的前清大臣时,耄耋之年的老臣激动得泪流满面,语无伦次,勉强挣扎着抬起头,连连口称"皇上",一再表示,以后要跟着溥仪"走"。

溥仪听后,吓得脸色大变,赶忙阻止说:"别价,你可甭这么说,你这不是要我的命嘛?那个过去的'皇上',早就死了。以后啊,咱们一起跟着新社会走!"

并非言不由衷,这确是溥仪表达的心里话。

文史专员

虽然,毛泽东和周恩来都关心溥仪的工作安排问题,但具体分配他做什么?显然成了一道难题。

当周总理第一次接见溥仪时,就询问起他喜欢从事什么工作?溥仪的回答很直率,想当医生。没想到,周总理却笑了,问他:"你会什么?"

溥仪自豪地说:"我会量血压、针灸,还会开药方。"

周总理听后,双手抱肩,不禁哈哈大笑:"你要是治病,把人治死了,影响可就大喽。"

溥仪见周总理反对,于是琢磨了一下,又很有创意地提出:"那我可以去故宫当讲解员。"

周总理听后,摆了摆手,表示仍不同意。

后来,北京市民政局领导打算安排溥仪先到故宫劳动,周总理得知后,依然不赞成这种安排:"不太合适吧?故宫每天那么多游客,如果都来看'皇上',怎么办?……"

最后,周总理亲自安排溥仪去北京植物园参加劳动一年,之后,到全国政协当上了文史专员。

溥仪以自己的特殊身份,书写着一页奇特的历史。

毛泽东主席接见溥仪

溥仪根本不知,自己特赦前后,始终受到毛泽东主席的密切关注。

特赦之后一件难以忘怀的大事,就是受到毛泽东主席的接见。

关于毛泽东接见一事,笔者先后采访过二十多人,接见内容众说不一。乃至对被接见的"五老",也有种种不同的说法。至于毛泽东接见溥仪的具体时间,更是五花八门。

直到笔者找到溥仪写给植物园的同事——已返乡务农的刘宝安那封亲笔信,才最终确定这次毛泽东接见溥仪的具体时间。

一九六二年一月三十一日清晨。一位全国政协工作人员匆忙来到群众出版社编辑室,对李文达说:"领导请溥仪马上回政协机关。"

原来毛泽东主席要接见他。闻此,溥仪指着自己身上皱巴巴的衣裳说:"我这身衣服怎么好去呢?"

正为溥仪捉刀撰写《我的前半生》的李文达,随即找出一套深蓝色花呢中山服,让溥仪带上返回全国政协机关。

上午十点,溥仪穿着街坊赵大妈熨平的衣服,乘坐小卧车驶进中南海。

当溥仪走进颐年堂宽敞的客厅,王季范①、章士钊②、程潜③、仇鳌④已先到了。稍过一会儿,毛泽东满面笑容地走进来,热情地和溥仪这五位老人握手。

"五老"之中,唯独溥仪与毛泽东是初次见面。毛泽东操着浓重的湖南口音询问了溥仪的近况:"溥仪,你家里还有些什么人啊?……"

溥仪逐一介绍了爱新觉罗家族的情况,接下来,他又向毛泽东主席说:"刚登基时,我还是个孩子……事情都不是我做,大部分是我父亲载沣和七叔载涛来做。但是,到了伪满就是另外的情形了。"

毛泽东见到他有些紧张,于是,幽默地说:"几十年前,我也是你的臣民哟!"

溥仪赶紧诚惶诚恐地站起来说:"岂敢,我是罪人,我是罪人啊!……"

---

① 王季范,湖南湘乡人,原名邦模,著名教育家,毛泽东的表兄。解放后,曾任政务院参事室参事。
② 章士钊,字行严,湖南长沙人,清末任上海《苏报》主笔。曾任北京大学教授、广东军政府秘书长。解放后,任中央文史馆副馆长、馆长。
③ 程潜,字颂云,湖南醴陵人。清末秀才。同盟会会员。曾任非常大总统府陆军总长、国民党陆军一级上将。一九四九年八月,在长沙起义。曾任全国人大常委会副委员长、国防委员会副主席、湖南省省长、中国国民党革命委员会副主席。
④ 仇鳌,原名仇曜元,湖南省湘阴县人。曾参加反清革命活动。仇鳌曾被推选为船山学社自修大学校长,时毛泽东任教务主任。赞助过自修大学数千大洋。解放后,任民革中央委员、中南军政委员会委员兼参事室主任等。

此后，毛泽东略微寒暄一阵，便邀大家一起吃午饭。章士钊谦让溥仪先走，毛泽东看到彼此相让的场面，过来握住溥仪的手，与他并排走进饭厅。

湖南著名学者仇鳌，是被毛泽东接见的"五老"之一，生前多次向外孙——仇金印谈起那次难忘的历史会见。

仇鳌曾回忆说，在这次接见中，几位老人非常高兴地跟毛主席聊天，还特意关切地问起毛泽东的夫人："我们都没见过主席夫人啊……听说江青很漂亮，应该让我们见一见嘛。"

这时，毛泽东微笑着对几位老人解释说："江青正在杭州养病呢……"

席间，毛泽东热情地给溥仪搛菜，还特意拽他坐在身边，关心地询问他："你还没有结婚吧？"

"还没有……"溥仪老实地说道。

毛泽东仿佛一眼看透了他的心事，关切地说："'皇上'不能没有娘娘哟，还可以再结婚嘛！"

"嗯，嗯……"听到毛泽东的贴心话，溥仪只是一个劲儿点头不已，并未说话，仿佛有着难以言表的苦衷。

接着，毛泽东似乎经过一番深思熟虑后，叮嘱他："这可要处理好，结婚要慎重。不要马马虎虎，要找个合适的对象，这是关系后半生的事。"

继而又一字一顿地对溥仪说："要成立一个家。"

在颐年堂客厅的餐桌上，毛泽东热情地劝溥仪："你来尝尝我们湖南的苦瓜嘛！"

说着，毛主席拿筷子夹起湖南的辣子炒苦瓜放进溥仪的布碟，还询问他辣不辣。

溥仪连说"不辣、不辣"，其实早被辣得鼻尖上都冒出了汗珠。见到毛泽东一根接一根地抽烟，溥仪向他提了一点儿意见："毛主席，我看您抽烟整口整口地咽下去，这样对身体不好……"

毛泽东微笑着点头，表示接受这个意见。

午饭后，毛泽东主动提议与溥仪合影留念。揿动快门后，毛泽东忽然向摄影记者吕厚民招手说："我们两人站的位置不对！客人应该站上首，再照一张。"

溥仪还没反应过来，毛泽东已与他互换了位置，让他一定站在自己右边。

一幅具有历史意义的照片诞生了！

毛泽东送出客厅，还亲手打开车门请溥仪坐进去，又亲手关好了车门。

此时,坐在卧车内的溥仪,激动得一个劲地向毛主席作揖不止。

为溥仪治"病"

不仅毛泽东主席,周总理也在默默而密切地关注着溥仪的婚姻问题。

当周总理首次见到特赦后的溥仪时,第一句话就跟他开起了玩笑:"你没妻子,也没娃娃,真成孤家寡人喽……你一个人,岂能长此孤家寡人哟?"

溥仪一时不知如何回答,便自作聪明地向周总理表了态,说:"我打算暂时先不考虑,把精力放在学习和工作上。"

听到溥仪的回答,机敏的周总理早就看透了他的心思,幽默地说:"你太政治化了,还是成家立业嘛。"

一番话使溥仪觉得,仿佛什么内心活动也瞒不过周总理,于是索性道出了内心的苦恼:"总理,这有个矛盾,进步的不要我,落后的我不要……"

"唉,那你就找个中间的嘛。"周总理笑了起来。

不久,周总理在设宴招待爱新觉罗家族时,让邓颖超在餐桌上动员溥仪的二妹和三妹帮忙给溥仪找对象。她俩听到后,彼此嘀咕了几句,便由三妹小声对邓颖超说:"您不知道,我大哥有病……"

姐妹俩第一次向邓大姐揭了溥仪的老底。

在笔者一次采访中,北京市民政局局长王旭东告诉我,自己最初也亲自找溥仪谈过话。溥仪曾诚恳地对他说:"我有病,不能结婚。"

"正为这个原因,我才找你的。有病可以治嘛。"王旭东说。

在周总理直接过问下,全国政协委托协和医院为溥仪做了彻底检查。病中记载得很清楚:溥仪自述,患阳痿多年……

见此,周恩来总理并不甘心,又让全国政协特地邀请著名老中医施今墨、岳美中、蒲辅周为溥仪作了诊治。名医施今墨为其诊断的结论是:"生理本质未发现太大问题,有可能治愈。"

见到施今墨的诊断,周总理更有了信心,决定发动各方面力量为溥仪治病。全国政协先后带溥仪去过几家医院医治。人民医院钟惠澜院长精心为他配制了睾丸素,著名中医蒲辅周也多次为他配调中药。

当听说四代祖传名医张荣增对治疗此病有独到之处,全国政协文史办公室副主任张述孔忙带着溥仪,几次去张大夫家登门求医。

张大夫年近古稀,仍应聘为海军总医院顾问。针对溥仪的病情,先后多次

与其子张保健进行精心治疗,并且献出了两剂妙方:

  (一)鹿茸五钱,多至一两,长毛切片,山药一两为末。薄绢包之,用白酒一瓶浸泡后饮之。日三小杯为度,酒尽,再浸泡一瓶。饮后,将鹿茸焙干,作药内用,必效。

  (二)沉香五两,木香一两,青盐一两,川楝子肉青盐炒三两。枳壳去稂,酒浸后炒,韭子酒浸炒各三两,成丸服用。

溥仪服药之后,病情明显好转。前去表示感谢时,又特意拽着张述孔一起与张大夫在院中拍下纪念照。

照片上的溥仪,面带自信的微笑。

特赦后的几名追求者

实际上,特赦之后,溥仪身边一直不乏追求者。

从外形来看,溥仪身高一米七四、体重一百零三斤,算是当时的标准身材①。平时戴一副眼镜,文质彬彬,不少京城女子对这位过去的"皇帝",都产生了浓厚兴趣。

然而,溥仪却没想到,他的第一位月老,竟是七叔——涛贝勒。

当时溥仪到京仅三个月,大年三十头两天,应邀参加全国政协联欢晚会。七叔载涛向他热情介绍了一位同来的张小姐。

这位张小姐三十多岁,穿着时髦,手上戴着金光闪闪的戒指。她邀请溥仪跳舞、抽烟,盛情地约他吃饭。溥仪咧开大嘴,天真地笑个不停。

正月初五,在春节联欢会上,两人又见了面。刚过了个把星期,溥仪听七叔谈起了她的身世,得知张小姐出身资本家,也是一位深受"皇恩"者的后人,两人的交往便戛然而止。

见七叔载涛一再劝说,溥仪急赤白脸地说:"这不是要我的命吗?她要嫁的是'皇上',不是我。"

眼见溥仪一点儿不给面子,载涛尴尬而去。

---

① 上世纪七十年代初,本书作者曾询问溥仪遗孀李淑贤,溥仪身高、体重多少。太具体的数字,李淑贤回答不上来,只是让我站起来,仔细打量了一下,然后说:"溥仪的个子跟你差不多(我身高一米七四),体重说不清楚,可能有一百二三十斤吧,身材偏瘦,算是一个瘦高个子。"这个说法,跟溥仪病历中的记载基本相符。

堂弟溥俭的妻子叶乃勤,与慈禧是本家,同姓叶赫那拉氏。娘家有个族妹,人称穆大姑娘,待人热情,相貌漂亮,又擅丹青绘画。

但溥仪听说她是慈禧太后家族的后人,又没正式工作,仅靠变卖祖产度日,只见了一面就告吹了。

七叔载涛这才明白,凡是跟皇族沾边的,溥仪一律不要。

不久,溥仪又见到了一对满族母女。其母是婉容的异母姨,女儿是婉容的表妹,生得一表人材,练得一手好剑,可谓才貌双全。

早在伪满时,就曾有人动议让她给溥仪当"妃子"。母女俩热情邀他前去家中做客,其母炒得一手好菜,溥仪受到了热情款待。

直到母女俩向溥仪提起婚事,他才知误会了,再也不敢登门。

或许是"恋母"情结的转移,溥仪一度对乳母王焦氏的孙女产生了好感,认为她性格活泼,又是医护人员。可是经人提醒——这不是选"妃"吗?这才猛然被惊醒,忙不迭地作起了检讨:"她刚刚才十八岁啊……"

为此,溥仪连夜向组织写了一份汇报,竟把此事上纲为"帝王思想的残余"。

自然,这个对象又吹了。

一位过去的随侍,仍有"攀龙附凤"的旧意识,主动带着十几岁的亲生女儿找到溥仪,上赶着要嫁给他。没想到,遭到溥仪严辞拒绝。

一年多时间里,溥仪究竟见过几个对象呢?在溥仪遗留下的一九六二年一月八日的一封亲笔信里,可以清楚地看到他"谈对象"的真实记录:"屈指算,已然说了七八个对象,还没有看好。"

当时,全国政协文史办主任吴群敢热情地为溥仪介绍了一个能懂四国语言的漂亮女子。溥仪摇头不敢要,嫌对方经历过于复杂。经过吴群敢死乞白赖追问,溥仪终于吐露了实话:最怕找上一个"间谍"。这可把大伙逗乐了:"溥仪警惕性还真高!他这不是挑对象呢,是在搞'甄别'呢。"

实际上,周恩来总理对溥仪关于婚姻问题的谈话,成了他搞对象的"宗旨"。因此终日冥思苦想,欲找一个"中间的",想来想去,尤其钟情医护人员。

恰巧,一位端庄秀丽的杜大夫,被介绍给了溥仪。她是三妹夫妇的街坊,时常来三妹家里串门聊天。溥仪与她见了第一面,甚是喜欢。

但在进一步接触中,溥仪和三妹夫妇发现,这是一个外向的女子,兴奋起来,能够在三妹家夜半高歌一曲。渴了,倒也不见外,拿起水瓢从水缸舀起水,仰起脖,就一饮而尽。

溥仪自打风闻这个女子的性格如此之"猛",顿时打了"退堂鼓"。

天有不测风云。谁料此时,"福贵人"李玉琴从东北来到全国政协机关,找到了溥仪,正式提出"复婚"。

溥仪立马慌了神。毓嵒先生曾经对我详细回忆过这一过程和有关情节。

有一天,溥仪和李玉琴谈到了很晚。溥仪拿不定主意,便请求全国政协领导指示,领导却让他自己拿主意。溥仪为难地说:"她都有了家庭,我怎能破坏呢?"

长话短说,溥仪最终还是断然回绝了李玉琴的复婚要求。

虽说李玉琴返回东北,而溥仪却陷入了深深的苦恼之中。

不久,李淑贤——一位关厢医院的护士,在一个偶然的机会闯进了溥仪的视野。

此前百般挑剔的"皇上"竟然一见钟情,顿时喜欢上了她。

从一九六二年正月初七初次见面,认识才两个多月,就举行了婚礼。

溥仪这次婚姻,堪称"闪电式"婚恋。

他对新婚妻子果真了解吗?

贰拾伍 闪电式恋爱

溥仪与李淑贤的媒人果真是周总理吗？

本书作者通过第一手采访，披露溥仪与李淑贤的幕后神秘"红娘"。

被采访过的胡瑞贞女士，实实在在地承认，早年就认识李淑贤。胡瑞贞还坦承自己在解放前当过妓女。

溥仪假冒周振强搞对象，蒙过了关厢医院所有人。直到新婚典礼上，这才真相大白。原因何在？

本书作者根据李淑贤家对门居住的公安人员陈静波所签字的采访记录，复原溥仪与李淑贤婚恋的真实历史。

图片说明：周恩来总理在人民大会堂接见溥仪和李淑贤

对于溥仪和李淑贤的婚姻,流传最多的一种说法是:周恩来总理给他俩当的"大媒"。甚至连笔者的老母亲——与李淑贤相交多年的朋友,也持这种说法。

新婚"媒人"果真是周总理吗?

究竟有否此事?

当一九七九年下半年,笔者提笔撰写溥仪如何与李淑贤见面这一婚恋细节的缘起时,李淑贤特意嘱咐我:

"这些就不要写上了……"

因此,在笔者撰写李淑贤回忆溥仪后半生的初稿上,最初没有这一内容。

事实是,溥仪与李淑贤的这桩婚姻纯属偶然。

据最初李淑贤对笔者回忆说:

起先,周振强①在全国政协上班时,拿来一张女子照片,一群"光棍"文史专员好奇地传阅着。

溥仪一问才知,这是人民出版社的编辑沙曾熙拿来为其介绍对象的一帧"玉照"。

新婚之后,李淑贤一再追问过溥仪:"是不是周振强不敢要了,才轮上你啦?"

溥仪生怕说不清楚,反复跟李淑贤解释:"不是,不是……"

据溥仪说,是周振强把照片又随手递给了王耀武②。可是,王耀武在香港已有妻子。再说,王耀武在专员中,是有名的向政府靠拢的进步人士,怎么可能再娶一个老婆呢?

正当王耀武反复端详李淑贤的照片时,不知怎么让溥仪瞅见了。于是,溥仪顺手拿过这帧照片……

谁想,随手传看竟意外成就了"皇上"的后半生姻缘。

但是,沙曾熙夫妇的回忆与李淑贤却截然不同。

---

① 周振强,浙江金华人,曾任蒋介石侍从室主任。特赦后,任全国政协文史专员。
② 王耀武,字佐民,山东泰安人。抗日名将,曾任国民党74军军长、山东省主席,特赦后,任全国政协文史专员、全国政协委员。

记得八十年代初,溥仪大婚的"媒人"——沙曾熙有一次为笔者介绍对象,俩人都骑着自行车,风尘仆仆。在路上,笔者好奇地问起沙曾熙为溥仪当媒人的细节。

不料,过后李淑贤听说此事后,竟然恼怒地对笔者说:

"英华,不要老跟老沙多打听这些旧事。"

笔者当时没吱声,但一直将这份好奇埋在了心底。

直到《末代皇帝最后一次婚姻解密》一书杀青付印前夕,即二〇〇〇年十月十五日,我才千方百计地找到已搬家十几年且已退休多年的老沙夫妇。

此时,笔者又惊讶地了解到了老沙充当"媒人"的复杂内幕。

溥仪与李淑贤的神秘媒人

在沙曾熙久居的南城家里,没等他开腔,妻子刘淑云就谈起了"大媒始末":

最早是我认识的李淑贤。那是一九五二年国庆,在天安门跳舞,去附近一个大院内休息时,我偶然结识了胡瑞贞女士和她的丈夫,通过他们又认识了李淑贤。

后来,我觉得胡女士的丈夫不正经,就不怎么跟他来往了。直到六十年代初的一天,老沙拿来一张女人——李淑贤的照片,说是胡女士的丈夫让给李淑贤介绍对象,我这才知道这回事。事情就这么巧!

我要是不爱跳舞,也就不会有当"大媒"这件事……

接着,沙曾熙喝着茶,慢悠悠而毫不讳言地追忆说:

一九六二年初,我跳舞时认识了一个上海女子。她是一个工厂的女工,长得非常漂亮,打扮得尤其出众,特别喜欢跳舞。

一次,她带我到全国政协礼堂去跳舞——因她认识周振强,关系很密切,所以,我在这种场合与周振强偶然相识了。不久,上海女子告诉我,因时常去全国政协礼堂,周振强介绍她与特赦后的皇帝溥仪跳舞,关系混得挺熟。

溥仪也挺喜欢她,两人好像都有搞对象的意思。

可是，主持全国政协日常工作的副秘书长阎宝航①了解之后说，那个上海漂亮女子存在作风问题，坚决反对，而且主张不让她再来全国政协机关跳舞。于是，她与溥仪之间的关系也就不了了之了。

恰巧，李淑贤托胡女士的丈夫给她介绍对象，沙曾熙就说给那个上海女子，她很快便告诉了周振强，让他帮忙介绍溥仪。随后，便有了沙曾熙拿去李淑贤照片之事。

实际说起来，背后真正给李淑贤与溥仪张罗"大媒"的是胡女士夫妇和那个上海女子，沙曾熙和周振强只是公开的"大媒"。

上世纪九十年代初，笔者曾在东城方家胡同南侧的一处普通住宅里，当面采访过胡瑞贞女士。她实实在在地承认，早年在天安门附近的四眼井胡同住过，解放初在那里认识的李淑贤。

面对笔者的诚恳来访，胡瑞贞非常坦率地承认自己在解放前当过妓女，后来被自称当过张学良副官的丈夫李雁天赎身。其丈夫在解放后一度被抓进监狱关押。

婚后，李淑贤大概觉得胡女士夫妇和那个上海女子名声太不好，就嘱咐沙曾熙说：从此不要再涉及他们，对外只讲沙曾熙和周振强是媒人。

至此，溥仪背后神秘"媒人"的谜底，才算彻底揭开。

溥仪假冒周振强搞对象

其实，溥仪与李淑贤搞对象的过程，并不神秘。

一九六二年初，即正月初七那天下午三点，李淑贤由沙曾熙陪同，乘坐公共汽车来到了全国政协文化俱乐部。

当时，周振强已经陪着溥仪到了那儿。在文化俱乐部的院子里，沙曾熙向李淑贤介绍了周振强，然后，周振强又把李淑贤介绍给了溥仪。

"这是李淑贤女士……"

"这是溥仪先生。"

此时，溥仪很大方地伸过手来跟李淑贤握手。

---

① 阎宝航，字玉衡，辽宁省海城人。曾任东北行政委员会委员、辽北省人民政府主席。建国后，任外交部办公厅副主任，后以政协常委和文史资料委员会委员身份主持征集、整理文史资料工作。

李淑贤一眼看上去，感觉溥仪很朴实，并不像想象中或戏中的"坏皇帝"，于是顿生好感。

从此，关厢医院时常接到一个姓"周"的电话来找李淑贤。当然，不能排除周振强果真打来过电话。

然而，大多数电话确实是溥仪打来的。关厢医院的人们，直到李淑贤结婚那天，才知道"谜底"。

大家惊讶地发现，这个在电话中挺客气而自称姓"周"的人，竟是末代皇帝溥仪。

李淑贤回忆这段往事时，曾经对我说：其实，让溥仪假冒周振强——这是她提出的建议。但写回忆录时可不要这么写，否则，人们会认为李淑贤过于主动。

因为，在此之前，周振强确实曾给李淑贤打过电话，两人一度往来密切。于是，李淑贤索性将错就错，就让溥仪"假冒"成了周振强。

有意思的是，这些，溥仪至死也不知实情。

在撰写回忆录时，李淑贤特意叮嘱笔者，要按她现在的说法写。因有的人还活着，否则，弄不好就把问题搞复杂了……

如今，"假冒"的真相终于可以大白于天下了。

溥仪与李淑贤第一次见面之后，两人都愿意进一步接触。

几天后，溥仪邀她与老沙一同参加政协周末舞会。与李淑贤接触多的人都知道，她极少上舞场，尽管她跳舞水平并不低，这次却少见地迈着轻盈的舞步与溥仪翩翩共舞。

哪知，溥仪第一次跳舞就踩了李淑贤的脚，只得歉意地说："我不太会跳，跟你学。"

提起李淑贤与溥仪第一次跳舞，我倒不由想起一件往事。

上世纪七十年代末，在我撰写李淑贤回忆自己第一次跟溥仪跳舞的情形时，李淑贤对我说：溥仪可笨了，连跳舞都不会，几次差点踩了我的脚。说着，她站起身对笔者说："甭看我身体有病，现在要是跳起舞来，也挺不错呢……"

之后，她又让我帮着挪开屋里的两把椅子，兴奋地说："今天啊，让你开开眼。"

说着，她原地转了几圈，跳了几个舞步，果真十分轻盈自然。

我惊诧她年逾五旬的病体，舞步竟如此灵活。她说，许多同事都羡慕她的舞跳得那么好。此时，我禁不住问她："您是在哪儿学的……"

没想到，满脸笑容的李淑贤竟突然绷起了脸："你甭问那么多……"

再追问下去，笔者又讨了一个没趣。

李淑贤突然站起身来，极为不高兴地说："这跟你没关系。今天就写到这儿吧……"

这天晚上，我和李淑贤之间从原本非常融洽的气氛，莫名其妙地闹了个不欢而散。这件小事儿，在当时二十多岁的我心里，结下了一个始终未解的"疙瘩"。

直到数年之后，我才明白或者说理解了她当初那股"无名之火"。

李淑贤的"对门儿"——一位公安人员的真实回忆

对于一些我未写入书稿的内容，这里不妨作些真实的补充。

李淑贤曾对我回忆过：溥仪当初跟我搞对象时，多次说他没钱这些话，我有点儿不信。心想，"瘦死的骆驼比马大"，溥仪当过皇上，再没钱，也比一般人有钱。

结婚之后，李淑贤才知道溥仪的确没说假话，除了工资和一些稿费之外，真的没有其他任何收入。

谈恋爱时，李淑贤曾经认真询问过溥仪，原来当"皇帝"时的那些金银财宝呢？

溥仪详细讲述了出宫之后的经历，以及回国前苏联人搜刮金银珠宝的真实故事。然后告诉李淑贤，最终抚顺战犯管理所只发他一只不大的、随身提的牛皮箱子，这还是他出宫时带出来的呢。

这只经历坎坷的牛皮箱从何而来？据我向皇后婉容的弟弟润麒了解，这是溥仪母亲的三弟、即荣禄的三儿子——绰号"洋三舅"从国外带回来，"上贡"给溥仪装电影机的牛皮箱。

这只牛皮箱故事蛮多。"文革"后期，我最初与李淑贤合作撰写"后半生"时，曾经亲手把整理过的溥仪所有日记以及我撰写的手稿资料，统

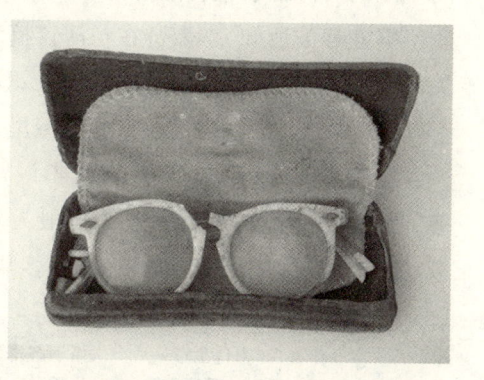

溥仪的眼镜和眼镜盒（由本书作者收藏）

一编号后,全部放进了这只牛皮箱子里……

上世纪八十年代初,我数次采访过李淑贤曾居住过的朝阳门外吉市口三条四号的僻静小院。

院内的街坊都很热情,纷纷详细介绍了他们所知道的这一时期的"皇娘"情况。李淑贤住过的那间小平房,位于小院东北角,仅七八平方米,最初是一个男女混用的厕所,后来才改建成了一间窄小的住房。

我曾走进这间小屋察看过,里面阴冷潮湿,屋顶很矮,刚刚能直起腰来。

其实,李淑贤根本不知道,她和溥仪搞对象第一次见面,就落入了一个特殊人员的视线。当时,住在小院北屋的一名中年人,是一个阶级斗争观念颇强的公安民警,名字叫陈静波。他在我当天的采访记录上,亲笔签上了名字。

溥仪与李淑贤的每一次会面,都没逃过这位公安的眼睛。

当我采访陈静波时,他详尽介绍了当年的情况。事实上,陈静波并非专门负责监视溥仪的,而是早在一九五三年就搬到这个院儿了。

当溥仪与李淑贤搞对象时,陈静波正在北京朝阳门公安派出所当公安民警。溥仪第一次走进院子看见他身穿警服,就马上立正鞠躬,非常客气。陈静波对他说:"不要鞠躬……"

溥仪听了他的话仍鞠躬不止,之后当即立正站好,依然像一个犯人似的。这实际是溥仪在抚顺战犯管理所多年养成的习惯,一时改不过来[①]。

陈静波把溥仪时常来院内的情况向派出所领导汇报之后,上级明确指示:溥仪与李淑贤属正常来往,注意见面时不要盘问他,也不要干扰……

因此,陈静波虽然密切关注着,却一直假装着不知道有这么一码事。

据陈静波回忆,李淑贤是一九五八年以后搬到这院的,一直住在旮旯儿的那间小屋内。陈静波记得她每月只交几毛钱房租,属于廉租简陋房。

据陈静波所知,李淑贤在与溥仪搞对象之前,曾跟一个姓张的银行旧职员关系密切,那个职员是一个大高个子,住在同院西屋。只要陈静波一回家,那个姓张的就不敢再出门,一直躲在屋里。

据陈静波介绍,在那个年代,李淑贤平时打扮得蛮出众,经常穿着"七分裤"[②]出入,看上去很扎眼,不像一般人。她平日花销大,生活要求也较高。那个姓张的职员原说自己每月挣八十多块钱,实际挣六十块钱,也没多少积蓄。

---

① 本书作者在《末代皇帝最后一次婚姻解密》一书中描述的这些情节,被电视剧《非常公民》剽窃。而电视剧的所谓顾问,反而公开指责此内容为"编史造假"等,被人民法院判决败诉。

② 七分裤,是当时上海女子的一种时髦衣饰,裤腿只达膝下,通常裸露着小腿肚。

不知何故,他跟李淑贤结婚仅一年多,就离了婚。

陈静波经过了解,只知道李淑贤原先的丈夫是一个国民党警官。那时,上级对公安分局有特殊布置:不让惊动李淑贤,而且溥仪属国家统战对象,一些事情由市里或国家层面的上级直接负责。

陈静波只管如实作记录,溥仪什么时间来院里,或者跟谁一起来,待多长时间,他都事无巨细地记录了下来。

但仅此而已,其他事儿就不归陈静波管了。

采访陈静波之后,我又了解到另一个令人惊讶的信息。"陪同"溥仪搞对象的,竟有公安部门暗中派去负责保卫溥仪安全的人员。我为此费尽周折,才找到了确切的文字记载。内中一些情节,目前还不宜披露,待时机成熟再作交代吧。

溥仪这次婚恋当中发生了哪些真实故事?譬如,李淑贤起初始终担心自己旧日的几次婚姻被溥仪所知,这恰是溥仪所关心的。

结果究竟如何?

贰拾陆

溥仪至死不知的「身世」之谜

在短短两个月恋爱期中，李淑贤就怕溥仪问起过去的婚姻史。

李淑贤与溥仪结婚，是在她第二次正式婚姻法院判离之后仅仅一年多。

一个待解之谜——李淑贤前夫刘连升是否被枪毙？

一份来自全国政协的报告，非常明确地记载着：一九五五年，李淑贤前夫刘连升被政府逮捕，经查明是反革命分子，遂被政府镇压。

但在《末代皇帝最后一次婚姻解密》一书出版后，北京一位马先生不仅在博客上、更在与本书作者联系时，坚持声称：刘连升并未被枪毙，而是和他们在北大荒一起共同生活多年。

刘连升竟然死而复活了吗？

图片说明：在辛亥革命五十周年纪念会上，溥仪与当年逼他出宫的鹿钟麟（左）、武昌首义者熊秉坤（右）拥抱在一起毫无异议的是，在短短两个月恋爱中，溥仪与李淑贤之间在情感上至少发生了三次"波折"，且大多都是围绕她的身世引发的。

问题就恰恰出在，李淑贤怕什么，溥仪偏偏就问什么。

李淑贤的心病，就怕提过去的婚姻

"你结过婚吗……"

溥仪的直爽问话，似乎触动了李淑贤的"心病"。

当溥仪第二次追问她是否结过婚时，李淑贤生气了，不耐烦地回答说："现在，没有告诉你的必要！"

溥仪抬腿走出李淑贤那间简陋的小屋时，显得非常失望。

可没过几天，溥仪又来了，仍然追问她往日的婚姻。虽然态度温和，却看得出来，非要问个底儿掉不可。

由于李淑贤已经知道全国政协派人到她所在的关厢医院调查过，也感觉上次回答溥仪的态度欠佳，就如实告诉了溥仪，自己曾经结过婚。但没说结过几次。

起先，李淑贤预料溥仪至少会耷拉下脸，但没想到，溥仪却笑了，甚至夸张地说："你说实话，我太高兴了。你就是离过一百次婚，我也愿意……"

原来，全国政协领导人早就告诉了溥仪组织上调查的结果，如果李淑贤不如实相告，那就证明她不诚实，婚恋不宜继续。

"嗨，你就是不讲我也清楚。"溥仪的话倒挺实在，"你知道，我不是也离过两次婚嘛……李同志，我前两次问你离过婚没有，主要是看你诚实不诚实……"

李淑贤曾经对笔者回忆说，溥仪在短短的恋爱期中，不止一次盘问起她的婚史。其实，这不仅出于他本意，也是全国政协领导让他来当面询问核实的。

当时，无论是谁，只要是谈恋爱，组织上总要毫无例外地到对方的工作单位去例行"外调"。如今说起来似乎是笑话，但在当时属极其自然之事。

一天，溥仪在李淑贤那间小屋里，一阵迟疑之后，开了口："我知道，你们关厢医院也派人到全国政协了解我的情况去了。"

"郭院长已经跟我说了。这也是我的要求……"李淑贤的回答显得极其坦然。①

听到李淑贤不紧不慢的回应,溥仪的表情显得多少有点儿尴尬:"过去的历史,我可都跟组织交代过了。我的历史谁都清楚啊。"

"我可不清楚……"不知怎么,李淑贤冷不丁冒出一句话,"我只知道你当过皇帝,关过监狱……"

溥仪坐在小凳上,耐心地对李淑贤说:"我的第一个妻子,是皇后婉容,还有淑妃文绣。我对她们没什么感情。不想去或是不高兴,就长时间不见,甚至没有感情可言……"

听到这儿,李淑贤抬头,问溥仪:"你从前当皇上那样,以后对我可不能那样吧?"

没想到,溥仪听到叫他"皇上",顿时生了气,对李淑贤说:"咱俩如果不做永久夫妻,就做永久朋友吧……"

说完,便起身而去。

李淑贤为此一夜未眠,料想溥仪可能永远不会再归来。

没想到,两天之后,溥仪又意外地重返李淑贤的小屋,脸色转阴为晴,"你知道,我是经过改造的!……"

溥仪一个劲儿数落自己不是,态度十分恳切。据李淑贤后来告诉笔者,她内心实际是挺愿意与溥仪结缘的。

俩人重归于好。刚开始,溥仪一个星期约李淑贤去全国政协一次。一个月之后,他差不多每天都要打电话约李淑贤到全国政协宿舍去见面。恋情急剧升温。

后来溥仪又多次问起她的人生经历,李淑贤又烦了。

面对情感压力之际,李淑贤因感冒突然病倒。溥仪前来看望,关切的凝视中闪动着同情而又心绪复杂的泪光。

事实上,李淑贤患的是"心病"。

李淑贤不止一次结婚

事实上,李淑贤不止一次结过婚。

---

① 李淑贤所说的郭院长,名叫郭佩诚,时任北京朝阳关厢医院院长。本书作者不止一次采访过他。

溥仪始终没向李淑贤透露,当他见过李淑贤没几天,就向全国政协领导汇报了新见面的这位恋爱对象。

就在两人频频会面之际,全国政协派人调查了李淑贤的历史情况。亲自过问这项工作的是全国政协副秘书长申伯纯。

当年二月二十八日,申伯纯亲笔给中央统战部副部长张执一、公安部副部长薛子正分别提交了一份内容客观的报告:

> 最近有人替溥仪介绍了一个对象,名李淑贤,现年36岁,在朝外医院当护士①。据了解,李淑贤未被评定为护士。因当护士应有两个条件:即为正式护校毕业;或经过统一考试后承认。
>
> 李淑贤因这两条均未达到条件,故被评为护理员。李对溥甚为积极,溥仪要求我们代为了解,表示如无任何问题,当继续来往一个时期再看……

看来情况很清楚,是溥仪要求全国政协组织前去调查的。

这份调查报告后边,附了一份档案中的李淑贤的简历:

> 1932年至1938年,在上海清华小学高小毕业。
> 1952年起,在北京毓文女子学校学习②。
> 1953年至1954年,在北京惠英诊所护理班毕业。
> 1955年1月至1955年5月,在北京惠英诊所实习。
> 1955年6月至1958年12月,在北京景山诊所做护士。
> 1959年1月,到北京市朝阳区关厢联合医院任外科护理员。

时任关厢联合医院的郭佩诚院长,于一九六二年二月二十六日,在全国政协调查函上亲笔写道:"李淑贤的历史没经过审查,因在工作和运动中没发现问题。作风亦未发现什么问题。只是平日表现有点笨,身体不太好。学习不积极,政治上不够进步。"

在这封调查函的末尾,郭佩诚院长还特意写明:"以上情况未经过详细审查,供参考。"

在全国政协有关领导的询问下,溥仪明确表了态,愿意与李淑贤继续来往,但要在李淑贤对他说实话的基础上。

---

① 此处系笔误。应为"北京市朝阳区关厢联合医院"——简称关厢医院。
② 不知为何,此后李淑贤在街道等处历次填写简历时,均未填写这段学习经历。

于是，发生了李淑贤在家里跟溥仪翻脸那一幕。

未婚妻的复杂身世

实际上，这才是溥仪的真实目的。

全国政协领导让溥仪继续接触了解，他就老老实实地继续向李淑贤了解她的身世。鉴于上次李淑贤发火，溥仪像是无意间讲起"皇后"，而真正目的依然是想引导李淑贤如实透露以往经历。但李淑贤始终没能将过去"和盘"托出。

自然，溥仪至死也不清楚李淑贤的全部真实身世。

根据我采访和调查了解，李淑贤的客观身世大致是这样：

应该说，她早年的身世非常令人同情——李淑贤，又名李茹，汉族，原籍浙江杭州。虽然她一直自称高小毕业，其实很可能是后来为找工作而填写的。

实际上，她只念过几年小学，起初连写封家信都很困难。十岁时生母去世，十六岁时父亲故去。之后，李淑贤迈入第一次婚姻的殿堂，其中的无奈与茫然自是可想而知。

在当年与李淑贤合作撰写"溥仪的后半生"期间，我整理照片时，无意间发现了一张小女孩儿的照片，上面仿佛依稀有李淑贤的影子。我好奇发问，突然遭遇她一股"无名火"："甭提这事儿……"

原来李淑贤与溥仪结婚之后，溥仪也见过这张照片，并同样问起过。原来，照片上面是李淑贤与后母两人。

在那幅照片上，幼小的李淑贤，眼睛显得十分大，好像恐惧地依偎在后母身旁。她说，八岁时父亲带自己去上海读书。生母去世后父亲娶了后母，到十六岁父亲去世，一直都受后母虐待。

回忆是辛酸的：平时，全家人都在一个餐桌上吃饭，唯独她总被轰到厨房勉强吃几口，然后就得收拾饭桌，刷碗洗筷子，终日疲惫不堪。

当李淑贤对溥仪谈起后母虐待她的旧事，溥仪非常气愤。于是，李淑贤找来一把剪子，"咔嚓"一声剪掉了照片上的后母。而在《溥仪的后半生》初稿中，李淑贤不让写自己剪掉了照片上的后母，而让我写上是溥仪剪掉的。

于是，溥仪照片集里留下了这么一张残缺不全的女孩儿照片。照片上的女孩儿显得瘦弱、可怜而清纯。李淑贤追忆说，这是她幼年留下的唯一照片。

对于后母印象最深的，莫过于"逼婚"一事。李淑贤曾对李文达回忆说：

上小学时,有一个最要好的同学叫美英。一次去美英家玩儿时,见到了一个所谓的"老板",想让自己做小老婆。

过了些日子,后母带她去一家餐馆吃饭。一见面便吓了一跳,那个年近半百的大胖子老板,早已在餐桌边坐等多时。

李淑贤死活不同意给这个相貌丑陋的男人当小老婆。回到家中,后母比往常更凶狠地打了她一顿。此后,仍然软硬兼施逼她出嫁。于是,她"逃婚"到了北京。

这是李淑贤自述的经历,与李淑贤撰写的"自传"略有出入。无论她讲述自身经历之真伪,她仇恨后母并在合影中剪掉后母之事应该是真实的。

那些年,我不止一次亲耳听李淑贤讲述此事,在她的家里也亲眼见到过这张残缺的褪色旧照片。

李淑贤幼年曾受后母虐待,大抵是可信的。

李淑贤为何有些耳聋?

在撰写关于"溥仪后半生"的回忆录中,李淑贤曾讲自幼住在静安西路。而在"自传"中说的又是另一个地方。

究竟她曾住上海何地?这或许也是一个待解之"谜"。

追忆起昔日的父亲和母亲,李淑贤总不愿意多谈。熟悉李淑贤并跟她一起吃过饭的人,都知道她有一个不好的习惯,即拿筷子搛菜时像鸡啄米,直到晚年也没改过来。

上世纪七十年代初,我一次与她就餐时,曾禁不住问她:"您怎么有这么个习惯啊?"

晚年的李淑贤耳朵有些聋,她大声地回答说:"唉,就因为这个毛病,我的后母曾多次'管教'我,甚至把我轰到厨房吃饭。可一直也没改过来……"

提起后母,她禁不住忿忿回忆说:"后母对我很不好,经常不给我吃饱饭,有时还打我。最常见的是,她一不高兴就拧我的耳朵,到后来,见她一生气朝我走过来,我就抱住头,护住自己的耳朵。晚年,我的耳朵有点聋,弄不好就跟这有关系。"

的确,李淑贤晚年耳朵多少有点儿聋。但到底是何原因造成?

对此,她还曾对我回忆说:到了北京结婚之后,丈夫时常打她,有一次一巴掌扇到她耳根子上,打得她好多日子听不清人家说话。

另一次，她说着说着，似乎说走了嘴。讲起一次刚开始在上海跳舞时，客人对她很过分，她跑了，结果被狠狠打了一顿，虽经多日，耳朵仍然嗡嗡作响。

我问起她：是谁打的，客人？……

当即，李淑贤就打断了话题，一时脸色变得异常窘迫。那时，我并不知道李淑贤有过留迹于舞场的"坎坷"经历。

有关她的婚姻经历，据李淑贤向载涛夫人王乃文回忆，也许大致如下：

十几岁的时候，李淑贤在后母的逼迫下，曾一度嫁人。后来曾有一段时间返回老家，日子过不下去，才又找了一个主儿，解放前离的婚。

另据一种较为可靠的记载：一九四三年，李淑贤曾与北平一个伪警察局警官刘连升正式登记结婚。一九五五年刘连升被政府逮捕，判了八年徒刑，送黑龙江改造。

一九五六年，李淑贤与其离婚。据档案记载，这是李淑贤第一次正式离婚。

第二年，李淑贤又与一个叫陈庆之的结婚。这位陈先生是人民银行的一个普通会计。婚后，两人始终感情不和。一九六〇年十月，经人民法院判决离婚。

这是李淑贤第二次正式离婚。

也就是说，李淑贤与溥仪结婚，是在第二次婚姻法律判离之后仅仅一年多之事。

事实上，李淑贤与溥仪的婚姻，是她有确切记载的第三次正式婚姻。

一个待解之谜——李淑贤前夫刘连升是否被枪毙？

在李淑贤的档案中，一份全国政协副秘书长申伯纯署名的报告，非常明确地记载着：一九五五年，李淑贤前夫刘连升被政府逮捕，此后被查明是反革命分子，遂被政府镇压。

但是，在我撰写的《末代皇帝最后一次婚姻解密》一书出版后，北京一位马京章先生在博客上登载了一篇文章，声称，刘连升并未被枪毙，而是和他们在北大荒一起共同生活了多年。

刘连升怎么死而复活了呢？

我立即与这位马京章先生取得联系，如约在电话中采访了他。马先生介绍的情况可谓世人罕知，颇令人瞠目结舌。

据马京章先生认真回忆，一九六九年"珍宝岛事件"之后，刘连升从兴凯湖的北京公安局所属劳改农场转迁到旭光农场，成了他同在一个连队的同事。头两年知青们谁也不敢接近他，几年之后才慢慢与他有了接触，这才知道刘连升不是一般人。在几名"二劳改"①中，他是唯一的所谓"政治犯"。

听刘连升说，他解放前一直在北平警察局供职，懂几国语言，是个能人。一九四三年与李淑贤结婚，五十年代中期因"历史反革命罪"获刑，之后李淑贤与其离婚。

一九六二年，溥仪与李淑贤结婚，成为李淑贤第三任丈夫。

在马京章先生的记忆中，刘连升可称一表人才，细高挑、约一米八的个头，平时戴着一副眼镜，显得文质彬彬，与那些"二劳改"完全是两种气质。"皇帝"的相貌根本无法与他比"帅"。

马京章先生的博客，披露了刘连升未被"镇压"的情况

---

① 所谓"二劳改"，即在劳改农场服刑期满无家可归，又在当地落户的劳改犯。

据说,解放前刘连升经常出入北平各大社交娱乐场所,堪称舞场高手,是在舞场上结识李淑贤的。

后来,马京章所在连队的北京知青与刘连升还有过来往,回北京时曾到前门外廊房三条刘连升的老家看过他。一九七五年,国家特赦国民党战犯后,刘连升曾多次到北京统战部门要求"落实政策",因为他也属于"县团级"。如果按"县团级"特赦对待,他就可以安置返回北京,却多次上访未果。后来,刘连升被安置到团部中学教英语,直至退休。

据马京章说,一九九六年同事安兄重返 6 连,听说刘连升还健在,据说在哈尔滨与继子生活。一两年后刘连升才去世,享年约八十。

这位马京章先生感慨地说,几百年前的事咱不好弄清。可是,刘连升毕竟有当年 6 连几百号人能够作证他的存在,如果真枪毙了,咱们能与刘连升在一个食堂里喝汤吗?旭光 52 团中学毕竟有过这么一位英语老师。

李淑贤的前夫是否被"镇压",似乎有待证实……

然而,李淑贤是否有过混迹于舞场的经历,仍是一个未解之谜。

贰拾柒

溥仪最后一次婚姻
未公开的秘闻

为什么李淑贤闹过一顿脾气，溥仪才答应领取结婚证？
等到全国政协调查清楚李淑贤的身世，溥仪已结了婚。她究竟存在什么"不良反映"？
本书作者在几年间大海捞针寻访到了曾与李淑贤一起生活过的"老熟人"……
李淑贤在与溥仪结婚前，是否一度与隐瞒身份的日本军医同居？
溥仪与李淑贤婚后，过着怎样的夫妻生活？

图片说明：新婚后的溥仪与妻子李淑贤在天安门国庆观礼后，在金水桥前合影尽管溥仪与李淑贤在恋爱过程中屡屡发生周折，然而，纵观其婚恋全过程，李淑贤的态度显然是主动而积极的。

这不仅可以从李淑贤事后的回忆中看得清清楚楚，更可以在溥仪家族成员的日记中找到确切的记载。

李淑贤闹过脾气溥仪才答应领取结婚证

上世纪七十年代末的一天晚上，我在李淑贤家吃过晚饭，她再次若有所思地追忆起与溥仪结婚前后的情景……

随后，我和李淑贤在卧室大衣柜的一个布口袋中，找出了溥仪和她的单页结婚证书。虽历经十几年，上面的钢印仍然十分清晰。

李淑贤静静地凝望着结婚证书，半天没说话。末了儿，伤感地说了一句："明天再谈吧……"

隔日，李淑贤又娓娓谈起结婚前后的细节，比提起任何事儿都记忆清晰。说到动情处，她一时兴起，接着又和我一起翻箱倒柜地找出了她在婚礼时穿的衣裳和那件豆绿色的西服裙。她试穿了一下，居然宽大了许多。随之似乎有感而发地对笔者说："现在……我比当时瘦了不少呢！"

结果没过几天，李淑贤到我家串门，顺便把这件豆绿色西服裙送给了我的姐姐。

在整理关于溥仪的回忆录时，我曾问起过李淑贤，您和溥仪究竟是谁先提出领结婚证的？听后，李淑贤一打愣，随即对我说："这你就不要写进去了——哎，是我闹过一顿脾气之后，溥仪才答应跟我领结婚证的。说实在话，这许多年呀，我真让男人要怕了……"

回过头来看，这的确像是一个饱经坎坷的中年女子的心里话。

等到全国政协调查清楚李淑贤身世，溥仪已结了婚

关于李淑贤的身世，我曾采访过全国政协副秘书长史永老先生。

据史老回忆，结婚前夕，确曾听到过关于李淑贤经历的一些"不良"反映。但等全国政协调查清楚，溥仪已经与李淑贤完婚。

究竟是什么不良反映呢？原来调查结果是：李淑贤曾有过留迹于舞场的

一段"坎坷"经历。

多年来,我曾遍查有关部门档案,始终没能找到这份正式调查报告。于是,只得在几年间大海捞针似的寻访到了曾与李淑贤一起生活过的"老熟人"。例如,上世纪五十年代曾与她同在一个学校上夜校的同学——张淑兰,那位"二姐"胡瑞贞,也间接采访了曾与李淑贤跳过舞的李体扬……

他们都确定无疑地告诉我:这确是事实!

记得当初几经辗转,我终于在北京东城区一个墙皮斑驳的小胡同里,见到了与李淑贤相识几十年的张淑兰女士。七十年代初,我曾经在李淑贤家里不止一次见过她。

年近五旬的张淑兰为人朴实,详细述说了李淑贤亲口告诉她的经历:"……李淑贤跟我一直讲,她从小受后娘的气,于是跑出来在上海舞场谋生。一个人——李淑贤一直称他为表哥,在上海舞厅认识的她。后来,表哥把她带到北京来住在一起。之后,不知何故又跟她分了手。"

张女士继续介绍说,此后,李淑贤在北京的一个舞厅又认识了老刘——刘连升,这是一个富商的儿子,人称"五少爷"。张淑兰多次见过他,人长得不错,在警察局工作,是一个大高个子,性格直爽,什么乐器都会两下子,是经常在舞场里奏乐的"票友"。张淑兰还跟李淑贤与刘连升一起跳过舞。

据张淑兰回忆说,解放前,李淑贤跟"刘大个"结了婚。解放初期,俩人居住在前门外廊房三条。

解放后,老刘被抓走不知下落。张淑兰跟李淑贤还去过王府井百货大楼的楼顶上跳过几次舞。

"李淑贤的舞确实跳得不错……"张女士赞叹着。

张淑兰还追忆说,李淑贤和"小宣统儿"结婚之后,有一次,自己去街上买肉,偶然碰到李淑贤。没想到,李淑贤显得神情挺紧张,也没给介绍一下溥仪,就赶紧走了,看来是不愿搭理自己这舞场上的"老朋友"了。

直到溥仪去世之后,李淑贤才到张淑兰家里看过一趟,顺便聊起了自己和溥仪不顺心的婚后生活……

对于李淑贤的坎坷经历,我起初曾采访过一两个知情人,然而均不敢"断言"所谓舞场之事。接下来陆续采访过四五位知情者之后,才渐渐了解,李淑贤曾跻身于舞场很可能是事实。

直到载涛夫人王乃文对我讲述了她消息的获知来源,才最终令人相信此事不假。

多年来，王乃文始终处于半隐居状态，与外界很少来往。但与我断断续续地保持了近二十年的交往。

上世纪八十年代初的一天，在东直门外一幢僻静的楼房里，老人慢条斯理地聊起了往日的王府生活。后来，谈起溥仪时，她称他为"大爷"①。

当问及李淑贤的昔日经历时，王乃文犹豫了一下，叮嘱我说："李淑贤还活着呢，现在可不能往外说，省得惹麻烦……"

我当即点头承诺。

临开口，王乃文又郑重地叮嘱了一遍。坐在旧沙发上，慢悠悠地饮了一口茶，习惯性地眨眨眼，手扶着桌子，开始回忆起如烟往事：

过去，大概是六十年代吧——载涛认识一个京戏"票友"，叫李体扬，经常一起唱戏。这个人住在灯市口附近，会拉京胡，也经常跟载涛夫妇一起唱戏。打解放前，他就常常进出舞厅那类娱乐场所。

六十年代中期，李体扬有一次偶然见到李淑贤竟跟溥仪及载涛在一起，显得关系挺密切。找到载涛一打听，才知道李淑贤嫁给了溥仪。李体扬当时大吃一惊，连忙拽过载涛，附耳低语："七爷，李淑贤原来在舞场……陪我跳过舞……"

载涛乍听，吓了一跳，随即嘱咐他千万不要乱说。据王乃文介绍，事后载涛可能汇报给了全国政协，也可能政协领导早就知道了……

当我了解了李淑贤的坎坷经历，才恍然记起从前问到她舞技如此之好是跟谁所学时，李淑贤突发雷霆……原来，这才是真相。

采访之中，我有个问题一直想不透，溥仪婚前，全国政协对李淑贤的经历不是做过调查吗？为什么没弄清呢？

公安民警陈静波回忆说，当年自己一直负责关厢医院的"肃反"工作。那家医院情况异常复杂。国民党、伪警官、国民党少校、特嫌……还有一个国民党少将高参，算得上"人才济济"，哪里顾得上彻底调查李淑贤这样的普通女子？

谁知，她居然嫁给了末代皇帝溥仪。

李淑贤曾一度与日本军医同居

这是一个奇特而又非常真实的"插曲"。

---

① 此处是北京话，"爷"字，是上升音。

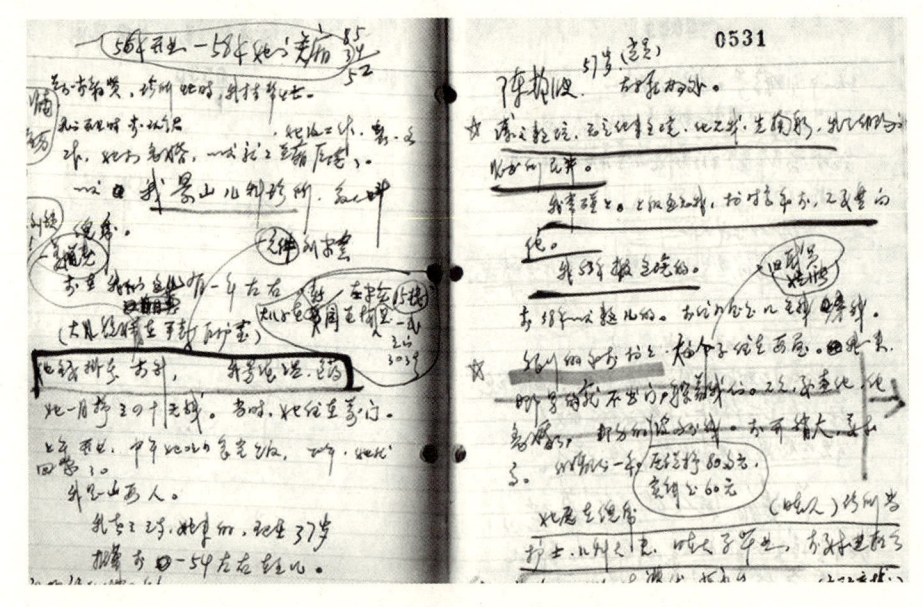

公安民警陈静波签字的采访笔记

上世纪八十年代初,李淑贤在回忆旧事时,偶然提起了倪虎大夫,说是从他那里学会了一些拉丁文。当笔者在好奇心驱使下,进一步追问起倪大夫的情形时,她却不肯继续深说了。

数年间,当我千方百计地了解到二人交往的真实情形时,"匪夷所思"四个字禁不住脱口而出。

一九八五年四月下旬,屡经周折,笔者终于见到了倪大夫的中国妻子孙银翠。在实地考察过倪大夫的景山诊所旧址之后,才在北京朝阳门外东大桥的一所旧房里,倾听着孙银翠盘腿坐在木床上娓娓述说着李淑贤与倪大夫之间令人吃惊的一幕:

孙银翠的丈夫倪虎,又名倪景山,是一名日本人。他来中国之后,原本在徐州开了一家私人诊所,解放初期来到北京。李淑贤早年在前门附近居住时,就通过他人介绍认识了倪虎。

五十年代初,孙银翠记得那年三儿子整三岁,恰值景山诊所开业。李淑贤一开业就来了,因为当时诊所需要一名护士,于是就让李淑贤负责挂号、消毒,抄抄简单的病历,再就是给病人打针,别的她也不会干。一个月的工资是三四十块钱。

孙银翠是在景山诊所开业时才认识的李淑贤。孙银翠则负责给病人量体温、包药。倪大夫主要为患者看病。最初,李淑贤从前门搬来时,曾经住在景山诊所一段时间。孙银翠则居住在后边的胡同里。

据孙银翠回忆,五十年代末,李淑贤多次流着泪对孙银翠说自己离了婚……接下来没过多久,她就去了关厢医院。李淑贤平时不爱聊天,最怕人家追问她的过去。后来听说她嫁给了"小皇上"。

采访中,一位年近七旬的老人,是倪大夫的老街坊,不仅主动向笔者提供了一些当时的情况,还特意画了一张诊所的居住图。这是一所前后各两间连在一起的临街房,原先前两间是诊所,后两间偶尔作为住房。平时,倪虎大夫一家人就住在胡同的住宅里。

老人接下来回忆说,李淑贤在解放初就认识了倪虎大夫,关系一直很密切。开业之后,她就在景山诊所——也就是在后两间房里居住。一直到上世纪六十年代初才搬到了吉市口。当时,倪大夫有时也住在诊所里。

不久,当笔者屡经周折,找到年近六旬的知情者"老公安"陈静波时,他又向我提供了极少有人能知道的佐证。"老公安"回忆说:

这个日本大夫倪虎可不简单。日本名牌大学毕业,抗战期间来到中国。早先在徐州开设私人诊所,后来才到了北京。据公安部门调查,此人为日本潜伏特务,军衔很高,一直藏有与日本方面联系的电台。

解放初期,倪虎曾经被我公安部门密捕过,但始终没交代什么问题。李淑贤在景山诊所时,公安部门曾多次找其谈话,吓得她从此不敢在景山诊所与倪大夫同住了,并承诺密切关注倪大夫的一举一动,随时汇报。

据陈静波回忆,对于公安部门这点要求,李淑贤的确做到了,此后时常向公安部门汇报倪虎的各方面动态……

中日恢复邦交之后,年近七十岁的倪大夫多次要求回国探亲,公安部门的直觉是,一旦准许其返日就不会再回来了。果然不出所料,他获准返回日本后,便再也没有回到中国来。

目前看来,李淑贤也许至死都未能知悉倪虎的真实身份。但她与倪虎关系始终未断,直到"文革"期间,两人仍时有往来。溥仪一直对日本人甚为反感,对倪虎也并无好感。

溥仪病重住院时,倪虎曾向李淑贤提出换肾的建议。溥仪在当天的日记中特地作了记载,怀疑倪大夫是何居心?甚至疑心他想害死两个人……①

---

① 此内容,详见 1967 年 1 月 28 日《溥仪日记》的记载:倪大夫建议我换个人工肾。贤自称可将一肾给我,我坚决反对这个建议。我服中药治疗,虽一肾有病,亦可控制见好,怎能割一肾换贤?倪大夫这个建议真是毒辣,要害两个人,噫!他是痴人说梦,根本做不到。

"非正常"夫妻生活

婚后,李淑贤一直感到奇怪,溥仪夜里往往不睡觉。

有时,直到深夜两三点钟以后,李淑贤不知翻了多少回身,溥仪依然亮着一百瓦的灯泡,翻来覆去地看书,什么《三国演义》、《红楼梦》……

由于灯光太亮,李淑贤睡不着,只得爬起身来,纳闷地问溥仪:"你怎么不睡觉啊?"

"我看看书……"

李淑贤对我说:其实,他什么时候看书不行,非夜里开灯看不可?

直到后来才知道,这另有其难以言喻的苦衷。

有时,李淑贤夜里猛然睁眼醒来,见到溥仪正亮着灯,戴着眼镜,仔细地端详着她刚刚熟睡的面庞。起身一看时间,已经凌晨三点多了。也有时,他丝毫不碰妻子的身体,只是不停闻嗅着她的头发和脖子,直到把李淑贤弄醒为止。每当此时,她总没好气:"您这是干吗呢?还不睡觉……"

溥仪也不生气,笑了笑,又转身看他的书。

李淑贤毕竟是再婚之人,对于溥仪新婚之夜和此后连续几天的怪异举止,气得不轻,时常

溥仪和李淑贤在新婚典礼上

睡不着觉,有时竟然两眼瞪到天亮。再一看溥仪,倒是睡得鼾声阵阵。

李淑贤内心虽然纳闷儿,可也实在张不开口——"没法问呀……"

过后,李淑贤又一想,也许他是"皇帝",与常人不一样——特殊吧。就这样,新婚夫妻"同床异梦",仍然各睡各的,过了一星期的"特殊生活"。

一天早晨,溥仪对李淑贤说,要到医院看病。李淑贤想陪着同去,溥仪却推托不让,李淑贤偏不答应。于是,俩人一起到了人民医院。

不出所料,在这儿,李淑贤偶然发现了溥仪一个秘密。

返回家里,溥仪面对妻子长跪不起。

贰拾捌

尴尬的夫妻生活

新婚之后,溥仪在人民医院注射男性荷尔蒙,被李淑贤发现。回到家里,他跪在地上,掉下了眼泪……

婚后第二天,李淑贤找到媒人沙曾熙,说:"老沙,溥仪性生活不是差一点儿,是根本不行……"

溥仪婚后不久,竟然尿了血。

李淑贤曾亲口对本书作者说:"我过去曾经怀过一个小孩儿,还没出生就在上厕所时候流产了……"

图片说明:新婚后的溥仪陷入了尴尬的境地。此为成为公民的溥仪,在什刹海畔的五妹家接受《大公报》记者张颂甲采访时拍摄的照片新婚伊始,溥仪与妻子李淑贤之间,显然发生了难以言喻的"尴尬"。这自然是外人难以想象的。

溥仪内心极端苦恼,无奈,只好走一步看一步,事事迁就着新婚妻子。而妻子李淑贤作为再婚之妇,也是有苦难言。

难以预料之事,终于发生了。

溥仪婚后偷偷打男性荷尔蒙

上面提到,溥仪起初不同意李淑贤陪同就医,无奈妻子不答应,只得一起走进人民医院。

谁知,溥仪根本没看病,直接就走进了注射室。进门前死活不让李淑贤跟着进去,愈是这样妻子愈是生疑,于是佯装点头答应了,趁他正在接受注射,李淑贤一掀布帘,猛然闯了进去,溥仪立时慌了神。

妻子凑过去一看,原来丈夫打的针竟是男性荷尔蒙!

李淑贤是多年老护士,顿时明白了怎么回事。于是,她对打针的护士明知故问:"这是怎么回事?"

"你是谁呀?"女护士爱搭不理。

"我是他的妻子。"李淑贤立时火冒三丈。

女护士不以为然,耷拉着脸,告诉她:"嗨,他近来天天来打这种针。"

至此,真相大白!

李淑贤听后,一跺脚,扭身就气冲冲返回了家。此时,溥仪裤子还没提上,傻眼愣在那儿了。

原来,溥仪此前每天早晨借口上班,实际是先到人民医院来注射荷尔蒙。进了家门,李淑贤难以控制地痛哭一场。

没过一会儿,溥仪也耷拉着脑袋回到了家,呆呆地坐在椅子上,半晌没说一句话。这时,李淑贤气不打一处来,厉声质问溥仪:"你为什么打这种针?"

溥仪脸上一阵白一阵黄,就是不吭声。

李淑贤气得一边哭,一边怒气冲冲地大声发问:"今天,你非要跟我说个明白不可!"

闹到最后,溥仪的话里都带着哭腔,无可奈何地说:"我实在对不起你。当时,我不能告诉你。那么多女人我不喜欢,就是喜欢你。只能瞒着你……"

溥仪说到这儿,突然跪在了地上。

这个意外的动作吓了李淑贤一大跳,不知如何是好。只见溥仪屈膝跪伏在地上,不断地落下眼泪:"你要和我离婚,我也不活了。你要什么条件都可以……你还年轻,我同意你交(男)朋友。我不管你,我不能给你带来一生的痛苦……"

李淑贤起初一声不吭,认为溥仪欺骗了她,心里特委屈。可是溥仪在地上长跪不起,哀求李淑贤说:"如果你不答应,我就不起来……"

屋内鸦雀无声,时间一秒一秒地过去了。李淑贤不停地在屋内走来走去,焦躁地直转圈儿,僵持到最后,李淑贤痛苦地说了一句:"我还有什么可说的呢?这就是命啊!……"

两人各处一室,不说一句话。这一顿午饭李淑贤没做,自然谁都没吃。

实质问题并没解决。打这儿以后,李淑贤脾气愈来愈坏,经常无名火起。

由于内心苦恼,她几乎连日整夜失眠,成了医院的常客。虽然吃了不少谷维素,却根本不管用,身体渐渐坏了下来[①]。

溥仪婚后尿血

溥仪婚后的家庭生活,陷入极度尴尬之中。

我在一九八四年采访溥仪的媒人沙曾熙时,他对我如实讲述了他在李淑贤跟溥仪结婚前,与未来新娘的一次真诚对话:"溥仪有病,在性生活方面可能差一点儿……"

李淑贤没多说话,只是点了点头。

至于溥仪夫妻新婚几天之后的情形,沙曾熙也曾对我据实相告。应该说,媒人的话是可信的。

婚后第二天,当溥仪不在跟前的时候,李淑贤急匆匆找到沙曾熙,满脸不高兴:"老沙,溥仪性生活不是差一点儿,是根本不行……"

听了李淑贤的话,沙曾熙哑口无言,只是懊悔地说了一句:"这怎么办?木已成舟,我可做了亏心事了……"

据李淑贤亲口对笔者回忆:结婚之后,溥仪的"病"一直没有好。

经过一段治疗,溥仪自认为有了一点疗效,于是,两人之间有过一次不成

[①] 此处内容,源自本书作者亲笔记录整理的李淑贤回忆原稿。

功的夫妻生活。结果,闹得双方都极不愉快。而且,溥仪很快就尿了血。

这件事发生在溥仪新婚两个星期之后。①

暴雨之夜溥仪满街找妻子

为了弥补对妻子的愧疚,生活中溥仪对李淑贤的关心几乎做到了无微不至。然而现实存在的无性夫妻,仍令溥仪与李淑贤内心时时充斥着不安。

有时,溥仪在李淑贤的脸上终日都见不到一丝笑意。一天早晨上班前,李淑贤告诉溥仪,晚上医院开会,得晚些回来。时令已是一九六三年夏天。

晚上,等来等去,溥仪见妻子直到九点多还没回来,天又下起了雨,便不放心地给医院打了一个电话。结果被告知,因为下大雨,会议没开,李淑贤早就走了。

溥仪焦急万分。以往,每次医院里开会,溥仪都要打来电话,有时甚至要打来两三个电话,弄得李淑贤挺心烦。这次他不知妻子去向,以为人丢了,心急火燎地找来五妹夫万嘉熙帮着找。老万双手一摊,对溥仪说:"这么大的北京城,可上哪儿去找啊……"

那年北京普降暴雨,城里出现过行人掉进马路下水道的事,所以,溥仪担心妻子出事。老万明知找也是白找,但他了解溥仪的犟脾气,只好顺着他,满京城随处溜达。

溥仪则是一条马路一条马路地寻找,又给几个派出所陆续打了电话。直到晚上十点多钟,溥仪眼见妻子还没踪影,就要去派出所"报案"。

等李淑贤回到家时,已近午夜十二点了,溥仪却没在家里,仍在外边寻找妻子。李淑贤见此又转身出门去找溥仪,两人好一顿相互乱找。等最后俩人在家里见了面,老万已经走了,溥仪正独自坐在椅子上,像小孩子似的吧嗒吧嗒掉眼泪呢。

见她一走进门,溥仪又高兴了起来。妻子说,晚上会议临时不开了,她到王府井"四联"理发馆烫发去了。

李淑贤将近午夜未归,烫发之事真伪,已无据可考。我在当年整理回忆录时,曾经询问过她:"您果真是去理发了吗?"

李淑贤没说话,也没回答我的质疑,过了一会儿才对我缓缓说道:"我怎

---

① 详见本书作者亲笔记录整理的《李淑贤回忆溥仪的后半生》手稿第59页。

么说,你就怎么写吧……"

后来我又问过她此事的真相,依旧没有回答。我半开玩笑地说:"理发可能是真的,可也用不了那么长时间啊。再说,理发馆也早就关门了。八成是找男朋友去了吧?"

这时,李淑贤并没抬头,说了一句话:"小孩子家,懂什么?"

之后,便再也不说什么了。时隔多日,我好奇地问了她另外一个问题:"您有过小孩吗?"

李淑贤望了望我,表情平淡地说:"是啊,我怀过一个小孩,还没出生就在上厕所时候流产了——还是一个女孩儿……"

笔者好奇地问她,这事儿发生在哪年哪?

李淑贤避而未答。喝了一口茶,便转移了话题,随后半开玩笑地对我说:"如果这个女孩儿活下来,嫁给你年岁倒是蛮合适的……"

再深问下去,她却再也闭口不谈了。临收拾纸笔时,李淑贤又不放心地叮嘱我:"我过去怀过小孩的事儿,可千万别写进去呀。不然会惹麻烦的。"

对于久已成为历史之事,会有什么麻烦?对我而言,这至今仍悬而未解。

提起小孩,李淑贤倒谈起溥仪婚后几次说过,是否抱养一个小孩。然而,几年后随着"动乱"开始,此事便无暇提起了。

采访之中,我了解到,早在上世纪五十年代,李淑贤就对一位挚友说过:"我这辈子不可能有小孩儿啦……"

如何理解她的话?为此,我查阅过李淑贤的病历,一九六三年,李淑贤因妇科疾病去医院做了子宫全切除手术。

她的话为什么前后矛盾?

令人百思不得其解。

溥仪夫妻分别怕见的两个人

新婚之后,溥仪与李淑贤实际过着较为孤独的生活,与外界往来并不算多。

刚开始,溥仪住在全国政协宿舍里,婚后夫妻俩就搬往西城区东观音寺胡同的一座独院居住。据说,过去那里曾住过一个外国医生。

据知情人透露,夫妻俩,各怕一人。溥仪最怕见记者,其中最怕见的是香港记者潘际垌①。

而李淑贤呢,最怕见的是昔日的旧朋友。其中最怕见到的,则是新婚媒人——胡瑞贞。

新婚之后,溥仪心理负担最重的,无外乎两件事。

一是记者来家里采访——总是由全国政协派人联系好,由专人陪同才肯会见。而且,非要事先准备好采访稿才行。这可以在溥仪所留下的遗稿中看得非常清楚。

二是溥仪不愿过多与过去的清末遗老遗少以及伪满战犯和国民党战犯往来。每逢年节参加全国政协组织的团拜会之后,就闭门家中。至多,他和妻子到七叔载涛家看望一下,其他家便不再去串门了,托辞是身体欠安。

先说记者。早在抚顺战犯管理所时期,香港记者潘际垌就采访过溥仪,据此撰写成《末代皇帝传奇》一书。溥仪新婚之后,潘际垌又曾拜访过成为公民的溥仪。自然,溥仪礼而宾之,还在自家门口与潘际垌亲热地合影留念。

偶然,溥仪听说潘际垌曾被打成"右派"之后,便再也不那么热情。当一次潘际垌前来看望时,竟然意外吃了"闭门羹"。

为此,溥仪还特意向全国政协作了汇报②,可见其态度之谨慎。事后,溥仪又反复叮嘱妻子李淑贤:"以后潘记者再来,就说我不在家行了……"

直到一九六五年五月二日,全国政协邀请溥仪接受香港《新晚报》记者罗承勋采访时,他才见到了一起同来的香港《大公报》记者潘际垌,两人只是寒暄一阵,并无实质交谈。因为有全国政协秘书处张祥陪同,溥仪倒也不显得怎么紧张。③

此后,溥仪与潘际垌再也没有什么往来。

对于李淑贤来说,最怕与过去的友人发生来往。特别是她在进入关厢医院之前的老友,更是极力回避。究其原因,李淑贤恐怕既不愿勾起往日不堪生活的回忆,又不希望老友提到自己的过去。

据李淑贤的老友张淑兰追忆,一次,李淑贤上街买菜,碰到了张淑兰,却装作没看见,连忙躲闪开了。这使张淑兰极为气恼,怎么连老朋友都不认了呢?

---

① 潘际垌,香港《大公报》记者,曾在抚顺战犯管理所采访溥仪,著有《末代皇帝传奇》。巴金所著《随想录》最早亦刊于潘际垌主持的香港《大公报》《大公园》副刊。潘际垌当时顶住了内地某些人施压,坚持连载完毕。
② 国家有关部门至今保存着溥仪关于潘际垌的情况汇报。
③ 参见一九六五年五月二日《溥仪日记》的记载。

溥仪最怕见的人——香港大公报记者潘际垌（右）

实在令人莫名其妙。

另一次，张淑兰又在街上偶遇李淑贤，问她现在住在哪里，想去看望。李淑贤却吞吞吐吐不肯告诉，直到分手也没吐露住址，气得张淑兰一度想跟她绝交。直到溥仪病逝之后，李淑贤才主动来到张淑兰家串门，告诉了自己的住家地址。

据媒人胡瑞贞回忆，婚后，李淑贤最怕胡瑞贞来家里串门，曾专门到她家叮嘱过，务必不要来家看望，理由是怕溥仪多心。

偏偏胡瑞贞不听那一套，带着丈夫李雁天找上了门。

那天，正巧溥仪在家。李淑贤一见这两口子进门，脸色陡变，但又不好立刻发作，只得暂且让进门来，却也没给好脸色看。

胡瑞贞稍坐了一会儿，就对李淑贤低声提起自己生活困难，想跟她家里借一点儿钱，暂时渡过难关。

一听此话，李淑贤更是火不打一处来，立马断言拒绝。溥仪不知怎么回事，只得在一旁闷声不响。

此时，李淑贤连茶也没让，便脸色铁青地起身送客。

随后不久，李淑贤又来到胡瑞贞家里大闹一场，从此断绝了往来，至死也没再见上一面。

多年之后，当胡瑞贞向笔者提起这次唯一到溥仪家做客的遭遇，仍然难消心中郁闷，生气地说："哎，李淑贤太不给面子了。我们到她家做客，不借给钱就算了，也不至于连茶都不让啊！这是最起码的礼节。如果没我俩，哪儿有李淑贤跟'小皇上'的婚姻呢？……"

李淑贤打了溥仪两个耳光

新婚之后，李淑贤心情和身体状态每况愈下，不仅退学，还办理了停薪留职手续。

上世纪七十年代中期，在整理溥仪遗物时，我从大立柜里的一个针线笸箩中找出了一枚"北京朝阳医学院"的徽章。

"这是谁的大学徽章呀？"

闻声，李淑贤顺手拿过去，发出十分遗憾的感叹："嗨，要不是和溥仪结婚，没准儿，我还能上完这个业余医学院呢……"

外人罕知，溥仪与李淑贤婚后有时竟然吵得不亦乐乎，大多以溥仪退让为"停战"标志。两人之间吵架时，动过手没有？

李淑贤在回忆"溥仪后半生"的时候，亲口对我说过："当初，我生起气来，曾往溥仪脸上打过两巴掌……"

像这类事情，李淑贤再三叮嘱，没让我写入回忆稿内。

但并非没有佐证。溥杰的二女儿嫮生来到中国，曾见到溥仪脸上有伤痕，返归日本之后，她写了一篇文章，发表在日本妇人俱乐部的杂志上："……有一次，我见到伯父溥仪脸上有一道伤痕，悄悄地跟父亲说：'大概是伯母给抓的吧？'这时，我的伯父听到了，再三问我的父亲（溥杰）。在溥仪一再追问之下，我父亲才说了上述的话。于是，伯父在大庭广众之下，爆发了一阵大笑，一面说：'淘气的孩子……'赶过来一个劲地胳肢我。我怕被抓住，连忙且逃且躲，闹得我满脸通红……"

说到底，溥仪夫妻之间失和，毕竟是由于溥仪之"病"而引发。那么溥仪的"病"究竟是如何引起的呢？

贰拾玖

溥仪的「隐私」

李淑贤提出离婚，溥仪拿起菜刀就要抹脖子。

溥仪的"病"果真是"先天"的吗？末代太监孙耀庭对此给出了答案。

为求证历史真相，本书作者辗转找到了溥仪在医院的原始病历档案。

关于溥仪的性取向，历来众说纷纭。本书首次披露溥仪在一份未完成书稿里的自述——坦然承认："在我这个十五岁少年的精神领域里，也染上另一种病症，生理上的摧残和对异性没有兴趣。"

而末代皇后婉容的弟弟润麒，也曾对本书作者回忆过溥仪"另类"的性取向。

《我的前半生》执笔人李文达和沈醉先生，也分别留下了自己的追忆。

图片说明：特赦后的溥仪和五妹韫馨（左）、堂弟溥俭（中）来到天安门前留影众所周知,溥仪前半生的性格,暴虐无常。

这无疑源于他的性人格扭曲。性格是什么?就是性人格。溥仪性人格的反常、性欲的倒错,使他始终没有得到夫妻生活的幸福和乐趣。

溥仪终生处于惊恐不安之中。长期精神高度压抑,又多年被关押在监狱里,再加上手淫、阳痿,尤其在新婚之后,夫妻性生活扭曲,且对外有苦难言,频频参加社会活动又要强装笑脸,以致造成了他双面性格乃至家庭悲剧。

夫妻之间,本质上区别于其他任何人的,就是"性"。如果夫妻之间性和谐,其他则在一定程度上成为次要问题。否则,就成了主要"矛盾"。

无性夫妻,往往无法长期维系。溥仪亦如此,毫无例外。

李淑贤提出离婚,溥仪拿起菜刀要抹脖子

虽然,溥仪想尽办法哄妻子高兴,但仍无济于事。

有一次李淑贤发脾气,把一个空雪花膏瓶从屋内扔了出去。月底发工资那天,等到天色很晚也不见溥仪回家。天渐渐黑了,李淑贤正坐在家里生闷气,忽然有人敲门。开门一看,溥仪满面笑容站在门口,双手捧着一个盒子。

走进屋,李淑贤打开一看,原来是几瓶雪花膏和香水。她问溥仪:"工资呢?"

溥仪傻了,空着两手对她说:"这不是吗?都买这些了……"

"你都买了这些东西,咱们吃什么呀?"

李淑贤急了。溥仪满以为买回这些东西妻子会高兴,哪知她大发脾气,把东西摔了一地。桌上做好的晚饭搁凉了,连一筷子也没动。

直到上床睡觉时,李淑贤的脸都背着溥仪,一连几天没搭理他。溥仪后悔万分,直劲冲妻子认错儿,想法子哄她。

然而,妻子的脸色始终阴沉着。直到许多天之后,李淑贤提起此事,仍然瞪着双眼质问溥仪:"还过(日子)不过呀?"

实质上,"根子"问题依然没解决。吵闹半天,又回到老问题上来了。成天内心苦恼的李淑贤,实在憋不住了,又板起脸责问溥仪:"你为什么婚前不告诉我,你的'病'根本没好呢……"

溥仪无话可说,低垂着头,老老实实回答说:"如果告诉你,我就没法儿跟

你结婚了……"

听到此话,李淑贤哭笑不得,使劲一甩门,走出院子半天未归。

这些家庭琐事,李淑贤同意我写入关于溥仪后半生的回忆录。她显得十分坦然,说:"这是真事儿,实话实说嘛。"

婚后不久,溥仪夫妇从全国政协宿舍搬到了西直门东观音寺胡同一座独院。

李淑贤由于心情不舒畅,没几天,又跟负责守门的老戴的妻子,吵了一个不亦乐乎。

其实,老戴夫妇本是不识几个字的"大老粗",是全国政协专门派来负责看门并照顾溥仪夫妇的。

不久,李淑贤又向溥仪提出离婚,溥仪反复劝说未果,拿起厨房的菜刀就要抹脖子……这件真事,在写"溥仪的后半生"初稿时,笔者只好依照李淑贤的意思,美化成了夫妻之间的一场玩笑。

实际上,李淑贤与溥仪闹"离婚",确有其事,而且"动静"不小。结果,溥仪两口子闹离婚的事,被老戴夫妇反映到了全国政协机关。

没过几天,全国政协连以农处长来找李淑贤做工作。溥仪勉强微笑着向妻子介绍连处长,说是来给咱俩调解的。

李淑贤一听是来调解"离婚"的,当时正心烦,但又不好对连处长发火,就扭过头冲溥仪撒起气来:"你不用跟我说。我不听!"说完,就怒气冲冲地跑出了家门。

溥仪追了出去,拼命拉妻子回家,她无论如何也不肯。最后,溥仪死说活说地把李淑贤拽了回来。

一九八四年十二月十九日,年届八十四岁高龄的原全国政协秘书处处长连以农,在西四五条胡同27号寓所接受我采访时说:"当时,周总理兼任全国政协主席。对于李淑贤的复杂经历和溥仪的'病',我们曾向周总理汇报过,总理问得特别细。但溥仪的婚姻已是生米煮成熟饭了。李淑贤经历的复杂情况,有些是婚后我们才知道的。溥仪的'病',也是没办法的事儿,治了好长时间都没见效。李淑贤总闹着要离婚,也不是一点儿没道理。"

此后,连以农又多次找李淑贤做思想工作,李淑贤不好先提起溥仪的"病",就对连处长说起了溥仪的种种"毛病":"我结婚之后,才知道溥仪什么也不会。在生活上更是这样,这日子没法过……"

连处长见李淑贤有意回避夫妻生活的实质问题,索性捅破了这层窗户纸。

诚恳地对她说:"你和溥仪结婚,国际上都有影响,如果离婚,影响太坏。你们夫妻之间闹矛盾的事,我都知道了——溥仪有病,他也正在治疗。你们俩在夫妻生活上成不了一对好夫妻,你就替国家当他一个'保卫工作者'吧……"

话说到这份儿上,李淑贤再也无话可说了……

溥仪的"病"果真是"先天"的吗?

起初,溥仪还编织过"善意的谎话",哄骗疑惑不解的李淑贤:"我的'病'是'先天'的。"

到后来,李淑贤也知道这不是真实情况。但究竟是怎么回事?却也难以查明。曾在宫内伺候皇后婉容的末代太监孙耀庭先生,亲口对笔者回忆:溥仪的"病"并非"先天"。

事实上,溥仪特赦以后,在周恩来总理亲自过问下,全国政协委托北京协和医院曾针对溥仪的"病"做过进一步确诊。

笔者费尽周折,终于找到了溥仪的原始病历。这份上世纪六十年代初的医院诊断书上,清楚地写道:患者溥仪,曾于一九六二年七月二十一日,在此作

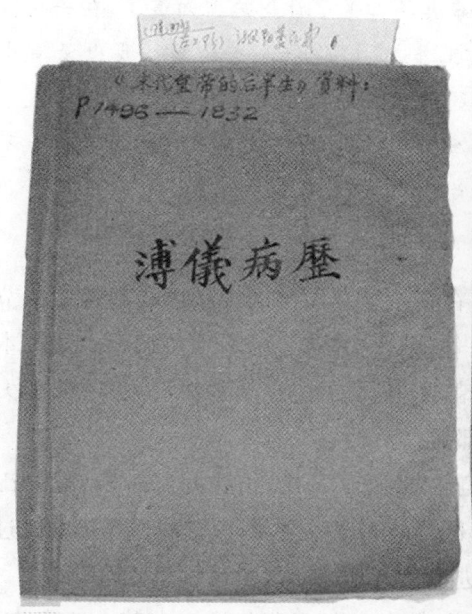

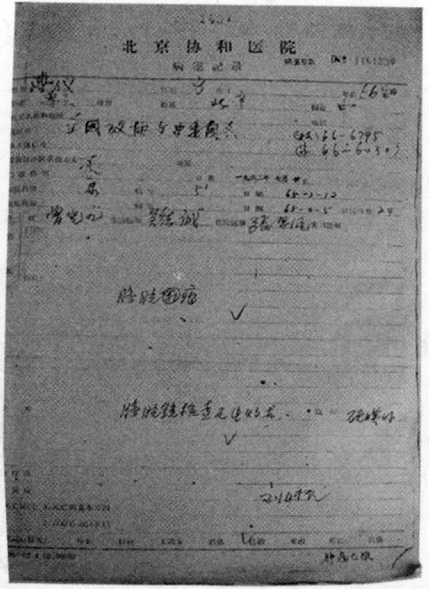

本书作者早年收藏的溥仪病历(复印本)

过检查诊断：

> 患者于三十年前任皇帝时，就有阳痿，一直在求治，疗效欠佳……曾三次结婚，其妻子均未生育。

对于进一步的治疗方式，北京协和医院的医生没能提出新招，只是要求溥仪按期前来按压前列腺，服用抗生素，热浴……

几乎全国政协的同事们都在关心着溥仪的"病"情。因为大家都知道，新婚之后，溥仪与李淑贤夫妻关系一度异常紧张。全国政协同事周振强了解到溥仪在积极治病，于是立即来找李淑贤询问："老溥的'病'是不是好啦？"

"没有。"见到周振强，李淑贤一点儿没好气。

当周振强了解了详情，临走时，对李淑贤愧疚地说："我可做了缺德事了！"

打这儿以后，政协机关组织才进一步晓得溥仪的"病"并没真好。

有关溥仪与李淑贤夫妻生活方面的问题，我曾多次采访过载涛的夫人王乃文。她曾客观回忆说：

> 婚后，溥仪和李淑贤感情并不好。为什么？因为溥仪生理上有毛病。
>
> 婚前，李淑贤知道得不很清楚。婚后，见溥仪的"病"总也不好，就闹着要跟溥仪离婚。听载涛说，这事儿不知怎么让周总理知道了，在一次接见溥仪和家属时，就给李淑贤做工作，说："你要小孩干吗？我也没有小孩嘛……你真要是跟溥仪离婚，国际影响也不好嘛……"
>
> 这次周恩来总理接见之后，溥仪悄声对李淑贤说："咱俩婚后生活不协调的事，全国政协肯定报告周总理了……"
>
> 李淑贤听后，只是瞪了溥仪一眼，再没吭声。

一九七九年的一天晚上，李淑贤在东城区草园胡同寓所内谈起这一情节时，对我说："当时，我听了溥仪的话，气不打一处来。什么不协调？是他根本没这方面能力。害得我结婚后神经衰弱，吃了多少谷维素都没用，还长期失眠，弄了一身病。最后没办法，才全部切除了子宫……"

"那天，"李淑贤还回忆说，"周总理当面叮嘱我，让我好好学习，好好工作。我挺敏感，政协肯定了解了我在医院的表现。之前，医院的郭院长就找过我，指出过我学习落后，政治上不够进步。

"我看出，周总理看着我好像在说，你的一切我都知道。在整个晚宴中，我心情都很紧张，连一句话都不敢说。见到这种情形，周总理为调节气氛，给我夹了一筷子狮子头。

"那天,周总理一见面,就对溥仪说:'你娶了我们杭州姑娘啰。'

"我顿时就明白了,周总理对我的情况简直了如指掌。当周总理询问我的家庭情况和我的简历,我内心特别紧张。

"后来周总理问起我父亲时,溥仪在一旁刚插嘴,周总理就打断了溥仪的话,意思是让我来说。我更紧张了。

"周总理在接见临结束时,提起我俩不能生小孩儿的事儿,我见周总理居然连这些事也知道,可见了解入微,什么事也瞒不过他。但是对于溥仪的'病',我无法说,也说不出口……"

李淑贤坦率地承认,自从周总理接见以后,她再也不好提起离婚了。

但,按照李淑贤的说法,实质问题仍未解决。

溥仪的"性取向"

溥仪在《我的前半生》中曾经写道:"我在宫里从小长到大,乳母走后,在我身边就再没有一个通'人性'的人。如果九岁以前我还能从乳母的教养中懂得点'人性'的话,这点'人性'在九岁以后也逐渐丧失尽了。"

溥仪所指的非"人性"的东西是什么?他在《我的前半生》中举了一些例子,如鞭笞宫女和太监、让太监嚼铁砂、"吃脏东西"等"恶作剧"。

对此,我曾请教过《我的前半生》执笔人李文达先生。据李文达回忆,溥仪讲他虐待太监这些事情,应该主要是发生在十几岁以后。

撰写《我的前半生》时,溥仪为了避免承担更大的罪过,大多只讲述幼年的一些行为。如书中引了一段"宣统九年"的起居注:"上常笞太监,近以小过前后笞十七名",即是一例。

在《我的前半生》一九六二年六月的未定稿中,溥仪客观叙述道:"在我刚刚进入少年时期,由于太监们的奉承讨赏,他们教会了我斫丧①身体的'自渎行为',在毫无正当教育而又无人管束的情形下,我一染上这个不知后果的恶习,就一发而不可收拾,结果造成生理上病态现象。在新婚的这天,我感觉不到这是一种需要。婚后,我和婉容的生活也不正常,至于文绣和在伪满时另外两个妻子,更纯粹是我的摆设,这四个妻子全过的守活寡的生活。"

---

① 《辞海》:斫丧,特指沉溺酒色,损害身体……

此外，溥仪在初稿中，更是坦白承认：在我这个十五岁少年的精神领域里，也染上另一种病症，生理上的摧残和对异性没有兴趣。

他的内心苦恼，在这里说得再直白不过了。

也就是说，当溥仪年仅十五岁时，就已经"对异性没有兴趣"，而产生了其他性取向。这虽然只是简单的一句话，却是打开溥仪性心灵的一把钥匙。

我在与李文达先生交换看法时，他还向我讲述了所掌握的另外史料，如溥仪曾亲口讲述自己让太监喝尿等，这就跟"性"方面联系更为密切了①。

是不是可以这样得出结论？溥仪自身的回忆资料，或多或少地真实反映了溥仪"性欲倒错"的痕迹？

溥仪在一九六四年三月正式出版的《我的前半生》中，关于夫妻性关系，他写得再明确不过："我先后有过四个妻子……如果从实质上说，我根本就没有一个妻子，有的只是摆设。虽然她们每人的具体遭遇不同，但她们都是同样的牺牲品。"

究竟如何造成的？沈醉先生是溥仪多年的同事，亦曾专门回忆过此事。据他说，溥仪婚后曾找到他家，问他男人不能"人道"的病有没有办法医治。沈醉问他，是先天的还是后天的？他回答是后天的。

问起如何得病的，溥仪告诉他，自幼长在宫内，十几岁时太监怕他跑出去，就把比"皇上"大不少的宫女推倒在他床上，有时两三个宫女在床上教他干坏事。他第二天精疲力竭，见到太阳都是白的。太监又找来壮阳药让他吃，但难敌如狼似虎的众多宫女。渐渐地，他对这事没有了兴趣。

由此，溥仪对女人也丧失了兴趣。

作为皇后的师傅陈曾寿的女婿，周君适也在书中阐明，溥仪不喜欢女人。他说，溥仪不仅夫妻生活不正常，甚至看见女人就不顺眼。一次，行幸到大连某海滨旅馆，一群下女在门口跪接，溥仪勃然大怒，把行幸主务官许宝蘅叫来痛骂了一顿，说不应该让这些女人来见他。自此以后，溥仪所到之处，凡是女人都必须躲起来。

如果说，周君适还只基于一种事实基础上的分析，英国著名学者爱德华则

---

① 据李文达回忆，关于溥仪曾讲述他在宫中让太监喝他的尿之事，我在一九六〇年一月的《我的前半生》书稿中，发现此处改成了溥仪在茶壶里放入自己的尿让太监喝；而在一九六四年正式出版时，则删去了此事。

溥仪让太监"吃脏东西"之事，据考证：在群众出版社一九六〇年一月的书稿中是写让一个叫和尚的太监当面"吃狗屎橛"；而在一九六二年六月的书稿中，改写成"吃最脏的东西"；在一九六四年三月正式出版的书中，又改写成"吃脏东西"。

在著作中，引述了溥仪的胞弟——溥杰先生的话："溥杰向我承认，在以后的生活中，他（溥仪）被发现，从生物学观点来看是不能生殖的。"

接着，爱德华在引用溥杰较为含蓄的措辞之后，又论证了溥仪的性人格倾向："他们谈到了溥仪对同性青年日益感到兴趣，谈到了皇宫大院里半仆人、半情人的成年人……"

继而，他又引证溥杰之妻嵯峨浩在书中的内容："溥仪有个情人是他的童仆……现在我了解到皇帝对一个男童仆有一种不应有的情爱。他被划入'男妃'一类。我怀疑，是否正是性欲倒错的癖瘾，驱使皇后吸食鸦片？"

爱德华认为：嵯峨浩的书，似乎不可能只是根据道听途说而写的。

上世纪九十年代初，我在忘年挚友——末代太监孙耀庭的卧室，谈起溥仪，他格外有着说不清的好感，只是在性人格这方面，他不赞成，一再意有所指地提起溥仪："是水路不走，走旱路……"

孙耀庭老先生在照片上向我指认了溥仪在宫内与之关系不一般的殿前小太监王凤池①。一般人都看得出来，在照片里四个太监之中，数王凤池长得最为端正。至今，故宫仍保存着这帧宫藏老照片。

从研究溥仪整体性人格的角度来看，追随溥仪多年的末代太监孙耀庭的口述史料，远比只靠凭空臆想有意义得多。

遗憾的是，《我的前半生》囿于时代局限，在多种"未定稿"中，并没有披露溥仪夫妻生活方面的所有幕后故事。

然而，有一个传奇的故事，却应该载入《我的前半生》一书。遗憾的是，溥仪已"远行"，只得由本书作者补记了。这就是"末代皇帝与一位普通农民的友谊"。

末代太监孙耀庭（左）去世前，向本书作者吐露了溥仪性生活的秘密

---

① 参看本书作者著《末代太监孙耀庭传》。溥杰先生为此书题写书名并作序。

叁拾

末代皇帝与一位普通农民的友谊

古往今来，哪个朝代的皇帝竟能与农民成为朋友？这似乎是一个神话。

溥仪与在北京植物园同室居住的刘宝安成了朋友。当刘宝安回乡当了农民之后，溥仪仍与其通信多达数十封，互诉衷肠。

上世纪八十年代初，本书作者在蓬莱县城徒步寻找一天，才找到了栖身养老院的刘宝安。他送给我多封溥仪的亲笔信。信封上均保留着当时的邮票以及爱新觉罗·溥仪的亲笔签名。

"文革"中，刘宝安被公安人员审讯。他把溥仪许多来信烧到半截时，又改变主意——冒着极大风险，将这些珍贵的信件珍藏起来。

一封封溥仪的亲笔信，以及刘宝安的回忆录音，向后人倾诉着曾经的皇帝与一位普通农民的真实交往……

图片说明：末代皇帝溥仪之所以能与一位普通农民结下友谊，源于自身也成为了一个普通劳动者。图为溥仪正在温室劳动在末代皇帝溥仪的一生中，这不能不说是一个传奇故事。

古往今来，哪一位皇帝与农民竟然成为朋友？说起来，似乎是一个神话。

历史上，从皇帝成为公民的仅止溥仪一人，而他又与一位普通农民结为至交，更是亘古未闻的奇事。

这里，就是笔者所亲历的一件近乎"今古传奇"的稀罕事儿。

寻找溥仪的农民兄弟刘宝安

似乎，这要追溯到上世纪七十年代中期。

当时，我感到奇怪的是，应邀帮助溥仪遗孀——李淑贤整理溥仪遗稿过程中，偶然发现她家里保存最多的，是两个人给溥仪寄来的信件。

一是在"文革"期间，长春一位老工人孙博盛写的。他是溥仪在伪满时打死的童仆——孙博元的"博"字辈兄弟，至于信件内容，则大多为批判溥仪的"罪行"。明显看得出来，对方是留下"复写底"的。

换句话说，这使溥仪在"文革"中因惊吓导致癌症加剧，同时亦成为溥仪之死的主要原因之一。

二是寄自山东农村的名叫刘宝安的写的。经笔者询问，李淑贤起初对此印象不深，怎么也想不起来这个人。当仔细看过这些保存下来的信件后，才模糊地记起这个叫刘宝安的人，每到年节，必来信问候。

在辨认过几个信封的落款地址之后，李淑贤这才忽然追忆起来，确有这样一个人，但始终没见过。不过她清晰地记得，溥仪不止一次叨念起这位在植物园同室而居的同事，而且，还不止一次亲笔给他写过信①。

为了撰写《末代皇帝的后半生》，我在多年内曾遍访溥仪接触过的三百多人。刘宝安就是其中之一。

一九八一年八月，炎炎夏日，我在旅行结婚之际，偕妻子杨崇敏采访溥仪在北京植物园的同事——刘保善之后，又从河北任丘独自踏上了寻访刘宝安的旅程。

---

① 溥仪亲笔写给刘宝安的这些信件，在一九八一年采访刘宝安时，由他亲手赠送本书作者，以便撰写《末代皇帝的后半生》时采用。

当我依据刘宝安来信的地址,乘坐长途汽车来到山东蓬莱县,辗转找到了他所居住的村庄时,却听说他已经离开村子多年,住进了养老院。

这样,我从走下长途汽车,整整围着蓬莱县城徒步寻找了一天。临近天黑时,才找到了栖身养老院的刘宝安。

瞧上去,年近六十的刘宝安是一个中等个子,面容瘦削,一双不大的眼睛透出纯朴的目光。才刚刚说明来意,刘宝安就握住我的手,激动得流出了两行热泪:"我觉得,是溥仪让你找我来的呀!……"

一席话未说完,他又抹开了眼泪。

自然,刘宝安早已知道溥仪离开人世十四年之久了。

时间似乎已被完全忘记了。聊过好久,他才发觉我仍然站在地上而忘了让座。

唏嘘声中,刘宝安用浓重的山东乡音,娓娓讲述起他与溥仪的交往与友谊,一连几个小时没有间断……

刘宝安志愿军军装照

我告诉他,此行的目的,就是为了续补溥仪的《我的前半生》,而撰写《末代皇帝的后半生》而来。老人听后,显得极为兴奋,一个劲儿地说:"这件事太有意义了,我一定支持你。"

当夜,我与刘宝安同炕而眠,一直聊个没完,临近凌晨才勉强合上双眼。

次日整整一天,我俩都深深沉浸在他与溥仪有关往事的回忆中,吃饭时仍在谈论不休。

时近黄昏,吃过养老院的大锅晚饭,我和刘宝安俩人缓缓走出院门,坐在绿油油的田野中,在绚烂晚霞的辉映下,听他细细聊往日和溥仪在一起的日子。

我轻轻把录音机放在我俩中间,录下了刘宝安珍贵的口述史料……

已过午夜时分，我睡意正浓。突然，刘宝安想起了一件溥仪的旧事，随即推醒我，翻身起床，找出了一个小本子。里边夹存着一九六七年十月十七日《人民日报》登载的关于溥仪逝世的消息。

在灯下看去，这份旧剪报，已微微有些发黄。淡淡的颜色，似乎也在向我证实着溥仪与一位农民醇厚的友谊。

就这样，我在养老院静静地待了将近一个星期。

在采访过程中，我与刘宝安同吃一锅饭，同睡一个炕。令人惊喜的是，一天晚上，他左掀右翻，忽然拿出了溥仪的多封亲笔信。

一封封内藏溥仪亲笔信的实寄封，上面印有"中国人民政治协商全国委员会"的红色信笺，每个信封上边都分别贴有几枚当年的珍贵的邮票，以及溥仪亲笔所写的收信人地址和姓名，当然还有寄信人——爱新觉罗·溥仪的亲笔签名。

顿时，我惊呆了。

刘宝安双手捧着这些无比珍贵的文物，非要送给我不可。我说，这些信件太珍贵了，我无法承受。他真诚地对我说："这些好像就是为你准备的，为你写'后半生'所用的。你就收下吧……"

面对老人真挚的情感，我竟无法拒绝。

这正是溥仪与一位普通农民的友谊的象征。不啻一个神话的文物证明！

分手前夕，我把身上仅剩的所有钱款，都送给了刘宝安。

他见我随身携带着溥杰的妻子嵯峨浩所撰写的一本书——《食在宫廷》，拿过去阅读之后，实在不舍得撒手。瞧我带着一个最新式的塑料水杯，也爱不释手，见他感兴趣，我即全部赠给老人，留作纪念。

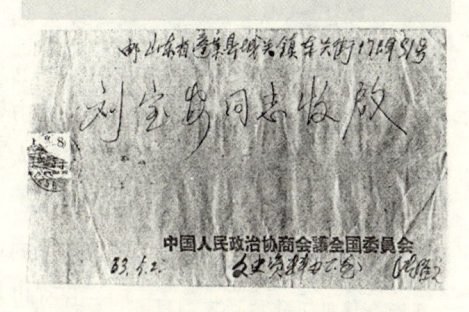

溥仪写给农民朋友刘宝安的亲笔实寄封和信件（由本书作者收藏）

临别之际,刘宝安依依不舍地徒步把我送到了长途汽车上。车子缓缓开动了,老人朝我使劲挥着手,朴实安详的身影渐渐消失在公路的尽头。

一封封溥仪的亲笔信,以及刘宝安的回忆录音,向我倾诉着溥仪与一位普通农民交往的真实故事……

溥仪与刘宝安在北京植物园

一九六〇年二月十六日,溥仪在北京市民政局殷秘书和中国科学院负责人的陪同下,微笑着走进北京植物园大门。

这须提起当年春节前,发生在北京人民大会堂的一幕。

在宾客云集的宴会厅,周恩来总理与中国科学院院长郭沫若相逢,笑着对他说:"打算让刚特赦的溥仪去中科院下属的北京植物园参加劳动,你看如何?"

"'皇上'驾到,当然欢迎。"郭老笑着满口应承。

"这要作为一项重要的任务来对待,只能做好不能做坏哟!"

于是,在周总理的直接关怀下,特赦不久的溥仪,来到位于西郊的北京植物园学习和劳动。

走进植物园第一天,溥仪被介绍给两位姓刘的年轻人。一位叫刘宝安,另一位叫刘保善。三人被安排同住一间宿舍。

在采访溥仪后半生的过程中,中科院保卫处副处长王直安[①]告诉我,当时国内外形势错综复杂,退守台湾的蒋介石仍在不断叫嚣"反攻大陆"。据说,还有特务可能劫持末代皇帝溥仪等传言。

由于中央明确指示,一定千方百计确保溥仪的人身安全,中科院领导经过多次研究,选定刘宝安和刘保善跟溥仪在北京植物园一个宿舍内同吃、同睡、同劳动。与此同时,周围派出所也接到了保卫溥仪人身安全的任务,这样

溥仪在北京植物园时负责其安全保卫工作的同室刘保善

---

① 此后,王直安曾任中国科协保卫处处长。

多方联动确保万无一失。

这种出于安全的考虑,应该是周密的。刘宝安曾是中国人民志愿军,刘保善做过安全保卫工作,都是出身农民而且久经考验的共产党员。

不久,一句话在北京植物园流传开来:溥仪来到植物园,保他平安,保他善。

在"三同"之中,"二刘"与溥仪结下了真挚的友情。

刘宝安与溥仪尤其相交密切,很快成了无话不谈的朋友,甚至连去洗澡,俩人也时常结伴而行。

二人彼此信任,甚至互相交流过各自最为保密的"隐私"。刘宝安曾向溥仪讲述了自己一直未婚,长期手淫。而溥仪也向他讲述了自己手淫以及"阳痿"的来龙去脉。

据溥仪回忆,是由于年幼时在宫内与宫女等长期淫乱的恶习,才造成了阳痿等病况。

现在看来,这应该是比较可信的。无疑,也成了进一步揭示溥仪性人格的一把钥匙。

回乡务农的刘宝安

"宝安……"

一九六七年,溥仪久卧病床,仍然不断低唤着一位远方农民朋友的名字。

妻子李淑贤起初茫然不知,究竟丈夫呼唤的是哪个亲密友人。

事实上,早在六年前,溥仪就曾专程赶往北京植物园,握别自愿回乡支援农业第一线的刘宝安。

盛夏之际,温室的同事用空闲地种的玉米、茄子作为"佳肴",举行了一次特殊风味的"告别宴"。

溥仪也特意从城里赶来了,但并不是作为客人而坐享其成。

那天,溥仪在到处都是沉甸甸玉米的青纱帐,以及泛着黑紫油亮的茄子地,戴着遮阳大草帽和大家一起开心地采摘着。宝安边摘边跟溥仪开起了玩笑:"溥先生,你摘下那个大草帽吧,难道还怕晒黑了,搞不上对象?"

溥仪听了之后,摘下大草帽,用它扇着风,嘿嘿地笑着对宝安说:"等我有了对象,那先得告诉你……"

玉米和茄子摘了下来,溥仪和人们一起剥去玉米皮和玉米须。又把茄子洗净,用手撕成碎块蒸熟,再放上点葱花和辣椒,拌上盐,烩成了一盆香喷喷的茄泥。

下班后六点多钟,宴席开始了。大家团团围坐桌边,吃着煮玉米和拌茄泥。欢声笑语,久久回荡在园内。

"咱们俩一起吃顿农民饭,就是让你不要忘了我这个农民朋友哟。"宝安对溥仪深情地说。

"怎么能忘记你呢?你是我有生以来第一个与我同吃、同住、同劳动的劳动人民哪!"

溥仪与宝安边吃边聊,还拿出了一张照片赠送宝安留念。尔后,宝安也将自己的照片题赠溥仪:友谊长在。

在北京植物园门口,溥仪向宝安依依不舍地挥手告别,一直目送汽车渐渐远去。

"你回到家乡,咱俩要经常通信,保持友谊。"

"好,一言为定!"

分手前的诺言,化作鸿雁往返——几年间,溥仪向宝安先后发出了二十余封信件。

显然,溥仪与刘宝安这位普通农民的友谊,展现的是一种平凡而崭新的情怀。

宝安重返齐鲁故里的第二天,如约向溥仪发出第一封信,介绍了家乡见闻以及与年迈的父母和兄弟相逢的欢悦之情……信的末尾还郑重地提议,要与溥仪——"在不同的岗位上来个比赛!"

"刘宝安的信!"

没过几天,邮递员一声悦耳的乡音,唤出了正吃午饭的刘宝安。

"溥仪先生来信了。"他举着信,兴奋地向全家喊道。

在此之前,刘宝安虽然屡次提起曾和"宣统皇帝"同吃同住在一起,全家人始终将信将疑。即使反复解释,溥仪成了一名公民,但在农民的眼里,"皇上"仍非凡人。

全家人睁大双眼,惊奇地传看着信件。信封上标明:挂号"0444",来自"北京1支",信封的落款清清楚楚:北京市赵登禹路三十二号全国政协文史资料研究委员会溥仪缄。

至此,家人始信宝安的话不假,拿起信封互相传看着。信封上是一对相互依偎的驼羊图案,宝安笑着解释说,溥仪是将这对形影不离的驼羊,喻为两人之间不可分隔的友情。

这倒绝非宝安的凭空想象,溥仪的来信中写得异常明白:"咱们相处一年多,同吃、同住、同学习、同劳动,遇事和你商量,这一年多的相处,什么时候我也永远忘不了的。"

这封信,仅在宝安手里呆了一会儿,就被家人抢去传看,直到晚上,他才得以在灯下逐字展读。

……你热心地帮助我学习培养植物的技术,亲手搜集叶片做成标本;有重的、累的脏活你抢着干,轻的、容易的给我干;你在百忙中,不辞辛苦地帮助我纠正生活上种种缺欠。特别在劳动、生活中,你那活泼愉快的乐观情绪和主人翁负责态度,都给我深刻的实际教育。

你的艰苦朴素、勤俭的优良作风,更是我学习的榜样。

飒爽的秋天,(我们在)田野里一块收秋菜,拂晓,操场上一起跑步。一同挑沙铲土,播种、分苗、上盆。你教给我栽培花卉的方法,殷勤地告诉我花的种类,花的性质与区别……

溥仪还在信中愉快地回忆起,晚饭之后,两人盘腿坐在床上,一同探讨当天报纸上的国家大事,谈论一天的收获,一齐唱歌"越唱越欢",同吃柿子,以至大嚼绿萝卜,辣得双泪直流,两人笑得倒在了床上……溥仪还在信中留恋地说:"回忆兄弟般的友谊相处,确如你说的,'相处时短,情感长!'"

对于宝安提出的"挑战",溥仪的态度十分明确:"我愿意和你在不同的工作岗位上比赛,看谁进步快!你来信鼓励我不断进步、前进。这是对我多么恳切的期待,我一定不辜负你的期待……"

溥仪给刘宝安寄去农历和照片

从这封信开始,远隔千里的溥仪与刘宝安几乎每季度通一次信,相互勉励。

一封封看似极为普通的往来信件,迸发出真诚友谊的火花。若宝安来信相托捎一些学习用品,溥仪会千方百计满足其所需。

新年前一天,溥仪又欣喜地拆开了宝安的来信。信中除了遥祝新年之喜外,还介绍了家乡的收成,又询问了植物园的情况。为了钻研农业知识,他还请溥仪帮助代买一本"科学农历"。

新年前后，溥仪尽管工作繁忙，仍然憋在屋里翻阅了许多的报纸、文章，写出了长达数千字的"答案"。他还利用休息时间，先后跑了几家书店购买"农历"，均未如愿。

刚过新年，溥仪又去了两趟书店，仍旧没货。试想，没有真正将一个普通农民视作诚挚朋友的人，能够如此不厌其烦地为其奔波吗？

显然，这在旧日的溥仪身上是根本不可想象的。

一九六二年一月八日，溥仪又给刘宝安发去一封热情洋溢的信。

刘宝安同志：

恭贺新年，祝贺你健康和在工作中获得新的成就。我真高兴接到你的来信。你介绍家乡收成的情况，农民生活日益好转，这是令人多么兴奋的事情呀！……

我到植物园，就像回到家一样，和同事们在一起感到特别亲热。可是，看不到刘宝安同志。回想起我们同住、同学习、同劳动的生活，今天又看见我们同住的地方，但是看不见你，真感到寂寞……

惋惜之余，溥仪又详细介绍了来到全国政协之后的工作情况，甚至，还向这位农民朋友推心置腹地谈起了自己的婚姻大事。连先后见过几个对象，都如实奉告。

对于婚姻，溥仪对外始终守口如瓶，而唯独向知心朋友透露了正在酝酿中的婚姻内幕。对于"农历"一时未能买到，溥仪依然念念在心："我大前天和昨天曾两次到新华书店买农历，他们说要等月底或春节前农历才能来呢，现在没有。等出版后买到，一定寄去。如果，其他你需要什么书和什么东西，随时告诉我，以便寄去。"

作为朋友，溥仪信守诺言，一直打听着农历的出版，没隔多久，终于如愿以偿。拿到农历时，他开心地笑了很久。一下就买了两本，一本留给自己，一本寄给了宝安。始终，刘宝安爱逾拱璧地珍藏着那个贴着四角四分邮票"农历"的大信封。

隔年，溥仪又购买了两本农历，仍寄给了刘宝安一本。有意思的是，刘宝安在农历上，圈圈画画，写了不少学习笔记。

溥仪则将一九六三年的全年要事记载在上面，而成了珍贵别致的一部日记。

通过农历，溥仪还记住了"瑞雪兆丰年"等一些农业谚语。这些，也都在信上告诉了远方的知心朋友。

说到友谊,不能不提起彼此间的"竞赛"。宝安无论挖水塘、修水库还是干农活,都一马当先。当地农民喜欢上了这位年轻人,推选他当上了村贫协主席。

溥仪得知刘宝安的新进步,在信中激动地表示:尽管自己被赦,仍有必要继续改造,要"迎头赶上",缩小两人之间的差距。信尾,他别具匠心的署名是:"你的朋友'981'。"

缘何如此?刘宝安曾对笔者耐心地解释道:"'981'是溥仪在抚顺战犯管理所时的代号。特赦后,他不止一次地对我说,自己是'十恶不赦'的罪人,常以'981'自称。我们分别后,溥仪来信再次自称'981',是为了以此为戒,激励自己。"

溥仪信中告诉宝安受到毛主席接见及婚后生活

既是知心朋友,倘若有了什么"喜事",溥仪当然喜不自禁地抢先透露给宝安。

在溥仪的一件重要史实上,尽管我陆续采访过二三十人,但仍众说纷纭。这就是,毛泽东是否接见过溥仪?参加者有谁?接见时都有什么内容?

而溥仪给刘宝安寄去的一封亲笔信,则完全揭开了这一谜底:"在本年一月三十一日,我们(与)伟大领袖毛主席一同吃饭、照相,这是我永远不能忘记的最光荣和幸福的日子,给我给(以)极大的鼓舞力量……"①

细心的读者或许已发现,上面摘录的溥仪写给刘宝安的信里这段简短内容,竟至少写错了两处,在其平日书信中并不多见。

亲眼目睹这龙飞凤舞的字迹,而一改溥仪往常书写工整的习惯,则不难想象其超乎寻常的激动和喜悦之情。

毋庸置疑,在信中,毛主席接见溥仪的时间、地点,以及接见内容,自是一目了然。

这封溥仪的亲笔信,刘宝安亲手赠送给了我。多年来,始终珍藏在我手中。

一九六二年暮春,溥仪又激动地写信告知这位农民朋友:"与毛主席一起

---

① 溥仪信中的"本年",即一九六二年。

吃饭并照相；参加反帝大游行；成立了一个新家庭。"

在这里，溥仪又重提毛主席接见之事，而且将此称之为自己的"三件大喜事！"

自然，溥仪在信中也不免介绍了婚后的生活、工作，又谈起北京植物园的同事们。

> 我们现在还是居住在政协机关之内。我每天上班不必出大门，在后院就是我工作的地方，非常方便。妻子每天六时许便须上班，下午八九时回家。她工作地方较远……
>
> 我到诸葛正义家，他常和我念叨，刘宝安怎么老没写信呢？他也很惦念你的。

看得出来，溥仪想谈的事太多了，还提起了植物园的"保善已改当会计，代替老韩"，《我的前半生》的修改"还没有完"……

显然，他恨不得把所有心里话，统统念叨给远方的农民朋友——刘宝安。

"五一"前夕，刘宝安致信溥仪，欣然介绍了家乡庄稼的喜人长势，又转达了全家人对他的问候。

这次溥仪并没像往常那样急于复信，而等五月二日放假那天，才提起了笔，为的是向刘宝安详细叙述一下北京节日的盛况和感受。

溥仪一口气写完信，站起身在屋里踱了几步。

"你给谁写信，这么专心？"妻子李淑贤一边打着毛衣，一边询问。

"这是给我的一位农民朋友回信……"

婚后，妻子李淑贤看到许多人曾给他来信，溥仪不一定都复信。唯有被他称为农民朋友的宝安，溥仪却总是每信必回，一挥笔就是洋洋千言，有时竟达近万字。

溥仪的格外偏爱，使妻子暗暗纳闷。她哪儿知道，刘宝安是溥仪新生后第一位与其同吃、同住、同劳动的劳动人民，也是他诚心结交的唯一农民朋友。

当妻子看到另一封信的末尾署着——"你的可靠的革命战友溥仪"时，顿然明白，丈夫和刘宝安亲密而真挚的关系确实超乎常人。

凡与溥仪接触过的人，无不知他忘性极大。但在与宝安的交往上却表现出极好的记忆力。

这年元旦前一天，即十二月三十一日，溥仪依然没忘给刘宝安写信，祝他"新年愉快，身体健康，在最光荣的农业战线上取得更新的成就"，还主动随信寄去了新农历和他在一九二三年的一张旧照。

这些新年前夕的祝福,无不使刘宝安和全家人感到欣喜若狂。

乡邻也在纷纷传说,"皇上"经常给宝安这位农民来信问候!……

溥仪信中的"血尿和瘤细胞"

仿佛成了习惯。

自分手伊始,每逢元旦前夕,溥仪必向刘宝安致信问候。一九六四年,仍无例外。

"你的身体好么?许多日子没有通信了。我心里很惦念你……"

实际上,发信三天前,溥仪仍高烧不退,已休了四天病假。

全国政协文史委员会吴群敢主任以及溥杰夫妇等闻讯,纷纷前来探望。

由此可见,刘宝安这位农民朋友在溥仪心中的位置——病中依然念念不忘。

当溥仪赴江南参观归来,见到宝安来信中再次询问自己的身体状况时,即复信介绍说:"来信问我的痔疮,现在只是大便后脱肛(这是多年的习惯性),没有别的痛苦,总的来说比以前好一些。"

接着,溥仪详尽地介绍了参观的每一处情景之后,又告诉刘宝安,回京感觉"身体很好,今年两个月来,体重增加了十几斤"。还嘱咐道:"盼望来信,告诉你的近况。"

当刘宝安接到此信时,正奋战在平山水库工地。八月底,溥仪自西北参观返京时,才见到他的回信。

九月十日,溥仪洋洋洒洒提笔数千言,为防止过长的信件超重,又特地在信封上贴了三枚在延安买的"宝塔山纪念邮票"。

在长达数千字的信中,溥仪还特意歉意地注道:"因为很忙,写得太了(潦)草,盼你原谅。有些字写得太草,我又描了一下。"

的确,因唯恐宝安看不清楚,重新用钢笔描了几十个字,诚挚程度亦由此可见一斑。

罕见的是,溥仪在这封信里,还专门附上了一张他与妻子李淑贤的合影。

照片上,溥仪右胸佩戴一枚纪念章,上衣兜插着根钢笔,神情庄重地站在"共和国万岁"下面。妻子的花格衬衣外面套着一件短袖羊毛衫,两人微笑地望着天安门广场。

在溥仪不远处,翠绿的芭蕉叶探过金水桥栏,仿佛能嗅到沁人的清香。

岂料,几乎在接到宝安回信的同时,溥仪突然尿血不止。一个月后,竟住进了协和医院。

在协和医院的病历上,清晰地记录着:

> 溥仪去年七月以来,时有间歇性无痛性血尿,一次发作短则数日,长可持续一月之久,自行缓解。病人无发热、腰痛尿频、尿急等症状。发病四个月以后,曾住北京人民医院,做过膀胱镜检查,前列腺组织穿刺,精液检查以及静脉肾盂造影,均未发现异常。
>
> 住院二十多天,血尿停止。出院,上班工作,不久血尿再度出现,一九六五年二月五日,再次住进北京人民医院,三周后血尿逐渐消失,三月六日,再行膀胱镜检查,诊断为膀胱乳头瘤,前列腺肥大,转来我院……
>
> 患者在今年八月间又出现数次血尿,多系在走路较多或劳累后发生,一般一天后即消失。在今年十一月二十日的一次尿中找到瘤细胞,同时,患者在十一月五日和十一月十一日又两次出现血尿……

这一期间,溥仪因病魔缠身,迟迟没给刘宝安复信。

在新年到来前的十二月三十日,溥仪刚刚出院不久,就挣扎着给刘宝安写信,向他恭贺"新年之喜",并介绍了自己的工作、生活,唯独对自己的病况不曾透露半点。

溥仪怕宝安牵挂,仍没忘用八寸长的大信封寄去照片和一张精致的贺年片,信封上"刘宝安"的名字,每字足有两寸大小。落款是:溥曜之。

周围人熟知,只有对关系最亲密的人,溥仪才用此称谓。

刘宝安在与溥仪的"共勉"中,先后担任了民兵连长、治保主任,继而又当选为县人民公社代表大会代表。这些,都在信中欣喜地告诉了溥仪。

而这一时期,溥仪始终病卧医院。直到一九六六年二月四日,医院认为"鉴于目前病情较稳定,可以回家休养一时期",这才返家养病。

不多几天,溥仪便抱病去信,直到这时才提及自己的病情。然而为了宽慰刘宝安,对于严重的病情以及住院等事,却只字未提。

刘宝安接到溥仪的来信,焦虑万分,立即致信询问病情细节。

因病症一天重似一天,溥仪没有马上复信,一直幻想着待病情好转,再给刘宝安带去好消息。

谁想不久,"动乱"爆发,从此两人失去联系。溥仪写给刘宝安的这最后一封信,竟成"永诀"。

溥仪所不知的宝安"背后"的故事

一如真金耐火,自古纯洁高尚的友谊皆因历尽坎坷而经久弥醇。

据李淑贤回忆,溥仪临终前,十分想念那位朴实的农民朋友,原本想写一封信寄去,但又恐怕因此而给刘宝安闯祸,始终迟迟没敢动笔。

岂料,溥仪与刘宝安的多年书信往来,早已被纳入了"阶级斗争视线"之内。

正当"文革"运动深入发展之际,一天,刘宝安突然被"请"到了地区办公室。刚一进门,就傻了眼:当地的行政和公安部门一把手早就严阵以待,一副气势汹汹的架势。

"刘宝安,你都认识谁?要老实交代……"

伴随着厉声喝问,这些人居然掏出了手枪吼叫起来。

一瞬间,办公室变成了审讯室,刘宝安成了犯人。朴实的刘宝安被吓得不知所措,浑身发抖。

他实在不明白究竟让自己交代什么。由此,引起了这些人更加发疯地拍桌子瞪眼。

最后,他突然省悟到,他们是要自己交代与溥仪的关系。说就说,这怕什么?溥仪虽然过去是皇帝,可现在成为了一名公民。

想到此,刘宝安坦然地说道:"我认识溥仪。"

"这不结了嘛!"

说罢,这些人慢腾腾地放下了手里的枪,还得意地相互递了个眼色,自以为逮住了一条"大鱼"。

按照事先的预谋,那些人逼迫宝安交代他与溥仪的问题。甭看最初刘宝安被吓得出了浑身冷汗,在突如其来的情况下,他做不到像英雄一样镇定自若,却决不是惯于投机的阿谀谄媚之徒。不该说的话,一句都甭想从他嘴里掏出来……

半响过去了,那伙人一无所获,只好勒令刘宝安"马上交出溥仪寄给他的一切东西"。然后说,先放刘宝安回家,几个人随后就到。

此时,刘宝安的脑子里闪过一个念头:"作为友谊象征的信件,决不能让他们拿到手。不然,对不起自己的朋友——溥仪。"

他抢先几步,跑进家门,忙把一些溥仪寄来的信件和照片,迅速塞进了炕洞。他感到了巨大的压力,想把溥仪的许多来信烧掉,当烧到半截时,他猛然觉得这是友谊的象征,又冒着极大风险,将这些珍贵的信件收藏起来。

尽管刘宝安屡遭变相抄家,保存下来的信件却一无所失。

不久,抓"走资派"成了"文革"斗争的"大方向",刘宝安的所谓问题也就不了了之了。

然而,平时活泼、幽默的刘宝安却由此受到了严重的精神刺激。在这次突如其来的巨大打击下,已逾古稀之年的父母也都因突遭惊恐,瘫痪在床,相继去世。

然而,远在北京的溥仪,境遇也并不乐观。

溥仪不仅对刘宝安一家的悲惨遭遇一无所知,连刘宝安受到的不公正待遇也无从知晓。在一连串的惊吓之中,溥仪于一九六七年十月十七日,溘然病逝于北京。

对此,刘宝安亦不知详情,只是在《人民日报》上偶然看到了溥仪逝世的消息,悄悄含泪剪下了这份报纸,珍藏起来。

溥仪与一位普通农民的友谊,不断地在刘宝安陆续寄给我的信件中娓娓"倾诉"着。

当采访刘宝安之后,我俩彼此又通过不少封信件。为了缓解老人生活的困窘,我虽然当时每月只有几十元工资,仍分多次给刘宝安寄去过数百元钱款,希望老人改善一下生活。

遗憾的是,一九八九年六月,当《末代皇帝的后半生》出版之后,我立即如约寄书给刘宝安。哪知,没接到刘宝安的复信,却意外接到养老院邮来的一封回信,告知刘宝安先生已于前一年辞世。

时光荏苒。

两位传奇故事的主人公,如今均已作古。唯有溥仪与这位普通农民——刘宝安通信的珍贵墨迹,仿佛镶嵌在历史星空中一颗璀璨的珍珠,静静躺在历史的长河里,向世人诉说着那近似神话的友谊。

末代皇帝——溥仪与一位普通农民友谊的传奇故事,无疑会成为流传千古的感人佳话。

第六卷

黄钟弃毁,瓦釜悲鸣。
史无前例的"浩劫",让溥仪茫然无措。
纷至沓来的惊吓,终致末代皇帝遗憾地殒于民族悲剧之中。
溥仪作为封建代表人物,为一个逝去的时代画上了句号。

叁拾壹

溥仪《我的前半生》
作者到底是谁

奇人、奇事、奇书——《我的前半生》的真正作者是谁？在此披露神秘执笔人李文达的生平和传奇经历。

末代皇帝与李文达合作著书数年，其间趣事连连。

"奇书"问世，受到毛泽东等国家领导人高度评价。孰料，李文达却在"文革"中锒铛入狱长达八年！

《我的前半生》一书著作权官司败诉之后，李文达失踪一昼夜，发生了什么？

图片说明：溥仪与李文达合影

《我的前半生》从一九六四年正式出版,至今再版二十多次,畅销数百万册,创下了中国出版界的一个奇迹。如果我问您,这本书的作者是谁?您肯定说,那还能是谁啊?溥仪的自传,作者当然是溥仪了,书的封面就是这么写的嘛。

神秘执笔人李文达

其实不然,《我的前半生》的真正执笔者是李文达先生。

已故溥杰先生在《我的前半生》序中,写得很明确:

"现在社会上公开发行的《我的前半生》,其实并不是我们合作的那一本①,而是由李文达同志以它做蓝本,经过去粗取精和广征博引之后,在一九六四年三月才真正印成书。"

李文达何许人也?他是一个传奇式人物。

自幼,李文达生长在天津一个开明的富商家庭。虽毕业于杭州"艺专",却未能走上艺术探索之路,而是追随其兄在周总理领导下的上海"特科"从事秘密战线工作,非凡的传奇经历,使兄弟俩成为霞飞路"传说"中的"大李和小李"。

在抗日烽火中,李文达先后转战太湖、崇明岛等地,甚至以"青红帮"身份长期打入敌伪地下秘密情报战线。

谁都想不到,连江浙地区青红帮的"海底"②,也竟然是李文达亲笔撰写。由此,原本就"雾里看花"的身份更被蒙上了一层神秘的面纱。

---

① 溥杰先生所说的"那一本"即"灰皮本",是在狱中由溥杰执笔写成。现本书作者手中保存着灰皮本及《我的前半生》各种未定稿版本。

② 青红帮的"海底",即青红帮内的各种规矩、历史沿革以及隐语暗号,是青红帮秘密组织的命根子。

更具传奇色彩的是，李文达由于堪称百发百中的神枪手，曾经一度被他的"连襟"——万里浪①推荐到汪伪政权"七十六号"去当过射击教练，几招绝无仅有的射击秘诀，多年之后仍被习者奉若神明。

解放初期，李文达名正言顺地回归革命队伍，奉调天津市公安局任侦察科长，因系神枪手，还入朝担任过彭德怀司令员在板门店谈判的贴身警卫员。

话题回到溥仪身上。上世纪五十年代中期，抚顺战犯管理所的高墙内，战犯们陆续拿起笔，撰写"我的前半生罪行自述"一类的悔过书。

此时，经孙明斋所长出面找溥仪谈话，由溥仪口述、溥杰执笔，开始了一部"奇书"的撰写。仅仅一年，回忆录脱稿，初稿并非正式排印，而是由溥仪的五妹夫万嘉熙等人用钢板刻写而油印成的，仅仅装订成册十几本。

这部"奇书"通过各种渠道流传到北京，引起了各方人士的浓厚兴趣。当时，公安部副部长姚伦看到了这部书稿，遂将其推荐给时任群众出版社总编辑的哥哥姚艮。出版社几名负责人阅读之后，无一不认为书稿具有特殊的历史价值，于是酝酿正式出书。

中央统战部部长徐冰②成了此书出版的发起人，并亲笔批示："印四百份大字本，分送中央负责同志。"

李文达与末代皇帝的特殊合作

一九五九年十二月的一天上午。在位于东交民巷的群众出版社，李文达第一次与溥仪会面。

已经成为公民的溥仪，什么模样呢？

李文达饶有兴趣地看过去，溥仪的布手提袋不像常人那样拿在手里，而是夹在腋下。当他从手提袋里小心翼翼拿出那本油印书稿后，又同时取出两个眼镜盒，换上一副看书的眼镜戴上。

---

① 万里浪，生于一九〇〇年，毕业于军统金华训练班。一九三九年被汪伪"七十六号"逮捕后，任特工总部行动大队大队长，汪伪调统部第三厅厅长、上海分局长。抗战胜利后，任上海市行动总指挥部调查室主任，负责对汉奸的抓捕，后逃到蚌埠，被戴笠派人抓获。在一九四六年八月十五日，与二十六名军统叛变的汉奸一起被枪决。另一说，万里浪是奉命打入汪伪。详情待考。

李文达之妻王滢为万里浪妻妹，二人相识结婚系由万里浪介绍。其妻王滢，解放后一直在公安系统工作，二〇〇五年病逝。本书作者在李文达家里吃过王滢亲手做的饭菜；一直珍藏着李文达先生病逝后，王滢寄来的《我的前半生》最新版本的签名本。

② 徐冰，河北南宫人，曾任中央统战部部长、全国政协副主席。

这是溥仪给予李文达的第一印象。后来李文达才发现，溥仪不止两副眼镜——走路、看书各一副，吃饭还另有一副。

不久，《我的前半生》第一种版本，印刷七千册，灰色封皮，三十二开，分上下两册。于一九六〇年一月内部出版。

这就是前面所指的《我的前半生》"灰皮本"。这一版本由于是在狱中撰写，资料匮乏，更无从调查采访，加之成书仓促，以致存在不少疏漏和讹误。此处仅举两例。

譬如，溥仪大婚时间，明明通常是十一月只有三十天，书上却写着"十一月三十一日，丑时，淑妃入宫"。此处存在着明显的讹误。

在"灰皮本"里，曾任伪满东北行政委员会副委员长的马占山，被写成是一个伪满汉奸。其实，此人是一位不可多得的、极具传奇色彩的抗日英雄。

前边说到，溥仪对此人一无所知，仅在天津张园有过一面之交。实际上，一九三二年，马占山在众目睽睽之下，出任伪满东北行政委员会副委员长，实属"诈降"。

在马占山当上黑龙江省长兼伪满洲国军政部总长之职后，便秘密指挥十几辆汽车、六辆轿车，把二千多万元钱币、数百匹战马及军需物资运出城外，再次举起抗日旗帜。后因暂时失利，退至苏联境内。当马占山从苏联返回上海，曾先后三次面见蒋介石，请缨抗战，被国民政府委任为陆军中将。

人所共知，马占山曾参与并支持逼蒋抗日的"西安事变"。"七七事变"后，蒋介石任命马占山为东北挺进军总司令兼东北四省招抚。一九三八年，马占山因病赴延安就医，中共中央举行盛大欢迎会。毛泽东同志亲自致辞，称之为"始终如一、抗战到底"的民族英雄。

作为受到国共双方一致拥戴的抗日民族英雄，马占山这样的历史人物是极为罕见的。

一九四五年，抗日战争胜利后，马占山晋为上将衔。被蒋介石委任为东北保安副司令，但其始终不肯就任。平津战役时，马占山弃暗投明，劝说傅作义接受和平改编，促使北平和平解放。一九五〇年十一月二十九日，马占山因肺癌病逝于北京，终年六十五岁。

囿于历史条件，溥仪在抚顺战犯管理所，第一次撰写《我的前半生》灰皮本时，依然不知马占山的真实身份，一直误把抗日民族英雄马占山当成汉奸，以致闹出了笑话。

历史不容颠倒。直到上世纪六十年代初，李文达帮助溥仪"重起炉灶"——撰写《我的前半生》定稿本时,才更正了这一重大历史讹误。按照溥仪对李文达的话来说:"你要是不说马占山当时是诈降,我还真以为他是汉奸呢!"

披露历史真相,须经得起时间的检验。

《我的前半生》书稿,仍需进一步完善。一九六〇年四月二十九日,香山饭店一〇四号房间,溥仪就是在这儿与李文达开始了合作。

溥仪一般在午前劳动,其他大部分时间到香山饭店与李文达研究和修改《我的前半生》。

当年七月,十六章计三十四万字的修改稿脱手。七月中旬,溥仪在给朋友的信中信心十足地写道:"征求各方面意见后,(书)大约明年可以出版。"

显然,溥仪过低地估计了这部书稿的修改量。实际上,这部书稿在四年之后才正式出版。

不久,根据上级指示,李文达再度捉刀。合作的地点由香山饭店迁至东交民巷群众出版社一楼东北角的一间五平方米的小屋内。

狭小的写作间,只摆着一张书桌和一张单人床,此外还有两把旧藤椅。追忆起往事,李文达才知道,溥仪对一些年代久远的细节,记忆很模糊。比如,提到两位帝师——陈宝琛和郑孝胥的外貌,一律被形容为:"中不溜个子,长圆脸,不胖不瘦……"

几乎在李文达赴东北采访的同时,出版社按照溥仪提出的线索,抽出王兰升、杨国鼎等编辑,先后找有关当事人采访,又到中央档案馆及明清档案馆查寻历史资料,发现了满满一屋子用黄绫子包袱裹封的资料。

本书作者收藏的溥仪《我的前半生》各种未定稿版本

一层尘土掸去后,竟露出了原封未启的"宣统"印记。从溥仪登基时的清朝原档记载,到退位后袁世凯亲笔加批的清室优待条件,以及张勋复辟时的"上谕"……全部保存完好。

于是,珍贵的史料,被拍成二百多米的显微底片。据统计,出版社搜集的各种资料达一吨多。

世事难料。突然,李文达接到上级通知:即赴甘肃参加"整社"。岂不知,外文出版局正焦急地等待着将这部书译成各国文字。作为国务院外办主任的陈毅得知后,亲自下令调回李文达。

溥仪更没有想到,毛泽东接见他那次,颇为风趣地提起那部"灰皮本":"我看过初稿了。里边检查好像太多了,看了一半就不想看了……"

太监的惊呼

为修改溥仪的书稿,编辑王兰升到太监集居的兴隆寺前去拜访。

一位年过六旬的太监来到他面前,热情地自我介绍:"我原是御前小太监孙耀庭,专门伺候过皇后婉容。"

当他听说溥仪正在写书时,瞪大了双眼问道:"万岁爷还活着?"接着又虔诚地说:"您回去跟他说一下,他会记得我的。我这个'福寿'的小名还是他给起的呢。"

这位十五岁进宫的老太监,首次谈起当年在宫内差点被溥仪枪毙的往事。

那次,王兰升与孙耀庭谈的时间不长,就无法继续下去了,因为有位疯疯癫癫的太监在院内喊了一声:"了解'万岁爷'的人来了!"

于是,院内所有太监差不多都围了上来。

其中,王兰升见到了一位名叫白云的太监,已年过八旬,是当年扶抱幼年溥仪的贴身太监,清楚地记得许多"皇上"幼年的趣事。

后来,他们又在北新桥附近找到一位极为熟悉溥仪的首领太监张谦和。于是,在溥仪力主下,书里增补了"太监"一节。

接下来,一件趣事发生了。

清末内务府大臣增崇之子察存耆年轻时进宫当差,又在天津做过溥仪的英文翻译,见多识广。当溥仪给他打去电话,要求他对自己"大婚"时赐荣源为"承恩公"还是"奉恩公"追忆确认时,察存耆大吃一惊,以为溥仪又要搞什么"复辟",慌忙向北京市领导写了长达四页的汇报。

事后，他自然知道了溥仪的真正意图，连忙赶去道歉，还带去了保存多年的历史资料。李文达听说这件事，哈哈大笑，专门邀请溥仪和察存耆一起吃饭，席间解释了此事。溥仪郑重其事地撂下筷子，对察存耆说："你还以为我是原来的溥仪呢？"

老舍改书稿

一九六二年六月，由李文达执笔而"重起炉灶"，撰写成五十万字书稿。经删改之后，于当年十月，又修订为四十五万字的内部稿，被排印成十六开、上下两册的大字本。

这一版书稿实际是在众多编辑搜集资料的基础上，由李文达执笔完成的。然而，由于时间仓促，又急于拿出一个稿本以便征求专家意见，因此，仍存在不少疏漏和错误。譬如其中最明显的是，溥仪连其生母瓜尔佳氏自杀身亡的时间，亦错写为一九一八年。

因一九二〇年春天，瓜尔佳氏依然和端康太妃张罗着为溥杰与唐怡莹"指婚"之事。真实的历史情况是，一九二一年九月三十日，溥仪生母瓜尔佳氏因被端康太妃召进宫受到斥责而愤然自杀。

另外，溥仪的祖母刘佳氏去世的时间，书中也错写为一九三一年。其实，刘佳氏早在溥仪出宫的第二年，即一九二五年，紧接着溥仪的大妹妹韫瑛病逝后，便在北京辞世。

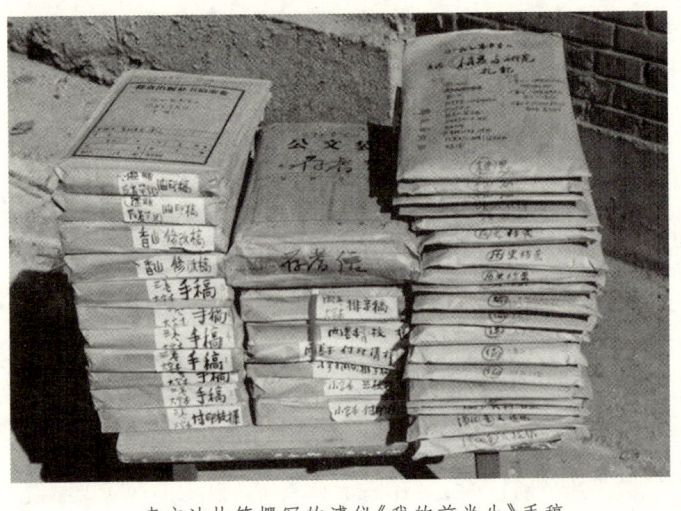

此书在史实方面的讹误也为数不少。譬如书中在开头写道：溥仪被慈禧立为"嗣皇帝，承继光绪，兼祧同治"。显然，这一重要历史内容说反了，且与史实完全相悖。

实际上，慈禧

李文达执笔撰写的溥仪《我的前半生》手稿

太后刚开始并不同意溥仪"承继光绪",连"兼祧光绪"也不行。到后来,还是在张之洞等老臣的反复劝说之下,才勉强答应下来的一种妥协说法。鉴此,慈禧太后才在懿旨上明确地写为:"承继同治,兼祧光绪。"

书中还记述溥仪"入宫后第三天,慈禧去世。过了一个多月,即十二月初二这一天,举行了登基大典"。这里无疑出现了时间概念上的疏忽。

因为,慈禧去世是在光绪三十四年阴历十月二十二日,即公历一九〇八年十一月十五日。距离溥仪举行登基大典之日,只有十几天,何来"过了一个多月"?

鉴此,溥仪在正式出版书稿中作了订正,修改成"入宫后第三天,慈禧去世。过了半个多月,即十一月初九这一天,举行了'登基大典'"。

在这个版本中,溥仪曾写道:陈宝琛"会办南洋事务没有办好,被连降五级,回家赋闲一连三十年没有出来"。

如果算起来,光绪皇帝在朝仅三十四年,光绪元年为一八七五年,陈宝琛归家赋闲三十年,再出来应是一九二二年。此时溥仪已"逊位",根本无法再任命其官职,再说,此处与书中"辛亥前夕才被起用"显然自相矛盾。

所以,溥仪又在《我的前半生》定稿本纠正了这种说法,写为陈宝琛"光绪十七年被借口南洋事务没有办好,降了五级,从此,回家赋闲,一连二十年没有出来"。

溥仪在"全本"中,把张园写成是,"一座占地约有十二三亩的园子,中间有一座天津人称之为七楼七底的楼房。"

其实,溥仪当时所寓居的张园,占地足有二十亩左右,他所居住的那幢楼,也并非"七楼七底",笔者曾前去实地考察过,而是"八楼八底"。

在这个版本中,溥仪还回忆道,"我以每月租金二百元代价租用他的别墅。"

经采访,笔者了解到,张彪在溥仪寓居期间,并未收其房租,最初每天清晨都亲自使用扫帚,来给溥仪打扫庭院。

从郑孝胥在一九二六年的日记里,也可以看到这样的记载:"行在有三人皆自甘报效者:张彪不收房租……"

异常巧合的是,张彪的曾孙至今仍与笔者在一幢楼里办公,作为时常接触的同事,真实史况一问便知。

显然,溥仪记忆有误。在《我的前半生》正式版本中,溥仪又作了更正表述:"我在这里住了五年。后来张彪死了,他的儿子拿出房东的面孔要房租,我也嫌他的房子不好，于是又搬到了陆宗舆的'静园'。"

…………

诸如此类讹误，不一而足。

出于对历史负责，也为了进一步核实史料，群众出版社专门召集国家级专家前来"会诊"。十月二十七日下午，溥仪与李文达走进全国政协第四会议室。许多著名历史学家如翦伯赞、侯外庐、刘大年、黎澍、李侃等人纷纷走过来握手。

此外，吴晗、廖沫沙、张治中、傅作义、梅汝璈等人，纷纷提交了书面意见。倒是老舍先生因事没能到会，使溥仪惋惜不已。

座谈会之后，李文达与姚垠叩开了老舍居住在灯市西口丰富胡同十九号的"丹柿小院"。老舍热情地接待了他们，告知样书已经看过了，又谦虚地说："因为最近患高血压，精力不足，搞得很粗糙。"说着，又拿出了样书，"我的意见都写在书上了，这只是从文字上、写法上提的。关于历史，因不清楚，没提意见……"

掀开书稿的扉页，上面写着老舍异常工整的四条修改意见。

对于老舍提出的修改意见，李文达和溥仪商量后，据此作了订正。而老舍为"皇上"改稿的趣事，则从此成为了文坛一段佳话。

书稿中关于"离婚"整整一章，详尽描写了溥仪与李玉琴的婚恋始末。此节引用的李玉琴写给抚顺战犯管理所溥仪的信件，被他全部勾去，而且还在旁边批注道："这务必删去！！"

理由何在？因为书稿写成后，溥仪与李玉琴已分别建立了新的家庭。

在《我的前半生》定稿时，溥仪要求删除有关李玉琴的全部内容。原因何在？溥仪对李文达动情地说："因为李玉琴已经再婚，不能影响她的家庭幸福。"

再者，溥仪谈及李玉琴曾来北京，要求与溥仪复婚未果，曾一度情绪波动。考虑到种种因素，《我的前半生》在最后定稿中，删去了其中绝大部分内容。

"文革"之后，李玉琴来到北京，曾与笔者多次高兴地会面，也与其胞妹一起到我家吃饭、合影，还亲手赠送过我一幅书法。

一次，李玉琴还和我一起到皇后婉容的弟弟——润麒家共进午餐，在欢声笑语中，频频举杯祝酒。

前些年，笔者在《末代皇帝最后一次婚姻解密》一书出版时，连李淑贤对李玉琴来京要求复婚的回忆以及一些溥仪与她谈话的细节，亦统统删去。

《我的前半生》定稿付排前，溥仪高兴万分，动员家族善书画者都为李文达先生画一幅画，或写一幅字。二妹、六妹等人相继捧来精心绘制的画卷，载涛画了一匹仰天长嘶的奔马……共同赠与李文达。编辑室内，一时琳琅满目。

付印前，李文达日夜修改书稿，纠正了不少讹误。当书稿投入排印时，更是吃睡在印刷厂，亲自校对改版九次。见此，溥仪深受感动，伏案挥毫写下了久久凝聚在心头的感动与感慨：

四载精勤如一日，挥毫助我书完成。
为党事业为人民，赎罪立功爱新生。
一九六四年仲春溥仪

"奇书"问世的反响

一九六四年春，溥仪的《我的前半生》，正式出版并公开向国内外发行，引起举世瞩目。

巨大的反响遍及海内外，可以用一个字来概括舆论界对作者和作品的惊叹："'奇'！人是奇人，事是奇事，书是奇书。"

一位香港记者在香港《华侨日报》上，又将其另外归纳并详细阐述："……为何是奇书？历史上，一般皇帝从来不肯或不能写自传，溥仪写了，一奇；皇帝文过饰非，不肯认错，溥仪勇于认错且公之于世，二奇；末代皇帝或如元顺帝事败，消失在沙漠里，或如明崇祯皇帝被迫自尽煤山。溥仪则不然，他回到了民间，三奇！"

"奇书"问世，中国外文出版社即以《从皇帝到公民》为书名，译成英文、德文、阿拉伯文、乌尔都文、印第文、西班牙文……

"在人类历史上的国王和皇帝中，没人有过像他这样变化多端的经历。就凭能够如此历劫不死，他本身就与众大不相同。"

在《伦敦东方及非洲研究学院公报》发表的一篇文章推测说："我们可以有把握地讲，本书乃是一项集体创作，而非个人独自所写。"

可以说，外国人也看出了门道——该书是集体智慧的结晶。

当然，这部书在国内同样引起了国家领导人的高度关注。毛泽东、刘少奇、周恩来、朱德等人，都读过了这部书，纷纷给予了很高的评价。

《我的前半生》刚面世，群众出版社即请汪东兴的秘书将样书转送各位中共中央委员。

难以预料的是，毛泽东主席居然很快通读了全书。在视察的列车上看完此书时,以轻松的口吻对秘书说:"这本书改得不错嘛!"

尔后,毛泽东主席又仔细地翻阅到描述伪满时期的章节,认真地对秘书说:"日本人搜刮粮食的数字恐怕不对,太大了!那时东北哪儿有那么多粮食?……"

溥仪不知,他那部《我的前半生》,产生了深远影响。上世纪六十年代,在霞光街的一座普通住宅——我的小学同学刘伟的同院,我曾有幸见到老态龙钟的慈禧的女官——裕容龄。有趣的是,她家的书桌上摆着一部打开的《我的前半生》。她半卧在躺椅里,指了指桌上,对笔者深有感触地说:"我看过这本书了。你们不懂,一个皇帝能变成这样,很不容易哟!"

末代太监孙耀庭在兴隆寺意外收到了寄来的《我的前半生》,所有太监抢着传看。他们仍改不了旧称谓,传看后,纷纷大发感叹:"'万岁爷'真变喽!……"

李文达在接受我采访时回忆:在"文革"期间,自己居然因此书受到了批判。此后,连续不断受到"审查",蒙冤受屈,入狱达八年之久!

令人愤愤难平的是,这位早在"霞飞路"中共特科时就曾在周恩来直接领导下的老革命,竟被诬蔑为为"皇帝"树碑立传的"孝子贤孙"。

溥仪始料不及的是,《我的前半生》屡屡再版,历经数十年而不衰。李文达一直将《我的前半生》视为自己最成功的作品。但始料不及的是,上世纪八十年代末,因事涉《我的前半生》版权归属,李文达却被告上了法庭。

开庭时,李文达在法庭出示了一小车的手稿,上面全是他的亲笔墨迹,看得出来,溥仪仅做了个别字句的改动。在《我的前半生》写作中,李文达做了大量创造性的工作,只要对比一下溥仪原来的"灰皮本"自传,即可昭然若揭。

在这桩著作权诉讼审理期间,溥杰先生曾多次撰文说明,李文达是

溥仪《我的前半生》一书的执笔人李文达

《我的前半生》实际执笔者。作为溥仪的弟弟,溥杰先生能在某种压力下依然出语公道,实在令人敬重。

然而,最终的判决结果,竟是李文达败诉,一时间社会舆论大哗。

李文达至死依然认为,这是可悲的遗憾。获知败诉的消息后,他突然失踪了,将近两天都找不到人,家人和众多亲朋焦急万分。

究竟去了哪儿?后来李文达先生坦诚地告诉我,那两天,他曾一直不断地在前门外茫无目的地行走,还喝了不少白酒,甚至想自杀。

判决下达后,李文达先生的精神世界似乎突然间垮掉了。

他原本就瘦弱,不久又被查出患了肺癌,渐渐形销骨立。一九九四年,我去群众出版社,编辑纷纷说,文达先生前两天还来了,在所有办公室都转悠了一遍。那时他已经从出版社离休很久,大部分新人都不认识。听了此话,我当时暗想:"不妙,文达先生是和大家来最后告别的呀……"

果然,没过几天,文达先生给我打来电话,说要去珠海疗养。我偕友人赶忙去看望这位忘年挚友。当时,他已经瘦成了一把骨头,但精神很好。他把最后一部手稿交给了我,并赠送了我一幅书法墨宝,那是他最后的艺术作品。

文达先生此去珠海就没能再活着回来,终年七十六岁。我伤感地参加了老人在北京医院举行的遗体告别仪式,心情无比沉重。

如果说,李文达是被气死的话,那么溥仪则是在"文革"中被吓死的。一样的是,俩人都死于癌症。不同的,李文达死于肺癌,而溥仪死于肾癌。

叁拾贰

溥仪病逝——患肾癌被吓死

溥仪被切除左肾,继而肾癌加重。
他是被医院误诊吗?周总理如何发现了误诊?
溥仪在"文革"中是否受到批斗,并被抄家?本书作者采访了当年的红卫兵,听他们详忆事情的经过。
童仆孙博盛来信为何吓坏溥仪?"皇妃"李玉琴曾来京大闹病房?
溥仪究竟什么时间病逝,为何新华社播发的时间存在误差?

图片说明:面露笑容的溥仪已被病魔缠身

新婚之后的溥仪,始终疾病缠身。吃药、打针、上医院,成了主要生活内容。

即便如此,溥仪依然强拖病体,为统一战线作了不少颇难以替代的有益工作。譬如,为巩固民族团结,跟班禅大师①全家在民族宫倾心交谈,会见前国民党总统李宗仁②,以及从台湾驾机起义的徐廷泽等人。就这样,溥仪以"过来人"身份,强撑着赢弱之躯,用"特殊"的方式来为国家的统一尽力。至此,那个曾经的日伪汉奸——伪满洲国"康德皇帝"已经完成了彻底的蜕变。

不用多说,行动早已远远超过了语言的分量。

当然从历史的角度来看,溥仪后半生最重要的贡献,无疑仍是留下了一本传世奇书——《我的前半生》。同时,亦在用行动书写着后半生这部"大书"!

低调做人,是溥仪特赦后的处世哲学。街坊四邻谁都能见到,溥仪行走在胡同里,总是贴着墙根。过马路时,总是高高地手举着公文包,左右张望。显得颇为胆小。

这是生活中真实的溥仪。

然而,上苍仍没有过多眷顾他。

溥仪患肾癌被切除左肾

标志性病变,发生在一九六四年。

溥仪疲惫地从西北参观归来,七月,开始出现"无痛性间歇血尿"。

屋漏偏遭连阴雨。溥仪被医院误诊为前列腺炎,只采用了打针止血的治疗。

结果,误诊被周总理无意中发现。

一次,周总理让溥仪陪同接见外宾,见溥仪没来,问起全国政协领导,才获悉他因血尿住进了医院。经详尽了解,周总理异常敏锐地断定这不是一般血

---

① 班禅,全名额尔德尼·确吉坚赞,青海循化人。十世班禅,曾为中国佛教协会名誉会长、全国人大常委会副委员长、全国政协副主席。
② 李宗仁,字德邻,广西临桂人,曾任中华民国代总统。一九六五年从海外回到北京时,溥仪曾随国家领导人前去迎接。于一九六九年在北京逝世。

尿,遂指示吴阶平等泌尿专家会诊。果然,发现膀胱输尿管口有两个乳头状瘤。

许多老人惊呼:周总理真乃神医啊!

缘何周总理的"隔山"诊断,如此准确?一是周总理学识渊博;二是周总理本身是膀胱癌,久病成医。十二年后,周总理亦死于膀胱癌。

当周总理确切了解了溥仪的病情之后,亲自给全国政协副秘书长申伯纯打去电话,要求务必做好手术。医院当机立断,为溥仪施行左肾切除手术。

五个月后,溥仪出现连续血尿。右肾诊断又出现癌细胞,显然癌细胞转移到了右肾。此时,溥仪嘴里偶尔会吐出一团团紫黑色沫子,尿量明显减少。

病情明显加重。周总理遂主持召集全国专家多次会诊医治,溥仪暂时脱离了生命危险。

但仅是维持而已。从一九六五年到一九六六年,周总理办公室收到溥仪病情专报达十一份之多,恶化趋势一目了然。

在此期间,周总理特地派总理办公室主任童小鹏前来看望溥仪。

自然,他给周总理带回来的消息,并不乐观。当时,医生一致认为,溥仪仅可"维持一时期",断无好转可能。

果然不出所料,出院才十天,又因感冒导致肾病发作,紧急住进了人民医院。

如此反反复复,直到一九六六年"文革"爆发。不久,溥仪拖着病体,来到人民医院挂号,小窗内传出一声喝问:"什么成分?"

他愣住了,不知如何回答才好。正发呆,又听到那个声音喊道:"不报成分,一律不准看病!"

显然,溥仪是个老实人,不敢随便信口开河。实际上,他胡诌一个出身,谁又能知道呢?人民医院离全国政协不到一站之地,他跑去政协机关,想询问一下自己的成分。

谁知,全国政协大门已被封闭。他又跑到北边的同事董益三家,岂料,敲开门,老董一脸惊恐不安,一问才知,一群红卫兵多次前来抄家,爱人宋伯兰头一天刚被红卫兵剃了光头。

溥仪只好与老董相约,两人第二天一起去全国政协机关汇报。

谁知,去政协机关的结果更是让人大失所望。值班的文史办公室副主任张刃先,话说得倒是十分实在:"政协机关现在停止办公了,你们有什么事,可以直接与派出所联系⋯⋯"

二人垂头丧气，默默走出了没被贴上封条的西后门。

恐伤肾。

从溥仪的病情变化来看，此话着实不假。在又怕又吓之中，住院成了家常便饭。

转过年来，一九六七年三月十四日，由于病情陡然加重，溥仪第六次——也是最后一次从人民医院转往协和医院。在第六次入院记录上面，清楚地记载着：

> 溥仪，六十岁，因双肾肿瘤，尿毒症加重，今日再次入院。
> 一九六七年二月三日出院后，病人继续在人民医院随诊。三月初，因感冒又住入人民医院，经家属要求转来我院。
> 诊断：肾癌 尿毒症

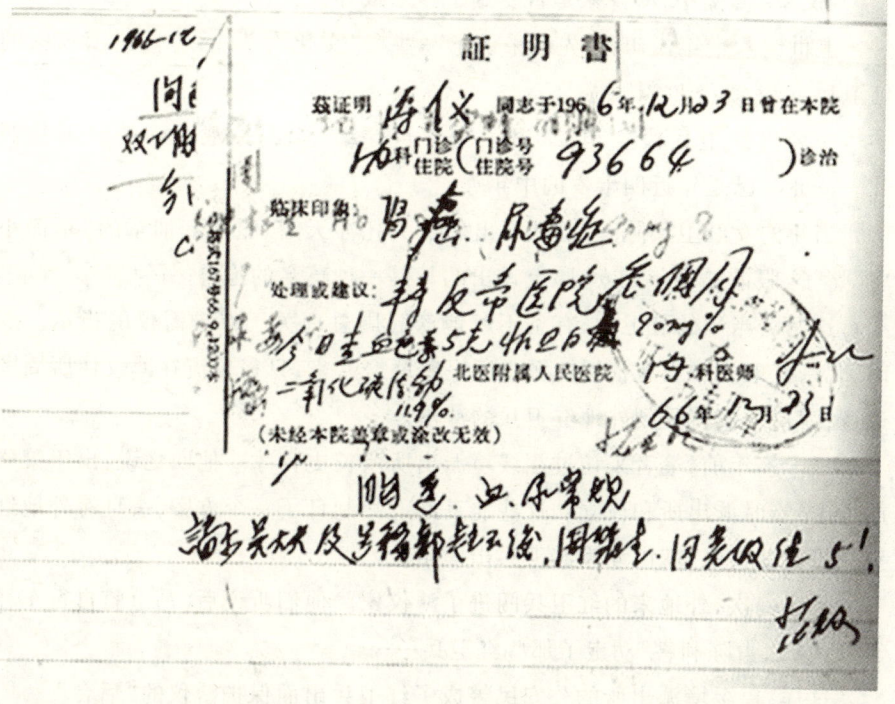

北京协和医院对于溥仪肾癌、尿毒症病情的诊断（溥仪病历复印件）

溥仪根本没料到,刚住进协和医院,一场"风暴"席卷而来。四月一日,《人民日报》发表了一篇文章——《爱国主义还是卖国主义》,武断地认定《清宫秘史》是一部卖国主义影片。一时间,访问清史权威——"末代皇帝"的人,一发不可收拾。大学生、大学教师、记者、红卫兵……

有时,来访者竟多达数十人,溥仪根本无法招架。"五一"前两天,只得偷偷逃回了家。

溥仪在与李淑贤闲聊时,不由自主地哀叹说,自己是一条"困龙"……

也许他没有意识到皇权灭亡是时代的必然产物,仅把这看成是个人命运不佳。溥仪一生迷信,幼年在故宫御花园喂蚂蚁的"游戏",又重新成了他的一种消遣。

他每天下午端个盘子,盛着吃剩下的点心渣儿和米粒,在院里与街坊的孩子一起喂蚂蚁,喂了一处又一处。

红卫兵抄家与保护

"文革"高潮中,溥仪家是否受到了抄家或冲击?

上世纪八十年代初,我先后采访了一些在"文化大革命"中闯进溥仪家的红卫兵。

一名男红卫兵段立功,拿出了当年身穿绿军装、头戴军帽的红卫兵照片——此时已是年近四十岁的中年人。

当年的女红卫兵陈闯,已瞧不出那个头扎冲天辫、佩戴红袖章的"革命小将"影子,眼前的中年妇女,脸上透出的却是一种莫名的沧桑……

这两名当年的红卫兵,有条不紊地谈起周总理关于保护溥仪的指示。那时,北京红卫兵和当地福绥境派出所民警联合起来,日夜轮流在溥仪住所周围巡逻,溥仪才没有受到外地红卫兵的冲击。

二十多年前,笔者采访过福绥境派出所所长史育才。他回忆说,出于策略的考虑,当时派出所和段立功这些北京红卫兵制订了一个方案,一旦有外地红卫兵想抄溥仪家,就由北京红卫兵出面阻止。

不止一次,外地来的红卫兵闯进了溥仪家。他们听说后,马上骑自行车径奔"现场",力陈利害,劝走了那些红卫兵……

这样,福绥境派出所的公安民警成了红卫兵出面保护溥仪的"后台"。

至于有的书籍和影视中,描写溥仪在"文革"中受到批斗,完全是凭空想象的,根本没这回事。

孙博盛来信吓坏溥仪

回头来看,溥仪病情加重的外在原因,一是长春孙博盛频频寄来批判信,二是"福贵人"李玉琴的来京造反。

孙博盛从一九六六年"十一"之前寄来一封长信,最使溥仪感到惧怕的是,要追究他在伪满打死童仆孙博元的人命案。

一封封来信,犹如一把把钢刀,戳向溥仪的心脏,他的病情骤然加重。

上世纪八十年代初,一个大雪纷飞的晚上,我在这位长春市老工人家中和值班工房先后采访了孙博盛。

提起当年写的针对溥仪的那些批判信,他显得有些后悔:"我哪儿知道溥仪真病了?以为他装病呢……直到李淑贤来信,了解到溥仪的确得了重病,才不去信批判。我真是按照毛主席教导,横扫一切牛鬼蛇神和批判封、资、修,去对溥仪开展批判的,一点儿私心也没有啊……"

这位老人交给我多封溥仪的亲笔回信,以及他写给溥仪的大批判信。笔者看到,这些保存多年的信纸,已微微发黄。

不久,北京前门等繁华地区,相继贴出批判电影《中国末代皇帝溥仪》的大字报,一位朋友给溥仪拿来《批廖战报》,头版头条的大字标题就是"评《清宫秘史》续篇——《中国末代皇帝溥仪》"。①

溥仪被《批廖战报》吓得一夜未眠

---

① 《批廖战报》原件。(由本书作者收藏)

当天,溥仪手捧着红卫兵报纸,辗转反侧,一夜未眠。

溥仪浑身水肿日趋加重。六月中旬,罗历戎①托人转告溥仪,为他找了个"偏方",据说是天津一个犯人为减刑献出的祖传秘方,已治愈癌症上百例。

闻讯,溥仪欣喜若狂。六月二十七日,溥仪夫妇乘十三路公共汽车,兴冲冲地去和平里二十号楼的罗家抄方。由于许久未见,同楼的专员王耀武、李以劻、廖耀湘②、杜建时③、范汉杰④等国民党特赦战犯,纷纷前来看望,抢着邀溥仪夫妇去自家吃午饭,溥仪夫妇无法分身,只好一家端来两样菜,十几种菜肴满满地摆了一桌……

溥仪服用了这个"祖传秘方",仍然未能见效。

一连串令人吃惊的消息频频传来:平杰三⑤、张执一⑥、史永⑦等人被打成了"叛徒",中央统战部部长徐冰愤然自尽……

极度的忧郁、恐慌中,溥仪的病情日趋恶化。

应该说,溥仪肾癌病逝不是偶然的,很可能与遗传有关。其父载沣和弟弟溥杰均患尿毒症和前列腺癌去世。

忧伤肺,恐伤肾。

癌症,无疑是"气之所至,血之所淤"。

"皇妃"李玉琴来京闯病房

谁想,"皇妃"李玉琴受到"造反派"冲击,走投无路,由大嫂杜小娟陪伴,从东北来到了北京。

为急于摆脱困境,李玉琴竟异想天开,要求溥仪亲笔书写一份书面证明——李玉琴属"被压迫者"。

姑嫂俩闯进北京协和医院住院处病房,大声吓唬溥仪,如果不写就把他揪到东北去批斗。

---

① 罗历戎,国民党特赦战犯,特赦后任全国政协文史专员、全国政协委员。
② 廖耀湘,湖南邵阳人,曾任国民党第九兵团中将司令官。特赦后任全国政协文史专员、全国政协委员。
③ 杜建时,国民党特赦战犯,特赦后任全国政协文史专员、全国政协委员。
④ 范汉杰,国民党特赦战犯,特赦后任全国政协文史专员、全国政协委员。
⑤ 平杰三,河南内黄人,曾任全国政协秘书长。
⑥ 张执一,湖北汉阳人,曾任中央统战部副部长。
⑦ 史永,浙江宁波人,曾任全国政协副秘书长等。

一番恐吓的话,吓得溥仪魂不附体。

十八年后,笔者专程赶赴长春采访李玉琴。她面露窘色,实实在在地说:"我是出于无奈才找溥仪写证明的,否则,没有活路啊。"

她说,当时和嫂子杜小娟找到溥仪时说了一些气话,想起来也挺后悔。可如果不找溥仪,谁又能给她证明呢?

一九九五年夏,李玉琴(中)来京拜访,与润麒(右)、本书作者合影

继而,李玉琴又与李淑贤发生了言语冲突。集体病房内,弥漫着呛人的火药味。

这次冲突对溥仪的病情而言,无疑雪上加霜,此后再也没缓过劲来,直至病逝。这却是李玉琴所丝毫不知情的。数年之后,当听到笔者对她讲述这些情形时,善良的悔意清晰地写在了她脸上。

面对难以理解的"文革",溥仪的确是在惶恐不安和焦虑失措中度过的。然而,在某些影视或书籍里,凭空描述溥仪在"文革"中被批斗或游街,则纯系子虚乌有,是根本没影儿的事。

有意思的是,其中一位所谓"名人"的书中,甚至写到溥仪进了劳改队,与其一起劳改。实际上,这也是完全虚构的情节。

因为,这位名人作者根本不知,溥仪在"文革"中的活动,每天都是有日记详细记载的。内中,根本没有一丁点儿这类内容。

"文革"爆发不久——当时周恩来总理兼任全国政协主席,为保护全国政协委员包括溥仪这些人,特别指示全国政协停止办公,文史专员全部关门回了家。

这些史实,在国民党战犯董益三、沈醉等人每天详细记载的日记中,可以清楚地查到。笔者曾经向董益三先生借阅并读过他的全部日记,而且重点作了复印。其中,不乏逐日关于溥仪活动的记载,但没有任何劳改或被批斗或游街的信息。

此外，我还采访过大量知情人，没有任何人提供过这类内容。

这部名人著作，还颇含褒意地提到了笔者撰写的《末代皇帝的后半生》一书。前几年那本书再版时，不止一家出版社找过我，其中一位社长还想邀我写一篇序，推荐并证实此书的真实性，终归我也没肯写，撰"序"的稿酬我更不可能接受。

因为，历史不允许杜撰。无论是谁。

李淑贤深悔这段婚姻

遭受病魔折磨和"文革"双重打击的溥仪，精神颓唐，多日萎靡不振。妻子李淑贤更是惶惶不可终日，有时竟变得颠三倒四。

原国民党"军统"少将董益三的夫人宋伯兰女士，曾回忆道："文革"高潮那些日子，李淑贤没事儿就到她家串门，原来她不太讲过去的婚姻，如今却翻来覆去讲述她的一嫁、二嫁、三嫁……

在董益三字迹工整的日记上，清晰地记载着："上午刚起床不久，李淑贤一进门就诉说：溥仪是尿毒症，转到协和治疗，昨晚已经住院。据吴大夫说，溥仪患尿毒症，可能好不了。李淑贤一边说，一边哭，哭她今后怎么办？哭她的命苦……到现在落得这样一个结果……"

最让宋伯兰大吃一惊的是，李淑贤猛然冒出一句："我也是平民出身，如果不是嫁了溥仪，我早就当红卫兵去啦……"

宋伯兰听后，半晌没言语，想不出什么话来劝慰她。

当溥仪病重期间，杰二弟拜托日本友人西园寺公一之子乘飞机赴日，迅速将急需的固体血浆空运至京。

一度，有人风传李淑贤把为溥仪治病的固体血浆卖掉之事。李淑贤听后，曾非常气愤地对笔者说："有人说我不舍得给溥仪使用日本血浆，留着溥仪死后卖给别人……这是血口喷人！"

对于卖血浆，李淑贤并不否认，她说："溥仪死了，血浆留着没有用，这是拿钱买来的。卖给别人有什么不对？"

据笔者所知，真实的情况是，当溥仪病逝之后，李淑贤才卖掉了血浆。这其实是可以理解的。

在这件事上，李淑贤似乎没什么过错可言。

溥仪病逝到底是什么时间

关于溥仪逝世的确切时间,存在不同的说法。

末代皇帝溥仪究竟逝世于凌晨两点十五分还是新华社新闻稿所登载的"凌晨两点三十分"?

事实是,新华社报道的时间有误。

溥仪逝世的确切时间应该是:一九六七年十月十七日,凌晨两点十五分。

当时人民医院病房内,只有润麒的二儿子郭宗光独自在场。他见溥仪停止了呼吸,看了手表,随后,立即打电话叫来溥杰和李淑贤。对此,宗光曾向我断言:"溥仪逝世时间的前一种说法,是医院大致估计出来的。"

因为,据宗光回忆,撰写报道的新华社记者并未赶到现场。

说来也怪,在溥仪病危那两天里,溥仪的住所院内两棵茁壮的海棠树渐渐干萎,不经意间已是树死枝枯。

让我们"回放"一番溥仪逝世前的情形。十月六日凌晨,溥仪病情突然发作,躺在家中的床上翻来滚去。继而,被送进人民医院急诊室,但准备住院时却被拒之门外。

当日上午,周总理秘书的电话打到人民医院,溥仪这才被安排住进了住院处第九号病房。世间的偶然性,常令人吃惊。这恰巧应了皇帝的"吉数"——"九"。

病情稍缓,溥仪便胃口大开。午饭,他竟然买了两份肉丸子,来不及拿起筷子,顺手抓起一个扔到嘴里。此时,他的记忆力已经严重减退,买饭忘带碗、上厕所忘带手纸。

十月八日,也就是逝世九天前,溥仪在医疗手册上留下了最后的字迹:

> 小妹,我感气虚。你来时千万把"紫河车"(胎盘粉)带来,今天晚上服用。曜之。

十月十五日,溥仪病情明显恶化。转入单人病房。

闻讯,杜聿明[①]和郑庭笈[②]前来看望。由于尿液排泄不出,溥仪疼得在床

[①] 杜聿明,字光亭,陕西米脂人,曾任国民党第五军军长,特赦后任全国政协文史专员、全国政协委员。

[②] 郑庭笈,字竹斋,海南文昌人。曾任国民党陆军中将,特赦后任全国政协文史专员、全国政协委员。

上来回翻滚。仿佛试图减轻痛楚,颤抖着向杜聿明伸出右手:"你带烟了吗?……好难受啊!……"

杜聿明掏出一根香烟,亲手点燃之后,送到了溥仪的嘴边。

溥仪的二妹夫妇赶到时,他望着两鬓斑白的二妹韫龢,说:"我知道自己得的是绝症。很快,我就要离开人世……"

二妹韫龢连忙劝他:"大哥,不必那么悲观,好好养病……"

此时,溥仪面无表情地轻轻摇了摇头,再也没有说话。

十月十六日,溥仪弥留世间的最后一天。

午饭之后,三妹韫颖派次子宗光来替换二舅溥杰。下午,溥仪的呼吸变得越来越急促,竭尽全力喊着:"河车丸①……河车丸……"

此时,宗光赶忙拿出著名中医蒲辅周特意配制的"河车丸",扶起他勉强服下。

临近黄昏,注射了一针"安茶碱",溥仪渐渐安静下来。

当过"红医工"的宗光,拿起溥仪的金壳怀表,想给他号脉时,发觉溥仪的脉搏微弱得几乎感觉不到跳动。

此时,溥仪又开始大口大口地喘气,却又猛然间彻底"平静"了下来,唯独双眼仍然睁着……

溥杰急匆匆赶来,缓步走到床前。只见溥仪放心似的闭上一只眼,只有嘴仍然张得大大的……

遗憾的是,溥仪没能说出一句话,也没有留下任何遗嘱。

末代皇帝溥仪的后事是如何办理的,究竟葬于何处?是谁为溥仪题写了墓志?

---

① 河车丸,又称"紫河车"。即胎盘丸,专用于医治病弱体虚患者。此前,溥仪曾服用过这种丸药。

叁拾叁

我为溥仪捉刀题写墓志

一九六七年十月十七日,溥仪病逝。骨灰如何安葬?
周总理委婉地询问:"不放在革命公墓吗?他是政协委员嘛。"
皇叔载涛则说:"溥仪的骨灰不要放在革命公墓了——他离'革命'二字还差得很远。"
溥仪追悼会的召开,一直延至一九八〇年五月二十九日。
末代皇帝溥仪的墓志铭,怎么是由本书作者书写的呢?
至此,末代皇帝——溥仪的非常人生,画上了句号。

图片说明:本书作者于一九八〇年六月二日上午,受溥仪遗孀李淑贤(左)和溥杰委托,在末代皇帝溥仪骨灰盒上题写墓志铭中国末代皇帝——爱新觉罗·溥仪的心脏于一九六七年十月十七日，凌晨二时十五分，在北京人民医院第九号病房，停止了跳动。

溥仪病逝于北京人民医院九号病房

溥仪逝世之后，郭宗光和随后赶来的李淑贤一起褪换溥仪身上的衣服时，才发现他的外衣上别着一枚毛泽东像章，里面驼色毛背心上还别着一枚金光闪闪的"为人民服务"纪念章。

然而，当时没能召开正式追悼会，只在人民医院举行了简单的遗体告别仪式。

十月十八日午后三点，仅来了为数不多的几个亲友——溥杰、李淑贤、溥仪的五妹金韫馨、李以劻和邱文升夫妇以及全国政协一位工作人员老王，参加了这个简单得不能再简单的告别仪式——默哀。

太平间里，既无鲜花，也无哀乐，有的只是不尽的哀思。

第二天，除五妹金韫馨和那位全国政协干部没能参加外，其他四人随灵车护送溥仪遗体抵达八宝山火葬场。颇有意思的是，据当时在场的李以劻回忆，附近一些农民听说"宣统皇帝"去世，风闻沾一下"皇上"的遗体会有福气，纷纷前来抚摸他的头脚，一个传一个，越来越多。

平时冷冷清清的火葬场，一时竟然出现了罕见的人群。一位农民大着胆子，掀开溥仪身上覆盖着的白布单，惊讶不已地说："这不就是一个普通人嘛！"

是的，作为一个普通人，十月十九日上午，末代皇帝——溥仪的遗体在西郊八宝山火葬场火化。

如果说清顺治皇帝及康熙皇帝开启了清帝火化之先河，那么爱新觉罗·溥仪则成了被火化的"末代"。但截然不同的，溥仪则是一位把皇帝的躯壳烧去，而将骨灰留存世上的唯一的奇特公民。

溥仪逝世，国内尚未公布，国外早有几家报纸捷足先登。也许因为溥仪当过日本傀儡——伪满洲国"康德皇帝"，日本媒体高度关注溥仪的病情。经查阅历史资料，可以发现，最早在全世界范围内抢先报道溥仪逝世这一消息的是日本媒体。

早在溥仪火化的前一天,日本媒体就在东京发布了这一消息,此后,美联社才援引日本媒体新闻,作了报道:

[美联社东京十八日电]日本记者今天从中国首都发出的一则报道说,日本在中国东北搞的伪满洲皇帝溥仪,星期二(十七日)在北京病故。他享年六十岁。

溥仪死于尿毒症。

报道还说,他因肾癌一直就医。

由于国外媒体早于中国对溥仪逝世作了报道,引起了国际上各方关注,甚至对此众说纷纭。一家日本媒体——《日本经济新闻》记者,以一种遗憾和揣测的笔法写道:"北京的报纸和通讯社还没有正式宣布他的死讯……"

对于溥仪逝世是否在报纸上刊登讣告,确曾引起过异议。后来,在周总理亲自过问下,《人民日报》总算在十月二十日刊登了这则噩讯,篇幅却小得可怜,在整版"将无产阶级文化大革命进行到底"的大块文章缝隙之中,只占了火柴盒大小的一隅。

[新华社十九日讯]中国人民政治协商会议全国委员会委员爱新觉罗·溥仪先生,因患肾癌、尿毒症、贫血性心脏病,经长期治疗无效,于十月十七日二时三十分逝世于北京,终年六十岁。

溥仪病逝之后,如何安葬?

当溥仪去世后,爱新觉罗家族的部分成员,溥杰、李淑贤、溥任和溥仪三妹之子宗光等人齐聚载涛家,引发了一次颇有意义的讨论。

载涛作为爱新觉罗家族长辈,首先转达了周总理的明确指示:"根据家属的意愿,可以自由选择在革命公墓、万安公墓或人民公墓寄放溥仪的骨灰或土葬。"

此时,溥仪的安葬,面临两个问题:

一是土葬还是火化?

二是葬在哪里?

尽管周恩来总理宽厚地破例提出,溥仪可以土葬。但在这次讨论中,大家仍然明显关注着爱新觉罗家族的长辈——载涛的态度。

面对大家凝视的目光,涛七爷沉思半响,终于提出了建议:"放人民公墓吧!溥仪将成为一名公民看作是最光荣的事。我认为最好把他的骨灰放在人民公墓。这也遂了溥仪生前的夙愿。"

接着,溥杰和李淑贤等人,纷纷表示赞成七叔载涛的意见。

事后,爱新觉罗家族这个决定,由载涛和溥杰向周总理当面作了汇报,得到了周总理的认可。

然而,这次谈话的内容,直到几十年后,才由《参考消息》第一次作了正式披露。溥杰事后回忆说:"起初,周总理等人曾对我说,溥仪是不是要建一座漂亮的陵墓?作为一个公民,我谢绝了。没有设墓石或墓碑之类的东西,溥仪的骨灰同其他公民的骨灰一样,采取了收藏在壁架上的形式。"

"不放在革命公墓吗?他是政协委员嘛。"周总理委婉地询问。

载涛则实实在在地说:"溥仪的骨灰不要放在革命公墓了——他离'革命'二字还差得很远。他是一个公民,最好就放在人民公墓吧!"

周总理当即表示,尊重爱新觉罗家族的意见。但周总理这些谈话只限于载涛和溥杰的口头传达,一直没见诸文字批示。

至于最终的文字记载,笔者在撰写《末代皇帝的后半生》时,费尽周折,才找到了未曾披露过的历史档案。

一九六七年十二月十七日,周总理在百忙中曾亲自作了三点指示:

一、抚恤五百二十元,按规定办。

二、溥仪上交(全国)政协的稿费全部交其妻子。

三、根据家属意见,骨灰放入人民公墓。

也就是说,溥仪从十月十七日病逝之后,一直等到十二月中下旬,才最后确定安葬方式和地点。

溥仪的骨灰盒存放在人民公墓,不能没有任何标志。最初,溥杰在溥仪的木质骨灰盒上,只用毛笔蘸着墨汁,简单题写了五个字——"溥仪骨灰盒"。

一九六七年十二月二十二日,爱新觉罗·溥仪的骨灰盒正式存放北京八宝山人民公墓骨灰堂。

历史不容嘲弄。

在"动乱"的岁月里,尽管个别人试图在溥仪身上做文章,譬如把溥仪和刘少奇——"卖国主义"等诬陷的说法,生拉硬扯在一起,周总理虽然也身陷困境,但仍旗帜鲜明地对溥仪做出了公允的评价。

当溥仪去世四年之后——七十三岁高龄的周恩来总理,在招待美国《纽约时报》助理总编辑威廉·托平、西摩·托平夫妇的晚宴上,首次谈起溥仪:"溥仪到去世前,一直住在北京,过着自由自在的生活。"

不久,即一九七一年十一月十日晚,周总理会见日本《朝日新闻》编辑局长后藤基夫时,再次提起病逝的溥仪,感慨地说:"'满洲国'的皇帝溥仪已经死了。说句公道话,最后他改造得不错。你们都读过溥仪写的这本《我的前半生》吗?他刚到六十岁就死了。如果不得肾癌的话,一定会活得更长。一个末代皇帝能有这样的变化,不是一件容易的事!"

晚年的溥仪虽然安静地生活在北京,但他独具传奇色彩的经历,却受到世界的普遍关注。

当来自非洲的埃塞俄比亚皇帝——海尔·塞拉西访问北京时,七十七岁的毛泽东主席在人民大会堂北京厅会见了七十九岁的非洲皇帝。或许出于惺惺相惜,塞拉西皇帝急于想知道,占世界近四分之一人口国度的末代皇帝,最后命运如何?

在长达一小时四十分钟的会见中,他郑重地向毛泽东提出了唯一的要求,想亲眼见一见中国末代皇帝——溥仪。当海尔·塞拉西听说溥仪已不在人世,顿时百感交集,之后竟然用整整半天,参观了溥仪居住过的紫禁城。

回国前夕,这位非洲皇帝又遗憾地对周总理感叹说:"没有见到中国末代皇帝,是我终生的遗憾。"

追悼会上,谁来手捧溥仪遗像和捧骨灰盒

历史没有忘记溥仪。

一九八〇年初,全国政协通知,国家即将正式召开溥仪追悼会,让李淑贤提出亲友出席的建议名单。

李淑贤遂找笔者起草了一个以爱新觉罗家族成员为主的建议名单。过了一些日子,全国政协又来了一个通知,大意是待刘少奇追悼会后,国家再召开溥仪追悼会。

这样,溥仪追悼会一直延至一九八〇年五月二十九日。必须说明的是,这天下午三时三十分,溥仪与原国民党特赦战犯王耀武、廖耀湘三人一起举行了追悼会。

之前,在溥仪追悼会筹备的几个细节问题上,曾发生过不大不小的争议——

毫无疑问,溥仪追悼会之后赴八宝山时,走在吊唁队伍前边的只能是李淑贤和溥杰。

然而,到底是由谁来手捧溥仪遗像,谁来手捧溥仪骨灰盒这个具体问题上,发生了截然分歧。

刚开始,李淑贤好意地提出自己拿,但她拿不了两个,只好择其一。溥杰倒姿态挺高,说是全国政协让自己拿哪一个就照办,不让拿也没意见。

因手捧遗像者要走在前边,不然不知是谁的骨灰。缘由是要摄影照相。结果,全国政协让李淑贤任挑一个,她找笔者出主意。我建议她手捧骨灰盒,因她是溥仪遗孀——她听入了耳。溥杰手捧遗像走在前边,李淑贤始终不愿意,但也只好如此。

一九八〇年五月二十九日下午三点三十分,溥仪与王耀武、廖耀湘的追悼会在全国政协礼堂隆重举行。我也应邀参加了这次追悼会。

只见溥仪的遗像摆放在大厅正中,哀乐低回。灵堂两侧摆放着鲜花和松柏,四周竖立着各界送来的花圈……

与"动乱"中完全相反,《人民日报》以显著版面报道了这次追悼会。悼词中,充分肯定了成为公民后的溥仪。

下午三点五十分,追悼会结束。一辆大轿车载着溥杰、李淑贤等共十六位亲友,护送溥仪骨灰赴八宝山。

那天,笔者在大轿车上,正巧坐在追随溥仪一生的两位侄子——毓嵒和毓嶦身后。他俩刚从天堂河劳改农场释放不久,衣着简朴,脸上仍然晒得黑油油的。

他俩在交谈中,对溥仪的称呼颇与众不同,亲热地称溥仪为"大爷"。在回顾溥仪一生的经历之后,俩人并排而坐,热议起溥仪的最终结局:

"历朝的末代皇帝,非杀即囚,有几个能活在世上的。咱大爷三次称帝,还没死,算是罕见了。"

"大爷这一辈子,也真不容易哟!"

"谁说不是啊。从一个皇帝变成一个老百姓,最终能安葬在八宝山,也真算不错啊。"

…………

四点二十分,在司仪指挥下,众亲友在八宝山公共灵堂向溥仪骨灰盒连续三鞠躬,表达了对公民溥仪的悼念。

当天,李淑贤由溥杰和笔者陪同,将溥仪骨灰盒安放在八宝山人民公墓第一展室东侧。

尔后,关于究竟让谁题写骨灰盒上的墓志,又出现了异议。

溥仪作为中国历史上的末代皇帝——如此重要的一位历史人物,骨灰盒上边不能没有任何标志。换句话说，就是再简单点儿，也要有一个墓志铭，即标明身份——骨灰盒的主人姓甚名谁……

此前，笔者曾陪李淑贤去过八宝山公墓咨询，工作人员告诉她，如不愿意请人写墓志，可用有机玻璃刻字，嵌在骨灰盒上，大约需七八十块钱（不到一百元），李淑贤嫌价格太贵，又不太愿意由溥杰题写墓志。

对此，我毫无发言权。

李淑贤和溥杰商定由我"捉刀"题写溥仪墓志

笔者因为撰写《末代皇帝的后半生》，遂与末代皇帝结下了不解之缘。许多人问过，末代皇帝溥仪的墓志铭，怎么也是由你书写的呢？

其实，这纯出于偶然，也可以说是缘分，我无论怎么推也没能推掉。

溥仪追悼会之后，在八宝山公墓通往东边人民公墓的石子路上，李淑贤当着我的面跟溥杰边走边商量。

当时，"文革"结束不久，溥杰仍心有余悸，实在不愿再写溥仪墓志，以免惹祸。因为老人知道我练过几天隶书，且正在撰写《末代皇帝的后半生》，认为由笔者书写最合适，遂提议："让英华来写吧。"

李淑贤欣然同意。最终，俩人商定，由我捉刀题写溥仪墓志。一件并非小事的"大事"，就这么决定了。

我当时在场，谨慎地提出这是一件大事，须经全国政协同意才行。此时溥杰听后，频频点头。

从溥仪追悼会现场归来，在李淑贤家吃晚饭。她又跟我商量，重申按照溥杰先生的提议，让我捉刀题写溥仪的墓志铭。

当时，我再次对她阐明了看法：这可不那么简单。溥仪是一个重要历史人物，让谁写他的墓志，非同小可。溥杰和您的意见只是一方面，还得经全国政协同意才行。

据笔者所知，李淑贤又亲自找到了全国政协请示，结果全国政协表示没意见，让她跟溥杰商量着办。

没想到，这个具有历史意义的"重任"居然落在了我年轻的肩上。

一九八〇年六月二日早晨，李淑贤乘坐公交汽车来到我所在的单位门口，我与团委干事季连竹——他负责打格和调白漆及照相，三人一起赶赴八宝山。

在八宝山人民公墓第一展室东侧室，笔者蘸着白漆在溥仪的梨木雕漆骨灰盒正面，用稚拙的隶书字体，捉刀题写了未加任何评论的简明墓志：

全国政协委员爱新觉罗·溥仪

生于一九零六年正月十四日，殁于一九六七年十月十七日

一九八零年五月三十日

这里，生年袭用旧历，而卒年却采用了新历。它的含义是：新与旧在溥仪身上得到了神奇的统一。

溥仪生在衰败的清末，成了封建王朝的最后代表，而以新中国公民的身份逝世于新时代。这岂止一个人的生卒记载——溥仪的变化，分明是中国划时代巨变的缩影！

"一九三……"我默默地望着溥仪骨灰盒上的编号，伫立良久。一个联想猛然涌入脑海。这个绝妙的"天赐"编号——似乎概括了他的一生！

"一……九……三……"

"一"位普通公民安息在这里，他逝世于人民医院的"九"号病房，生前曾"三"次称"帝"——"三"岁时便成了风雨飘摇之中的清朝末代皇帝，然而，"九九归一"，他终于成为了新中国的一位普通公民。

我并不"迷信"，倒相信骨灰盒上的编号，纯出于偶然，

然而，"一九三"的命运落在溥仪身上，却绝非偶然。

溥仪，以一位获得新生的见证人身份，向世人述说：这个数字，就反映沧桑变化而言，早已镌刻在了历史的里程碑上！

《三字经》开篇第一个庄严的字——"人"的含义，以及最早见于《周易》中那个神秘莫测的"九"的组合，已为愈来愈多的世人所揭示。

似乎，末代皇帝的传奇故事，伴随着溥仪的"盖棺"而告终结。

然而，冥冥之中的溥仪永远也不会获知他逝世前后生前身后事的幕后故事了……

末代皇帝逝世，故事仍在延续。

……电影《末代皇帝》版权之争、溥仪的《我的前半生》著作权官司、出版权官司以及《末代皇帝的后半生》著作权纠纷案、溥仪骨灰重迁入葬纷争乃至溥仪遗孀李淑贤遗产案、《末代皇帝最后一次婚姻解密》名誉权案等，无疑都成了轰动国内外的重大新闻……

这些，我或许将在其他书中再作述说。

后　　记

　　说起此书的撰写,纯属偶然。

　　二〇〇八年初,故宫博物院向斯先生与慈禧胞弟桂祥的曾孙——那根正先生,邀我小聚。席间,偶然谈起一家电视台的朋友对于晚清题材颇感兴趣。春节过后,这家电视台总监与向斯先生前来看望,提及拟拍摄末代皇帝溥仪和慈禧太后的纪录专题片,盛邀我加盟。

　　我欣然同意。遂于春节过后,应邀去见电视台台长和一些朋友,详谈并交流了专题片的构想。其间,他们谈到我的"末代皇帝系列"作品,史料珍贵且内容庞杂,拍摄纪录片亦可能不免囿于局限,遂建议我和向斯创新一种形式,即"话说晚清"二人谈,由我和向斯先生分别讲述溥仪和慈禧的真实一生,以别于"讲坛"的单一模式。

　　考虑到一年的周期安排,这家电视台打算以每星期推出一辑的速度,遂催我和向斯各拿出二十六辑成稿。于是,我利用两三个月业余时间,梳理了溥仪一生比较有意思的内容,利用手中的史料以及我多年采访晚清以来三百多人的采访记录,对其生平未解之谜,作了一些梳理,遂形成了此书初稿。

　　原本多年来,我收集了溥仪的《我的前半生》各种未定稿原始版本,对内中异同曾作过逐一比照,同时结合大量第一手口述史料,对其一生某些情节的真伪,作了详细探究。基于此,总算可以藉此机会,对于喜爱溥仪研究的广大读者有一个大致交代和小结。

　　毫不讳言,末代皇帝溥仪的一生,至今仍然存在着许多未解之谜。譬如他的前半生也并非《我的前半生》一书描述的那么简单。在溥仪的后半生中,也存在一些尚待探讨之处。然而,尽管探究"圣"过异常之难,我仍愿意一试。

　　似应说明,在我拙作的主人公之中,除了溥仪和载涛,我与这叔侄俩的遗孀——李淑贤、王乃文,皆为相识许久的忘年之交,此外,我所写的传主都是自己熟悉的多年老友,譬如末代皇弟溥杰、末代太监孙耀庭、末代皇帝之嗣毓喦、末代国舅润麒、末代皇姑韫龢等人。多年以来,我与他们建立了深厚的友谊,时常交接往来,随意聊天。其实,早在我年轻时彼此便成了无话不谈的忘年挚友。

对于这些忘年之交的人生历史,我耳熟能详,对于他们的脾气禀性、性格爱好,我了如指掌。至于书中叙述到他们晚年生活的轶事,不少是我亲身所经历的,并耳闻目睹着这些历史人物的喜怒哀乐"真相"。因此,我称此是在"记录"身边忘年挚友所发生的真实故事,亦并非夸张。

凡此,这决然不同于一般作家的"隔山打虎"。

客观地说,在我已正式问世的五部"末代皇帝系列"中,值得稍感欣慰的,则是留下了第一手史料,但也不无"遗憾"。这就是说,出版之前,囿于各种原因,以上各书都不得不删去一些"必须"删去的史实。这在彼时,纯属无奈。

譬如,《末代皇帝的后半生》依恃的是第一手史料。我在与溥仪遗孀多年交往之中,掌握了众多真实的细节,十年间采访数百人后才成定稿。最初成书时,达六十多万字,出版时仅剩不到四十万字,删去的并非都是敷衍文字,考虑到与《我的前半生》一书内容的匹配,只得如此。

在溥仪的后半生中,"聚焦"其婚姻之中的"性福问题"——其实,这是夫妻关系有别于他人最重要的方面。溥仪一生之不幸,无不与此息息相关。此外,一些敏感人物,如溥仪与当时被打成右派的香港记者潘际坰的交往,以及当时无法提及的一些"另类"人物,基本被略去了。

这实际才是溥仪在后半生当中,颇感困惑的人和事。也可以从中窥视溥仪复杂而隐晦的情感世界,读起来格外"耐嚼"。但这只能容当适时再"补充"一二了。

在《末代皇弟溥杰传》中,撰写的是我的忘年至交溥杰先生。在当年多次询访当事人之后,方始动笔。这部书一如既往本着"隐恶扬善",避讳了他在伪满洲国与青楼女子金姑娘交往等一些旧事,以免引起不必要的麻烦。此外,综合考虑到各方面因素,对于表现其性格冲突的典型事例,如所谓"义女纠纷"等,整整一章均删去。

在《末代太监孙耀庭传》中,由于刻画的是相交多年的挚友,自然更不能也没必要虚构——因为,史实远比想象精彩得多。按照事先约定,对于老人在世时所不愿意提及的人和事,均予回避。对于太监的宫内外生活,如太监与宫女的"对食"、"菜户"关系,过细的畸形性描写,虽属客观史实,且已成文,亦整段整段地删掉了。

在此书中,对于溥仪前半生"性倒错"的行为,因事涉他人,个别人尚健在,亦只好暂付阙如。老太监孙耀庭在世时,我与老人曾达成君子协议,一些不宜公开披露的史料,待他百年之后,再适时公之于世,以为后人留下可靠的"信史"。这在他亲笔写下的序中,可以清楚地看到,书中绝无随意穿凿或凭空杜撰之处。

原与耀庭老人商议,当他在世时,出版一部内容较"全"的海外繁体版,几经"磨合"之后,却是率先出版了《末代皇弟溥杰传》和《末代皇帝最后一次婚姻解密》(庆幸的是,前一部书获全球华人美国地区十大畅销书排名第六,后者被海外出版界誉为"近代史上最为严谨的纯纪实作品"),只得暂先放弃这部被海外书商最看重的繁体字版——《末代太监》。

《末代皇帝立嗣纪实》一书,主人公是我交往多年的毓嵒先生,夫妻俩跟我异常熟悉,此书内容更是别有历史意味。鉴于以此书传主毓嵒先生为第一人称所"述",遴选入书内容,更须谨慎。

成书之前,毓嵒先生有话在先,对于先祖最好"美誉",不宜提及应"避讳"之事。书中对他的前妻及姐姐菊英的事,尽量少提及。当然,牵涉他偕李玉琴去找溥仪复婚之事亦少提为妙。至于溥仪性人格方面问题,绝口不涉及。

鉴于种种原因,此书成稿时仅剩二十余万字。只好按照约定,待今后以第三人称撰写时,本着文责自负的原则,再行衍文。

再说《末代皇帝最后一次婚姻解密》一书,基于采访三百多人的史料和第一手可靠的珍稀档案而成。本为"解密"之举,讵料出书前,海内外媒体连篇累牍的报道,在引起中外读者广泛关注的同时,也惹来不少麻烦,只得忍痛"割去"数万字颇有文史价值的内容。

此书最下工夫的几节——譬如,依据第一手史料梳理溥仪性畸形来龙去脉的整章内容,全部删除。另外,关乎皇后婉容性方面的一些内容,如自津赴东北船中发生的秽事等细节,经征求其胞弟润麒先生的意见,也只好一笔带过,待将来再行探讨披露。

囿于历史局限,也有些事涉爱新觉罗家族对于溥仪微妙关系的内容,鉴于关联到复杂的人际关系,同时根据国家有关法律法规的规定,未届解密期限,因此,只能半遮半掩地含糊其辞。即使内容不够连贯,也只能留待将来再续。

至于此书对于溥仪与几个妻子在性关系方面的细节,由于无法深入展开叙述,只好概述一二,权当提供一些线索与世人。

《末代国舅润麒》中,由于传主是我无话不谈的老友,书内史料前后删节,更历经反复斟酌。原因不在于真实性——因为这方面根本不存在任何问题。

主要是由于牵涉在世之人的隐私,使原本泾渭分明的史实,反而变得模糊起来。

在这一点上,我只能尊重润麒先生以及爱新觉罗家族的意见,暂先删节。这不能说不是遗憾,只是不得已而为之。

这亦即此书成稿后,搁置四五年的重要原因。譬如,此书整整删去一章,题目是"溥仪的兔子本"。一看标题便知,事涉多人,且不知还将波及几多后人亲属。其他内容,譬如"梅孟之恋"背后的故事,因皇后婉容之母仲馨与孟小冬属同性挚友,考虑到对于后人的影响,书中略去,更属无奈。以上凡存歧见内容,如不作"艺术性"处理,则此书无法出版。

《末代皇妹韫龢》一书,基本史料来源于我的忘年之交——韫龢女士,为此,我曾先后录制近百小时的录音回忆,耗费心力十几年。此书前后人称,亦几经变化。开始是以第一人称撰写,书未写完,老人不幸病逝。我无法"强加于人",思之再三,只得改为第三人称。

但此举无疑加大难度,凡是没有旁证的,均以删掉为宜。几种说法并存的,也不能唯以某一种为准,只能在书中或"注"中,加以说明。

譬如,婉容生下的女儿,是活着还是死去后才被溥仪扔进锅炉?我在老人生前,亦曾与之数次探讨,但她坚持一种说法,我只能让其亲笔写下回忆,以为凭证。这倒不是怕自身担责,而是对历史负责,持审慎态度,以使书稿内容更为严谨。

《末代皇叔载涛》撰写难度更大。因史料记载较少,知情人多已不在人世。当时仅剩下载涛的最后一位遗孀——王乃文女士,隐居于京城。我经多年采访,亦录制了数十小时录音和录像资料。

此书事涉京城百姓关于"涛贝勒"的种种传说,凡属没有依据的,全部删去。至于四位妻子彼此关系以及家中诸矛盾,大多均予"回避"。

对于以上几部书,未及针对相关内容一一细酌核对,只是择其印象深刻者,枚举一二。如此等等,不一而足。

对于本人著书的真实性,世间自有定评,以上各书无不具数百小时录音及大量采访记录暨签名为证,无需再赘笔墨。颇值得一提,且最难得的是,大多书籍都得到了传主或当事人亲笔作序,自然昭示了"末代皇帝系列"与"末代皇族系列"史实的可靠性。

譬如,溥杰亲笔为《末代皇帝的后半生》撰序并题写书名;润麒亲笔挥毫为《末代皇弟溥杰传》撰文作序;孙耀庭审阅书稿后,以九十多岁高龄亲笔为

《末代太监孙耀庭传》,撰写了"自序";《末代皇帝立嗣纪实》一书,则是毓嵒先生亲自撰文并挥毫作序;中国社会科学院研究员、著名历史学家张联芳先生为《末代皇帝最后一次婚姻解密》作序;润麒先生亲自挥毫为《末代国舅润麒》一书作自序;载涛遗孀王乃文为《末代皇叔载涛》作序并钤印;韫龢女士不仅生前为《末代皇妹韫龢》亲笔作序,其女郑爽女士也为此书题序。

以上这些不可再得的亲笔之"序",毫无疑问,印证了"末代皇帝系列"与"末代皇族系列"作品的真实性和可靠性,其文史价值由此可见一斑。虽然作序者,多已辞世,但珍罕的史证却留之于世,成为百年来这段历史的一页重要注脚。

藉此机会,谨向读者和世人作一诚恳汇报,以说明敝人著书主观上所持的慎重态度。

"文章千古事,得失寸心知。"本人向来崇尚独家史料,对于历史研究中的人云亦云,尤其是文坛上的彼此抄袭之风,更期冀于改进为荷。

题材雷同,并不奇怪。可怕的是,不同书名而内容大同小异的溥仪书作充斥书摊,让读者一时真假难辨。

一则史料,熬炒咕嘟炖,各书多纳于其中,并不究根溯源。本人就有这种体会,经辛勤采访所得的独家史料,大多被各种溥仪的书,照抄不误,甚至影视中亦有不少此类内容。借鉴并非不可以,但倘若著书都像这样抄来转去,连出处也不标明,姑且不说是抄袭如何,至少是不尊重他人劳动成果。

再譬如,恰与我在同一出版社出版的溥仪书中,照抄拙作《末代皇帝的后半生》中如何治疗溥仪阳痿的过程及药方,一字不差,却只字不提及来源何处,倒使我无可奈何。

我主张写史写实,言必有据,绝不虚构。如是小说,运用夸张、虚构以"彰显"其卓越的想象力,亦无可非议。但有些书并不说明是纪实还是"杜撰"的小说,显然留给学界及后人的"贻害"便可想而知。

当前,"功利"二字成了浮躁的社会竞相追逐的目标。诚然,此亦无可厚非,逐利也可能成为社会进化的动力之一。然而,如果丝毫不顾及法制及伦理,单纯逐利倘成为历史研究和文学创作的主流,其社会危害性可想而知。

譬如,影视创作和拍摄当中,对于他人作品的掠夺,不能不提高到保护知识产权免遭侵权的高度来认识。否则,以牺牲著作权益换取影视的虚假繁荣,便将成为法律"其奈我何"的怪现象。迄今,不止一部"末代皇帝"及"末代"作品的书籍和影视作品,原封不动地抄袭剽窃我的原作,且抄得心安理得。在此，本人郑重声明，必要时，将不得不诉诸法律。

需要说明的是，我不仅不反对将我的"末代皇帝系列""末代皇族系列"作品，改编成影视作品，且持积极态度。但须经正当的著作权转让程序。

聊句题外话，至今，一些朋友不理解我倾一生业余精力奉献"不务正业"的晚清研究和写作。我唯以"缘分"和"喜好"四字答之。临搁笔之际，不知怎么，蓦然莫名其妙地冒出对于"富贵"二字的一种理解——

何为富贵？不屈于利，堪称"富"有。不屈于名，可谓高"贵"……

固然，有人穷其一生谋求物质上的富贵，本也无可厚非。余寡欲于此，唯素喜文史，亦无妨"独善其身"——对于"富贵"二字，各有各的理解。赘言就此打住。

衷心感谢著名清史专家阎崇年先生、著名清代"帝王系列"小说家二月河先生的鼎力支持。亦感谢多年老友——故宫博物院林京先生、向斯先生暨慈禧曾侄孙那根正先生多年来对我的支持，此次又帮助翻拍了部分照片，提供了历史线索。在此一并致谢。

众所周知，二○一一年，是"辛亥革命"一百周年，翌年二月亦即末代皇帝——溥仪"逊位"一百周年。这标志着中国封建制度退出历史舞台。对于全人类来说，无疑具有空前绝后的重大历史意义。

值此，笔者更想告诉诸位读者，这部书的出版，欲期待世人通过阅读，"看到"一个真溥仪、一个活生生的"不掺假"的溥仪，而不是那个被主观丑化或美化了的末代皇帝。

鉴往知来。谨以此书暨"末代皇族系列"丛书，作为中国百年以来历史沧桑巨变的"缩影"。

兹为后记。

二○○九年五月二十六日，初稿
二○一○年九月二十六日，晚，四稿
改定于北京月坛南街

附 录

溥仪生平大事记

1906年　2月7日(光绪三十二年,阴历正月十四日午时),爱新觉罗·溥仪出生于什刹海后海的醇亲王府(北府)。①
9月1日(光绪三十二年,阴历七月十三日),清廷颁发《宣示预备立宪谕》。
11月13日(光绪三十二年,阴历九月二十七日),郭布罗·婉容出生于北京帽儿胡同荣宅。

1907年　溥仪一岁。
12月24日(光绪三十三年,阴历十一月二十日),慈禧太后颁布懿旨,禁止在京师聚众开会演说。

1908年　溥仪两岁。
11月13日(光绪三十四年,阴历十月二十日),慈禧太后颁布三道懿旨:
溥仪著在宫内教养,在上书房读书,并命载沣携之入宫。载沣遵旨于当日申刻(即下午三时至五时)由醇亲王府携溥仪入宫,面见慈禧太后和光绪皇帝。
著载沣为监国摄政。

---

① 溥仪的父亲载沣(七岁承袭王爵),母亲瓜尔佳·幼兰(荣禄之女)。1902年1月3日至6日(光绪二十七年阴历十一月二十四日至二十七日),慈禧太后在西逃归途的保定,为二人指婚。

载沣之子溥仪著入承大统为嗣皇帝。

11月14日(光绪三十四年,阴历十月二十一日),酉正二刻三分(下午六点三十三分),光绪皇帝在瀛台涵元殿被毒害而亡,年仅三十八岁。

11月15日(阴历十月二十二日),未正三刻(约下午一点四十五分),慈禧太后在中南海福昌殿的榻上宾天①。

12月2日(阴历十一月初九),两岁零十个月的溥仪,登基为帝,年号"宣统"。

清廷宣布,将于宣统八年立宪。

1909年　宣统元年,溥仪三岁。

1月2日,清廷罢黜袁世凯,令其开缺"回籍养疴"。

12月20日(阴历十一月初八日),额尔德特·文绣出生于满洲镶黄旗的贵族官僚人家。

1910年　宣统二年,溥仪四岁。

3月31日夜(阴历二月二十一日),汪精卫刺杀摄政王未遂。

11月4日(阴历十月初三日),清廷宣布提前于宣统五年召开国会。

1911年　宣统三年,溥仪五岁。

9月10日(阴历七月十八日辰刻——由钦天监择定),溥仪开始在中南海瀛台念书,而后迁往毓庆宫②。

10月10日,辛亥革命爆发。

10月14日(阴历八月二十八日),起用袁世凯为湖广总督。

10月30日(阴历九月初九日),解散皇族内阁。罢免载洵。

11月1日(阴历九月十一日),袁世凯任内阁总理大臣,全权组阁。罢免载涛。

12月6日(阴历十月十六日),载沣辞去摄政王位。

---

① 关于慈禧太后宾天地点,另一说为仪鸾殿,即如今的怀仁堂。此处采用信修明的记载。
② 从宣统三年到民国十一年,每天从早晨8点至正午读书。师傅为陆润庠、伊克坦(满文)、陈宝琛、徐坊、朱益藩、梁鼎芬、庄士敦等。

1912年　溥仪六岁。
　　　　2月9日(阴历十二月二十二日),南京政府向袁世凯转交"大清皇帝辞位后之优待条件"。
　　　　2月11日(阴历十二月二十四日),隆裕太后接受优待条件,颁布宣统皇帝"退位诏书"。
　　　　9月10日下午3点,载沣在北京醇亲王府会见孙中山①。
　　　　9月11日,载沣受隆裕太后委托,在那家花园设宴欢迎孙中山等人。

1913年　溥仪七岁。
　　　　2月22日凌晨(阴历正月十七日),隆裕太后在长春宫去世。
　　　　10月10日(阴历九月十一日),袁世凯正式就任大总统。

1914年　溥仪八岁。
　　　　溥杰、毓崇成为溥仪的伴读。
　　　　溥仪的乳母被赶出宫。

1915年　溥仪九岁。
　　　　11月16日(阴历十月初十日),载沣认可溥仪与袁世凯之女结姻。
　　　　12月12日(十一月初六日),清室表示赞成袁世凯称帝,定次年为"洪宪元年"。袁世凯宣布,清室优待条件永不变更。

1916年　溥仪十岁。
　　　　1月1日,袁世凯"登基"称帝,改中华民国为"中华帝国",年号"洪宪"。
　　　　3月22日,袁世凯被迫取消帝制。
　　　　初春,敬懿太妃传刘佳氏(溥仪的祖母)偕瓜尔佳·幼兰、溥杰和韫瑛第一次进宫会亲。此后,每年进宫数次看望溥仪。
　　　　6月6日,袁世凯在北京死于尿毒症,时年五十七岁。
　　　　10月23日(阴历九月二十七日),张勋进宫向溥仪请安。

---

① 另有一种说法,孙中山登门拜访载沣的时间为1912年9月11日上午。

1917 年　溥仪十一岁。
　　　　6 月,张勋率三千辫子军北上进京。
　　　　7 月 1 日(阴历五月十三日),张勋进宫宣布"复辟"。溥仪在养心殿召见张勋。当天颁"上谕"9 道。溥仪二次"登基",共计 12 天。
　　　　7 月 12 日,张勋复辟失败。
　　　　7 月,溥仪关闭宫门,颁布"再度退位诏书"。

1918 年　溥仪十二岁。

1919 年　溥仪十三岁。
　　　　2 月 22 日,庄士敦到达北京。两天后,庄士敦拜见载沣、载涛以及载洵。
　　　　3 月 3 日(由钦天监择定的吉日),溥仪初次在毓庆宫见到庄士敦,更衣后开始学习英文。溥佳成为溥仪的英文伴读。

1920 年　溥仪十四岁。
　　　　故宫安装电话。
　　　　谭玉龄出生。

1921 年　溥仪十五岁。
　　　　年初,老太妃们找载沣商量溥仪的婚事。从议婚到成婚近两年时间。
　　　　4 月 14 日,庄和太妃去世。
　　　　9 月 30 日(阴历八月二十九日),溥仪的母亲瓜尔佳·幼兰自杀身亡,年仅三十八岁。溥仪进宫以来第一次出紫禁城,前往北府吊唁母亲,并看望祖母①。
　　　　庄士敦为溥仪起英文名字——"亨利"。
　　　　11 月 8 日,美籍眼科大夫霍华德进宫诊断溥仪患有严重近视和其他眼病。溥仪开始佩戴眼镜。

---

① 溥仪的《我的前半生》中写为 1918 年生母瓜尔佳自杀,有误。

1922年　溥仪十六岁。

　　　　溥仪剪去发辫。

　　　　溥仪与溥杰合谋开始偷运珍宝古籍出宫(1922年至1923年之间)。

　　　　3月11日,颁布"立后诏"。

　　　　3月15日,婉容之父荣源入宫谢恩。

　　　　3月17日,婉容乘专车抵京。

　　　　5月13日,溥仪探望身患肺炎的汉文师傅陈宝琛。

　　　　5月,溥仪召胡适进宫。

　　　　9月26日,溥仪探视病危的满文师傅伊克坦。伊克坦病逝。

　　　　10月21日,纳彩礼。

　　　　11月12日,大征礼。

　　　　11月30日,金宝造册。

　　　　11月30日,黎明,淑妃文绣入宫。

　　　　12月1日,上午4时,皇后婉容入宫。溥仪大婚典礼。

　　　　12月2日,上午,帝后到景山寿皇殿向列祖列宗行礼。

　　　　12月3日,皇帝溥仪和皇后婉容受贺。

　　　　12月3、4、5日,内廷上演三天大戏。①

1923年　溥仪十七岁。

　　　　2月25日,溥仪和溥杰秘密潜离紫禁城失败。

　　　　6月26日,晚9时许,建福宫发生火灾。

　　　　建福宫大火之后,溥仪决定裁撤太监。

　　　　7月11日,溥仪第一次与郑孝胥见面。

　　　　9月12日,张勋病逝于天津。溥仪派载润祭奠并赏银治丧。

1924年　溥仪十八岁。

　　　　9月4日(阴历八月六日),李淑贤出生于杭州。

　　　　9月30日(阴历八月二十日),端康太妃在永和宫去世。

　　　　11月5日(民国十三年阴历十月初九日,星期三),溥仪被逐出宫。

---

① 经查,关于溥仪大婚期间的日程,溥仪的《我的前半生》全本记载有误。兹按照公历时间,重新考证确定。

出宫后暂居醇亲王府（北府），直至11月29日离开，共计24天。

11月21日，敬懿太妃和荣惠太妃出宫，暂移居位于宽街的荣寿固伦公主府。此后迁居东城区麒麟碑胡同居住至逝世。

11月24日，段祺瑞就任民国临时执政，第一件事即下令解除对溥仪监视居住。

11月28日，警卫北府大门口的国民军撤离。

11月29日，溥仪离开醇亲王府（北府），先到德国医院，然后到日本守备队司令官竹本大佐处，最后抵达日本公使馆，芳泽公使已特意为溥仪腾出一幢楼房。

溥仪在日本公使馆期间，多次骑自行车外出到东安市场、紫禁城外、景山、地安门、鼓楼西侧、什刹后海、北府、前门、大栅栏等地。

1925年　溥仪十九岁。

2月5日（阴历正月十三日，民国十四年），溥仪在日本公使馆度过二十虚岁生日。

2月23日，下午7时（至此，溥仪在日本公使馆逗留近3个月），向芳泽公使辞行并照相之后，步行至北京前门火车站，乘坐火车前往天津。

2月24日，凌晨（阴历二月初二，俗称"龙抬头"之日），溥仪秘密潜往天津。

溥仪等人到达天津后，发现张园的大门关闭，临时改住大和旅馆。第二天，婉容、文绣等到达之后，才一同搬入张园。

6月，溥仪到张作霖的"行馆"曹家花园会见张作霖。

10月，溥仪在张园会见谢米诺夫。

溥仪的大妹妹韫瑛病逝。

溥仪的祖母刘佳氏去世。

1926年　溥仪二十岁。

清朝"遗老"向吴佩孚请愿，要求恢复旧"优待条件"。

1927年　溥仪二十一岁。

1928年　溥仪二十二岁。
　　　　7月,"东陵事件",即以孙殿英为首的盗墓者用7天7夜的时间,盗掘了清皇家陵园东陵的慈禧太后地宫。
　　　　7月15日(阴历五月二十八日),李玉琴出生于长春乡下。

1929年　溥仪二十三岁。
　　　　3月,溥仪派溥杰、润麒离开天津赴日本学习军事。
　　　　7月,溥仪离开英租界的张园,搬入日租界的静园。

1930年　溥仪二十四岁。
　　　　7月10日,溥杰抵天津后转告溥仪关于吉冈安直的话——"满洲在最近也许要发生重大事件"。
　　　　9月30日,溥仪在海光寺日本兵营会见罗振玉和日本人上角利一。

1931年　溥仪二十五岁。
　　　　春天,溥仪"指婚",授意载沣为二格格韫龢与郑广元定亲。
　　　　9月18日,晚10时20分,"九一八事件"爆发。
　　　　10月21日,溥仪与文绣签署离婚协议书,经法院判决离婚。
　　　　11月1日,溥仪写给日本参谋本部次长南次郎一封亲笔信。
　　　　11月2日,夜,溥仪会见土肥原,土肥原动员溥仪尽快去东北。
　　　　两三天后,溥仪会见蒋介石的代表高友唐①。
　　　　11月5日,溥仪在静园召开所谓"御前会议"。
　　　　11月6日,静园发生"水果炸弹"事件。
　　　　11月9日,溥仪在静园请载沣和全家吃饭。
　　　　11月10日,傍晚,溥仪躲在一辆跑车的后备箱里,抵白河码头,半夜换乘日本商轮"淡路丸"。
　　　　11月13日,早9点,溥仪等人到达营口"满铁"码头,换乘马车、火车到达汤岗子温泉疗养区。从11月13日至19日,溥仪在对翠阁停留7天。

---

① 高友唐,前清遗老,后投靠蒋介石,任国民党监察委员。曾受蒋介石委托,前去天津劝阻溥仪投向日本。

溥仪到达营口一周后,搭乘火车到达旅顺,住进大和旅馆。
11月26日,夜晚,婉容由川岛芳子陪同,从天津来到溥仪身边。

1932年　溥仪二十六岁。
1月28日,关东军参谋板垣征四郎大佐第一次会晤溥仪。
2月5日,敬懿皇贵太妃在北京病逝,终年七十七岁。
2月18日,东北行政委员会在2月19日通过决议,欲在满洲建立"共和国",并发表"独立宣言"。
2月22日,下午,溥仪会见板垣,并于当晚宴请板垣。
2月23日,溥仪接受担任伪满洲国"执政"的条件,暂定一年。如一年后不能就任"皇帝"即辞。
3月1日,在日本人操纵下,东北行政委员会在沈阳发布《满洲国建国宣言》。
3月1日,"全满洲会议"的9名请愿代表抵达旅顺。
3月3日,请愿代表向溥仪递交第一次推戴书。溥仪发表第一次答书,婉拒"出山"。
3月5日,"全满洲会议"29名请愿代表再次出场,溥仪同意担任"执政"。
3月6日,早7点30分,溥仪和婉容等人离开旅顺。早9点零8分,乘坐满铁快车。下午1点49分到达汤岗子,住进对翠阁。
3月6日,签订"日满议定书"。对外则公布为3月10日签署。
3月7日,伪"东北行政委员会"递交第二次推戴书。溥仪发表第二次答书。
3月8日,早8点20分,溥仪和婉容等人乘火车赴长春。①
3月8日,下午3点,溥仪等人到达长春临时拾掇出来的"执政府"。
3月9日,溥仪在"执政府"举行"执政就职典礼",定年号为"大同"。
5月3日,溥仪会见李顿调查团的5位委员,历时10分钟。
9月15日,在长春伪皇宫"勤民殿"举行"日满议定书"签字仪式。
9月15日,日本政府发表声明,承认"满洲国"。

---

① 溥仪的《我的前半生》全本中写为3月7日去长春,有误。

1933 年　溥仪二十七岁。
　　　　3月1日,日本关东军司令官武藤信义表示,溥仪可以成为满洲国皇帝。
　　　　5月18日,荣惠皇太妃在北京病逝,终年七十八岁。
　　　　10月,日本关东军司令官武藤信义正式通知满洲国,日本方面已准备承认溥仪"即位皇帝"。

1934 年　溥仪二十八岁。
　　　　3月1日,溥仪在长春郊外杏花村,举行即位祭天仪式,当上"康德皇帝"。日本天皇派其弟雍仁为代表,前来祝贺。
　　　　吉岗安直任"御用挂",一直到1945年8月被苏联俘虏为止①。
　　　　4月13日,溥仪正式接受次年访问日本的邀请。
　　　　6月6日至12日,日本天皇之弟秩父宫雍仁抵伪满洲国,开始为期一周的访问。
　　　　7月,载沣前往长春看望溥仪,居住月余。
　　　　溥仪发现婉容怀有身孕,决定"废"掉皇后。但因日本人不允许,溥仪只能另选一个"贵人"。

1935 年　溥仪二十九岁。
　　　　4月2日至4月27日,溥仪第一次访问日本,并回拜日本天皇。在东京9天,又赴京都、奈良、大阪等地游览,历时25天。
　　　　4月2日,溥仪一行搭乘日本战舰"比睿",由"白云"、"丛云"护卫舰护航,离开大连港,前往横滨。
　　　　4月6日,上午8点,溥仪一行抵横滨港。上午11点30分,溥仪一行到达东京站,受到日本昭和天皇迎接。
　　　　4月7日,溥仪前往大宫御所,拜访日本皇太后。
　　　　4月13日,溥仪再次拜访日本皇太后。
　　　　4月23日,溥仪一行在神户港乘日本战舰"比睿"归国。
　　　　4月27日,傍晚,溥仪回到长春。
　　　　4月28日,溥仪向关东军司令官南次郎大将发表访日感想。

---

① 另一说,1935年吉岗安直任溥仪帝室"御用挂"。

4月29日,溥仪到南次郎住宅,参加日本天皇裕仁的生日庆祝会。
4月30日,溥仪召集官吏,讲述访日情况。
5月2日,溥仪召集文武百官,颁布"回銮训民诏书",举行"日满一体不可分"的"宣诏"仪式。

1936年　溥仪三十岁。
1月13日,溥仪在与驻伪满大使南次郎的密谈中,第一次透露希望溥杰找日本皇族女子作为结婚对象。
1月13日,从上午10点45分开始,溥仪与关东军司令官兼任驻伪满大使南次郎作了整整一小时例行会谈,研究溥仪的"选妃"事宜。
4月11日,溥仪与植田会见中,被告知满洲国北兴安省省长凌升等6人将被逮捕。
4月12日,凌升等6人被逮捕,其中四人于4月22日被砍头。

1937年　溥仪三十一岁。
2月17日,溥仪和植田签署关于"皇位继承"的密约,包括"备忘录"和"简约"两部分
3月1日,伪满洲国颁布"帝位继承法"。
3月3日,溥仪第一次会见日本关东军宪兵队司令官东条英机。
4月3日,溥杰和嵯峨浩在东京九段的军人会馆举行婚礼。
4月,谭玉龄作为溥仪的贵人来到长春,被封为"祥贵人"①。
7月7日,"卢沟桥事变"。
10月16日,溥杰和嵯峨浩抵达"新京"——长春。
意大利政府承认伪满洲国。

1938年　溥仪三十二岁。
3月28日,伪满洲国总理郑孝胥去世。
德国政府承认伪满洲国。

1939年　溥仪三十三岁。

---

① 溥仪的《我的前半生》全本中称其为"庆贵人"。

2月24日,溥仪签署文件,加盟"满洲国"日德意《反共产国际协定》。
9月1日,第二次世界大战爆发。

1940年　溥仪三十四岁。
6月22日,溥仪二次访问日本,为期19天,参加日本建国2600年的庆祝活动,迎回日本"天照大神",颁布"国本奠定诏书"。
7月10日,溥仪归国。
7月11日,伪满洲国召开"临时国务院会议",提出并通过建立"建国神庙"的议案,同时决定创建"建国忠灵庙"。

1941年　溥仪三十五岁。
12月8日,溥仪发布《第二次时局诏书》。
12月22日,"满洲国"发布战时紧急经济政策纲要。

1942年　溥仪三十六岁。
3月1日,溥仪在伪满洲国建国十周年时,发表《建国十周年诏书》。
5月8日,上午,溥仪在长春伪皇宫会见汪精卫。
7月20日(阴历六月初八日),载沣的侧福晋邓佳氏去世。
8月13日,凌晨,谭玉龄去世。
9月15日,伪满洲国举行"建国"十周年纪念庆典。

1943年　溥仪三十七岁。
4月,李玉琴被挑选进入伪满内廷,封为"福贵人"。

1944年　溥仪三十八岁。
7月,溥仪会见关东军司令官兼驻伪满大使山田乙三。
12月,溥杰从日本陆军大学毕业,奉溥仪之命归国,此后,奉调溥仪身边任侍从武官。

1945年　溥仪三十九岁。
8月8日,苏联对日宣战。

8月9日，晨，关东军司令官山田乙三、参谋长秦彦三郎、吉冈安直来到伪皇宫同德殿通知溥仪，苏联已向日本宣战。

8月10日，山田乙三、秦彦三郎和吉冈安直又来面见溥仪，通知"国都"要迁到通化，限当天动身。经溥仪哀求，宽限三天。

8月11日，晚9时许，溥仪等人离开伪皇宫，赴通化大栗子沟。

8月13日，溥仪等人抵达通化大栗子沟。

8月15日，日本宣布无条件投降。

8月16日，溥仪住宅的周围换上日本兵守卫，吉冈通知溥仪次日（17日）动身赴日本，并由溥仪挑选8名随行人员。

8月17日，凌晨1点，溥仪在大栗子沟宣布"满洲国解体和皇帝退位"。此为溥仪第三次颁布"退位诏书"。

8月18日，溥仪等9人离开大栗子沟，前往通化。此后离开通化，分别乘坐两架飞机飞往沈阳。

8月19日，溥仪和弟弟溥杰及侍从共9人，在沈阳（奉天）东塔机场被苏军逮捕。下午3时许乘坐苏联飞机，二十分钟后在通辽着陆①。

8月20日晨，溥仪等乘坐大型军用运输机直飞苏联赤塔。晚9时余，溥仪抵达，赤塔卫戍司令宣布对溥仪等人实行抑留。

8月21日，溥仪等人被押往赤塔附近的莫洛科夫卡第三十号特别监狱。

10月16日，溥仪等人被押往伯力郊外第四十五特别战俘收容所。

10月，谭玉龄灵柩由溥俭安排火化，此后由溥俭将其骨灰盒带回北京。

11月16日，溥仪等人抵达红河子。

11月底，溥仪上书苏联政府，申请永远留居苏联（先后共三次），并要求加入苏联共产党。

1946年　溥仪四十岁。

3月12日，中国外交部向苏联提出备忘录，要求引渡溥仪等人。

---

① 关于溥仪离开长春到达苏联这一期间的具体行程表，由于各人记忆不一，出现了几种不同的说法。如，溥仪逃离长春的时间，溥仪等当事人，回忆是1945年8月11日。《伪满洲国史》记载为8月12日。又如，溥仪颁布"退位诏书"的时间，一说为17日凌晨1点，一说为18日凌晨1点。此处采用了前一种说法。

6月20日,婉容因病在东北延吉监狱,"于六月二十日,午前五时亡去。"

7月,溥仪等人被迁往苏联伯力市内第四十五收容所。

7月31日,溥仪赴日本东京远东国际军事法庭作证,共出庭8天。

8月9日,溥仪抵达东京厚木机场。

8月16日,溥仪第一次出庭。上午9点半开庭。

8月19日,溥仪第二次出庭作证。

8月21日,溥仪第三次出庭作证。

8月22日,溥仪第四次出庭作证。

8月26日,溥仪第五次出庭作证。

9月8日,溥仪返回苏联伯力市内第四十五特别战犯收容所。

1947年　溥仪四十一岁。

11月,吉岗安直死于莫斯科监狱。

从1947年开始,溥仪与三位侄子被苏联当局分别关押。

1948年　溥仪四十二岁。

继续在苏联被关押。

1949年　溥仪四十三岁。

10月1日,中华人民共和国成立。

12月至次年2月,毛泽东主席和周恩来总理在访问苏联期间,与斯大林密谈引渡溥仪事宜。

1950年　溥仪四十四岁。

7月28日,溥仪等人离开伯力第四十五特别收容所,乘三等旅客列车南下回国。

7月31日,溥仪等伪满战犯抵绥芬河对面的伏罗希洛夫城。

8月1日晨6时,溥仪一行战犯抵绥芬河,中苏双方开始伪满战犯交接工作,溥仪换乘上中国列车。

8月2日,晨,溥仪等人抵长春。

8月2日,上午,在沈阳火车站临时停下,溥仪一行人被接往沈阳市和平区八十一号——东北公安部办公大楼,受到高岗接见。

8月3日,溥仪等人乘坐火车离开沈阳,行驶一个多小时后到达抚顺战犯管理所。溥仪在狱中的编号为"981"。

8月4日,溥仪等人到达抚顺第二天,检查身体,分发衣物和日用品。

10月20日,因抗美援朝战争爆发,溥仪等人迁往哈尔滨道外战犯管理所监狱。

1951年　溥仪四十五岁。

2月3日(阴历十二月二十七日),溥仪的父亲载沣在北京利溥营十一号住所病逝。

年初,战犯管理所建立战犯学习组制度,以学习组为单位召开生活检讨会。

溥仪开始值日,擦地、洗碗、分菜。

溥仪第一次交代历史——撰写自传。

1952年　溥仪四十六岁。

此年开始,溥仪动手洗手绢、袜子、衣服、被子等,第一次缝洗衣服。

溥仪交出藏匿的珍宝。

溥仪等人学习"封建社会的中国怎样沦为殖民地、半殖民地"。

溥仪交代"九·一八"事变前后与日寇勾结的历史真相。

1953年　溥仪四十七岁。

年初,溥仪等人转移至哈尔滨道里战犯管理所。

溥仪开始劳动——糊纸盒,直到1954年。

志愿军一位军长来抚顺战犯管理所讲述抗美援朝情况。

9月17日,夜,淑妃文绣因患心脏病在京去世。

1954年　溥仪四十八岁。

3月16日,晚8点30分,溥仪等人乘坐火车离开哈尔滨赴抚顺。

3月17日,零时,溥仪等人由哈尔滨迁回抚顺战犯管理所。

3月18日,最高检察院工作团团长召集战犯开会,要求其交代罪行并认罪。溥仪撰写交代材料。

3月28日，溥仪等人学习《帝国主义论》。

5月，战犯管理所召开坦白和检举大会。

12月25日，检举定罪进入最后阶段，溥仪在询问室签署他人检举揭发自己的材料。认罪检举运动结束。

1955年　溥仪四十九岁。

2月11日，溥仪等人学习周恩来总理在中华人民共和国第一届全国人民代表大会第一次会议的"政府工作报告"。

3月，溥仪在抚顺战犯管理所所长办公室受到贺龙、聂荣臻元帅的接见。

3月23日，溥仪和溥杰始知父亲载沣已于1951年病故。

4月，伪满战犯成立"学习委员会"，共有5名委员，分别负责学习、生活、运动和文娱活动等的召集和安排。

5月，溥杰开始协助溥仪撰写"自传"，到1958年夏季完成初稿。

6月，检察机关把根据伪满档案调查统计的材料让溥仪阅看并签字。

6月7日，溥仪等人被允许与家属通信。溥仪获得李玉琴的联系地址。

7月，"福贵人"李玉琴第一次给溥仪来信。

7月22日，李玉琴首次来战犯管理所探望溥仪。此后一年半内，李玉琴先后五次到抚顺战犯管理所看望溥仪。

溥仪等人做一些拔草、种花、平整场地以及扫雪抬煤等劳动。

1956年　溥仪五十岁。

3月5日，溥仪等人开始在抚顺露天矿、龙凤煤矿，台山堡农业社，市容、学校、商店，参观3天。

3月10日上午，载涛和溥仪的二妹韫龢、三妹韫颖（住在抚顺市东公园专家招待所），到抚顺战犯管理所探望溥仪、溥杰、润麒、万嘉熙和溥仪的三个侄子，管理所派车送溥仪到招待所同亲属叙谈，整整谈了一天半。载涛一行人参观了管理所的伙房、浴室和监室。

6月，溥仪在沈阳军事法庭出庭作证。

8月，两位英国记者采访溥仪。

12月，中旬，李玉琴最后一次来抚顺战犯管理所看望溥仪，并由战犯管理所安排房间同居。

溥仪等人开始经常性的种菜、园艺、温室、养鸡等劳动,以及抬煤、扫雪等较重体力劳动。

1957年　溥仪五十一岁。

元旦过后,溥仪的三个侄子毓嵒、毓嶦、毓嶂以及李国雄、黄子正获免予起诉释放。

春节过后,润麒和万嘉熙获免予起诉释放。

4月1日,抚顺市河北区人民法院收到李玉琴的民事诉状,请求人民法院准许其与五十一岁的溥仪,"脱离夫妻关系"。

4月24日,在抚顺战犯管理所的溥仪,收到人民法院的离婚送达书。

5月2日,抚顺市河北区人民法院"准许原告李玉琴与被告溥仪离婚"。

溥仪等人到沈阳、哈尔滨、长春、鞍山等地参观工、矿、农、商、学等31个单位。

溥仪参加医务组,学习中医。

1958年　溥仪五十二岁。

战犯管理所根据个人体质、兴趣和特长,编成专业劳动组,包括畜牧组、温室组、食品加工组、园艺组、医务组。溥仪参加了医务组。

溥仪等人参观抚顺大跃进展览馆等三个展览会。

"五一",李玉琴建立新的家庭。

1959年　溥仪五十三岁。

4月,溥仪的五妹韫馨和万嘉熙夫妇致信溥仪。

夏季,医务组第一学程考试结束,溥仪获85分。

溥仪等人在沈阳、抚顺参观。

9月14日,毛泽东主席签署"中国共产党中央委员会的建议"。

9月15日,毛泽东在北京中南海怀仁堂主持召开民主人士座谈会,透露即将特赦溥仪。

9月17日,刘少奇签署"中华人民共和国主席特赦令",宣布特赦溥仪。

9月18日,抚顺战犯管理所组织溥仪等人收听中共中央的建议和

"中华人民共和国主席特赦令"的广播。

9月18日,《人民日报》公布刘少奇主席颁布的特赦令。

12月2日,晚,抚顺战犯管理所副所长找溥仪谈话,征求溥仪对特赦的想法。

12月4日,抚顺战犯管理所召开"抚顺战犯管理所特赦大会"。

12月4日,中华人民共和国最高人民法院发布特赦通知书(1959年度赦字第011号),溥仪获特赦,同时被特赦的还有其他9人。

12月4日,晚,溥仪等特赦人员搬入指定房间。溥仪所在的伪满四所召开欢送晚会。

12月5日,上午,抚顺战犯管理所全所召开送别大会。

12月5日,下午,代理所长召开特赦人员座谈会。

12月7日,晚,溥仪与金源所长话别。溥仪提出返回北京的要求。

12月8日,早晨,特赦人员理发、领取零用钱、整理行装,乘坐火车去沈阳,在沈阳换乘京沈第十二次特别快车返京。

12月9日,早6点30分,溥仪抵达北京。五妹金韫馨、万嘉熙夫妇、四弟溥任、溥佳和溥俭到车站迎接。

12月10日,上午,溥仪到北京市民政局报到。

12月11日,上午,溥仪在五妹韫馨陪同下,又来到北京市民政局表示,要自食其力,不能接受生活费。

12月11日,晨,溥仪接受《大公报》记者张颂甲的采访。

12月12日,溥仪到西城区厂桥派出所办理户口登记手续。

12月13日,溥仪与第一批特赦战犯受到周恩来总理接见。

12月23日,溥仪参观人民大会堂,其他人参观宣武钢厂。

12月24日,溥仪从北京东四旅馆搬到崇内旅馆211房间。

12月26日,溥仪等人参观民族文化宫、民族饭店。

12月30日,溥仪等人参观石景山钢铁厂。

12月,溥仪会见英中友协秘书德里邦夫妇。此为溥仪特赦后首次会见外宾。

12月,一天上午,在位于东交民巷14号的群众出版社,溥仪与李文达第一次会面,商谈溥仪的《我的前半生》(灰皮本)出版事宜。

1960年　溥仪五十四岁。

1月,溥仪的《我的前半生》第一种版本("灰皮本"——45万2千字)由群众出版社内部出版,新华书店北京发行所内部发行组发行。此书为三十二开,分上下两册,印数7,000册。

1月6日,溥仪等人参观四季青人民公社。

1月9日,溥仪等人参观宣武区椿树胡同街道。

1月13日,溥仪等人参观清华大学。

1月16日,溥仪等人参观北京电子管厂。

1月17日,溥仪等人应邀参观全国工业交通展览会。

1月20日,溥仪等人参观广播大厦、电报大厦。

1月22日,溥仪等人参观北京第一机床厂。

1月26日,溥仪等人参观北京合成纤维厂。

2月3日,溥仪在崇内旅馆,接到载涛夫人王乃文送来的《我的前半生》第一种版本(灰皮本)。

2月16日,溥仪按照周恩来总理的安排,到中国科学院北京植物园学习劳动。

4月29日,溥仪和李文达在香山饭店104号房间,开始合作撰写《我的前半生》一书。除周日外,每天下午均为双方写作时间。

夏,溥仪申请当民兵获得批准。

9月15日,溥仪成为首都民兵师一团一营一连一排第一班第一名超龄民兵。

10月1日,溥仪应邀参加国庆观礼。

10月30日,溥仪在北京饭店第三次会见来自拉丁美洲的客人,会见以座谈会形式举行。

11月26日,溥仪第一次拿到由北京市海淀区四季青乡选举委员会颁发的选民证。

11月28日,抚顺战犯管理所召开"抚顺战犯管理所特赦大会"。根据"1960年11月28日中华人民共和国最高人民法院特赦通知书(1960年度赦字第34号)",溥杰获特赦。

12月7日,下午,溥杰乘坐火车抵达北京。

当日,溥仪等人在五妹韫馨家等待溥杰。溥杰于晚8点抵达五妹家。

1961年　　溥仪五十五岁。
　　　　　1月30日,周总理在中南海西花厅接见溥仪以及爱新觉罗家族成员。
　　　　　2月2日,北京植物园对于溥仪在植物园的一年学习劳动作出鉴定。
　　　　　2月3日,上午,在全国政协文化俱乐部举行皇族座谈会,商洽溥杰妻子嵯峨浩回国问题。
　　　　　2月12日(阴历十二月二十八日),周恩来总理邀请爱新觉罗家族到家中做客(第一次家族全体聚会),商讨溥杰妻子嵯峨浩回国问题。
　　　　　2月18日,中央统战部副部长徐冰透露,溥仪即将到全国政协文史资料研究委员会担任文史专员。
　　　　　2月28日,中央统战部召集第一批和第二批特赦人员开会,李维汉部长宣布周恩来总理的决定,溥仪等人到全国政协文史资料研究委员会担任文史专员。
　　　　　3月1日,溥仪正式走上全国政协文史资料研究委员专员的工作岗位。经溥仪申请,每周仍去植物园劳动一至两次。
　　　　　4月26日,晚8点30分,溥杰等人乘坐火车前往广州迎接妻子嵯峨浩。
　　　　　5月17日,早8点零5分,溥杰与嵯峨浩夫妇等人乘坐火车抵达北京。
　　　　　5月19日,中午,溥仪在全国政协宿舍迎接溥杰与嵯峨浩夫妇等人,溥仪又将其让到政协礼堂第四会议室交谈。
　　　　　5月23日,晚间,溥仪在北京四川饭店为嵯峨浩等人"洗尘"。
　　　　　6月6日,溥仪出席廖承志在新侨饭店为嵯峨浩等人的接风宴会。
　　　　　6月10日,上午11点30分至下午4点30分,周恩来总理在中南海西花厅举行宴会,招待嵯峨浩一家以及爱新觉罗家族成员,同时协调嫮生要求返回日本事宜。
　　　　　7月5日,溥仪专程来到溥杰家,看望杰二弟夫妇。
　　　　　10月13日,上午11点,在全国政协礼堂第四会议室,溥仪与鹿钟麟等人在纪念辛亥革命五十周年活动中会面。

1962年　　溥仪五十六岁。

1月31日,上午10点,毛泽东主席在中南海颐年堂接见并宴请溥仪、王季范、章士钊、仇鳌、程潜参加①。

2月11日(正月初七),下午3点,溥仪和李淑贤在全国政协文化俱乐部第一次见面。

2月25日,上午9点左右,溥仪第一次来到李淑贤位于朝阳门外吉市口的住处。

2月26日,关厢联合医院郭佩诚院长亲笔回复全国政协关于李淑贤身世情况的调查函,并加盖关厢联合医院的公章。

3月下旬,溥仪列席全国政协三届三次会议,并发表讲话。

3、4月份之间,溥仪偕李淑贤去群众出版社见李文达。

4月9日,溥仪与李淑贤经请示全国政协之后,择定婚期。

4月,溥仪列席政协全国委员会会议。

4月21日,溥仪和李淑贤领取结婚证。

4月30日,晚7点,溥仪和李淑贤在北京市南河沿文化俱乐部大厅(现欧美同学会)举行婚礼。载涛为主婚人。

5月,溥杰成为全国政协文史资料研究委员会文史专员。此时,全国政协文史资料研究委员会文史专员共12人。

5月1日,溥仪和李淑贤参加全国政协"五一"庆祝大会,会前受到郭沫若和包尔汉接见。

5月2日,爱新觉罗家族成员到溥仪家中祝贺新婚。

5月,溥仪和李淑贤在全国政协会客室,首次共同接见外宾。

5月3日,婚后,溥仪携李淑贤回北京植物园,看望同事。

6月23日,溥仪列席全国政协常务扩大会议,听取并讨论陈毅副总理的报告。

7月21日,溥仪到协和医院看"病"。

10月10日,溥杰到全国政协正式报到,成为溥仪同事——文史专员。

10月,溥仪的《我的前半生》(45万字修改稿)大字本印刷,此书为十六开、上下两册。

---

① 关于毛泽东主席接见溥仪等"五老"的时间问题,溥仪的一位妹夫记载为1月31日。溥仪在给友人刘宝安的信中,亦写为"1月31日"。因目前无其他第一手记载,此处按照溥仪信中所写的时间,确定为1962年1月31日。

10月27日,下午,全国政协在政协礼堂第四会议室召开座谈会,进一步征求《我的前半生》大字本修改意见。

1963年　溥仪五十七岁。
2月20日,溥仪与李淑贤游览广济寺,与中国佛教协会副会长巨赞法师会面。
3月15日,溥仪第二次参加公民选举。
3、4月间,三位法国记者到溥仪家里访问。
5月,溥仪《我的前半生》定稿(42万字)杀青,即将出版。
5月1日,溥仪参加全国政协"五一"庆祝游行。晚,溥仪和李淑贤及溥杰夫妇应邀到天安门西观礼台观看节日焰火。
5月2日,溥仪和李淑贤第一次一起游故宫。
6月3日,下午,溥仪和李淑贤从全国政协宿舍迁住西直门内东观音寺胡同甲22号。
7月2日,溥仪出席全国政协举行的台湾驾驶飞机起义的徐廷泽座谈会,并参加招待午餐会。
8月10日,上午,溥仪接受印尼记者采访。溥仪帮助邻居老戴家联系修理漏雨的房屋。
11月10日,上午,溥仪在全国政协接见巴西外宾。下午4点,溥仪夫妇出席周总理在人民大会堂福建厅接见在京的第一、二、三批特赦人员及配偶。周总理宣布,翌年春将组织其赴江南和西北参观。

1964年　溥仪五十八岁。
3月,溥仪的《我的前半生》正式出版,公开向国内外发行。
3月10日,在全国政协的组织下,溥仪偕妻参加"全国政协文史专员参观团",畅游祖国南方(3月10日至4月29日,共计51天)。
3月10日,溥仪夫妇随"全国政协文史专员参观团"从北京乘坐火车出发。(3月11日参观南京、3月16日参观无锡、3月18日参观苏州、3月18日参观上海、杭州、4月7日参观南昌、韶山、武汉)。
4月29日,晚,溥仪和李淑贤结束参观,回到北京家中。
8月5日,在全国政协组织下,溥仪偕妻畅游祖国西北(8月5日至28日,共计24天),国庆前夕返回北京。

10月11日上午,日本广播协会中国特别采访团到溥仪家采访。

11月19日,溥仪因尿血住进人民医院。

12月22日,溥仪转入协和医院治疗。

12月,溥仪当选为全国政协委员。

12月30日,上午,溥仪首次以全国政协委员的身份走上政协礼堂的讲台发言。

1965年　溥仪五十九岁。

1月14日,溥仪上午去医院看病,下午参加全国政协机关声援多米尼加人民反帝斗争的示威游行。

2月5日,溥仪又一次住进人民医院。

3月5日,溥仪经医院检查发现右肾乳头瘤,随即转入协和医院治疗。

3月,抚顺战犯管理所副所长金源等人到人民医院和协和医院两次看望溥仪,拟树溥仪为改造成功"标兵"。

4月,溥仪到秦城监狱,为国民党战犯和伪满战犯作报告。

4月5日,溥仪出院。

5月1日,溥仪偕李淑贤到北海公园参加游园会,晚间参加"五一"劳动节晚会,在天安门广场观看焰火。

5月24日,溥仪再次住进协和医院。

5月27日,溥仪被发现肿瘤转移至左肾。

5月31日,周恩来总理亲自给协和医院打去电话,要求"务必把手术做好"。

6月7日,吴德诚为溥仪实施手术。

7月20日,上午,溥仪与李淑贤夫妇到首都机场欢迎李宗仁归国。当晚,又出席盛大欢迎宴会。

8月5日,溥仪在李宗仁家与其再次会面。

9月26日,溥仪出席李宗仁的中外记者招待会。

10月1日,上午,溥仪参加天安门国庆观礼。晚间,溥仪出席观看"十一"国庆焰火晚会。

10月25日,会后,老舍用轿车送溥仪回家,溥仪邀请老舍到家中做客。

12月8日,溥仪第三次住进协和医院(12月8日至1966年2月6日,共住院61天)。

12月11日,溥仪的右肾发生"病变"。

12月18日,吴阶平和吴德诚共同为溥仪检查,发现右肾"病变较前明显"。

12月,抚顺战犯管理所副所长金源等人来京看望溥仪。溥仪特此临时从医院出来,应邀为来京的释放战犯作现身说法报告。①

1966年　溥仪六十岁。

1月7日,周总理派总理办公室主任童小鹏,到医院看望溥仪。

1月9日,周恩来总理在北京协和医院《溥仪病情报告(九)》上批示:"请平杰三同志注意。"

2月28日,溥仪拿到选民证,最后一次参加选举。

3月6日,溥仪参加西城区东冠英胡同②基层街道选举会议。

4月3日,溥仪抱病参加东冠英胡同投票选举。

5月9日,溥仪和文史专员一起讨论"评海瑞罢官"。

5月25日,小组会上,溥仪发言批判"三家村"。

6月15日,全国政协宣布文史专员可以参加机关"文化大革命"。

6月28日,溥仪在其他文史专员撰写的"批判沈伯纯"的大字报上签名。

7月26日,溥仪等人开始每周二到北京低压电器厂劳动。

8月初,溥仪家第一次闯进红卫兵。第二天,又来了几名红卫兵。

8月24日,全国政协机关贴出大字报,要求溥仪等人低头认罪、降低工资等。

8月24日,红卫兵两次闯入溥仪家。

8月27日,全国政协机关宣布文史专员停止办公,回家自学文件。

9月初,溥仪连续接到匿名"怪电话"。福绥境派出所经请示周总理办公室,采取措施保护溥仪。

9月15日上午,溥仪收到长春孙博盛的第一封信,信中批判《我的前

---

① 1965年3月19日至1966年4月27日,周总理办公室收到北京协和医院关于"溥仪病情报告"共计十一份。

② 东冠英胡同,原名为东观音寺胡同。

半生》。

9月16日早晨,溥仪将《我的前半生》数千元稿费上交全国政协机关。

同日,溥仪亲自到邮局给孙博盛邮寄回信。

10月1日,溥仪在天安门前"西三台"参加国庆观礼活动。

10月15日,哈尔滨一中红卫兵来到溥仪家,福绥境派出所派人对其加以保护。

10月22日为止,溥仪给孙博盛复信三封,内中进行自我批判。

10月26日,溥仪到积水潭医院检查,血色素为7.3克。当日,第三次接到孙博盛的来信。

10月底,溥仪和李淑贤到和平里罗历戎家抄治病偏方,并和专员同事一起在李以劻家吃午饭。

11月12日下午,溥仪出席"孙中山诞辰一百周年纪念大会"。

11月下旬为止,溥仪先后写出6份数万字的自我批判信。

12月1日,孙博盛再次来信。

12月6日,溥仪给孙博盛回信(董益三帮助修改),并介绍了自己的病情。

12月10日,孙博盛来信,让溥仪交代《我的前半生》一书的"后台老板"。

12月23日,人民医院诊断溥仪为尿毒症。晚7点许,溥仪从人民医院转院,第五次住进协和医院。

12月底,李玉琴来到北京,数次到溥仪家,因溥仪住院未果。

12月29日,协和医院关于溥仪病情的第十二次报告,分别报送国务院、全国政协、中央统战部等。

1967年　溥仪六十一岁。

1月初,孙博盛来信。李淑贤代为回信,告知孙博盛溥仪已病重住院。

1月8日,溥仪的五妹夫万嘉熙来到协和医院,告诉溥仪,传单中毛主席在1966年与毛远新的谈话提及溥仪的内容。

1月12日,孙博盛来信,李淑贤没有告诉溥仪。

1月30日上午,李玉琴来到协和医院,要求溥仪撰写证明材料。当日下午3点,李玉琴再次来到医院。

2月3日,溥仪从协和医院出院。

当日,因家里太冷,溥仪出院后当天即转到人民医院住院。此次住院近3个月,住32号病床。病房内共有30至40名病人。

2月6日,董益三以李淑贤的名义复信孙博盛,告知溥仪身患癌症。孙博盛自此不再来信。

2月8日,晚(阴历二十九日),李玉琴来到人民医院,控诉溥仪当年对她的迫害,并留下撰写证明材料的14点提纲。

2月20日,溥仪从人民医院出院。

3月1日,溥仪出院之后10天,又一次住进人民医院,住第九号病房。

3月2日,全国政协革命造反指挥部在溥仪证实材料上签署意见。

3月14日,溥仪从人民医院转入协和医院。

4月29日,溥仪第六次病重住院后从协和医院出院。

5月中旬,北京一家红卫兵报纸发表批判文章——"评《清宫秘史》续篇《中国末代皇帝溥仪》",溥仪成为大批判的靶子。

6月27日,溥仪夫妇乘坐公共汽车到和平里20号楼,抄治病"偏方",并和其他文史专员共进午餐。

7月11日,溥仪的血色素降至4.1克,到协和医院看病。

7月20日,溥仪在人民医院输血。

8月17日起,医院要求溥仪每周复查一次。

9月初,溥仪咳血。

9月12日,医生作出新诊断:贫血性心脏病,心力衰竭。

9月30日,溥仪在家里与李淑贤最后一次长谈。

10月4日,溥仪最后一次到协和医院就诊。

10月6日,在周总理直接关怀下,溥仪住进人民医院第九号病房。

10月7日,晚,万嘉熙到医院看望溥仪,被医生告知"随时都有危险的可能"。

10月8日,溥仪给李淑贤写字条,让她把"紫河车"拿来服用。

当日,五妹韫馨前来医院看望,并给溥仪带来两套毛主席纪念章。

10月12日,著名中医蒲辅周来医院看望溥仪。

10月15日,溥仪转入单人病房。杜聿明、李以劻及郑庭笈前来医院看望溥仪。当日,二妹韫龢夫妇、毓嵒、万嘉熙来医院看望溥仪。

10月16日,赵大妈来医院看望溥仪。午饭后,郭宗光单独陪护溥仪。

10月17日,凌晨2点15分,溥仪在北京人民医院第九号病房逝世。

10月17日,周恩来总理作出指示,让全国政协提出处理溥仪丧事的方案。

10月18日,下午3点,在人民医院举行溥仪遗体告别仪式。溥杰、李淑贤、溥仪的五妹韫馨、李以劻、邱文升夫妇以及全国政协一位干部参加。

10月19日,溥杰、李淑贤、李以劻和邱文升四人,护送溥仪遗体到八宝山火葬场火化。

10月20日,《人民日报》发表溥仪逝世的消息①。

12月17日,周恩来总理对于溥仪后事处理,作出三点指示。

12月22日,溥仪骨灰盒正式安放在八宝山人民公墓骨灰堂。

1980年　溥仪追悼会。

5月29日,下午3点30分,在全国政协礼堂第二会议室举行爱新觉罗·溥仪、王耀武、廖耀湘委员追悼会。《人民日报》以显著版面作了报道。

5月29日,下午3点50分,溥杰、李淑贤以及贾英华等16位亲友护送溥仪骨灰赴八宝山。溥仪骨灰盒安放在八宝山人民公墓第一展室东侧。

6月2日上午,贾英华由李淑贤等人陪同,在八宝山人民公墓第一展室,为溥仪捉刀题写墓志。②

---

① 《人民日报》发表的溥仪逝世的消息称:新华社十九日讯:"溥仪因患肾癌、尿毒症、贫血性心脏病,经长期治疗无效……逝世于北京,终年六十岁。"

新华社消息,显然有误。溥仪出生于1906年2月7日(光绪三十二年,阴历正月十四日午时),至此逝世时间——1967年10月17日2点15分,享年六十一年八个月零十天,应为"终年六十一岁"。兹予纠正。

② 1997年6月9日,溥仪遗孀李淑贤,在北京中日友好医院因患肺癌医治无效去世(1924年9月4日——1997年6月9日)。6月29日上午10点,在八宝山革命公墓第三告别室,举行了李淑贤告别仪式。本书作者应邀参加告别仪式。

2001年4月24日,溥仪前妻——"福贵人"李玉琴,因患肝硬化在吉林省长春市病逝(1928年7月15日[阴历五月二十八日]——2001年4月24日[阴历四月二日])。